Ralf Tenberg / Alexandra Bach / Daniel Pittich
Didaktik technischer Berufe

Ralf Tenberg / Alexandra Bach / Daniel Pittich

Didaktik technischer Berufe

Band 1 – Theorie & Grundlagen

Umschlagabbildung:
Unter Verwendung von Ozz Design/shutterstock.com

Bibliografische Information der Deutschen Nationalbibliothek:
Die Deutsche Nationalbibliothek verzeichnet diese Publikation in der Deutschen Nationalbibliografie; detaillierte bibliografische Daten sind im Internet über <http://dnb.d-nb.de> abrufbar.

Dieses Werk einschließlich aller seiner Teile ist urheberrechtlich geschützt.
Jede Verwertung außerhalb der engen Grenzen des Urheberrechtsgesetzes
ist unzulässig und strafbar.
© Franz Steiner Verlag, Stuttgart 2019
Covergestaltung: deblik, Berlin
Druck: Hubert & Co., Göttingen
Gedruckt auf säurefreiem, alterungsbeständigem Papier.
Printed in Germany.
ISBN 978-3-515-12150-7 (Print)
ISBN 978-3-515-12151-4 (E-Book)

Einführung

Der erste Vorläufer dieses Lehrbuchs, die „Didaktik lernfeldstrukturierten Unterrichts"[1] war ein erster Versuch, das Ende der 1990er-Jahre für die beruflichen Schulen entwickelte Lehrplankonzept, dessen zentrales Kennzeichen die Orientierung an sog. „Lernfeldern" ist, didaktisch zu hinterlegen und bis in den Übergangsbereich methodischer Fragen zu konkretisieren. Dies war in zweierlei Hinsicht ambitioniert: zum einen weil dieses Curriculum nur bedingt wissenschaftlich abgestützt war, sondern vielmehr die Folge mehrerer zusammentreffender Entwicklungen in Wirtschaft, Technik, Arbeitsorganisation und Berufsschulwesen, zum anderen weil bis in die Mitte der 2000er-Jahre das Lernfeldkonzept nur randständig in der beruflichen Praxis angekommen war bzw. im berufsschulischen Unterricht umgesetzt wurde. Eine entsprechende Alltagspraxis hatte sich (noch) nicht etabliert. Ca. 10 Jahre später – im Jahre 2011 – als die erste Auflage des Lehrbuchs „Vermittlung technischer Kompetenzen" aus dem oben genannten Vorläufer entwickelt wurde, hatte sich das Lernfeldkonzept deutlich verbreitet, jedoch (noch) nicht in der Qualität, wie es wünschenswert gewesen wäre. Dies wurde einmal mehr in Betrachtung der berufsschulischen Realität deutlich. Es wäre jedoch zu erwarten gewesen, dass dort sowohl der Lernfeldlehrplan als auch dessen didaktisch-methodische Umsetzung implementiert worden wären. In empirischen Befunden[2] zeigte sich aber, dass an vielen Berufsschulen die Lernfeldimplementierung nur stockend voranschritt und die Lernfelder überwiegend „strukturell realisiert" wurden, didaktisch-methodisch jedoch häufig defizitär oder gar nicht adressiert wurden. Bis heute, fast zwei Jahrzehnte nach dem Erscheinen der ersten Lernfeldlehrpläne, hat sich keine befriedigende didaktisch-methodische Situation an unseren berufsbildenden Schulen eingestellt. „Lernfeldunterricht" ist selten völlig konzeptkonform, häufig „konzeptbezogen", in vielen Fällen aber auch „konzeptfern"[3]. In Ergänzung dessen haben sich die praxisbezogenen aber auch wissenschaftlichen Diskussionen – gegenüber der Anfangszeit – deutlich versachlicht und das Lernfeldkonzept wird

[1] Tenberg, 2006.
[2] z. B. Clement, 2002 oder auch Koschmann, 2009.
[3] Dengler, 2016.

inzwischen öffentlich weitgehend akzeptiert. Die Grundidee eines kompetenzorientierten Curriculums wird – angesichts eines national und international inzwischen in allen Bildungsbereichen erfolgten „outcome-orientierten" Paradigmenwechsels – dabei nicht mehr infrage gestellt.

Zentraler Mangel der Lernfeldlehrpläne war und ist bis heute der Verzicht auf die Vorgabe und Formulierung von Kompetenzen als Lernziele. Die stattdessen im Lehrplan aufgelisteten Handlungen können diesen Anspruch nicht kompensieren, denn unser Kompetenzverständnis für duale Ausbildungsberufe geht deutlich über die Umsetzung eingeübter Aktionen hinaus. Schon in der Kritik der Lernzieloperationalisierung als Folge einer rigiden Umsetzung des „vollständigen Curriculums" wurde festgestellt, dass nicht das Handeln das primäre Ziel des sinnvollen Lernens sein kann, sondern vielmehr das, was das Individuum dazu befähigt. In Noam CHOMSKYs Terminologie handelt es sich also um Performanzen, welche als Ziele in den Lernfeldlehrplänen stehen, somit die Lehrpläne also völlig offenlassen, welche Kompetenzen bei den Lernenden adressiert werden sollen. In den performativen Zielformulierungen liegt ein weiteres Problem dieser Lehrpläne: Es fehlt ein konsistentes Handlungsverständnis! Manchmal findet man berufliche Handlungen (Die Schülerinnen und Schüler planen die Herstellung eines einschaligen Mauerwerkskörpers), manchmal findet man Lernhandlungen (Die Schülerinnen und Schüler können Methoden der Stoffvereinigung und Stofftrennung nach ihrer Wirkungsweise beschreiben und unterscheiden), manchmal findet man auch nur Kenntnisse (Die Schülerinnen und Schüler kennen die Grundlagen und wichtigsten Prinzipien der Ordnungslehre). Hinzu kommt eine Verunsicherung bzgl. der Wissenschaftlichkeit von lernfeldorientiertem Unterricht. Es wird konstatiert, dass die „Prinzipien" der Handlungsorientierung und der Wissenschaftlichkeit im Widerspruch zueinander stünden. Hier sollte sich die Berufspädagogik (und auch die Wirtschaftspädagogik) deutlicher gegenteilig äußern, da mit einer nachlassenden oder reduktiven Wissenschaftlichkeit eines ihrer Grundfundamente unterwandert werden würde. Bildung für den Beruf und Bildung durch den Beruf kann sich nicht darauf beschränken, einem „Lernaktionismus" zu entspringen bzw. diesen zu „bedienen". Berufliche Bildung muss auf Basis exakten Wissens, Erkenntnis und Verständnis, in vielfältiger Verknüpfung mehrdimensionaler menschlicher Lern- und Entwicklungsprozesse entstehen und vom Individuum – über den Beruf und dessen Lernraum hinaus – in die eigene Persönlichkeit übertragen und dort sedimentiert werden. Dazu gehört nach wie vor – neben situativer Erschließung und arbeitsbezogener Anwendung – wissenschaftlich fundiertes Wissen in angemessener Tiefe und mit einer hochwertigen Systematisierung.

Die hier vorgetragene Kritik an der aktuellen Lehrplansituation kann leicht als Fundamentalkritik an der Grundidee einer Handlungsorientierung verstanden werden. Gegenteilig soll hier festgestellt werden, dass die Grundideen des Lernfeldkonzepts und deren didaktisch-methodische Derivate eine immense Bereicherung im beruflichen Lehren und Lernen bewirkt haben. Daher wird an dieser Stelle auch die Kompetenzorientierung als Fortschritt bestätigt, der für beruflichen Unterricht sinnvoll und richtungsweisend ist. Handlungsorientierung kann unbedingt als ein Ansatz verstanden werden, der beruflichen Unterricht sinnvoll bereichern und – in seinem Anspruch einer Kompetenzentwicklung – unterstützen kann. So wie man aber das berühmte „Kind nicht mit dem Bade ausschütten" soll, so sollte man auch nicht das, was sich in Jahrzehnten didaktischer Wissenschaft und Praxis entwickelt hat, einfach fallen lassen und davon ausgehen, dass der neue Ansatz so revolutionär sei, dass er die alten Gesetzmäßigkeiten außer Kraft setze und diese durch neue völlig kompensiere.

Also gilt es auch in dieser Auflage, das Neue und das Alte in seinen Stärken zu verbinden und dabei die jeweiligen Schwächen zu kompensieren. Das heißt nach wie vor, Kompetenzen und systematisiertes Wissen – ebenso wie Handeln und Verstehen sowie Individualisieren und Objektivieren – nicht als Widerspruch aufzufassen, sondern gegenteilig als zwingende Einheit. Beruflicher Unterricht, der diesen Anspruch hat, muss sich aller bislang entwickelter und bewährter didaktischen und methodischen Ansätze bedienen und diese sinnvoll und überzeugend integrieren.

Um dies leisten zu können, wurde in der Auflage „Vermittlung technischer Kompetenzen" aus dem Jahre 2011 ein wissenschaftlich haltbares und dabei konsequent didaktisch handhabbares „Kompetenzkonzept" entwickelt. Ziel war dabei, berufliche Kompetenzen so zu modellieren, dass sie sich als Lernziele im beruflichen Unterricht umsetzen und auch überprüfen lassen. Aufbauend auf diesem Kompetenzkonzept wurde der ehemalige Ansatz einer Didaktik lernfeldstrukturierten Unterrichts neu „durchdekliniert", mit der Folge, dass insbesondere auf Planungsebene deutliche Erweiterungen und Ergänzungen erforderlich waren. Hinzugekommen ist eine Spezifikation auf den Bereich der Technikdidaktik. Diese Spezifikation wurde vorgenommen, um von der Distanz einer Didaktik beruflicher Bildung in eine etwas nähere Bereichsdidaktik zu gelangen und dabei insgesamt etwas konkreter werden zu können. Dabei sollten die Fokussierungen auf die technischen Domänen des gewerblich-technischen Gesamtbereichs eher präzisierend denn exkludierend verstanden werden. Abgesehen von den Praxisbeispielen waren alle Passagen des Lehrbuchs (auch) auf andere Domänen übertragbar – im Rahmen ihrer eigenständigen fachdidaktischen Spezifikationen – und in diesen umsetzbar.

In der Auflage aus dem Jahr 2011 wurde abschließend festgestellt, dass davon ausgegangen wurde, „dass dessen Theorien und deren Übertragung in die Praxis sowie seine empirische Erschließung in Verbindung mit den vielfältigen und schnellen Veränderungen im Gesamtkontext keinen Anspruch auf etwas Feststehendes oder Endgültiges berechtigen können und damit als temporärer Ansatz zu verstehen sind, der bald zu ergänzen oder zu modifizieren sein wird". Dies ist nun mit der vorliegenden Auflage umfassend erfolgt. Dabei haben sich so viele Modifikationen und Ergänzungen ergeben, dass der ehemalige Einzelband geteilt werden musste. Der hier vorliegende Teil 1 wird in Kürze mit einem Teil 2 komplettiert, das ehemalige einbändige Lehrbuch ist dann zweibändig. Markant ist dabei das zusätzliche Kapitel über Lehrpersonen-Professionalisierung, welches wir für bedeutsam erachten, da damit den zentralen Adressat*innen, Studierenden im beruflichen Lehramt, eine Meta- oder Reflexionsebene für ihre persönliche didaktische Entwicklung eröffnet wird. Das Thema „Berufskompetenzen" wurde intensiv überarbeitet und dabei in ein eigenständiges Kapitel verpackt. Grund dafür ist der diesbezüglich in den zurückliegenden Jahren enorm gewachsene Forschungsstand, welcher das Kompetenzkonzept der 2011er-Auflage sowohl abstützt als auch erweitert. In allen weiteren Kapiteln wurden diese Aspekte konsequent implementiert, mit der Folge vielfältiger Modifikationen im gesamten Textkörper.

Das Lehrbuch wurde somit nicht nur aktualisiert, sondern auch angereichert, wohl wissend, dass dies wiederum nur für eine begrenzte Zeit tragfähig sein kann. Für die 3. Auflage wäre primär zu hoffen, dass sie das Curriculum nicht mehr kompensieren muss, sondern nur noch kommentieren, dazu müsste sich aber das „Lernfeldkonzept" ebenfalls entwickeln.

Ralf Tenberg, Alexandra Bach und Daniel Pittich

„Der gute Lehrer verwandelt das Talent des Schülers in eine Quelle des Selbstvertrauens. Er entzündet das Feuer von Neugier, Widerspruch und Ehrgeiz. Er vermittelt die Freude an der Freude und das Vergnügen an der Disziplin. Er reizt die Lust am ‚anders‘ und am ‚mehr‘. Er lehrt die Befriedigung, die vom ‚besser‘ kommt."

Alexander Doepel[1]

---

[1] In: Salcher, 2010, S. 249.

Inhaltsverzeichnis

1 Professionalisierung von gewerblich-technischen Lehrkräften 15
   1.1 Kompetenz von Lehrkräften – eine Begriffsklärung 17
   1.2 Bildungswissenschaftliche und gewerblich-technische Standards
        für die Lehrerbildung 22
        1.2.1 Hintergründe zu Standards in der Lehrer*innenbildung 23
        1.2.2 Bildungswissenschaftliche Standards für die Lehrer*innenbildung .. 24
        1.2.3 Standards für die Lehrer*innenbildung in gewerblich-technischen
               Fachrichtungen 25
        1.2.4 Berufsbiografischer Professionalisierungsprozess von möglichst
               „reflektierenden Praktiker*innen" 26
        1.2.5 Leitbild für die gewerblich-technische Lehrerbildung 28
   1.3 Zusammenfassung und Fazit 30

2 Allgemeine Didaktik und Technikdidaktik 32
   2.1 Begriffsbestimmung Didaktik und Unterricht 35
        2.1.1 Meilensteine der Institutionalisierung des Lehrens und Lernens ... 35
        2.1.2 „Didaktik" – Begriffsbestimmung und Konkretisierung 38
        2.1.3 Didaktische Modelle als theoretische Rahmung 42
   2.2 Didaktik der beruflichen Bildung und berufliche Fachdidaktiken 46
        2.2.1 Grundcharakteristika der „Didaktik der beruflichen Bildung" 46
        2.2.2 Modell berufsdidaktischer Theorien und berufsdidaktischen
               Handelns 47
        2.2.3 Wissenschaftliche Positionierung einer Didaktik der
               beruflichen Bildung 51
        2.2.4 Berufliche Fachdidaktiken 55
        2.2.5 Aktuelle Situation beruflicher Fachdidaktiken 59
   2.3 Technikdidaktik 61
        2.3.1 Begriffsbestimmung Technik 62
        2.3.2 Technikdidaktik 66

3 Berufskompetenzen ... 70
- 3.1 Entwicklungslinie beruflicher Kompetenzen nach dem KMK-Ansatz ... 73
- 3.2 Entwicklungslinien beruflicher Kompetenzkonstrukte mit wissenschaftlichem Hintergrund ... 80
  - 3.2.1 Allgemeine Ausgangspunkte ... 80
  - 3.2.2 Diagnostische Ansätze der beruflich-technischen Bildung ... 84
  - 3.2.3 Praxisorientierte Ansätze der beruflich-technischen Bildung ... 87
  - 3.2.4 Zusammenfassung und Fazit ... 90
- 3.3 Technikdidaktisches Kompetenzmodell ... 91
  - 3.3.1 Überlegungen zum technikdidaktischen Bezugskontext ... 91
  - 3.3.2 Der Ansatz von Erpenbeck und Rosenstiel als basistheoretische Rahmung ... 94
  - 3.3.3 Technikdidaktisches Strukturmodell ... 98
  - 3.3.4 Fachlich-methodische Kompetenzen ... 99
  - 3.3.5 Sozial-kommunikative Kompetenzen ... 111
  - 3.3.6 Personale Kompetenzen ... 117
  - 3.3.7 Aktivitäts- und umsetzungsorientierte Kompetenzen ... 129

4 Erwerb von Berufskompetenzen ... 131
- 4.1 Erwerb fachlich-methodischer Berufskompetenzen ... 133
  - 4.1.1 Behaviorismus ... 133
  - 4.1.2 Kognitivismus ... 134
  - 4.1.3 Konstruktivismus ... 137
  - 4.1.4 Motorisches Lernen ... 146
  - 4.1.5 Übertragung und Transfer fachlich-methodischer Kompetenzen ... 148
- 4.2 Erwerb sozial-kommunikativer Berufskompetenzen ... 155
  - 4.2.1 Modelllernen bzw. Beobachtungslernen ... 155
  - 4.2.2 Informationsverarbeitung in sozialen Kontexten ... 158
- 4.3 Erwerb personaler Berufskompetenzen ... 159
  - 4.3.1 Selbstwirksamkeit ... 160
  - 4.3.2 Motivation ... 163
  - 4.3.3 Kognitiv-affektive Aspekte von Arbeit und Beruf ... 172
  - 4.3.4 Selbstreguliertes Lernen ... 173

5 Technikdidaktische Rahmung zur Unterstützung des Kompetenzerwerbs ... 177
- 5.1 Bezugskonzepte eines technischen Kompetenzerwerbs ... 180
  - 5.1.1 Interaktion ... 180
  - 5.1.2 Feedback ... 186
- 5.2 Technikdidaktische Lernumgebungen als komplexe Lehr-Lern-Szenarien ... 191
  - 5.2.1 Geteilte Kompetenzentwicklung als technikdidaktische Herausforderung der dualen Ausbildung ... 192
  - 5.2.2 Technikdidaktisches Prozessmodell einer Integration von Lehr- und Lernprozess ... 201

| | 5.2.3 | Beruflich-technischer Unterricht .... | 203 |
| | 5.2.4 | Lehren und Lernen in der betrieblich-technischen Berufsausbildung .... | 206 |

6 Ausblick auf Band II 213

7 Literatur 215

1 Professionalisierung von gewerblich-technischen Lehrkräften

Die Bedeutung von fachlichen und pädagogischen Kompetenzen als Voraussetzung für ein professionelles Handeln von (beruflichen) Lehrkräften zur Umsetzung eines hochwertigen und lernwirksamen Unterrichts wird im letzten Jahrzehnt in der (berufs- und wirtschafts-)pädagogischen Forschung intensiv diskutiert[1]. Zentral sind hier Studien mit empirischer Ausrichtung. Diese empirischen Befunde deuten u. a. darauf hin, dass das professionelle Lehrer*innenhandeln den Erfolg des Einzelnen im gesamten Bildungs- und Beschäftigungssystem positiv beeinflusst[2]. Lehrkräfte arrangieren und strukturieren Lernumgebungen und Lernangebote, initiieren kognitive Aktivierung bei den Schüler*innen, geben Feedback usw. und erhöhen damit die Chancen der Schüler*innen, ihre individuellen Lernleistungen zu erhöhen[3].

---

[1] Seifried, 2015, S. 167.
[2] Zlatkin-Troitschanskaia, Beck, Sembill, Nickolaus und Mulder, 2009, S. 13; Lipowsky, 2011.
[3] Merki und Werner, 2011.

Kompetenz		
Die Leser*innen sind in der Lage, die Kernaspekte und zentralen Herausforderungen der Lehrer*innenprofessionalisierung ausgehend vom Ansatz Baumerts und Kunters zu benennen und dessen Bedeutung für die Professionalisierung technischer Lehrkräfte im Allgemeinen, aber auch für das eigene Kompetenzportfolio zu reflektieren.		
Die Leser*innen ...	**Professionswissen**	**Reflexionswissen**
... beschreiben Hintergründe der Lehrer*innenprofessionalität und erläutern das Modell Baumert und Kunter sowie dessen Subdimensionen.	Lehrer*innenprofessionalität • Definition • Dimensionierung • Struktur • Genese Modell Baumert und Kunter • Fachliche Kompetenzen • Fachdidaktische Kompetenzen • (Berufs-)pädagogisch-psychologische Kompetenzen • Organisationsbezogene Kompetenzen • Beratungskompetenzen	Notwendigkeit von Ansätzen zu Lehrer*innenprofessionalisierung. Offene Fragen und Herausforderungen der Adaption des allgemeinbildenden Ansatzes von Baumert und Kunter auf die (technische) Berufsbildung. Bedeutung der Professionalisierung über sämtliche Phasen der Lehrer*innenbildung für das eigene Kompetenzportfolio.

Kompetenz		
Die Leser*innen sind in der Lage, die Standards der Lehrer*innenbildung zu skizzieren, die berufspraktischen Handlungsfelder zu erkennen und daraus mögliche Bedarfe der eigenen Aus- und Fortbildung abzuleiten.		
Die Leser*innen ...	**Professionswissen**	**Reflexionswissen**
... umreißen die Standards der Lehrer*innenbildung und beschreiben mögliche Handlungsfelder technischer Lehrkräfte.	Standards der Lehrer*innenbildung • Hintergründe • Bildungswissenschaftliche Standards • Fachdidaktische Standards • Handlungsfelder	Bedeutung der Standards für Aus- und Fortbildung in den drei Phasen der Lehrer*innenbildung.

Auch schon vor der vielbeachteten Studie „Visible Learning" von John HATTIE[4] wurde von Bildungsforscher*innen die Bedeutung der Lehrer*innenexpertise für gelingenden Unterricht intensiv diskutiert[5]. Dabei geht es um die Frage, wie die Entwicklung professioneller Handlungskompetenzen von Lehrkräften zur Bewältigung typischer beruflicher Anforderungssituationen adäquat unterstützt werden kann[6]. In Zusammenhang mit der Professionalisierung und Kompetenzentwicklung von Lehrkräften in der gewerblich-technischen Berufsbildung erscheint es relevant, die Aufgaben und Anforderungen von Lehrkräften in der gewerblich-technischen Berufsbildung zu identifizieren und professionalisierungsbezogen zu berücksichtigen[7], da diese für Lehrkräfte an berufsbildenden Schulen besonders facettenreich, komplex und anspruchsvoll sind[8]. Um sich selbstreflektiert zu einer umfassend kompetenten gewerblich-technischen Lehrkraft zu entwickeln ist es notwendig, diese Anforderungen zu kennen und vor dem Hintergrund des Standes der eigenen Kompetenzentwicklung in den unterschiedlichen Anforderungsbereichen zu reflektieren. Professionelles Handeln heißt dabei auch „theoriegestütztes Handeln auf der Grundlage des aktuellen Forschungsstands"[9] zur Technikdidaktik bzw. den Didaktiken der beruflichen Fachrichtungen (z. B. Elektrotechnik, Metalltechnik etc.) zu realisieren. Das bedeutet u. a. die Theorien und Forschungsstände der beruflichen (Technik-)Didaktik zu einem stimmigen und in der Bildungspraxis handhabbaren Gesamtkonzept zu integrieren und davon ausgehend fundierte didaktische und methodische Entscheidungen zur Umsetzung eines professionellen Unterrichts in der gewerblich-technischen Berufsbildung treffen zu können.

Mit der Zielperspektive, die angehenden Lehrkräfte der (gewerblich-technischen) Berufsbildung in den diesbezüglichen Entwicklungsprozessen zu unterstützen, soll in diesem Kapitel erläutert werden, über welche Kompetenzaspekte eine Lehrkraft verfügen sollte (Kapitel 1.1), welche Anforderungen und Standards für die gewerblich-technischen Lehrer*innenbildung z. B. von der Ständigen Konferenz der Kultusminister der Länder (kurz Kultusministerkonferenz = KMK) formuliert werden (Kapitel 1.2) und wie die damit zusammenhängenden Fachbegriffe definiert werden.

1.1 Kompetenz von Lehrkräften – eine Begriffsklärung

Zur Definition, Dimensionierung, Struktur und Genese von Lehrerprofessionalität liegen im deutschsprachigen Raum unterschiedliche Ansätze vor[10], die mitunter kontrovers diskutiert werden (z. B. strukturtheoretisch, biografisch, kompetenztheoretisch usw.)[11]. Dieser Diskurs wird hier aus kapazitären Gründen nicht geführt. BAUMERT &

---

4 Hattie, 2009.
5 Lipowsky, 2011.
6 Kaiser, 2013, S. 51.
7 Seifried, 2015, S. 167.
8 Gilbert, 2009; Bader, 2006, S. 390; Frommberger und Lange, 2018.
9 Beck, 2015, S. 62.
10 Baumert und Kunter, 2006, S. 469.
11 Tillmann, 2011.

KUNTER verweisen jedoch darauf, dass den vielfältigen Ansätzen eines gemeinsam ist, nämlich ein „Mangel an empirischer Evidenz hinsichtlich der Bedeutung professioneller Kompetenzen für die Qualität von Unterricht sowie den Lernfortschritt und die Persönlichkeitsentwicklung von Schülerinnen und Schülern"[12].

Trotz dieser Forschungslücke besteht weitgehender Konsens zur Hypothese, dass Lehrkräfte „die wichtigsten Akteure im Bildungswesen"[13] und ihre professionelle Kompetenz zentral für die Umsetzung von qualitativ hochwertigem Unterricht sind. Diesem Lehrwerk liegt dabei der kompetenztheoretische Professionalisierungsansatz zugrunde, der eng mit der Expertiseforschung zusammenhängt und breite Zustimmung in der Lehrer*innenprofessionsforschung findet und einen integrativen Ansatz darstellt, der auf dem Stand der Forschung aufbaut[14]. Dieser wird nun im Folgenden näher erläutert.

Im kompetenztheoretischen Professionalisierungsansatz[15] gehen u. a. WEINERT oder auch KLIEME davon aus, dass professionelle bzw. handlungskompetente Lehrkräfte aufgrund ihrer angeborenen und/oder erlernten kognitiven, motorischen, motivationalen und emotionalen Dispositionen (überdauernde Persönlichkeitsmerkmale) dazu in der Lage sind, die in der Berufsbildung auftretenden variablen Anforderungen und Problemsituationen eines bestimmten Typs erfolgreich zu lösen, kompetent im Berufsleben zu handeln und berufliche Anforderungen zu bewältigen[16] [17] [18]. Hierbei besteht Konsens, dass der Kompetenzbegriff im Sinne einer beruflichen Handlungskompetenz die erfolgreiche Anwendung dieser Dispositionen in kontextspezifischen Problem-/Anforderungssituationen impliziert[19].

TERHART z. B. stuft – korrespondierend mit diesem Ansatz – eine Lehrkraft dann als pädagogisch professionell ein, wenn sie in den zentralen pädagogischen Kompetenzbereichen des Unterrichtens, Erziehens, Diagnostizierens, Beurteilens und Beratens, der individuellen Kompetenzentwicklung und dem Belastungsmanagement sowie der Schulentwicklung etc. über möglichst hohe professionelle Handlungskompetenzen und zweckdienliche Haltungen verfügt[20], die ebenfalls anwendungsfähig sein müssen. Ein Merkmal der Lehrer*innenprofessionalität ist hierbei, dass sie nicht ausschließlich auf Begabung/Talent beruht, sondern dass sie „das Ergebnis eines bewussten professionellen Entwicklungsprozesses ist"[21].

Da die angeborenen und erworbenen kognitiven, motivationalen und emotionalen Dispositionen die Grundlage für professionelles Handeln von Lehrkräften sind, stellt sich die Frage welche Dispositionen entwickelt werden müssen, um den beruflichen Anforderungen gerecht werden zu können, vor allem auch der Anforderung des Unter-

---

12 Baumert und Kunter, 2006, S. 469.
13 Baumert und Kunter, 2011, S. 29.
14 Seifried, 2015, S. 170.
15 Im Folgenden teilweise wörtlich übernommen aus Bach, 2018.
16 Klieme, 2007, S. 72; Krauss und Bruckmaier, 2011, S. 247 ff.; Frey, 2014, S. 713.
17 Weinert, 2001b, S. 27 f.
18 Klieme, Avenarius, Blum, Döbrich, Gruber, Prenzel, Reiss, Riquarts, Rost, Tenorth und Vollmer, 2007, S. 72.
19 Frey, 2014, S. 713.
20 U. a. im Sammelband Terhart, Bennewitz und Rothland, 2014.
21 Kunter, Klusmann und Baumert, 2009, S. 153.

richtens[22]. Eine mögliche Antwort darauf bieten BAUMERT & KUNTER, die auf Basis des nationalen und internationalen Stands der Forschung zur Lehrer*innenprofessionalität u. a. vorwiegend aufbauend auf den Arbeiten von SHULMAN, BROMME und WEINERT[23] ein mittlerweile in der Professionsforschung etabliertes allgemeines Strukturmodell[24] zur professionellen Handlungskompetenz von Lehrkräften entwickelt haben[25]. Sie weisen darauf hin, dass das (1) Professionswissen und die Fähigkeit, es anzuwenden, eine zentrale Komponente der professionellen Handlungskompetenz von Lehrkräften darstellt[26], aber auch normative und wertende Komponenten wie (2) Überzeugungen/Werthaltungen, motivationale Orientierung und selbstregulative Fähigkeiten hierbei tragend sind (Abbildung 1)[27].

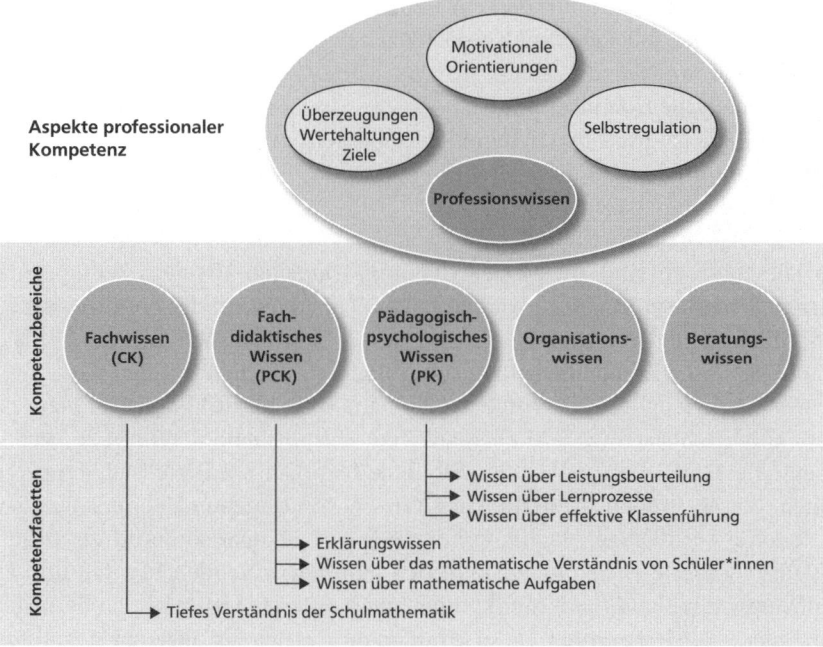

Abbildung 1: Modell professioneller Handlungskompetenz mit Spezifikation des Professionswissen[28]

Zusammenfassend besteht Professionswissen, im Modell der professionellen Handlungskompetenz nach BAUMERT & KUNTER, aus den Kompetenzbereichen: a) Fachwissen (subject matter content knowledge), b) fachdidaktisches Wissen (pedagogical content knowledge), c) pädagogisch-psychologisches Wissen (general pedagogical

22 Baumert und Kunter, 2011, S. 29.
23 Baumert und Kunter, 2011, S. 31.
24 Seifried, 2015, S. 170.
25 Baumert und Kunter, 2006, S. 479.
26 Baumert und Kunter, 2006, S. 481.
27 Seifried, 2015, S. 170.
28 Baumert und Kunter, 2011, S. 32.

knowledge) und weiteren Dimensionen, wie d) Organisationswissen und e) Beratungswissen.

Dieses Modell, das auf Studien und Befunden der Allgemeinbildung beruht, dient als Grundorientierung, was Lehrpersonen, auch in der gewerblich-technischen Berufsbildung können sollten. Dissens besteht jedoch u. a. im Hinblick auf die strukturbildenden Dimensionen. „Der Dissens ist teilweise auf die Unterschiedlichkeit theoretischer Perspektiven zurückzuführen, teilweise auf einen Mangel an empirischer Evidenz, sodass man sich in vielen Bereichen auf Plausibilitätsargumente verlassen muss[29]. Da das Modell der professionellen Handlungskompetenz von BAUMERT & KUNTER einen Kompetenzanspruch erhebt, erscheint es schlüssiger, im Folgenden anstelle der Wissensbereiche Kompetenzbereiche zu modellieren (d. h. z. B. Fachkompetenzen anstelle von Fachwissen). Bezogen auf die Professionalisierung zur Lehrperson für berufliche Schulen erscheinen folgende fünf Kompetenzen relevant:

1. Fachliche Kompetenzen,
2. Fachdidaktische Kompetenzen,
3. (Berufs-)Pädagogisch-psychologische Kompetenzen
4. Organisationsbezogene Kompetenzen und
5. Beratungskompetenzen

Diese Dimensionen sind am Modell der professionellen Handlungskompetenz von BAUMERT & KUNTER orientiert, werden jedoch entsprechend der Spezifika der beruflichen Bildung und damit auch im Rahmen dieses Lehrbuchs wie folgt konkretisiert[30]:

Zu 1.: Fachliche Kompetenzen in der beruflichen Bildung umfassen die Kompetenzen einer Lehrperson in der beruflichen Domäne (z. B. Berufsbildung im Bauwesen)[31], und im Unterrichtsfach (z. B. Mathematik) ein entsprechendes Wissen zu vermitteln. Für beide Bereiche ist es notwendig, über eine beruflich fundierte Fachkompetenz zu verfügen, die es ermöglicht, berufliches Wissen kontextgebunden, verständnisorientiert und die beruflichen Handlungskompetenzen adäquat fördernd zu vermitteln. Ohne eine fundierte Fachkompetenz in den zu unterrichtenden Berufen und Unterrichtsfächern kann kein moderner kompetenzorientierter Unterricht an berufsbildenden Schulen realisiert werden, da er eine für die Lernenden akzeptable Kontextualisierung voraussetzt. Der fachliche Professionalisierungsprozess kann in Studium und Referendariat nur vorbereitet werden[32]. Auch angesichts des technisch-produktiven Wandels muss er lebenslänglich weitergeführt werden.

Zu 2.: Fachdidaktische Kompetenzen in der beruflichen Bildung umfassen alle Kompetenzen einer Lehrperson, in ihren Fächern oder beruflichen Lernfeldern Unterricht zu planen, vorzubereiten, durchzuführen, zu reflektieren und mit ihren Schüler*innen berufs- und fachbezogen lernförderlich zu interagieren. Eingeschlossen sind hier curriculares Wissen und Transformationen (z. B. Entwicklung von Lernsituationen aus

---

[29] Baumert und Kunter, 2011, S. 33.
[30] Inwieweit sich diese dann empirisch als unabhängige Skalen erweisen, müsste in empirischen Studien geprüft werden.
[31] Riedl und Schelten, 2013, S. 86.
[32] Seifried, 2015, S. 178.

beruflichen Lernfeldern, didaktische Jahresplanung), didaktische Reduktionen, berufliche Aufgabenentwicklung, fachspezifische Lernziel-/Kompetenzbestimmung sowie der fachspezifische Methoden- und Medieneinsatz, Wissen über Aufgabenschwierigkeit, Bedingungsfaktoren der Aufgabenlösung, typische Fehlkonzepte bei der Aufgabenbearbeitung, die Kompetenz, fachspezifische Inhalte verständnisorientiert zu erklären sowie die kognitiven Voraussetzungen und Anforderungen der Schüler*innen zur Aufgabenbearbeitung zu analysieren usw.[33]. Je nach Nähe zur Fachwissenschaft können diese Kompetenzen mehr oder weniger fachspezifisch sein. Fachdidaktische und fachwissenschaftliche Kompetenzen stehen in einem unmittelbaren Bedingungsgefüge[34].

Zu 3.: (Berufs-)Pädagogisch-psychologische Kompetenzen in der beruflichen Bildung[35] umfassen Befähigungen der Lehrpersonen, die individuellen Voraussetzungen Schüler*innen zu diagnostizieren und erfolgreich im Lehr-Lern-Prozess damit umzugehen. Dies umfasst über die Fachkompetenz hinaus, Selbstkompetenz und Sozialkompetenz bei den Schüler*innen (z. B. Bereitschaft zur Übernahme von Verantwortung für sich selbst, für andere und die Gesellschaft)[36]. Wichtig sind hierbei Kompetenzen der Lehrkraft zur Umsetzung von effektiver Klassenführung, zur Diagnostik, Leistungsbeurteilung, Umgang mit Heterogenität, Motivierung, berufsbildungstheoretisches und philosophisches Wissen etc.[37]. Die Lehrkräfte unterstützen dabei die Schüler*innen, kritisch und reflexiv lebenslang auch selbstorganisiert zu lernen sowie ein angemessenes Wertesystem und Lebenskonzept in sozialer Verantwortung zu entwickeln[38]. Zu klären gilt es diesbezüglich, inwieweit (berufs-)pädagogisch-psychologische Kompetenzen mit den fachdidaktischen Kompetenzen Schnittmengen (z. B. Wissen über und Kompetenz zur Umsetzung didaktischer Modelle) aufweisen.

Zu 4.: Organisationsbezogene Kompetenzen im Kontext der beruflichen Bildung beziehen sich allgemein auf das Berufsbildungssystem und seine organisatorischen und rechtlichen Rahmenbedingungen. Hinzu kommen die Aspekte des beruflichen Schulwesens, aber auch der unterschiedlichen Lernorte Schule, Betrieb oder überbetriebliche Bildungsstätten. Organisationsbezogene Kompetenzen beziehen sich auf den gesamten Hintergrund eines beruflichen Unterrichts bzw. die Rahmung und Unterstützung, die für diesen erforderlich ist (z. B. Stundenplangestaltung, Raum- und Klassenorganisation, Zeugniserstellung, Schulleitung, Schulentwicklung etc.).

---

33 Baumert und Kunter, 2011, S. 37.
34 Dengler, 2016.
35 „Erziehungspraktisch befasst sich die Berufs- und Wirtschaftspädagogik mit dem Vollzug und mit der Lehre der Berufserziehung und -bildung. Erziehungswissenschaftlich geht es bei der Berufs- und Wirtschaftspädagogik um die Erforschung der Voraussetzungen, Prozesse und Ergebnisse der Berufserziehung und -bildung." (Riedl und Schelten, 2013)
36 Kultusministerkonferenz, 2015
37 Baumert und Kunter, 2011, S. 39.
38 BAUMERT und KUNTER spezifizieren pädagogisches Wissen als fachunabhängiges Wissen über die Planung, Durchführung, Organisation, Evaluation und Reflektion von Lehr-Lernprozessen. Pädagogik im Allgemeinen und Berufs- und Wirtschaftspädagogik im Besonderen aber versteht sich nicht als Unterrichtswissenschaft, sondern als Erziehungswissenschaft. In ihrer praktischen Umsetzung fokussiert Pädagogik somit zunächst kein fachliches Lernen, sondern die persönliche und moralische Entwicklung mündiger Menschen und kann daher nicht auf die Vorbereitung und Durchführung von Unterricht reduziert werden.

Zu 5.: Beratungskompetenzen der beruflichen Bildung beziehen sich auf Gespräche mit Schüler*innen, Eltern (teilweise auch Ausbilder*innen) im Hinblick auf Fragen der Schul- und Berufslaufbahn, evtl. Verhaltens-, Lern- und Leistungsschwierigkeiten, der betrieblichen Ausbildungssituation etc.[39]

Im Gegensatz zum Wissensanspruch von BAUMERT & KUNTER setzt hier der Kompetenzanspruch einen deutlich klareren Akzent über die Ansprüche an eine Lehrer*innenprofessionalisierung, denn Wissen soll – entsprechend eines dispositionalen Grundverständnisses – im Beruf nach Bedarf genau dann verfügbar gemacht werden, wenn es gebraucht wird, um berufliche Probleme zu lösen. Die gesellschaftlich, wissenschaftlich und staatlich anhaltend forcierten Forderungen, Lehrpersonen mit einem anspruchsvollen Kompetenzportfolio auszustatten, stehen jedoch im Widerspruch zu dem, was die Lehrer*innenbildung in den zurückliegenden Jahrzehnten geleistet hat. Im Folgenden wird vorgestellt, wie aktuell versucht wird, durch die sog. „Ländergemeinsamen inhaltliche Anforderungen für die Fachwissenschaften und Fachdidaktiken in der Lehrerbildung der KMK von 2017" den Kompetenzanspruch auf curricularer Ebene zu implementieren, in der Hoffnung, damit ein stabileres Fundament für eine bessere Lehrpersonenprofessionalisierung in der deutschen beruflichen Bildung zu schaffen.

1.2 Bildungswissenschaftliche und gewerblich-technische Standards für die Lehrerbildung

Die Frage, welche konkreten Arbeitsanforderungen/Kompetenzstandards an (gewerblich-technische) Lehrkräfte gestellt werden, kann durch Lektüre der Beschlüsse der Kultusministerkonferenz (KMK): „Standards für die Lehrerbildung: Bildungswissenschaften" (Stand: 2014)[40] und „Ländergemeinsame inhaltliche Anforderungen für die Fachwissenschaften und Fachdidaktiken" in der Lehrerbildung (Stand: 2017)[41] näher beantwortet werden. Weitere Informationen darüber bietet auch das „Basiscurriculum für das universitäre Studienfach Berufs- und Wirtschaftspädagogik für die berufs- und wirtschaftspädagogischen Studiengänge[42]. Diese Beschlüsse werden laufend aktualisiert, da auch die Anforderungen im Lehrerberuf einem kontinuierlichen Wandel unterworfen sind (z. B. durch zeitbedingte gesellschaftliche Transformationsprozesse wie Digitalisierung und Inklusion[43]).

---

[39] Baumert und Kunter, 2011, S. 40.
[40] Kultusministerkonferenz, 2014.
[41] Kultusministerkonferenz, 2017.
[42] DGFE, 2014.
[43] Kultusministerkonferenz, 2015.

1.2.1 Hintergründe zu Standards in der Lehrer*innenbildung

Ausgehend davon lassen sich erste übergreifende Standards bzw. Kompetenzziele für die Professionalisierung des berufspädagogischen und technikdidaktischen Bildungspersonals definieren[44]. Bevor jedoch inhaltlich auf die beruflichen Anforderungen/ Kompetenzerwartungen, die an gewerblich-technische Lehrkräfte gestellt werden, eingegangen wird, soll der Blick auf den Zusammenhang zwischen Kompetenzen und Standards gerichtet werden. In den letzten Jahren etablierten sich national und international unterschiedliche Kompetenzmodelle und Standards für die Lehrer*innenbildung. Standards für die Lehrer*innenbildung setzen transparente (Qualitäts-)Maßstäbe und ermöglichen dadurch Zielklarheit[45] zur Beurteilung der beruflichen Handlungskompetenz von Lehrkräften. Sie sollen Aufschluss darüber geben, was „Lehrkräfte können sollten, um ihre (…) [beruflichen] Aufgaben zu bewältigen"[46] und letztendlich sicherstellen, dass sich die Lehrer*innenbildung am Berufsfeld orientiert und entsprechende berufsbezogene Kompetenzen angebahnt werden.

Damit bieten Standards Orientierungspunkte und Evaluationsgrundlagen für die Lehrerbildung im (Selbst-)Studium, im Vorbereitungsdienst und in der beruflichen Fort- und Weiterbildung und sollen damit die Qualität der Lehrerbildung in allen Phasen (Studium, Vorbereitungsdienst, berufsbegleitende Lehrerfortbildung) sichern[47]. Die einflussreichsten Ansätze zur Formulierung von Standards in der Lehrerbildung sind im deutschen Sprachraum diejenigen von OSER und von TERHART. Die Ausführungen in diesem Buch beschränken sich auf die Standards der KMK[48], die auf der Expertise von TERHART beruhen.

Standards in der Lehrer*innenbildung beschreiben Anforderungen an das Handeln von Lehrkräften[49] und die Kompetenzen, über die eine Lehrkraft verfügen muss, damit sie bestimmte berufliche Anforderungen bewältigen kann[50]. Die Begriffe Kompetenz und Standard stehen folglich in enger Beziehung zueinander. FREY und JUNG verdeutlichen in ihrem „Makromodell der Lehrer*innenkompetenz", in welchem Verhältnis die Standards für die Lehrerbildung und die Lehrerkompetenz zueinanderstehen. Die Lehrkraft verfügt über berufliche/professionelle Handlungskompetenzen, d. h. über domänenspezifisches Wissen, berufspraktische Erfahrungen, potenzielle Fertigkeiten und damit eng verbundene Emotionen und überdauernde Motive. Erst durch die Aktivierung dieser Dispositionen in wissensbasierten und reflektierten Handlungen in einer konkreten Anwendungssituation zeigt sich ihre berufliche Handlungskompetenz, die auf der Grundlage von Standards hinsichtlich ihrer Qualität beurteilt werden kann[51][52].

---

44 Eder und Kreutz, 2013.
45 Kultusministerkonferenz, 2014, S. 2.
46 Seifried, 2015, S. 167.
47 Frey, 2014, S. 738.
48 Helmke, 2014, S. 111.
49 Kultusministerkonferenz, 2014, S. 4.
50 Eder und Kreutz, 2013, S. 9.
51 Frey, 2014, S. 738.
52 Eder und Kreutz, 2013, S. 9.

1.2.2 Bildungswissenschaftliche Standards für die Lehrer*innenbildung

In den „Standards für die Lehrerbildung: Bildungswissenschaften" der KMK aus dem Jahr 2014 werden elf Kompetenzen formuliert, über die kompetente Lehrkräfte verfügen sollen nachdem sie das bildungswissenschaftliche Studium – für gewerblich-technische Lehrkräfte ist das die Berufs- und Wirtschaftspädagogik – in Studium und Vorbereitungsdienst abgeschlossen haben. Die elf Kompetenzen sind den Kompetenzbereichen „Unterrichten", „Erziehen", „Beraten", „Beurteilen", „Innovieren" zugeordnet und werden im Originaldokument noch weiter ausdifferenziert, was hier aus Platzgründen jedoch nicht dargestellt wird.

Kompetenzbereich „Unterrichten": Lehrer*innen sind Fachleute für das Lehren und Lernen.
- Kompetenz 1: Lehrerinnen und Lehrer planen den Unterricht unter Berücksichtigung unterschiedlicher Lernvoraussetzungen und Entwicklungsprozesse fach- und sachgerecht und führen ihn sachlich und fachlich korrekt durch.
- Kompetenz 2: Lehrerinnen und Lehrer unterstützen durch die Gestaltung von Lernsituationen das Lernen von Schülerinnen und Schülern. Sie motivieren alle Schülerinnen und Schüler und befähigen sie, Zusammenhänge herzustellen und Gelerntes zu nutzen.
- Kompetenz 3: Lehrerinnen und Lehrer fördern die Fähigkeiten der Schülerinnen und Schüler zum selbstbestimmten Lernen und Arbeiten.

Kompetenzbereich „Erziehen": Lehrer*innen üben ihre Erziehungsaufgabe aus.
- Kompetenz 4: Lehrerinnen und Lehrer kennen die sozialen und kulturellen Lebensbedingungen, etwaige Benachteiligungen, Beeinträchtigungen und Barrieren von und für Schülerinnen und Schüler(n)[53] und nehmen im Rahmen der Schule Einfluss auf deren individuelle Entwicklung.
- Kompetenz 5: Lehrerinnen und Lehrer vermitteln Werte und Normen, eine Haltung der Wertschätzung und Anerkennung von Diversität und unterstützen selbstbestimmtes Urteilen und Handeln von Schülerinnen und Schülern
- Kompetenz 6: Lehrerinnen und Lehrer finden Lösungsansätze für Schwierigkeiten und Konflikte in Schule und Unterricht.

Kompetenzbereich „Beurteilen": Lehrer*innen beraten sach- und adressatenorientiert und üben ihre Beurteilungsaufgabe gerecht und verantwortungsbewusst aus.
- Kompetenz 7: Lehrerinnen und Lehrer diagnostizieren Lernvoraussetzungen und Lernprozesse von Schülerinnen und Schülern; sie fördern Schülerinnen und Schüler gezielt und beraten Lernende und deren Eltern.

---

[53] Diese Beschreibung schließt Behinderungen im Sinne der Behindertenrechtskonvention ein. Sie trägt zugleich dem Umstand Rechnung, dass die im bildungswissenschaftlichen Kompetenzbereich „Erziehen" zu berücksichtigende Unterschiedlichkeit sich nicht vor allem durch eine Behinderung begründet. (Kultusministerkonferenz, 2014, S. 9).

- Kompetenz 8: Lehrerinnen und Lehrer erfassen die Leistungsentwicklung von Schülerinnen und Schülern und beurteilen Lernen und Leistungen auf der Grundlage transparenter Beurteilungsmaßstäbe.

Kompetenzbereich „Innovieren": Lehrer*innen entwickeln ihre Kompetenzen ständig weiter.
- Kompetenz 9: Lehrerinnen und Lehrer sind sich der besonderen Anforderungen des Lehrerberufs bewusst. Sie verstehen ihren Beruf als ein öffentliches Amt mit besonderer Verantwortung und Verpflichtung.
- Kompetenz 10: Lehrerinnen und Lehrer verstehen ihren Beruf als ständige Lernaufgabe.
- Kompetenz 11: Lehrerinnen und Lehrer beteiligen sich an der Planung und Umsetzung schulischer Projekte und Vorhaben.

1.2.3 Standards für die Lehrer*innenbildung in gewerblich-technischen Fachrichtungen

Flankierend zu den „Standards für die Lehrerbildung: Bildungswissenschaften" wurden 2008 erstmals die „Ländergemeinsamen inhaltlichen Anforderungen für die Fachwissenschaften und Fachdidaktiken in der Lehrerbildung"[54] veröffentlicht, welche die „Standards für die Lehrerbildung: Bildungswissenschaften" ergänzen. Hier wird das Fachwissen und fachdidaktische Wissen formuliert, über das Studienabsolventen mit einer bestimmten beruflichen Fachrichtung verfügen sollen. Diese werden ebenfalls kontinuierlich aktualisiert und erweitert, zuletzt 2017. Aktuell sind Kompetenzbeschreibungen zu den gewerblich-technischen Fachrichtungen Metalltechnik, Elektrotechnik und Informationstechnik enthalten. Weitere berufliche Fachrichtungen (gewerblich-technisch) wie z. B. Bautechnik und Holztechnik werden in absehbarer Zeit folgen. Exemplarisch wird hier das fachrichtungsspezifische Kompetenzprofil zur beruflichen Fachrichtung Elektrotechnik dargestellt, über welche Kompetenzen Studienabsolvent*innen verfügen sollen.

Die Studienabsolventinnen und -absolventen verfügen über fachrichtungsbezogene wissenschaftliche und didaktische Kompetenzen. Sie haben ein grundlegendes Wissen zur Elektrotechnik und zum Berufsbereich Elektrotechnik. Ebenso besitzen sie ein an die dynamischen Entwicklungen anschlussfähiges fachwissenschaftliches sowie berufs- und fachdidaktisches Wissen zum Berufsbereich Elektrotechnik, einschließlich der jeweils relevanten ökologischen, ökonomischen, sozialen und ethischen Aspekte. Sie verfügen über grundlegende Fähigkeiten, sich auf der Basis wissenschaftlicher und didaktischer Erkenntnisse in curriculare Gestaltungsprozesse im Berufsbereich Elektrotechnik einzubringen.

Die Studienabsolventinnen und -absolventen sind in ersten Ansätzen in der Lage, schulische Lehr-Lernprozesse im Rahmen elektrotechnischer Bildungsgänge zu analysieren, zu planen und durchzuführen sowie diese zu reflektieren und zu evaluieren.

---

[54] Kultusministerkonferenz, 2017

Die Studienabsolventinnen und -absolventen:
- verfügen über ein fundiertes und breites elektrotechnisches Fachwissen, ein reflektiertes Wissen zu Arbeit und Beruf sowie über ein breites Wissen über fachdidaktische Theorien und Konzepte und können dieses in unterschiedlichen beruflichen Anforderungskontexten flexibel anwenden,
- können sich auf der Basis der erworbenen Kenntnisse und Fertigkeiten Neuentwicklungen in der Elektrotechnik und der beruflichen Arbeit eigenständig erschließen,
- sind fähig, wissenschaftliche Methoden zur Bearbeitung von disziplinären und interdisziplinären Forschungsfragen in den verschiedenen Technik- und Arbeitsbereichen der beruflichen Fachrichtung Elektrotechnik anzuwenden und entsprechende Erkenntnisse auszuwerten und zu evaluieren,
- sind in der Lage, messtechnische Verfahren zur Analyse und Beurteilung elektro- und informationstechnischer Systeme zu beurteilen und gezielt zu nutzen,
- sind in der Lage, Forschungsergebnisse zur Analyse von Technik, Arbeit und Bildung angemessen zu rezipieren, in didaktischen Kontexten reflektiert zu nutzen und in die Weiterentwicklung fachdidaktischer sowie curricularer Theorien und Konzepte einzubringen,
- verfügen über erste reflektierte Erfahrungen in der Planung, Organisation und Durchführung von kompetenzförderndem Unterricht in elektrotechnischen Berufen und weiteren beruflichen Bildungsgängen des Berufsbereichs Elektrotechnik. Dabei sind sie fähig, Lernprozesse auch unter Berücksichtigung des Umgangs mit Heterogenität und Inklusion zu initiieren, zu begleiten und zu reflektieren,
- können hinsichtlich der Planung und Gestaltung eines inklusiven Unterrichts mit sonderpädagogisch qualifizierten Lehrkräften und sonstigem pädagogischen Personal zusammenarbeiten und mit ihnen gemeinsam fachliche Lernangebote entwickeln,
- sind in der Lage, Unterricht, Curricula und Schule in Zusammenarbeit mit den an der Ausbildung beteiligten Institutionen im Sinne des Bildungsziels der Mitgestaltung der Arbeitswelt und Gesellschaft in sozialer und ökologischer Verantwortung weiterzuentwickeln[55].

Die weiteren Kompetenzprofile für gewerblich-technische Fachrichtungen sind ähnlich aufgebaut und lediglich auf die Besonderheiten der jeweiligen beruflichen Domäne (Bautechnik, Metalltechnik, Holztechnik, Informationstechnik usw.) spezifiziert.

1.2.4 Berufsbiografischer Professionalisierungsprozess von möglichst „reflektierenden Praktiker*innen"

Die „Standards für die Lehrerbildung: Bildungswissenschaften" und die „Ländergemeinsame inhaltliche Anforderungen für die Fachwissenschaften und Fachdidaktiken in der Lehrerbildung" geben Aufschluss darüber, was eine Lehrkraft nach den theoretischen

---
[55] Kultusministerkonferenz, 2017, S. 78 f.

Ausbildungsabschnitten (Studium) und den praktischen Ausbildungsabschnitten (Vorbereitungsdienst) können soll. Auch die Lehrerfort- und -weiterbildung wird mitgedacht, auch wenn hier keine Standards für diese Phase explizit ausformuliert werden[56].

Diese phasenbezogene Zuordnung der Standards ist dem Sachverhalt geschuldet, dass sich die professionellen Handlungskompetenzen von Lehrkräften sukzessive im Rahmen „eines berufsbiographischen Entwicklungsprozesses" entwickeln, der alle Phasen der Lehrerbildung (1. Phase: universitäres Studium, 2. Phase: Vorbereitungsdienst und 3. Phase: berufsbegleitendes Erfahrungslernen und Lehrerfortbildung) umfasst und „sich vollständig erst innerhalb des beruflichen Erfahrungsfeldes selbst" entfaltet[57]. Es entspricht nicht dem Grundkonzept und ist auch nicht realisierbar, in diesem arbeitsteilig angelegten System der mehrphasigen Lehrerbildung, dass schon im Laufe bzw. nach Abschluss des universitären Studiums sich die Absolvent*innen zu vollständig professionalisierten Lehrkräften entwickelt haben[58].

Das erworbene universitäre theoretische, empirische deklarative und prozedurale Wissen ist u. a. unerlässlich zur Begründung und Reflexion praktischer Handlungen und zur Gewinnung eigener Erkenntnisse[59]. BECK geht davon aus, dass nach dem Studium und dem Vorbereitungsdienst die angehenden Lehrkräfte über theoretisch fundierte Handlungsoptionen verfügen sollten, die es ihnen ermöglicht, eine wissenschaftlich begründete und vertretbare Unterrichtspraxis zu realisieren. Ebenso sollten die Absolvent*innen erkennen, wie sie wissenschaftliche Theorien als Werkzeuge einsetzen, damit diese ihre praktische Bedeutsamkeit erlangen und als theoretisch strukturierte Grundlage und Heurismus zur Bewältigung der beruflichen Arbeitsanforderungen und kontinuierlichen Optimierung der eigenen Praxis dienen können[60]. „Erst der theoretisch angeleitete Blick auf die Praxis eröffnet Denk- und Handlungsspielräume, innerhalb derer qualitätssteigernde Gestaltungsoptionen entdeckt und realisiert werden können"[61].

Dieses universitär erworbene Theoriewissen gilt es dabei im Laufe des Berufslebens kontinuierlich in einem iterativen Prozess zu systematisieren, zu vertiefen, zu erweitern, zu reflektieren und zu modifizieren und durch eigene praktische Erfahrungen und neue Forschungsergebnisse anzureichern.

Lehrkräfte sollen hierbei als „reflektierende Praktiker*innen" agieren, d. h., sie sollen in der Lage sein, in schwer abwägbaren und komplexen (Lehr-Lern-)Situationen situationsorientiert entscheidungsrelevante Aspekte zu erkennen, zu verstehen und folgend professionell zu handeln[62]. „Professionelles Handeln erfordert [hierbei] neben systematischem Wissenschaftswissen und praktischem Handlungswissen auch ein situatives Urteilsvermögen und die Fähigkeit, in einer Situation der Unsicherheit, schnell Entscheidungen zu treffen. (…) [Kompetente Lehrkräfte] sollen [folglich] sowohl über

---

56 Kultusministerkonferenz, 2014, S. 7.
57 Terhart, 2005, S. 1.
58 Seifried, 2015, S. 178.
59 Seifried, 2015, S. 178.
60 Beck, 2015, S. 64.
61 Beck, 2015, S. 64.
62 Schaffenrath, 2008, S. 71.

praktisch-professionelle als auch wissenschaftlich-reflexive Kompetenzen verfügen. Die Reflexion im praktischen und im wissenschaftlichen Bereich stellt den Kern professionellen Handelns dar. Nur durch Reflexion der eigenen Aktionen kann professionelles Handlungswissen auf Basis eigener Erfahrungen erzeugt werden. Es gilt also, bereits im Rahmen der Ausbildung eine reflektierende, forschende Einstellung gegenüber dem eigenen Handeln zu entwickeln. Gerade der Lehrerberuf stellt hohe Anforderungen an die Fähigkeit von Lehrpersonen, über die Wirkung der eigenen Tätigkeit im Schul- bzw. Unterrichtssituationen zu reflektieren"[63].

Vor diesem Hintergrund wird auch in den Standards für die Lehrer*innenbildung die Anforderung zum wissenschaftlichen Arbeiten sowohl in den Bildungswissenschaften als auch in den Fachdidaktiken der beruflichen Fachrichtung in hohem Maße herausgestellt. Anbei ein Beispiel: „Kernanliegen der Didaktik der beruflichen Fachrichtung ist, die angehenden Lehrkräfte zu befähigen, berufliche Bildungsprozesse zu analysieren, zu gestalten und situationsbezogen vor dem Hintergrund wissenschaftlicher Erkenntnisse zu reflektieren, um auf dieser Grundlage die Lernenden zur Lösung von berufs- und lebensbedeutsamen Aufgabenstellungen zu befähigen"[64]. „Die Studienabsolventinnen und -absolventen verfügen über ein fundiertes, bildungsgangsbezogenes metalltechnisches Fachwissen, Wissen über fachdidaktische Theorien und Konzepte sowie über ein reflektiertes Metawissen zu Arbeit und Beruf, sind fähig, wissenschaftliche Methoden zur Bearbeitung von disziplinären Fragestellungen in den o. g. Wissensbereichen anzuwenden und zu beurteilen"[65].

1.2.5 Leitbild für die gewerblich-technische Lehrerbildung

Auf Basis des dargestellten Modells zur professionellen Handlungskompetenz von Lehrkräften von BAUMERT & KUNTER, den Standards für die Lehrerbildung, dem Basiscurriculum Berufs- und Wirtschaftspädagogik sowie weiteren Dokumenten (wie z. B. dem niedersächsischen Kernaufgabenmodell, welches auf Basis empirischer Erhebungen der niedersächsischen Schulinspektion die Handlungsfelder von Lehrkräften an berufsbildenden Schulen beschreibt)[66] kann zusammenfassend ein Leitbild für die gewerblich-technische Lehrerbildung formuliert werden. Bei der Formulierung eines Leitbildes „(...) geht es im Kern um die Definition einer Lehrerrolle und damit um die Erfüllung sozialer Erwartungen an den Lehrenden. Vor diesem Hintergrund wird das Lehrer*innenbild mittelbar über die Aufgaben konkretisiert, deren Erfüllung vorausgesetzt wird"[67].

Dieses Leitbild konkretisiert sich dementsprechend nach EULER & HAHN an den beruflich relevanten Aufgaben. Die Handlungsfelder bzw. Aufgaben, die gewerblich-technische Lehrkräfte an berufsbildenden Schulen bewältigen müssen, gestalten sich komplexer als an allgemeinbildenden Schulen. Begründen lässt sich das mit der en-

---

63 Schaffenrath, 2008, S. 71.
64 Kultusministerkonferenz, 2017, S. 76 und 78.
65 Kultusministerkonferenz, 2017, S. 76.
66 Niedersächsische Schulinspektion, 2010, S. 5.
67 Euler und Hahn, 2014, S. 29.

gen Verschränkung des Ausbildungs- mit dem Beschäftigungssystem,[68] die Komplexität und die Heterogenität des berufsbildenden Schulwesens im Hinblick auf die Anzahl der möglichen Ausbildungsberufe, der individuellen Voraussetzungen der Schüler*innen und Auszubildenden, der Vielschichtigkeit der beruflichen Schulformen[69]. Weiterhin sind Reformprozesse wie die Entwicklung von berufsbildenden Schulen zu Kompetenzzentren und selbstständigen Schulen, das Qualitätsmanagement, der schnelle technologische Wandel, der sich z. B. aktuell in Transformationsprozessen wie der Industrie 4.0 niederschlägt, sowie Inklusion an berufsbildenden Schulen von hoher Relevanz[70]. Abbildung 2 veranschaulicht zusammenfassend, dass neben den in den „Standards für die Lehrerbildung: Bildungswissenschaften" formulierten beruflichen Handlungsfeldern Erziehen, Beraten, Beurteilen, Unterrichten und Innovieren für Lehrkräfte an berufsbildenden Schulen[71] auch noch weitere Handlungsfelder für Lehrkräfte an berufsbildenden Schulen relevant sind, z. B. Schülerdaten verwalten, Ressourcen verwalten, Qualität der schulischen Handlungsfelder sichern und entwickeln, interne/externe Kooperation und Teamarbeit praktizieren.

Abbildung 2: Handlungsfelder von Lehrkräften an berufsbildenden Schulen[72]

Auch die Anforderung, (digitale) Medien zu erstellen und in den Unterricht zu implementieren bzw. für selbstorganisierte Lehr-Lern-Prozesse bereitzustellen, sollte nicht unterschätzt werden. Vor allem in der gewerblich-technischen Berufsbildung ist es von zentraler Bedeutung, relevante Anwendersoftware, technische Lernsysteme oder Lehr-Lern-Software (z. B. Simulationsprogramme) zu kennen, die technische Lernumgebung

68 Fischer, 2012, S. 233.
69 Bader, 2006, S. 385; Berufsschullehrerverband Niedersachsen, 2012, S. 2.
70 Eder und Kreutz, 2013, S. 10 f.
71 Kultusministerkonferenz, 2014.
72 Eder und Kreutz, 2013, S. 11.

vorzubereiten, zu nutzen und diese in den Lehr-Lern-Prozess zu integrieren und ihre lernförderliche Wirkung zu evaluieren[73].

Darüber hinaus sind Lehrkräfte an berufsbildenden Schulen vor allem auch in gewerblich-technischen Domänen dazu aufgefordert, „Unterricht, Curricula und Schule in Zusammenarbeit mit allen an der Ausbildung beteiligten Institutionen (…) weiterzuentwickeln"[74]. Dazu ist es notwendig, die eigenen Kompetenzen vor dem Hintergrund der hohen Innovationsgeschwindigkeit in technischen Berufen ständig weiterzuentwickeln. So heißt z. B. eine Anforderung für die Absolvent*innen der beruflichen Fachrichtung Elektrotechnik: „Die Studienabsolventinnen und -absolventen (…) können sich auf Basis der erworbenen Kenntnisse und Fertigkeiten Neuentwicklungen in der Elektrotechnik und der beruflichen Arbeit eigenständig erschließen"[75].

1.3 Zusammenfassung und Fazit

Zusammenfassend lässt sich feststellen, dass die Anforderungen, welche an eine gewerblich-technische Lehrkraft gestellt werden, anspruchsvoll und facettenreich sind. Damit Studierende ihren Lernprozess adäquat in allen Phasen der Lehrer*innenbildung selbst steuern und reflektieren können, ist es notwendig, diese Anforderungen zu kennen, vor der eigenen (Berufs-)Biografie zu reflektieren und sich geeignete Bildungsangebote auszuwählen.

Dies ist eine notwendige Kompetenz, da Lehrer*innenbildung in Deutschland nicht überall durchgängig organisiert ist und die Vielfalt der beteiligten Wissenschaftsdisziplinen (Fachwissenschaften, Bildungswissenschaften, Fachdidaktiken etc.) und Organisationen (Universitäten, Studienseminare, Lehrer*innenfortbildungsakademien) eine inhaltliche, organisatorische und zeitliche Abstimmung im Studium erschwert. Folgende Kritikpunkte werden u. a. angemahnt. Das universitäre Studium wird mitunter als praxisfern, fragmenthaft[76] und zu wenig an den beruflichen Anforderungen des Berufsfeldes orientiert beurteilt[77]. Weiterhin werden eine geringe Kooperation und Verzahnung der drei Phasen der Lehrer*innenbildung kritisiert[78]. Resümierend stellen DIEHL & KRÜGER fest, dass von „einem gestuften Bildungsgangmodell zu erwarten [ist], dass die in der ersten Phase von den Studierenden entwickelten Kompetenzen aufgegriffen und im Sinne einer berufsbiografischen Professionalisierung der angehenden Lehrenden weiter ausdifferenziert und ergänzt werden"[79]. „Empirische Studien deuten jedoch darauf hin, dass sich sowohl Referendare durch das universitäre Studium unzulänglich auf das Referendariat vorbereitet fühlen als auch Berufseinsteiger unmittelbar nach dem Vorbereitungsdienst sich noch nicht in der Lage sehen, ihren Beruf

---

73 Bach, 2018, S. 157–176.
74 Kultusministerkonferenz, 2017.
75 Kultusministerkonferenz, 2017, S. 79.
76 Terhart, 2009.
77 Schubart, 2010, S. 80.
78 Eder und Kreutz, 2013, S. 3.
79 Diehl und Krüger, 2011, S. 1.

kompetent auszuüben"[80]. „Oft bleibt es den angehenden Lehrenden selbst überlassen, aus den einzelnen Ausbildungsabschnitten Zusammenhänge für den eigenen Professionalisierungsprozess herzustellen"[81].

Dieser Anspruch lässt sich (möglicherweise) dadurch einlösen, das über den gesamten Professionalisierungsprozess – über alle drei Phasen hinweg – ein konsistenter und widerspruchsfreier Gesamtansatz implementiert und umgesetzt wird. Inwieweit hierfür die unterschiedlichen Vorgaben (z. B. Standards etc.) zielführend sind, bleibt abzuwarten.

---

[80] Eder und Kreutz, 2013, S. 3.
[81] Diehl und Krüger, 2011, S. 3.

2 Allgemeine Didaktik und Technikdidaktik

Wissen über didaktische Theorien, Modelle, Konzepte und der damit korrespondierende empirische Forschungsstand sind, wie die Ausführungen des Kapitels 1 zeigen, integraler Bestandteil der professionellen Handlungskompetenz einer Lehrkraft an berufsbildenden Schulen. Hinter dieser Vorstellung steht der Anspruch, dass Lehrpersonen in der Lage sind 1) ein zielorientiertes didaktisches Handeln zur realisieren und 2) ihr lehr-lern-bezogenes Handeln wissenschaftlich zu begründen, zu reflektieren und kontinuierlich zu verbessern[1]. Hierfür ist es notwendig, ein Verständnis didaktischer Begriffe und der Wissenschaftsdisziplin „Didaktik" zu entwickeln. Grundlegend dafür ist es, die historische Entwicklung der Didaktik, ihre Funktionen, Ziele, Wirkungsbereiche und ihre zentralen didaktischen Modelle (allgemein und beruflich) zu kennen, zu verstehen und darüber zu reflektieren. (Allgemeine) didaktische Modelle, Theorien und Konzepte sind dabei als (Reflexions- und Einordnungs-) Strukturen eines praktischen Handelns zu sehen[2], welche in spezifischen (Bereichs- und Fach-) Didaktiken konkretisiert werden.

Dem folgend werden im vorliegenden Kapitel zentrale Entwicklungen des Didaktik-Begriffs (Kapitel 2.1) referiert. Anschließend folgen Aspekte der Didaktik der beruflichen Bildung und der beruflichen Fachdidaktiken – als Basis für Grundüberlegungen zu einer beruflichen Technikdidaktik (Kapitel 2.3).

---

[1] Nickolaus, 2014, S. 3.
[2] Nickolaus, 2014, S. 1.

Kompetenz

Die Leser*innen sind in der Lage, die Kernaspekte des Bezugsraums Didaktik – Lehren und Lernen – Unterricht vor dem Hintergrund der Terminologie „Didaktik", den Zielen und Funktionen sowie didaktischen Modellen umfassend zu skizzieren und einzuordnen.

Die Leser*innen ...	Professionswissen	Reflexionswissen
... beschreiben die Entwicklungen des Bezugsraum Didaktik und skizzieren, ausgehend vom Begriff der „Didaktik", Ziele und Funktionen sowie unterschiedliche didaktische Modelle.	Entwicklungslinien des Bezugsraums Didaktik – Lehren und Lernen – Unterricht. Didaktik • Perspektiven • Definition der didaktischen Praxis • Ziele und Funktionen der didaktischen Forschung Didaktische Modelle • allgemeindidaktische Modelle • Entwicklungslinien • Aktuell relevante Modelle	Didaktische Modelle als übergeordnete Rahmung der didaktischen Theorie und Praxis.

Kompetenz

Die Leser*innen sind in der Lage, die Didaktik der Beruflichen Bildung sowie die beruflichen Fachdidaktiken als „Bereichsdidaktiken" zu begreifen und deren Herausforderungen, Grenzen und offene Fragen in Theorie und Praxis zu explizieren.

Die Leser*innen ...	Professionswissen	Reflexionswissen
... skizzieren die Besonderheiten und Wirkungsbereiche der Didaktik der beruflichen Bildung in Theorie und Praxis. ... unterscheiden fachdidaktische Ansätze in Allgemein- und Berufsbildung.	Didaktik der beruflichen Bildung • Grundcharakteristika und Spezifika • Ebenen und didaktische Prozesse Berufliche Bildungsforschung • Herausforderungen • Positionierungen • Aktuelle empirische Ansätze Fachdidaktiken der beruflichen Bildung • Allgemeine vs. Berufliche Fachdidaktiken • Entwicklungen • Aktuelle Situation und Positionierungen beruflicher Fachdidaktiken	Herausforderungen, Grenzen und offene Fragen aktueller Forschung im Kontext der Didaktik der Beruflichen Bildung. Herausforderungen der beruflich-technischen Fachdidaktiken.

Kompetenz

Die Leser*innen sind in der Lage, ausgehend von Hintergründen des Technikbegriffs, die Grundbezüge einer beruflichen Technikdidaktik darzustellen und die aus Spannungsfeld „Didaktik der Beruflichen Bildung – Technikdidaktik – berufliche Fachdidaktiken" entstehenden offenen Fragen und Chancen zu reflektieren.

Die Leser*innen ...	Professionswissen	Reflexionswissen
... beschreiben Ausgangspunkte von Technik sowie Entwicklungslinien des technischen Fortschritts. ... charakterisieren und differenzieren zentrale Aspekte einer beruflichen Technikdidaktik.	Technik und technischer Fortschritt Grundbezüge einer Technikdidaktik • Allgemein- vs. Berufsbildung • Spezifika einer beruflichen Technikdidaktik	Spannungsfeld Didaktik der Beruflichen Bildung – Technikdidaktik – berufliche Fachdidaktiken.

2.1 Begriffsbestimmung Didaktik und Unterricht[3]

Der Begriff „Didaktik" stammt aus dem Griechischen (διδσκειν/didáskein) und bedeutet soviel wie ‚Lehre', ‚Lehrkunst'[4]. Das Lehren und Lernen als gesellschaftliches Phänomen und Gegenstand didaktischer Theoriebildung ist historisch gesehen untrennbar mit Lehr-Lern-Prozessen, deren Institutionalisierung und mit der Herausbildung des Schulwesens verbunden. Das Lehren wurde dabei nach und nach aus seinem „natürlichen" Zusammenhang herausgenommen und hat sich sukzessive stärker institutionalisiert. Es entstand „Unterricht" als eine „Kunstform des Lehrens"[5]. Mit Unterricht werden dabei Lehr-Lern-Situationen beschrieben, welche mit pädagogischer Absicht, auf geplante Art und Weise, innerhalb eines institutionellen Rahmens, durch professionelles Lehrpersonal, in Interaktion mit den Schüler*innen durchgeführt werden[6]. Entsprechend dieser Institutionalisierung erfolgte eine „Verberuflichung" des Unterrichtswesens, die auch mit einer sukzessiven Professionalisierung und Akademisierung der Lehrer*innenbildung einher ging. Im Folgenden sollen Meilensteine der Institutionalisierung des Lehrens und Lernens und der Didaktik im Überblick beschrieben werden. Daran schließen sich Darstellungen zu didaktischen Modelle an.

2.1.1 Meilensteine der Institutionalisierung des Lehrens und Lernens

Bereits in *Vor- und Frühgeschichte* der Menschheit sind Phänomene zu finden, die sich bis heute als didaktisch bezeichnen lassen. Dies bezieht sich auf bestimmte Elementarformen des Lehrens und Lernens, welche auf dieser Stufe jedoch weder voll ausgebildet noch institutionalisiert waren (z. B. das Einbeziehen der Kinder in die Tätigkeiten der Erwachsenen). Die anfänglichen Ansätze wurden zunächst ohne eine explizite pädagogische Intention realisiert. Mit der Zeit versuchten jedoch Erwachsene zunehmend, bewusst mit spezifischen pädagogischen Intentionen die Entwicklung heranwachsender Generationen zielgerichtet zu beeinflussen. Dieser Prozess begann mit einem mehr oder weniger bewussten Vormachen, Nachmachen und Maßnahmen der Korrektur und Lenkung[7].

Dies wurde beispielsweise in der *Antike (1200 v. Chr. bis ca. 600 n. Chr.)* praktiziert. Hier gab es privat bezahlte „Didaskalos" (Lehrkräfte), die elementare Kenntnisse und Fertigkeiten (z. B. Sport, Musik, Schreiben) vermittelten und „Paidagogos" (Knabenführer), welche die Aufgabe der Erziehung und Beaufsichtigung der Kinder innehatten. Mit einer ausgefeilten Lehrkunst konnten die damaligen Lehrkräfte noch nicht aufwarten, hier war ein simples Vormachen und Nachmachen die didaktische Strategie der Zeit. Jedoch wurde in der Antike schon ein Lehrplan der „sieben freien Künste" formuliert (Grammatik, Rhetorik, Dialektik, Arithmetik, Geometrie, Astronomie, Mu-

---

[3] Im Folgenden teilweise übernommen aus Tenberg, 2011.
[4] Jank und Meyer, 2002, S. 10. Alt 2002 S. 10.
[5] Klingberg, 1972.
[6] Terhart, 2009, S. 102.
[7] Tenberg, 2011, S. 18.

sik) und eine Orientierung am zweckfreien, auf das Individuum bezogene und damit humanistische Bildungsideal entstammt ebenfalls dieser Zeit[8].

Im *Mittelalter (600 bis 1500 n. Chr.)* wurde von der Gesellschaft zunehmend erkannt, dass informelle Lernprozesse, d. h. nicht institutionalisierte, im natürlichen Lebenszusammenhang, (teilweise) unbewusste Lernprozesse optimiert bzw. abgekürzt werden können. Dies erfolgt, indem man verallgemeinerte Erfahrungen an die nachwachsenden Generationen formell, d. h. institutionalisiert und bewusst, vermittelt. Somit wird das Lehren aus seinem „natürlichen" Zusammenhang herausgenommen und es entsteht „Unterricht" als eine „Kunstform des Lehrens"[9]. Diese Aufgabe übernahm im Mittelalter überwiegend die Institution Kirche. Sie benötigte „Nachwuchs für den Klerikerstand"[10], den sie in Dom und Klosterschulen heranzog. Lehre fand häufig mechanisch statt, d. h., pauken und mechanisches Wiederholen waren die gängigen Lehr-Lern-Methoden. Die fachsystematischen Lehrinhalte waren vorgegeben und nicht zu hinterfragen. Die kirchlichen Schulen bekamen erst im Hochmittelalter durch weltliche Schreib- und Leseschulen in den Städten Konkurrenz. Eine allgemeine Schulpflicht, Frontalunterricht und altershomogene Gruppen gab es damals noch nicht[11]. Diese Organisationsformen, z. B. altershomogener Klassenunterricht, sind Errungenschaften der Neuzeit.

In der *Neuzeit* (ab 1500) tritt noch deutlicher zutage, dass der für die Entwicklung der Gesellschaft, der Wirtschaft und des Staatswesens notwendiger Prozess der Wissensübertragung, Qualifizierung und Sozialisation sich nur noch durch ein allgemeines, vom Staat organisiertes Unterrichtswesen garantieren lässt. Mit dieser zunehmenden Institutionalisierung des Lehrens entstanden auch didaktische Werke als Konkretisierung, Entwicklung und Theoretisierung der didaktischen Phänomene der Zeit. Mit dem Übergang vom 16. in das 17. Jahrhundert beginnt somit ein rationaler, wissenschaftlicher Umgang mit der Erziehungs- und Lehrpraxis.

Die Werke von Ratichius (1571–1635) und Comenius (1592–1670)[12] befassten sich z. B. als erste mit der Entwicklung einer allgemeindidaktischen Theoriebildung[13]. „So lässt sich mit einer gewissen Berechtigung der Beginn (…) didaktischer Theorie und Praxis bei Comenius festmachen, der mit seiner „Didactica magna" eine „Große Unterrichtslehre" schrieb, in der vieles theoretisch begründet und systematisiert ist, was seitdem zum Grundstock didaktischer Diskussion gehört. Er formuliert als Ziel seiner Didaktik – und das klingt heute noch so aktuell wie einst, dass „die Lehrer weniger zu lehren brauchen, die Schüler dennoch mehr lernen, in den Schulen weniger Überdruss und unnütze Mühe herrschen, dafür mehr Freiheit, Vergnügen und wahrhafter Fortschritt"[14]. Ab dieser Zeit bildete sich allmählich ein rationelles Bildungssystem heraus das in Preußen ab 1750 u. a. mit Entwicklungen wie Methodisierung des Unterrichts, Einführung der Schulpflicht und altershomogener Klassenunterricht sowie einer zunehmenden Pro-

---

8 Terhart, 2009, S. 22 f., Hörner, 2010, S. 13–17.
9 Klingberg, 1972.
10 Terhart, 2009, S. 24.
11 Terhart, 2009, S. 25.
12 Jank und Meyer, 2002, S. 13.
13 Jank und Meyer, 2002, S. 11.
14 Hüther und Schorb, 2010, S. 234.

fessionalisierung des Lehrpersonals einhergeht[15]. Die Berufsschule entwickelte sich bis 1920 aus den Sonntagsschulen (religiös und gewerblich ab 1739) und den Fortbildungsschulen (gewerblich, allgemein und beruflich gegliedert ab 1790)[16]. Die Weiterentwicklung der Didaktik zur Wissenschaftsdisziplin steht flankierend dazu mit den Arbeiten von Pestalozzi (1746–1827) und Diesterweg (1790–1866) in enger Verbindung[17]. Zur pädagogischen Begründung und Legitimation der Berufsschule als Bildungsstätte trugen maßgeblich Georg Kerschensteiner, Eduard Spranger und Aloys Fischer bei[18].

In Zusammenfassung und Strukturierung dieser Entwicklungen unterscheidet PETERSSEN für den Zeitraum von 1600 bis 1900 vier aufeinanderfolgende aber nicht aufeinander aufbauende didaktische Ansätze[19].
- Didaktik als „Lehrkunst" (Vertreter: Comenius 1592–1670, Werk: „Didactica Magna")
- Didaktik als „Unterrichtslehre" (Vertreter: Herbart 1776–1848, seine Schüler: Herbartianer)
- Didaktik als Bildungslehre (Vertreter*innen: Otto Willmann 1839–1920)
- Didaktik als Programm/Reformpädagogik (Vertreter*innen: Maria Montessori, Georg Kerschensteiner, Hugo Gaudig etc.)[20]

Im 20. Jahrhundert war der Bereich der Didaktik, ähnlich wie weitere Gesellschaftsbereiche, von den politischen und gesellschaftlichen Entwicklungen betroffen. Die Didaktik ist dabei gewissermaßen als Spiegel- bzw. Abbild dieser Entwicklungen zu beschreiben. Ausgehend von der Idee, Didaktik im Sinne einer Reformpädagogik zu begreifen, wurde ca. ab 1900 die Unterrichtspraxis zunehmend durch neue, damals radikale pädagogische Ansätze bestimmt, die neue didaktische Konzepte hervorbrachten, wie z. B. Projektarbeit (Vertreter: z. B. John Dewey), Arbeitsschulbewegung (Vertreter: z. B. Georg Kerschensteiner, Hugo Gaudig), Wochenplanarbeit und Freiarbeit (Vertreter*in: z. B. Maria Montessori, Helen Parkhurst etc.) usw. Diesen Ansätzen gemein war, u. a. dass die Schüler*innenselbstständigkeit, Individualisierung und Autonomie im Unterricht gestärkt werden soll und eine Abkehr von der bisherigen Buch- und Paukschule erfolgte. Vor allem die Ansätze von Georg KERSCHENSTEINER und John DEWEY können als Vorläufer des handlungsorientierten Unterrichts verortet werden[21]. Parallel dazu begründen Vertreter der geisteswissenschaftlichen Pädagogik erste Ansätze einer „Allgemeinen Didaktik". Mit der Machtergreifung und Gleichschaltung durch die Nationalsozialisten im Jahr 1933 ordnet sich die Didaktik generell einer NS-ideologischen „Blut- und Bodenpädagogik" unter. Mit dem Ende des NS-Regimes im Jahr 1945 kommt es zu einer Renaissance der vor dem Krieg bedeutenden geisteswissenschaftlichen Pädagogik und ihrer Didaktik, welche dann von der empirischen Erziehungswissenschaft und ihrer spezifischen Didaktik abgelöst wurde. Ab den 1960er-Jahren erfolgte zudem

---

15 Terhart, 2009, S. 26 f.
16 Pahl, 2008, S. 69.
17 Tenberg, 2011, S. 18.
18 Pahl, 2008, S. 77.
19 Peterßen, 2001, S. 136 ff.
20 Gudjons und Traub, 2016, S. 104.
21 Tenorth, 2010.

eine massive Beeinflussung didaktischer Theoriebildung von Vertreter*innen einer kritischen Erziehungswissenschaft[22]. Dieser kurze historische Überblick zeigt, dass schon zur Zeit der Aufklärung Bemühungen um didaktische Modellbildung stattfanden. Die Ansätze von HERBART können ebenso wie jene der Reformpädagogen als erste didaktische Modelle angesehen werden, wobei die aktuell bedeutendsten didaktischen Theorien erst nach 1945 ausformuliert wurden.

Ausgehend von diesem historischen Überblick soll nun der Versuch einer Bestimmung und Konkretisierung des Begriffs „Didaktik" erfolgen.

2.1.2 „Didaktik" – Begriffsbestimmung und Konkretisierung

In Ergänzung bzw. ausgehend von diesen Entwicklungslinien lässt sich der Begriff der Didaktik aus verschiedenen Richtungen betrachten und erklären:
- Didaktik ist die „Berufs-/Professionswissenschaft einer Lehrkraft" und soll zu einer wissenschaftlich orientierten Bewältigung und Reflexion der Aufgaben in Schule und Unterricht befähigen. Erst eine wissenschaftlich fundierte Didaktik hebt den Beruf der Lehrerin / des Lehrers auf ein professionelles Niveau[23].
- Didaktik bezieht sich auf organisierte Lehr-Lern-Prozesse und steht gleichbedeutend für alle Aspekte dieses organisatorischen Handelns. Informelle oder funktionale Lernprozesse weisen demgegenüber das Merkmal auf, nicht didaktisch geplant zu sein.
- Die Didaktik umfasst, wie oben schon angedeutet, bezogen auf den Gesamtkomplex Unterricht, alle auf Unterricht gerichteten Entscheidungen, deren Begründungen und Reflexion im Zusammenhang mit dessen Voraussetzungen, den dort stattfindenden Prozessen und Ergebnissen.
- Didaktik ist ein eigenes Wissenschaftsgebiet, dass sich je nach gewählter Perspektive in spezifische Bereiche aufgliedert (z. B. Schulartendidaktik, Bereichsdidaktik, Stufendidaktiken etc.). Didaktische Forschung befasst sich folglich zentral mit der Theorie und Praxis des organisierten Lehrens und[24] Lernens, beeinflusst diese und führt zu entsprechenden Theorieansätzen und empirisch fundierten didaktischen Modellen.

Ebenso unterschiedlich wie diese ersten Bezugs- und Begriffssysteme der Didaktik sind auch deren weiterführenden Definitions- und Differenzierungsansätze: In der geisteswissenschaftlichen Pädagogik[25] (Herman Nohl, Theodor Litt, Eduard Spranger, ...)[26]

---

22 Gudjons und Traub, 2016, S. 77–108.
23 Tenberg, 2011, S. 18.
24 „Wichtig ist, dass Didaktik immer beide Aspekte einschließt: das Lehren und das Lernen" (Gudjons, 2001, S. 233).
25 Hermeneutisch-pragmatisch-normauslegende Pädagogik (Nohl-Schule) aus der ersten Hälfte des 20. Jahrhunderts, zurückgehend auf die Theorien von Wilhelm Dilthey. Dieser Ansatz steht in engem Zusammenhang mit dem Ansatz, der Expansion und neuen Relevanz der sich zunehmend institutionalisierenden und professionalisierenden Pädagogik wissenschaftlich Rechnung zu tragen.
26 Herman Nohl, Jahrgang 1879, war – nach Assistentenjahren bei Wilhelm Dilthey – seit 1920 Professor an der Universität in Göttingen. Erich Weninger, Jahrgang 1894, zunächst Assistent bei Nohl, wurde 1949

wurde grundlegend zwischen einer „Didaktik im engeren Sinne" (i. e. S.) und einer „Didaktik im weiteren Sinne" (i. w. S.) unterschieden. „Die Didaktik i. e. S." bezog sich dabei ausschließlich auf die Bildungsinhalte (deren Auswahl und Begründung), „die Didaktik i. w. S." sowohl auf die Inhalte als auch auf die Methoden und Medien (die Vermittlung). Diese Unterscheidung entspringt einer bildungstheoretischen Didaktik, da sie zwischen einem (zentralen) Inhaltsaspekt und einem (nicht unwichtigen, aber nachgeordneten) Methodenaspekt differenziert. Ausgehend von der Bildungstheorie der Nachkriegszeit in Deutschland hat sich die sog. Allgemeine Didaktik von den spezifischen Didaktiken abgespalten. Sie versteht sich seitdem nicht als eine Basisdisziplin der Fachdidaktiken, sondern als eine „kritische" Didaktik, welche – unabhängig von den Lernräumen und -gegenständen – den Anspruch erhebt, Lehr-Lern-Prozesse gesellschaftskritisch zu reflektieren. Zentrale wissenschaftliche Basis ist hier die Bildungstheorie.

Für eine erste Eingrenzung und Konkretisierung erscheint das Modell von EULER bedeutsam. Hier werden ausgehend von einer empirisch fundierten Didaktik die Ziele und Funktionen der Didaktik in eine Unterrichtsebene und eine Theorie- bzw. Metaebene (Abbildung 3) eingeteilt.

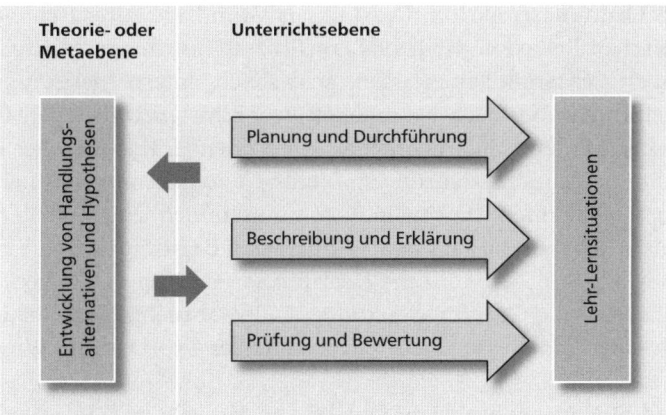

Abbildung 3: Ebenen sowie Ziele und Funktionen der Didaktik[27]

Der Theorie- bzw. Metaebene, welche sich auch als didaktische Wissenschaft beschreiben lässt, ist eine vorwiegend heuristische Funktion[28] zuzuschreiben. Diese bedeutet, dass didaktische Theorien, Hypothesen und Begriffe z. B. strukturell und empirisch[29] auf der Theorie- und Metaebene kontinuierlich weiterentwickelt werden und dadurch

---

Nohls Nachfolger. Eduard Spranger, Jahrgang 1882, wurde 1911 in Leipzig Professor, 1919 in Berlin und 1946 in Tübingen. Theodor Litt, Jahrgang 1880, wurde 1919 Sprangers Nachfolger in Leipzig. Er war vorher Gymnasiallehrer. Wilhelm Flitner, Jahrgang 1889, arbeitete vor seiner Berufung im Volkshochschulwesen. 1926 wurde er Professor an der Pädagogischen Akademie in Kiel. 1929 wechselte er an die Universität Hamburg. Eine knappe Übersicht zu den wissenschaftshistorischen Zusammenhängen gibt Tenorth, 2010.
27 Euler und Hahn, 2014, S. 51.
28 Heuristisch: (hier) menschlich verstehend, abstrahierend, transzendierend, …
29 Empirisch heißt „auf Erfahrung beruhend".

die wissenschaftlich fundierte Wahl von Handlungsalternativen[30] für professionelle Lehrkräfte ermöglicht wird. Erst die Reflexion der Praxis auf Theorieebene erlaubt deren Abstraktion und damit ein tiefer gehendes Verständnis, das Voraussetzung für die Identifikation von übergeordneten Gesetzmäßigkeiten oder Ursache-Wirkungs-Zusammenhängen sowie eine Überschreitung der Praxis ist.

Über die heuristische Funktion von Didaktik findet die eigentliche Theoriebildung statt, aber auch deren Rückführung in die Praxis. Auf diesen Metazyklus gehen die didaktischen Modelle zurück[31]. Ein weiteres Ziel der Didaktik als Wissenschaft und der damit verbundenen didaktischen Theoriebildung ist es, umfassende wissenschaftliche und damit objektive Informationen bereitzustellen, die es ermöglichen, Unterricht in Interaktion mit den Schüler*innen möglichst empirisch abgesichert zu planen, vorzubereiten, durchzuführen, zu reflektieren und zu optimieren (unter Berücksichtigung der Voraussetzungen, Prozesse, Begründungen und Ergebnisse von Unterricht)[32].

In Ergänzung der Theorie- bzw. Metaebene lassen sich angelehnt an EULER in der *Unterrichtsebene* drei grundlegende Funktionen feststellen, welche sich – insgesamt gesehen – als ein konsistentes Gefüge reflektierter Praxis zeigen:

Analyse- und Ordnungsfunktion: Didaktik als Grundlage zur Beschreibung, Erklärung und kritischen Reflexion der Lehr-Lern-Prozesse in Unterrichtssituationen. Lehrende oder auch Lehrerbildner erfassen, analysieren, interpretieren und beurteilen selbst durchgeführten oder auch bei anderen beobachteten Unterricht. Dabei dienen ihnen didaktische Modelle und Theorien als ein ordnender theoretischer Rahmen, vor welchem sie ihre Eindrücke, Erfahrungen, Schlüsse und Erkenntnisse analysieren, ordnen und reflektieren können. Wichtig in diesem Zusammenhang ist auch eine verbindliche pädagogisch-didaktische Fachsprache mit klaren Begrifflichkeiten[33]. In der großen Vielfalt und Vielschichtigkeit von Lehr-Lern-Prozessen bietet die Didaktik damit eine bedeutende Analyse- und Ordnungsfunktion für alle wahrnehmbaren Bedingungs- und Entscheidungsfelder und die im Unterricht ablaufenden Prozesse und Wirkungen[34].

Planungs- und Steuerungsfunktion: Didaktische Modelle und didaktische Konzepte dienen darüber hinaus als Grundlage zur Planung, Vorbereitung, Durchführung, Reflexion und Verbesserung von Unterricht. Professioneller Unterricht basiert in jedem Fall auf planvollem, zielgerichtetem Handeln und theoriegeleiteter Reflexion. Um dies angemessen und differenziert zu ermöglichen, bietet die Didaktik Aussagen über Ursache-Wirkungs-Zusammenhänge, Bedingungsfaktoren, Herangehensweisen, Strukturen, Methoden, relevante normative Setzungen etc. Jede diesbezügliche Überlegung und darauf basierende Handlungsoptionen sind didaktisch durchdacht und theoretisch fundiert. Vor allem Berufsanfängern bieten didaktische Modelle und auch pädagogisch-psychologische Modelle die relevanten Informationen, welche Strukturelemente

---

30 Euler und Hahn, 2014, S. 51.
31 Tenberg, 2011, S. 20f.
32 Riedl und Schelten, 2013, S. 58.
33 Riedl und Schelten, 2013, S. 59.
34 Tenberg, 2011, S. 20.

zur Planung, Vorbereitung, Durchführung, Reflexion und Qualitätsentwicklung von Unterricht besonders bedeutsam sind. Erfahrene Lehrkräfte haben diese häufig schon verinnerlicht d. h., sie sind sehr routiniert in ihren didaktischen Handlungen und denken nicht mehr ständig bewusst über einzelne Strukturelemente nach[35].

Kritik und Legitimationsfunktion: Didaktische Theorien und Modelle bieten theoretisches, ggf. empirisch abgesichertes Grundlagenwissen zur kritischen Reflexion und Legitimierung von professionellem didaktischen Handeln in Lehr-Lern-Situationen und deren u. a. normativen Lern-/Kompetenzzielsetzungen. Gerade auch in beruflichen Lehr-Lern-Prozessen werden aktuelle konkrete didaktische Konzepte umgesetzt, z. B. das Lernfeldkonzept, welches die didaktischen Prinzipien der Handlungsorientierung und der Situationsorientierung verfolgt, oder Konzepte die auf einen hohen Anteil an Selbststeuerung der Schüler*innen zielen[36]. Die Umsetzung dieser Konzepte zielt u. a. auf die Erreichung einer umfassenden beruflichen Handlungskompetenz und auf die Entwicklung einer selbständigen Problemlösefähigkeit im beruflichen Arbeitsumfeld. Nachdem nun didaktische Modelle und Konzepte es ermöglichen, berufliche Lehr-Lern-Prozesse zu planen und umzusetzen *(Planungs- und Steuerungsfunktion)*, die dort ablaufenden Prozesse wahrzunehmen, mit Fachbegriffen zu beschreiben und zu analysieren *(Analyse- und Ordnungsfunktion)*, bleibt nun noch abschließend die kritische Bewertung und auch Legitimation der didaktischen Entscheidungen. Wurden die intendierten Kompetenzziele (z. B. Fachkompetenz, Selbstkompetenz, Sozialkompetenz) erreicht? Ist das gewählte Vorgehen kompatibel mit der Zielgruppe (z. B. leistungsfähige/schwache Schüler*innen) und den gegebenen Rahmenbedingungen (gute/defizitäre IT-Ausstattung, Fachpraxisräume etc.). Didaktische Theorien und Modelle unterstützen in diesem Zusammenhang einen Vergleich zwischen dem, was intendiert (beabsichtigt) ist und dem, was tatsächlich erreicht wurde. Im Zyklus der Planung, Durchführung, Bewertung (= vollständige Handlung) kann Unterricht auf hohem Qualitätsniveau realisiert und kontinuierlich weiterentwickelt werden. Weiterhin ermöglicht die Analyse der Prozesse und Wirkungen des Unterrichts die Legitimation, Rechtfertigung und Begründung z. B. der Methodenwahl oder der Wahl des Unterrichtskonzeptes für bestimmte Bildungsgänge gegenüber Außenstehenden (Schulinspektion, Betriebe, Fachleiter im Studienseminar)[37].

Diese Strukturierung macht deutlich, dass Didaktik als Wissenschaft ohne Praxisbezug sowohl das Erfahrungsfeld als auch der Anwendungsbereich fehlen würde. Daher stehen alle didaktischen Theorien bzw. Modelle immer in einem engen Zusammenhang mit der „didaktischen Realität", welche zum Zeitpunkt ihrer Entwicklung vorgefunden wurde. Vor dem Hintergrund dieser Eingrenzung sollen nachfolgend Hintergründe und Entwicklungslinien und didaktische Modelle skizziert werden, welche die Didaktik den vergangenen Jahren in Theorie und Praxis – insbesondere im beruflichen Bereich – maßgeblich geprägt haben.

---

[35] Wilbers, 2014, S. 13.
[36] Krille, 2016.
[37] Riedl und Schelten, 2013, S. 58.

2.1.3 Didaktische Modelle als theoretische Rahmung

Didaktik als Wissenschaftsdisziplin zielt wie im vorhergehenden Kapitel ausgeführt darauf ab, die Entwicklung theoretisch und empirisch fundierter didaktischer Modelle voranzutreiben. Dabei blickt man gegenwärtig auf eine große Anzahl didaktischer Modelle, die sich z. B. hinsichtlich ihrer philosophischen Ausgangspunkte, ihrer (allgemeinen) Herangehensweisen oder auch ihrer Praxisfelder deutlich unterscheiden, aber auch große Schnittmengen aufweisen. So bieten KRON, JÜRGENS & STANDOP beispielsweise einen Überblick über eine Auswahl an 46 allgemeindidaktischen Modellen bzw. didaktischen Ansätzen, welche seit den 1950er-Jahren bis heute entstanden[38], aber teilweise auch schon wieder in der Bedeutungslosigkeit versunken sind[39]. Bei GUDJONS und TRAUB sowie JANK & MEYER sind ebenfalls intensive Analyse allgemeindidaktischer Modelle feststellbar[40].

Ausgehend von ihren Analysen definieren JANK & MEYER **allgemeindidaktische Modelle** als „ein erziehungswissenschaftliches Theoriegebäude zur Analyse und Modellierung didaktischen Handelns in schulischen und nichtschulischen Handlungszusammenhängen. Ein allgemeindidaktisches Modell stellt den Anspruch, theoretisch umfassend und praktisch folgenreich die Voraussetzungen, Möglichkeiten, Folgen und Grenzen des Lehrens und Lernens aufzuklären"[41]. Ein übergreifendes bzw. verbindendes Charakteristikum ist dabei, dass bei dem Versuch, die Realität abzubilden, nicht alle vorhandenen Merkmale erfasst werden, sondern eine Fokussierung auf besonders relevante Merkmale erfolgt. Ein Modell bildet somit die Realität nicht vollständig ab, sondern beschreibt die Realität im Hinblick auf wesentliche Aspekte (Deskription)[42]. Weiterhin können Modelle auch eine gewünschte Realität beschreiben, die es zukünftig noch zu erreichen gilt bzw. Prognosen anbieten, welche Faktoren mit welcher Wahrscheinlichkeit welche Wirkung hervorrufen (Präskription).

Entsprechend dieser Feststellungen haben sich didaktische Modelle entwickelt, die sich bspw. hinsichtlich ihrer philosophischen Ausgangspunkte, ihrer (allgemeinen) Herangehensweisen oder auch ihrer Praxisfelder unterscheiden, sich aber auch in Teilaspekten überschneiden.

Breiter Konsens besteht bezüglich der zentralen historischen Bedeutung der sog. „großen" oder „klassischen" didaktischen Modelle. Diese im deutschsprachigen Raum am häufigsten erwähnten allgemeindidaktischen Modelle repräsentieren neben ihren jeweiligen spezifischen didaktischen Aussagen auch spezifische wissenschaftstheoretische Grundpositionen (z. B. geisteswissenschaftlich, empirisch, gesellschafts-/ideologiekritisch)[43]. Im Laufe der Zeit sind noch weitere wichtige didaktische Theorien/Modelle hinzugekommen, wie die der „konstruktivistischen Didaktik" oder die

---

[38] Kron, Jürgens und Standop, 2014, S. 65.
[39] Tenberg, 2011, S. 22.
[40] Gudjons und Traub, 2016; Jank und Meyer, 2002.
[41] Jank und Meyer, 2002, S. 31.
[42] Wilbers, 2014, S. 12.
[43] Gudjons und Traub, 2016, S. 30–52.

der „inklusiven Didaktik", welche auf der konstruktivistischen aufbaut. Anbei eine Auflistung; Abbildung 4 zeigt diese Modelle im zeitlich geordneten Überblick[44]:
- Die „bildungstheoretische Didaktik" (Vertreter: Wolfgang Klafki)
- Die „lerntheoretische Didaktik" (Vertreter: Paul Heimann, Gunter Otto, Wolfgang Schulz)
- Die „lehrtheoretische Didaktik" (Vertreter: Wolfgang Schulz)
- Die „informationstheoretisch-kybernetische Didaktik" (Vertreter: Felix von Cube)
- Die „lernzielorientierte Didaktik" (Vertreterin: Christine Möller)
- Die „konstruktivistische Didaktik" (Vertreter: z. B. Horst Siebert, Kersten Reich)
- Die „inklusive Didaktik" (Vertreter: z. B. Kersten Reich)

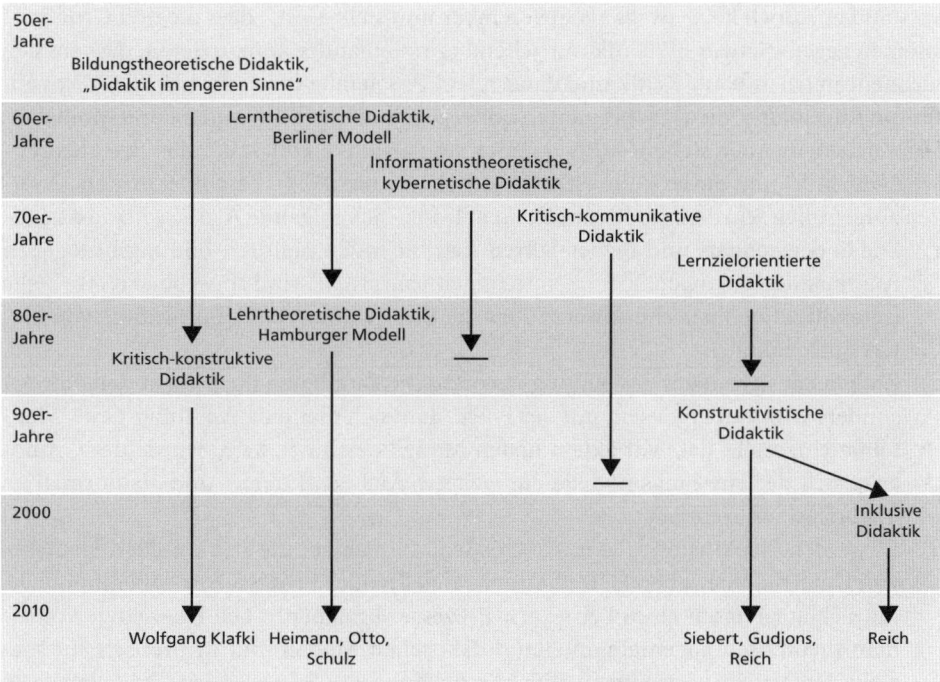

Abbildung 4: Entwicklung didaktischer Modelle/Theorien von 1950–2018[45]

Aktuell sind vor allem drei allgemeindidaktische Modellansätze bedeutsam: Die „kritisch-konstruktive Didaktik" von Wolfgang Klafki, die „lerntheoretische Didaktik" von Wolfgang Schulz und die sog. „konstruktivistische Didaktik" welche sich aktuell zur „inklusiven Didaktik" weiterentwickelt (z. B. vertreten von Kersten Reich, siehe

---

[44] Gudjons und Traub, 2016, S. 240 ff.
[45] Gudjons und Traub, 2016, S. 241.

Abbildung 5)⁴⁶. Dabei wurden ältere didaktische Ansätze häufig in die neuen Ansätze integriert; z. B. beinhaltet die kritisch-konstruktive Didaktik von Klafki immer noch seinen ersten Ansatz die „Didaktische Analyse". Ebenso entwickelt Kersten Reich eine „inklusive Didaktik" auf Basis seiner „konstruktivistischen Didaktik".

Wie Abbildung 4 verdeutlicht, sind einige Modelle im Laufe der Zeit wieder in der Bedeutungslosigkeit versunken, wie bspw. die kritisch-kommunikative Didaktik oder die informationstheoretisch-kybernetische Didaktik⁴⁷. Entsprechend zeigt sich die von BLANKERTZ bereits 1969 durchgeführte Analyse zu damaligen didaktischen Strömungen bzw. dessen Schlussfolgerung bis heute bedeutsam: Die Vielzahl der didaktischen Modelle rekurriert auf drei Grundparadigmen: dem bildungstheoretischen, lerntheoretischen und informationstheoretischem Paradigma. Diese drei Grundparadigmen verstand er jedoch keineswegs als unvereinbar und stellte fest, „dass die drei Grundpositionen gegenwärtiger Didaktik nur scheinbar miteinander konkurrieren, dass sie sich vielmehr in fruchtbarer Kritik und dauerndem Problembewusstsein halten"⁴⁸. Dies gilt für die Allgemeine Didaktik bis heute, sodass gegenwärtig insbesondere drei Modellansätze nebeneinander stehen – die „kritisch-konstruktive Didaktik", die „lerntheoretische Didaktik" und die sog. „konstruktivistische Didaktik"⁴⁹ – bzw. in aktuellen Ansätzen aufgegriffen wurden. In diesem Kontext lassen sich folgende Aspekte herausstellen:

1) Die in den 1960er- und 1970er-Jahren stattfindenden politisch-bildungsbezogenen Auseinandersetzungen über „den richtigen Unterricht" sind abgeebbt, an ihre Stelle traten funktionalistische Ansätze über die Entwicklung und Überprüfung von Unterrichtsqualität.
2) Zudem hat sich weder das bildungstheoretische Paradigma noch ein anderes als besonders wirksam erwiesen, mit der Folge, dass sich hier eine Anything-Goes-Mentalität eingestellt hat. Mit jedem neuen Modell das hinzu kam, wurde der Grundanspruch der Ausgangsmodelle ein weiteres Mal „entkräftet" und als normatives Theoriegebäude entlarvt.
3) Es werden Strukturmodelle unterschieden, die sich auf die strukturellen Elemente von Unterricht beziehen (z. B. Berliner Modell), oder Prozess- bzw. Ablaufmodelle, die sich auf Phasen eines Lehr-Lern-Prozesses beziehen⁵⁰. Die Übergänge von einem theoretisch allgemeingültigen didaktischen Modell und theoretisch auf spezielle Unterrichtskonzepte (= didaktische Konzepte) abzielenden Modellen (z. B. Lernfeldkonzept, Konzepte zum Selbstorganisierten Lernen) sind fließend.
4) Im Kontext der beruflichen Bildung wurden in den zurückliegenden Jahrzehnten immer wieder eigenständige berufsdidaktische Modelle propagiert, konnten sich jedoch auch in den Anwendungsfeldern der einzelnen beruflichen Domänen (Wirtschaft, Technik und Gewerbe) gegenüber den allgemeindidaktischen Model-

---

46 Ausführlich und klar gegliedert beschreiben Kron, Jürgens und Standop, 2014, S. 70–146 die didaktische Problemfaltung in der Geschichte.
47 Tenberg, 2011, S. 22.
48 Tenberg, 2011, S. 23.
49 Ausführlich und klar gegliedert beschreibt Kron, 2000, S. 57–101 die didaktische Problemfaltung in der Geschichte.
50 Euler und Hahn, 2014, S. 50.

len nicht behaupten. Der Ansatz von STRAKA & MACKE[51] einer „Lern-Lehr-theoretischen Didaktik" war wohl ein später Versuch, hier ein eigenständiges Modell zu etablieren, es wurde jedoch in der berufsdidaktischen Forschung sowie in der beruflichen Lehrer*innenbildung kaum wahrgenommen.

5) Im Rahmen des Lernfeldansatzes sind ausgehend von den Überlegungen von BADER und SLOANE unterschiedliche Aspekte und Grundbezüge der Modelle einer „kritisch-konstruktiven Didaktik", einer „lerntheoretischen Didaktik" und einer „konstruktivistischen Didaktik" integriert worden. So stößt SLOANE z. B. in seiner „Didaktischen Analyse und Planung im Lernfeldkonzept"[52] eine systematische lernfelddidaktische Modellbildung an und integriert dabei auch klassische didaktische Modellansätze in sein Modell, wie z. B. die Didaktische Analyse von KLAFKI[53]; es finden sich u. a. zentrale Struktur- und Prozesselemente aus dem Berliner und Hamburger Modell wieder[54]. Eine konsistente Didaktik der Kompetenz- und Lernfeldorientierung ist in der beruflichen Bildung jedoch nicht feststellbar, stattdessen liegen unterschiedliche Ansätze vor[55], die häufig auf ihren Entstehungskontext eingegrenzt sind.

Wie diese übergreifenden Aspekte andeuten, erlauben die Modelle einer allgemeinen Didaktik nur bedingt eine unterrichts- und praxisnahe Konkretisierung. Auch deswegen lassen sich aktuell eine Reihe spezifizierter Didaktiken identifizieren und gegenüberstellen. Solche Bereichs-, Schularten- oder Fachdidaktiken – zu denen auch die Didaktik der beruflichen Bildung und die beruflichen Fachdidaktiken zählen – sind

Tabelle 1: Gegenüberstellung von allgemeiner Didaktik und spezifischen Didaktiken.

Allgemeine Didaktik vs. spezifische Didaktiken	
Zwischen der Allgemeinen Didaktik und den Fach-, Stufen, Bereichs- und Schulartdidaktiken gibt es keine Rangunterschiede. Vielmehr stehen sie sich in unterschiedlichen Abstraktions- bzw. Konkretisierungsebenen gegenüber.	**Fachdidaktiken** (Didaktik der Fächer der allgemeinen und berufsbildenden Schulen)
	Stufendidaktiken (der Sekundarstufe, der gynmasialen Oberstufe etc.)
	Bereichsdidaktiken (Bündelung schulischer und außerschulischer Lernbereiche z.B. Verkehrserziehung)
	Schulartdidaktiken (z. B. Didaktik für die Grundschule, die Förderschule, ...)

---

51 Straka und Macke, 2006.
52 Sloane, 2009.
53 Riedl, 2011, S. 159.
54 Sloane, 2009, S. 212.
55 Tenberg, 2006; Tenberg, 2011; Sloane, 2009; Riedl, 2011; Emmermann und Fastenrath, 2016; Lehberger und Rauner, 2017; Tramm, Casper und Schlömer, 2018 usw.

nach GUDJONS als Derivate der allgemeinen Didaktik anzusehen. GUDJONS stellt hierzu fest: „Allgemeindidaktische Modelle müssen schließlich immer wieder konkret fachdidaktisch ‚durchbuchstabiert' werden"[56]. Umgekehrt wäre aber auch der Standpunkt vertretbar, dass die Allgemeine Didaktik eine unterrichtsferne Metadidaktik sei, welche aus spezifischen, unterrichtsnahen Didaktiken synthetisiert werden müsse (Tabelle 1).

Im Kontext des vorliegenden Lehrbuchs soll der Fokus der spezifischen Didaktiken in einem ersten Schritt auf der Didaktik der beruflichen Bildung (Kapitel 2.2) und in einer weiteren Spezifizierung auf den beruflichen Fachdidaktiken sowie letztlich auf der Technikdidaktik (Kapitel 2.3) liegen.

2.2 Didaktik der beruflichen Bildung und berufliche Fachdidaktiken

2.2.1 Grundcharakteristika der „Didaktik der beruflichen Bildung"

Der Bereich der Didaktik der beruflichen Bildung ist entsprechend SCHELTEN[57] ein zentraler und bedeutsamer Bereich der Berufspädagogik. In Ergänzung zu dieser berufspädagogischen Sichtweise nähern sich REBMANN & SCHLÖMER aus der Perspektive von Berufen bzw. Berufsfeldern an: Die Didaktik der beruflichen Bildung ist dort „ein Sammelbegriff für verschiedene Didaktikansätze im Bereich der beruflichen Bildung. Dieser Sammelbegriff bezeichnet Didaktiken, die sich auf einzelne Berufsfelder oder auf mehrere Berufsfelder zugleich beziehen"[58]. Diese ersten Ausführungen deuten an: „Eine Didaktik beruflicher Bildung ist (…) kein in sich geschlossenes, theoretisches Erklärungssystem für das unterrichtsbezogene Handeln von Lehrkräften. (…) Sie unterscheidet sich von der allgemeinen Didaktik unter anderem durch ihre Projektion auf die Berufsbildung"[59]. Eine Didaktik der beruflichen Bildung ist gemäß GUDJONS als Bereichsdidaktik zu klassifizieren, denn sie bezieht sich auf den Bereich der Berufsbildung[60], die schulische, betriebliche und außerschulische Lehr-Lern-Bereiche beinhaltet. Die Entwicklung der Didaktik der beruflichen Bildung und ihrer berufsspezifischen Didaktikkonzepte ist eng mit der sukzessiven Institutionalisierung und späteren Akademisierung der beruflichen Lehrer*innenbildung verknüpft[61]. Ähnlich wie bei den allgemeinen Modellen haben sich im Rahmen der beruflichen Bildung unterschiedliche berufsdidaktische Theorien entwickelt, welche unterschiedliche Ausrichtungen aufweisen und in verschiedene Spektren des didaktischen Handelns hineinreichen.

---

[56] Gudjons, 2001, S. 233.
[57] Schelten, 2004.
[58] Rebmann, Tenfelde und Schlömer, 2011, S. 197.
[59] Riedl, 2011, S. 16.
[60] Kuhlmeier und Ernst, 2004, S. 113.
[61] Rebmann, Tenfelde und Schlömer, 2011, S. 198.

2.2.2 Modell berufsdidaktischer Theorien und berufsdidaktischen Handelns

In diesem Kontext hat NICKOLAUS[62] ein Metakonzept vorgelegt[63], in dem er für den didaktischen Bezugsraum drei separate Analyseebenen unterscheidet:

1. die Mikroebene = Ebene des sozialen Handelns zwischen Personen und die Ebene des individuellen Verhaltens und der Voraussetzungen[64]. Hier findet die eigentliche Lehr-Lern-Interaktion (z. B. zwischen Personen) statt sowie die individuellen Lernprozesse und Kognitionen. Wenn z. B. von Mikrodidaktik die Rede ist, sind vorwiegend didaktische Theorien/Konzepte/Planungen/Prozesse gemeint, die sich auf die Unterrichtsebene beziehen und umsetzen lassen (z. B. Methoden- und Medieneinsatz)[65].
2. Auf der Mesoebene = (institutionell-organisatorische Ebene[66]) wird vorwiegend die „didaktisch-curriculare Organisation in der jeweiligen Bildungsinstitution bzw. dem jeweiligen Bildungsgang"[67] in den Blick genommen. Damit ist u. a. die Frage verbunden, wie beispielsweise Ordnungsmittel (z. B. lernfeldorientierte Lehrpläne, Ausbildungsordnungen) auf institutioneller Ebene ausgestaltet und konkretisiert werden (z. B. durch didaktische Jahresplanung) und wie die notwendigen organisatorischen Voraussetzungen für Unterricht auf Organisationsebene geschaffen werden (z. B. durch Qualitätsmanagement an berufsbildenden Schulen, schulinterne Lehrerfortbildung usw.).
3. Die Makroebene = Ebene des gesellschaftlichen (Sub-)Systems. Für die berufliche Bildung ist hier das Berufsbildungssystem relevant. Auf der Makroebene geht es im Berufsbildungssystem um gesellschaftlich relevante Fragen (Abbildung 5).

Abbildung 5: Ebenen didaktischer Theorie- bzw. Modellbildung[68]

62 Nickolaus, 2006, S. 8 f.
63 In Anlehnung an Lemperts Modell beruflicher Sozialisation, Lempert, 2002.
64 Becker, 2011, S. 16.
65 Pätzold, 2010, S. 135.
66 Becker, 2011, S. 18.
67 Pätzold, 2010, S. 135.
68 Nickolaus, 2006, S. 8 f.

Über diese Ebenen erfolgt ein langkettiger und komplexer Weg didaktischer Intentionalität. Das hat zur Folge, dass die letztendlich zum Lernen führenden intrapersonalen Prozesse als äußerst komplexe und vielschichtige Endprodukte vielfältiger didaktischer Einzelprozesse entstehen.

Die Beschreibungen der Makro-, Meso- und Mikroebene verdeutlichen, dass ein komplexer Weg didaktischer Entscheidungs- und Gestaltungsprozesse durchlaufen wird, bevor 1) die Bedingungen systematischer Lehr-/Lernprozesse in der beruflichen Bildung geschaffen werden und konkreter beruflicher Unterricht auf Individualebene realisiert wird. Diese Kette didaktischer Entscheidungen beinhaltet z. B. das komplexe Verfahren zur Ausarbeitung und Aushandlung der lernfeldorientierten Rahmenlehrpläne für anerkannte Ausbildungsberufe im Dualen System[69], zwischen Bund, den Ländern und den Sozialpartnern auf Makroebene. Weiterhin müssen auf Mesoebene z. B. die lernfeldorientierten Lehrpläne in Bildungsgangteams an berufsbildenden Schulen im Rahmen einer didaktischen Jahresplanung[70] konkretisiert werden (z. B. Entwicklung von Lernsituationen, zeitliche Anordnung von Lernfeldern und Lernsituationen, Ressourcenplanung) – bevor dann die einzelnen Lehrkräfte auf Mikroebene ihren individuell geplanten Unterricht in Interaktion mit den Schüler*innen umsetzen und bewerten können. Dies ist nur ein Beispiel einer relevanten Wirkungskette über Makro-, Meso- und Mikroebene hinweg. Der reale Weg von der Bestimmung und Konkretisierung der Bildungsziele in der beruflichen Bildung in den dazu autorisierten Gremien bis zur Unterrichtsrealität ist lang und verzweigt. Die einzelnen Akteure (z. B. Bund und Länder, Betrieb und Schule) sind relativ autonom, was große „Freiheitsgrade" hinsichtlich der Umsetzung und Wirkung „oberer" didaktischer Intentionen impliziert. Auf der Makroebene strebt unsere moderne demokratische Gesellschaft beispielsweise übergreifend die Entwicklung mündiger, selbstbestimmter Individuen an, die Wirtschaft benötigt jedoch in erster Linie qualifiziertes und motiviertes Fachpersonal. Das aktuelle Bildungskonzept beruflicher Handlungskompetenz will und kann diese unterschiedlichen Interessenslagen überbrücken, da der arbeits- bzw. aufgabenorientierte Qualifikationsbegriff durch den individuenorientierten Kompetenzbegriff erweitert wurde (siehe Kapitel 3).

Die Beschreibungen verdeutlichen zudem, dass (2) die Prozesse berufsdidaktischen Handelns nicht auf die berufsbildenden Schulen eingrenzbar sind. Sie liegen nicht ausschließlich im Einflussbereich der Lehrer*innen an berufsbildenden Schulen, denn sie finden in einem komplexen schulisch-betrieblich-gesellschaftlichen Bezugsraum mit verschiedensten Protagonist*innen (z. B. betriebliche, überbetriebliche Ausbilder*innen) statt. Im Fall der dualen Berufsausbildung gilt dies umso mehr, da dort die berufliche Bildung z. B. auf Mesoebene über das Zusammenwirken mehrerer unterschiedlicher und relativ eigenständiger Bereiche und Lernorte (z. B. Betrieb, Berufsschule, ggf. überbetriebliche Bildungszentrum) entsteht. Dadurch entsteht die Schwierigkeit, dass Auszubildende zwischen zwei relativ unabhängig voneinander agierenden Bildungswelten (schulische und betriebliche Ausbildung) alternieren müs-

---

69 Kultusministerkonferenz, 2011.
70 Riedl, 2011, S. 168.

sen, deren Berufsbildungspersonal es nicht immer schafft, sich im notwendigen Maße gegenseitig zu informieren, abzustimmen und ggf. gemeinsame Ausbildungsprojekte umzusetzen. Was dazu führt, dass die Auszubildenden selbst in der Lage sein müssen, theoretische und praktische Ausbildungsanteile aufeinander zu beziehen. Lernortkooperation und Ausbildungsqualität wird diesbezüglich häufig als noch unzureichend beurteilt[71].

Hinzu kommt (3), dass die Folgen und Wirkungen des berufsdidaktischen Handelns in systematischen Lehr-Lern-Prozessen zentral auf die Realisierung beruflicher Handlungskompetenzen ausgerichtet sind[72]. Eine genauere Definition und Erläuterung dieser Zielstellung erfolgt in Kapitel 3. Der Ansatz von NICKOLAUS – und weitere Konzepte mit dieser übergreifenden Ausrichtung – verdeutlichen einmal mehr die Spannungsfelder und Herausforderungen, aber auch die Unstimmigkeiten und Divergenzen des deutschen Berufsbildungssystems in Bezug auf eine konsistente berufsdidaktische Modellierung sowie ein fundiertes berufsdidaktisches Handeln. Zusammenfassend lässt sich an dieser Stelle konstatieren:

Didaktisches Handeln ist im Falle der beruflichen Bildung dann erfolgsversprechend, wenn sich gesellschaftliche und wirtschaftliche Bildungsziele ergänzen. In der Realität ist dies – aufgrund unterschiedlicher Interessenlagen – nicht immer der Fall. Eine moderne demokratische Gesellschaft strebt übergreifend die Entwicklung mündiger Individuen an, die Wirtschaft benötigt in erster Linie qualifiziertes und motiviertes Personal. Das aktuelle Bildungskonzept beruflicher Handlungskompetenz will und kann diese unterschiedlichen Interessenlagen überbrücken, da der arbeits- bzw. aufgabenorientierte Qualifikationsbegriff durch den individuenorientierten Kompetenzbegriff erweitert wurde. Trotz des gemeinsamen Zielkonstrukts betrieblicher und schulischer Berufsbildung war und ist der oben skizzierte „Idealweg" von den obersten Bildungszielen bis in die einzelnen Bildungsprozesse immer nur eine Vision. Der reale Weg von der Bestimmung und Konkretisierung der Bildungsziele in den dazu autorisierten Gremien bis zur Unterrichtsrealität ist lang und verzweigt. Die einzelnen Teilebenen sind relativ autonom, was große „Freiheitsgrade" hinsichtlich der Umsetzung und Wirkung „oberer" didaktischer Intentionen impliziert. Vertikale Autonomie entsteht z. B. durch die sehr lose Koppelung der Bildungsperspektiven und -ansprüche an deren tatsächliche Realisierung (pädagogischer Freiraum!). Horizontale Autonomie entsteht z. B. durch das Nebeneinander betrieblicher und schulischer Lernorte. Lernortkooperation wird nach wie vor defizitär umgesetzt. Das liegt sowohl an den unterschiedlichen Kulturen und Intentionen der beiden Lernorte, als auch an deren strukturellen und organisatorischen Restriktionen. Diese horizontale und vertikale Bereichsautonomie führt so nicht nur zu einer (Aus-)Bildungsrealität, die relativ fern von deren Hintergründen „stattfindet", sondern wirkt zudem als Entwicklungsbremse, da evolutionäre Prozesse nur innerhalb der Teilsysteme stattfinden, an den Systemgrenzen aber stagnieren. Wenn Bildungswissenschaftler, Bildungsadministratoren, wirtschaftliche Fachverbände, Gewerkschaften, Schulleiter, betriebliche Ausbilder, Lehrer und Auszu-

---

[71] Beicht, Krewerth, Eberhard und Granato, 2009.
[72] Nickolaus, 2014, S. 8.

bildende über Berufsausbildung diskutieren, entsteht immer wieder der Eindruck, dass von unterschiedlichen Sachverhalten gesprochen wird. Die geringen Erfolge der zurückliegenden Jahrzehnte mit Bildungsplänen, äußerer und innerer Schulentwicklung, Qualitätsmanagement und Schulinspektion belegen die Trägheit des Gesamtsystems. Dies mag aus einer Fernperspektive plausibel erscheinen, zumal die Verhältnisse in der allgemeinen Bildung trotz geringerer Systemkomplexität deutlich einfacher sind – aber auch hier eine große Entwicklungsresistenz feststellbar ist. Aus Nahperspektive des Bildungspersonals und insbesondere der Auszubildenden jedoch erscheint es fatal: Diese nehmen sich als „Pendler*innen" zwischen zwei koexistierenden – nicht aber korrespondierenden – Bildungswelten wahr, sehen den technischen Fortschritt und die laufenden betrieblichen Weiterentwicklungen und identifizieren schließlich Ausbildung als etwas Rückständiges und Träges. Der „Lernort Schule" schneidet in dieser Bewertung erfahrungsgemäß schlechter ab, da er von den Auszubildenden zum einen als tätigkeitsfern, zum anderen als deutlich rückständig wahrgenommen wird[73].

Welche Rolle die Wissenschaft in diesem Gesamtsystem spielt, blieb bislang unberücksichtigt. Fest steht, dass sie auf alle Ebenen Einflüsse ausüben kann. Fest steht aber auch, dass sie dies aktuell nur in geringem Maße tut. Zentral ist hier die Berufspädagogik zu nennen. Sie befasst sich seit vielen Jahrzehnten u. a. mit der technischen Berufsausbildung und kann diesbezüglich auch vielfältige Theorien und Befunde vorweisen. Bzgl. einer beruflich-fachdidaktischen Wissenschaft lässt sich dies kaum feststellen: Denn trotz eines verstärkten Trends gibt es nach wie vor zu wenige Didaktikprofessuren in den beruflich-technischen Domänen[74].

Daraus kann abgeleitet werden, dass das Implementierungsdefizit berufspädagogischer Forschung mit deren Distanz zur Unterrichtsrealität zusammenhängt. Auf oberster Ebene wäre hier z. B. die Distanz der politischen Entscheidungsträger zu wissenschaftlichen Befunden zu konstatieren, die sicher nicht dadurch zu überbrücken ist, dass man sich das Attribut „evidenzbasiert" auf die Fahnen schreibt und bildungspolitische Prozesse (ausschließlich) mit PISA-Befunden hinterlegt. Letztlich gibt es in der Bildungsforschung keine „klaren" Befunde, die einfach in eine Programmatik überführt werden könnten, es gibt dort aber Erkenntnislinien mit Implikationen, die hilfreich wären, die bildungspolitischen Diskussionen ein wenig rationaler zu machen.

Auf mittlerer Ebene stellt sich dies anders dar, denn die Lehrpläne bzw. deren Basisansätze sind traditionell wissenschaftlich hinterlegt. Wie sich aber z. B. in den aktuellen Lernfeld-Lehrplänen zeigt, handelt es sich dabei eher um Teilausschnitte wissenschaftlicher Ansätze und Konzepte als um konsistente Gesamtansätze mit adäquater Theoriebasis und empirischer Fundierung. Nur in seltenen Fällen wird ein beruflicher Lehrplan auf Basis einschlägiger curricularer Forschung strukturiert und konzipiert. Auf unterer Ebene geht es schließlich um Schulen und insbesondere Lehrpersonen, die aus unterschiedlichsten Ausbildungskontexten und -konstellationen (grundständig, Quer-, Seiteneinstieg, Sondermaßnahme, …) kommen, damit einhergehend geringe bis sehr geringe Begegnungen mit berufsdidaktischer Forschung hatten und entsprechend auf

---

[73] Zinn, 2013, S. 315.
[74] Pittich, 2016.

Basis subjektiver Hilfskonstrukte, sowie Pragmatismus handeln. Ein (teil-)autonomer Unterricht wird dabei häufig (Tag für Tag) in Orientierung an legitimierten und heimlichen Lehrplänen praktiziert. Hier dominiert die Problematik, schulbezogene Forschung so zu realisieren, dass sie einerseits mit dem nationalen und internationalen Kontext inhaltlich und methodisch korrespondiert, andererseits aber nicht an der Realität und den Restriktionen der Schulen und den dort arbeitenden Lehrpersonen vorbeigeht.

Mit diesen Verwerfungen zwischen Forschung und Anwendungsfeld müssen sich jedoch nicht nur die Bildungswissenschaften, sondern auch andere Sozialwissenschaften wie z. B. die Soziologie oder die Psychologie „abfinden". Um diese Kluft nach und nach zu verringern, erscheint es speziell für die Didaktik angezeigt, ein Wissenschaftsverständnis zu vertreten, welches die Interaktion mit der Praxis miteinbezieht.

2.2.3 Wissenschaftliche Positionierung einer Didaktik der beruflichen Bildung

Der (berufs-)didaktischen Forschung ist innerhalb der vorausgehend skizzierten Gesamtstruktur eine relativ geringe Bedeutung beizumessen. Bildungspolitische Entscheidungen erfolgen – in Gesellschaft und Wirtschaft – selten vor dem Hintergrund wissenschaftlicher Befunde. Berufsdidaktische Forschung wird fast nur im schulischen Bereich (und dort eher rudimentär) betrieben, da es hier kaum forschungsfähige Einheiten an den Universitäten gibt. So bedingen sich defizitärer Forschungsstand und geringe politische Akzeptanz gegenseitig. Dies ist vor allem in Bezug auf die universitäre Lehrerbildung fatal, da über diesen Weg die stärksten Innovationsimpulse in dieses komplexe und sperrige System gesetzt werden können bzw. könnten.

Historisch betrachtet kommt die pädagogische Forschung aus der Geisteswissenschaft (NOHL, LITT, s. o.). In der Ablehnung, empirische Methoden auf den Menschen anzuwenden, fundierte DILTHEY diesen philosophisch gestützten Ansatz, der davon ausgeht, dass man die Natur zwar erklären könne, den Menschen jedoch verstehen müsse. Damit einher ging die Methodologie der Hermeneutik, mit welcher in erster Linie Texte analysiert und interpretiert wurden. Die geisteswissenschaftlichen Befunde in der Didaktik fanden jedoch wegen ihres übertrieben positiven Menschenbilds und den damit zusammenhängenden Forschungsthemen kaum Übertragung in die schulische Realität.

In den 1960er-Jahren beendete die sog. „Realistische Wendung" die geisteswissenschaftliche Akzentuierung, wobei sich zwei Hauptstränge ausbildeten; ein ideologiekritischer und ein empirisch orientierter.

Die „Kritische Erziehungswissenschaft" versteht sich als gesellschaftspolitischer Ansatz, welcher die Ideen der „Kritischen Theorie"[75] in die Pädagogik zu übertragen suchte. Als bekanntester Didaktiker hat Wolfgang KLAFKI versucht, diesen Ansatz in die schulische Realität zu integrieren („kritisch-konstruktive Didaktik"), was zwar zu

---

[75] HORKHEIMER, ADORNO, HABERMAS („Frankfurter Schule") intendierten als Kritiker der bürgerlich-kapitalistischen Herrschafts- und Unterdrückungsmechanismen eine „vernünftige Gesellschaft mündiger Menschen".

einer Reihe von Unterrichtsansätzen und -beispielen führte, jedoch zu keinen weiterführenden wissenschaftlichen Befunden, welche das didaktische Handeln auf einer der drei Ebenen der Theoriebildung nachhaltig beeinflussen konnten.

Erste empirische Ansätze in der Erziehungswissenschaft setzten den in der ersten Hälfte des 20. Jahrhunderts in der Psychologie etablierten Behaviorismus um. Als extremes Gegenstück zum geisteswissenschaftlichen Zugang wurden dabei die Gedanken und Gefühle der Menschen völlig ignoriert. Lernen wurde als Verhaltensänderung aufgefasst, Lehren als Konditionierung. Dass sich diese Herangehensweise nicht lange hielt, kann – ähnlich wie bei den geisteswissenschaftlichen Ansätzen – durch die geringe Relevanz der Befunde für die pädagogische Praxis erklärt werden.

Als ein markanter Punkt in der Konfrontation des empirischen Wissenschaftsverständnisses mit dem gesellschaftskritischen stellt sich der sog. „Positivismusstreit" zwischen den Philosophen ADORNO und POPPER dar. POPPER konstatierte in seinem kritisch-rationalistischen Ansatz, dass in den Sozialwissenschaften die gleichen Methoden zur Anwendung kommen müssten wie in den Naturwissenschaften, dass diese jedoch generell defizitär seien, aber zumindest dazu geeignet, Einzelprobleme temporär zu lösen. Eine nicht gelungene Falsifikation legitimiere eine spezifische Theorie im Rahmen ihrer definierten Grenzen. ADORNO setzte dem, als Vertreter der kritischen Theorie, die Auffassung entgegen, dass Sozialwissenschaft nicht durch ein partikuläres Erklären von Teilausschnitten vollzogen werden könne, da dies immer nur in der irrtümlichen Akzeptanz der aktuellen Lebensbedingungen erfolge und somit von diesen so erheblich konfundiert wäre, dass deren Überwindung hin zu einer besseren Gesellschaft von Anfang an ausgeschlossen sei.

Daraus ergeben sich zwei sehr unterschiedliche Positionen für Wissenschaftler*innen: Wer sich der kritischen Theorie anschließt, muss die Gesellschaft als Ganzes verändern, um sie zu verbessern. Dies zieht eine skeptische Grundorientierung nach sich, welche letztlich immer nach Bestätigungen und Ursachen der Gesellschaftskritik sucht. Wer sich hingegen dem kritischen Rationalismus anschließt, kann – auch ohne Konformität gegenüber den aktuellen gesellschaftlichen Bedingungen – an vielen Stellen versuchen, konstruktiv zu arbeiten, er muss dabei nur seine Möglichkeiten und Grenzen akzeptieren. Eine Didaktik, die sich – wie der hier vorliegende technikdidaktische Ansatz – auf empirische Befunde stützt, ist somit konstruktiv ausgerichtet, ohne dabei jedoch die ihr zugrundeliegenden gesellschaftlichen Bedingungen unkritisch zu ignorieren.

In den 1980er-Jahren erfolgte die sog. „qualitative Wende". Frühe qualitative Ansätze fanden schon zu Beginn des 20. Jahrhunderts in der Kulturanthropologie, Ethnologie und Soziologie statt.

In Abkehr von quantifizierenden Verfahren und deren Basistheorien besann man sich darauf, dass nicht das Verhalten der Menschen entscheidend für deren Bildungsprozesse ist, sondern das, was hinter diesem Verhalten steht. „Erklären" und „Verstehen" wurden nun nicht mehr als Kontrastpaar aufgefasst, sondern als zusammengehörig. Hinzu kamen philosophische Grundüberlegungen, die eine naive Übertragung naturwissenschaftlicher Ansätze auf den Menschen („Szientismus") generell infrage stellten. Daher wurde Poppers „kritischer Rationalismus" gerne auch in Zusammenhang mit diesem neuen Paradigma gebracht. POPPER lehnte den Positivismus ab, also die Annahme, dass nur das richtig sei, was diesbezüglich unumstößlich beweisbar ist. Gegenteilig ging er davon aus, dass alles menschliche Wissen temporär sei und unsere Theorien und Modelle nur eben so lange haltbar seien, bis wir diese entweder widerlegt oder verbessert haben. Sozialforschung muss dem gemäß auf Falsifikation ausgerichtet sein und auf die Markierung der Rahmenbedingungen und Grenzen. Ihre Ergebnisse sind entsprechend als temporäre Annäherung zu verstehen, nicht aber als feststehende Tatsachen. POPPERS „Kritischer Rationalismus" ist grundlegend sowohl für qualitative, als auch für quantitative Forschung. Für frühe Ansätze der qualitativen Forschung galt, dass nun weniger Hypothesen, sondern eher Forschungsfragen gestellt würden, die Zugänge auf den Menschen waren entweder hermeneutisch oder introspektiv, die Ergebnisse wurden interpretativ aufgearbeitet und diskutiert. Klassische Methoden waren die „objektive Hermeneutik", die „Grounded Theory" oder auch die qualitative Inhaltsanalyse. Bei Vertreter*innen der streng empirischen Sicht wurden diese Ansätze jedoch – nicht zuletzt aufgrund ihres geringen Verallgemeinerungsanspruchs – nie voll anerkannt.

Nachdem sich die qualitative Wende auch in der Psychologie ausgewirkt hatte, kam in den 1990er-Jahren aus deren Richtung ein neuer (forschungs-)methodischer Impuls in die pädagogisch-didaktische Forschung. Man könnte diesen – in Anlehnung zur vorausgehenden Wende – als „quantitative Wende" bezeichnen. Denn nun waren plötzlich wieder hypothesengestützte, wirkungs- und vergleichsbezogene Ansätze der klassischen Experimentalforschung angesagt. Vor allem aus dem nordamerikanischen Raum kam eine wahre Flut von quantitativen Studien einer sog. „Lehr-Lern-Forschung". In den diesbezüglichen Querschnitts- und Längsschnittstudien wurde über große Probandenzahlen und unter Anwendung inferenzstatistischer Rechenmodelle relevanten Teilaspekten von Lehren und Lernen nachgegangen. Large-Scale-Studien von der OECD (TIMMS oder PISA) unterstrichen den Gültigkeitsanspruch des quantitativen Paradigmas durch die plötzliche und scheinbar hohe politische Anerkennung empirischer Befunde aus der Bildungsforschung.

Da sich die Deutsche Forschungsgemeinschaft eng an diesen – weil internationalen – Standards orientierte, breitete sich die empirische Bildungsforschung innerhalb kürzester Zeit sehr stark aus. Nach wie vor wird diese Wirkungsforschung auf allen drei Bezugsebenen aber auch skeptisch gesehen, da ihre Befunde vom Bezugsfeld distanziert und terminologisch sowie mathematisch verschlüsselt sind (Varianzaufklärungen, Regressionskoeffizienten oder Modell-Fits). Hinzu kam, dass sich die nachgewiesenen Effekte auch selten überzeugend in die didaktische Praxis übertragen ließen. Die Befunde waren entweder so erwartungskonform, dass sie längst praktisch umgesetzt wurden, (z. B. der Nachweis, dass die Qualität des Ausgangswissens für den Lernzuwachs entscheidend sei), oder es gelang nicht überzeugend, alle Bezugsgrößen so zu kontrollieren, dass deren Einfluss nicht den erhobenen Effekt übersteigen würde (z. B. wenn ein Unterricht aufgrund einer Gestaltungsvariante motivierender als ein anderer ist, dabei jedoch nicht kontrolliert wird, von welchem Unterricht die jeweils eingesetzten Lehrpersonen mehr überzeugt waren). Nicht zuletzt gilt es zu konstatieren, dass sehr spezifische Verfahren und Instrumentarien mit einer aufwändigen Mathematik eingesetzt wurden. Kritiker*innen sehen – auch in aktuellen Diskussionen – hier eine deutliche Verkürzung im Sinne empiristischer Ansätze. Diesen Vorwürfen bzw. Gefahren sind quantitative Ansätze deutlich stärker ausgesetzt als qualitative, da sie die unmittelbare Konfrontation mit den Individuen umgehen und die quantifizierten Ergebnisse kaum Rückkontrollen möglich machen.

Die für die berufliche Didaktik bedeutsame domänenspezifische Unterrichtsforschung steht aktuell diesen beiden Paradigmen gegenüber. Dabei muss erneut die Frage danach aufgeworfen werden, was unter Wissenschaft zu verstehen sei. Ein weit verbreitetes Verständnis beantwortet diese Frage mit dem Anspruch der Allgemeingültigkeit, also einer Ablösung der Erkenntnisse von deren Entstehungskontext zur Formulierung allgemeiner Gesetze und Regeln. Dieser Anspruch kann jedoch nur in bestimmten, zumeist wenig komplexen Systemen (z. B. Mechanik) aufrechterhalten werden, zu denen ein Zugang über objektive Instrumente möglich ist (Messgeräte etc.). Beide Aspekte sind in der Didaktik nicht gegeben, da es sich um hochgradig variante Szenarien handelt, in welchen viele Individuen relativ offen miteinander interagieren und ein direkter Zugang auf deren Wahrnehmungen, Deutungen, Intentionen, Kognitionen und Reflexionen unmöglich ist. Um sich diesem Anspruch zumindest anzunähern, wäre eine „didaktische Laborforschung" erforderlich. Die dafür notwendige Dekontextualisierung würde den Forschungsgegenstand jedoch derart verändern, dass die Befunde zwar ein höheres Maß an Wissenschaftlichkeit (im Sinne einer Allgemeingültigkeit) hätten, für die Didaktik jedoch kaum Relevanz aufweisen würden, da diese nur in enger Einbindung in einen komplexen Kontext vollzogen werden kann.

Folgt man dieser Argumentation, muss didaktische Forschung per se auf universelle Erkenntnisse verzichten und stattdessen ihre Erkenntnisse mit entsprechenden Eingrenzungen auf deren Entstehungs- und Projektionsraum handhaben. Zudem gilt es speziell für didaktische Forschung, die traditionelle Distanz zwischen Wissenschaft und Praxis zu überdenken und angemessen zu relativieren. In einem früheren Verständnis nahm die Wissenschaft eine distanzierte Position gegenüber der von ihr zu erforschenden Praxis ein, aktuell aber jedoch etablieren sich Ansätze, in welchen Forschung und didaktische Praxis integriert werden (u. a. die gestaltungsorientierte Forschung, Design-Based Research). Dies bedeutet jedoch nicht, dass das Eine zum Anderen wird; gegenteilig muss in diesen Ansätzen immer wieder geklärt werden, welche Aspekte der Forschung und welche der Praxis zuzuordnen sind. Dabei behalten beide Bereiche ihre ursprüngliche Gestalt und Spezifika, nur in ihrer Schnittzone ändern sich die Dinge. Die didaktische Praxis wird in diesem Grundverständnis von Praktiker*innen und Wissenschaftler*innen gemeinsam vollzogen. Aus der gemeinsamen Gestaltung ergeben sich Veränderungen in der Praxis, welche auch wissenschaftliche Erkenntnisse nach sich ziehen (können). Diese Erkenntnisse lassen sich wiederum in die Praxis einspeisen, sodass sich Praxis und Wissenschaft parallel, aber auch ineinander verschränkt entwickeln. Durch ein derartiges Vorgehen entstehen wissenschaftlich fundierte und dabei praktisch hochrelevante Erkenntnisse mit Eingrenzung auf die involvierten Subjekte und den Bezugskontext. Beispiele für derartige Ansätze sind „Action Research" und „Design-Based Research".

Die wissenschaftliche Positionierung beruflicher Didaktiken geht aktuell von einem empirischen Grundverständnis aus, muss dieses aber in zweierlei Hinsicht einschränken: Zum einen, indem qualitativ-explorative Ansätze gegenüber quantitativ-hypothesenprüfenden aufgrund ihrer vielschichtigeren Auseinandersetzung mit der Unterrichtsrealität bevorzugt werden, zum anderen, indem vor allem in Interventionsstudien Wissenschaft und Praxis sinnvoll korrespondieren sollten.

2.2.4 Berufliche Fachdidaktiken

Bei den Fachdidaktiken ist generell zwischen den allgemeinen und den beruflichen Fachdidaktiken zu unterscheiden. Unter Rückbezug auf UHE[76] kann Fachdidaktik übergreifend als Wissenschaft und Praxis des fachbezogenen bzw. des auf bestimmte Ausbildungsberufe bezogenen Lehrens und Lernens definiert werden, die sich insbesondere mit den Voraussetzungen, Prozessen, Zielen, Inhalten, Methoden, Medien und Ergebnissen von Lehr-Lern-Prozessen unter dem Aspekt der besonderen Möglichkeiten und Schwierigkeiten eines Faches oder einer beruflichen Fachrichtung beschäftigt. Entsprechend der Ausrichtung des vorliegenden Lehrbuchs wird der Fokus dieses Kapitels auf den beruflichen Fachdidaktiken liegen. Zur Abgrenzung der allgemeinen und beruflichen Fachdidaktiken wird kurz auf die Grundcharakteristika der allgemeinen Fachdidaktiken eingegangen.

Die **allgemeinen Fachdidaktiken** entstanden Anfang des 20. Jahrhunderts aus den Fachmethodiken der allgemeinen Schulfächer (z. B. Fachdidaktik Mathematik, Physik, Deutsch, Englisch). Sie entwickelten sich zunächst relativ unabhängig voneinander[77], überwiegend in den Studienseminaren. Dort wurden fachwissenschaftliche Theorien und Inhalte zur Vermittlung an die Schüler*innen aufgearbeitet, die Lehrpläne erörtert und umgesetzt, Musterlektionen erarbeitet, Schulbücher entwickelt usw.[78] Diese ersten fachdidaktischen Ansätze wurden jedoch als „Abbilddidaktiken" diskreditiert. Die Kritik lautete, dass die „Ziele und Inhalte der Fachdidaktik (…) aus der Fachwissenschaft ‚abgeleitet'"[79] werden, ohne die vielfältigen Bedingungsfaktoren und unterschiedlichen wissenschaftlichen Paradigmen (Perspektiven) des Lehrens und Lernens zu berücksichtigen, so z. B. die individuellen Voraussetzungen der Lernenden, welche damals weitgehend als passive Empfänger von Wissen eingestuft wurden. In den 1970er-Jahren definierte der Deutsche Bildungsrat die Aufgaben der Fachdidaktiken insofern, als das diese a) festzustellen haben, welche Erkenntnisse, Denkweisen und Methoden der Fachwissenschaft Lernziele des Unterrichts werden sollen b) ermitteln sollen, mit welchen Modellen zum Inhalt, zur Methodik und Organisation des Unterrichts möglichst viele fachliche Lernziele erreicht werden können; c) den Inhalt der fachlichen Lehrpläne immer wieder kritisch überprüfen, ob er den neuesten Erkenntnissen fachwissenschaftlicher Forschung entspricht und diese bei Bedarf aktualisieren;

---

76 Uhe, 1998, S. 104 f.
77 Rebmann, Tenfelde und Schlömer, 2011, S. 198.
78 Pätzold und Reinisch, 2010, S. 161.
79 Rebmann, Tenfelde und Schlömer, 2011, S. 199.

d) erkenntnistheoretische Vertiefung anregen und fächerübergreifende bzw. interdisziplinäre Gesichtspunkte identifizieren[80].

Eine darauffolgende Zuordnung der Fachdidaktiken zu den universitären Fachwissenschaften führte zu einer Verwissenschaftlichung und zu einem wissenschaftlichen Prestigegewinn. Die universitären Fachdidaktiken lösten sich im Laufe der Zeit zunehmend von den Fachwissenschaften und entwickelten sich – in Zuwendung zur Berufs- und Wirtschaftspädagogik, allgemeinen Erziehungswissenschaften, empirischen Lehr-Lern-Forschung, Entwicklungs-, Lern- und Pädagogischen Psychologie – zu eigenständigen didaktischen Teildisziplinen. „Fachdidaktiken werden heute nicht mehr als bloßes Konkretisierungsfeld der allgemeinen Didaktik betrachtet, sondern gelten als eigene fachspezifische Didaktiken, die neben dem engen Bezug zu korrespondierenden Fachwissenschaften mit weiteren Disziplinen wie der Erziehungswissenschaft, der allgemeinen Didaktik, der Entwicklungs- und Lernpsychologie [usw.] in Verbindung stehen"[81]. Vor diesem Hintergrund gilt als aktuell anerkannter Anspruch an die Fachdidaktiken, dass diese eine Brückenfunktion zwischen den fachwissenschaftlichen Anforderungen einer Bezugsdisziplin und den bildungswissenschaftlichen Theorien einnehmen[82]. Die wissenschaftlichen Fachdidaktiken sollen interdisziplinär agieren und vor allem diese beiden Bezugsdisziplinen „miteinander verbinden und für die Praxis der Lehr- und Lernprozesse fruchtbar machen"[83]. „Fachdidaktik ist (…) eine der humanen Interaktionen verpflichtete Handlungswissenschaft. Sie muss die Lernenden ebenso wie die Umgebungsbedingungen für das Lernen mitberücksichtigen und darf anvisierte fachliche wie überfachliche Bildungsziele nicht aus den Augen verlieren"[84].

Die **beruflich-technischen Fachdidaktiken** unterscheiden sich dabei wesentlich[85] von den allgemeinen Fachdidaktiken und ihre Aufgaben gehen weit über die Aufgaben einer allgemeinen Fachdidaktik hinaus, da sie die multiplen Kontextfaktoren der beruflichen Bildung mitberücksichtigen müssen wie z. B. schulische, betriebliche und außerschulische Lernorte, Lehrkräfte, Ausbilder*innen, Rahmenbedingungen, Kompetenzziele, Anforderungssituationen usw. Entsprechend dieser ersten Eingrenzung und Beschreibung Uhes[86] haben sich deutschlandweit ausgehend von den universitären Standorten mit Berufsschullehrer*innenbildung – sowie den weiteren in der Berufsschullehrer*innenbildung involvierten Institutionen (Studienseminaren) – im zurückliegenden Jahrhundert in mehreren Stufen berufliche Fachdidaktiken – mit unterschiedlichen Ausrichtungen – entwickelt und zwischenzeitlich etabliert. Schütte[87] unterteilt diese Entwicklungen der beruflichen Fachdidaktiken in folgende Abschnitte:

---

80 Rebmann, Tenfelde und Schlömer, 2011, S. 200.
81 Zinn, 2018, S. 64.
82 Riedl und Schelten, 2013, S. 85.
83 Kuhlmeier, 2003, S. 1.
84 Riedl und Schelten, 2013, S. 85.
85 Kuhlmeier, 2003, S. 13.
86 Fachdidaktik als jenen Teil der Fachwissenschaft, der sich mit den Voraussetzungen, Bedingungen, Zielen, Inhalten, Methoden und Medien von Lehr-Lernprozessen unter dem Aspekt der besonderen Möglichkeiten und Schwierigkeiten eines Faches oder einer beruflichen Fachrichtung beschäftigt; Uhe, 1998, S. 104 f.
87 Schütte, 2003, S. 129 ff.

1. „Unterrichtslehre an technischen Fachschulen"[88] ca. ab 1900 (Vertreter: Karl Weitzel). Grundsatz der beruflichen Bildung an technischen Fachschulen war es damals, möglichst effizient, zweckrational und utilitaristisch zu lernen d. h. die für die berufliche Arbeit auf damaligen Technikerniveau (Konstrukteur, Architekt, Bauführer) relevante Fachbildung in möglichst kurzer Zeit zu erwerben. Zweckfreie Bildung war nicht intendiert, es wurde darauf geachtet, nur nützliche, praxisnahe, für die Wirtschaft aktuelle und relevante Inhalte in die Lehrpläne aufzunehmen. Ab den 1925ern hatten die Lehrplanentwickler*innen dennoch aufgrund der Entwicklung neuer Technologien, Arbeitsmethoden und Fertigungsverfahren mit zunehmender Stofffülle zu kämpfen. Die Unterrichtsmethodik an den technischen Fachschulen war zunächst tradiert. Fragenentwickelndes Unterrichten wird gegenüber reinem Dozieren bevorzugt. Grundsätzlich liegt kein spezifischer beruflicher Ansatz vor, zentral sind Methoden und deren Anwendung, ausgerichtet auf ein besseres Arbeits- und Tätigkeitsverständnis[89]. Sukzessiver wurden methodische Innovationen eingeführt, z. B. Einsatz von Modellen, Lichtbildern, Diagrammen, Tonaufnahmen zur Veranschaulichung im Unterricht[90].
2. „Frankfurter Methodik an Berufsschulen" ca. ab 1930[91] (Vertreter: Jürgen Wissing; Richard Botsch; Ludwig Geißler „Werkkundlicher Berufsschulunterricht"). Die Frankfurter Methodik (FM) entsteht nach der endgültigen Genese der Berufsschule aus den Vorläuferinstitutionen (z. B. allgemeine und berufliche Fortbildungsschulen) in den 1920ern und wird als berufsschuldidaktischer Ansatz bezeichnet. Die FM konzentrierte sich auf den Unterricht in beruflichen Fächern wie z. B. Fachzeichnen, Fachrechnen, Werkkunde und Fachkunde für bestimmte Berufe (z. B. Maurer, Maschinenschlosser usw.). Insgesamt wird die Frankfurter Methodik durch mehrere Merkmale charakterisiert: a) Berufliche Fertigungsprozesse werden in den Mittelpunkt gerückt und unter Berücksichtigung der Lernpsychologie und naturwissenschaftlicher Grundbildung vermittelt. b) Es gibt ein zweigeteiltes Lehrplanschema mit Unterbau und Oberbau, ähnlich wie in der heutigen Stufenausbildung[92] im Bauwesen. c) Im Unterbau werden elementare Lerninhalte zusammengefasst, die als Grundbildung für mehrere Berufe gelten. Es gilt das Unterrichtsprinzip, vom Leichten zum Schweren und exemplarisches Lernen. Weiterhin werden in Anlehnung an Herbarts Formalstufen ein 3-Phasen-Modell aus Anschauung, Verstetigung und Anwendung praktiziert[93]. Im Oberbau erfolgt anschließend eine berufsspezifische Differenzierung der Lerninhalte, die sich an betrieblichen Handlungsfeldern[94] orientiert. Methodisch-didaktisch wird ganzheitliches Lernen verfolgt, z. B. mittels Kundenaufträge oder beruflichen Problemstellungen als Ausgangspunkte des Lernens. Didaktische Prinzipien des Oberbaus sind die des

---

88 Schütte, 2006, S. 131–133.
89 Tenberg, 2011, S. 35.
90 Schütte, 2006, S. 135.
91 Pahl, 2008, S. 345 ff.
92 Ott, 2011, S. 136.
93 Ott, 2011, S. 135 f.
94 Schütte, 2006, S. 137.

Exemplarischen und des Elementaren[95]. d) Weiterhin wird das Nachlaufpostulat vertreten, d.h., die Auszubildenden sollen zuerst die Praxis im Betrieb erfahren, um ein Problembewusstsein zu entwickeln, welches sie dann im Nachhinein in der Berufsschule theoretisch aufarbeiten[96].

3. „Ansätze zur Verwissenschaftlichung und didaktischen Vereinfachung (Reduktion) von Unterricht" ab ca. 1960 (Vertreter: z.B. Gustav Grüner, Dietrich Hering). „Zentrales Anliegen dieser Konzepte war es (...), Werkzeuge zu entwickeln, mit deren Hilfe die Menge an fachwissenschaftlichen Wissensbeständen begründbar für eine schulische Vermittlung reduziert werden kann, d.h. die Lehrstoff-Zeit-Problematik zu entschärfen[97]. Dies erfolgte in Orientierung an die Allgemeine Didaktik und Auseinandersetzung mit deren Ansätzen und Problemstellungen, z.B. bildungstheoretische Überlegungen und Curriculumsdiskussion. Die damals entwickelten Ansätze beschäftigten sich mit der Problemstellung, durch welche Strategien und effiziente Vermittlungsmethoden die vorherrschende Stofffülle bewältigt werden kann[98]. Die Ingenieurwissenschaften wurden in dieser Zeit den allgemeinen Fächern gleichbedeutend gesetzt. Damit steigt der fachwissenschaftliche Anspruch, parallel dazu sinkt die Nähe zu Beruf und Arbeit. Die Folge war ein effizienzorientierter, funktionalisierter Unterricht, in dem die Schüler*innen über Vereinfachungsreihen zu reproduzierbaren Wissensausschnitten geführt wurden.[99] Für den Einsatz in aktuellen lernfeld- und handlungsorientierten Konzepten werden die damals entwickelten Konzepte eher als ungeeignet bewertet[100].

4. Mit Beginn der 1980er-Jahre hielt die „Lernzielorientierung" Einzug in die beruflichen Curricula und leitete damit einen Paradigmenwechsel ein. Die Didaktik befasst sich zentral mit der Bestimmung und Umsetzung curricularer Lernziele, der Unterricht wird so zentral an Fachsystematiken orientiert und konzipiert, die Wissenschaftsorientierung erreicht ein Maximum. Die damit einhergehende Entkoppelung von Beruf und Betrieb führt zum Vorwurf der berufsschulischen Vermittlung trägen Wissens.

5. „Handlungsorientierung und Lernfeldorientierung an berufsbildenden Schulen" ab 1980. Schließlich setzt sich Mitte der 1990er-Jahre das Paradigma der „Handlungsorientierung und damit auch der Lernfeldorientierung" durch (Vertreter: Andreas SCHELTEN, Reinhard BADER u.v.m.). Damit einhergehend erfolgt eine neuerliche Reform beruflicher Curricula. Durch das Lernfeldkonzept werden die beruflichen Fächer aufgelöst. Beruflicher Unterricht fokussiert sich auf die reflektierte Lösung komplexer realitätsnaher Aufgabenstellungen. Das Lernfeldkonzept ist zentral für eine Didaktik der beruflichen Bildung, berufliche Fachdidaktik oder berufliche Technikdidaktik. Es wird im Rahmen des Bandes II dieses Kompendiums in Theorie und Praxis ausführlich diskutiert.

---

95   Pahl, 2008, S. 345.
96   Ott, 2011, S. 137.
97   Dengler, 2016, S. 141.
98   Ott, 2011, S. 105 ff.
99   Tenberg, 2011, S. 35 ff.
100 Dengler, 2016, S. 144.

Aus dieser Perspektive verläuft die Entwicklung der beruflichen Fachdidaktiken über einen spiralförmigen Prozess. Dabei wird zwischen einer Tätigkeits- bzw. Handlungsorientierung und einer Wissenschaftsorientierung alterniert, was einerseits die Bedeutung dieser beiden „Eckpunkte" für die berufliche Didaktik unterstreicht, andererseits aber auch deren bislang nicht gefundene „harmonische Integration". Es ist also (weiterhin) davon auszugehen, dass ein überzeugender fachdidaktischer Ansatz in einer beruflichen Domäne seine theoretische und empirische Fundierung genau in diesem Zusammenhang von Wissen und Können, von Theorie und Praxis, von Schul- und Arbeitswelt finden muss. Von diesem hohen Anspruch ist die aktuell wahrnehmbare Realität jedoch weit entfernt.

2.2.5 Aktuelle Situation beruflicher Fachdidaktiken

Der oben entstehende Eindruck eines übergreifenden Entwicklungsprozesses muss, angesichts des aktuell als gering einzuschätzenden Status der beruflichen Fachdidaktiken an den deutschen Universitäten, erheblich relativiert werden. Dies wird einerseits durch den insgesamt niedrigen Stellenwert der Lehrer*innenbildung in Zeiten der Exzellenz-Orientierung bedingt, andererseits durch ein Zuordnungsproblem der beruflichen Fachdidaktik, die sich als Integrationswissenschaft zwischen den Ingenieurwissenschaften, Bildungswissenschaften, Arbeitswissenschaften u. v. m. bewegt.

Die beruflichen Fachdidaktiken sind aktuell an den meisten universitären Standorten den Ingenieurfakultäten zugeordnet (u. a. TU München, RWTH Aachen, TU Berlin, LU Hannover, Universität Stuttgart). Die Lehrenden stammen dort überwiegend aus dem akademischen Mittelbau oder sind Lehrbeauftragte. Selten wird eine berufliche Fachdidaktik durch Professor*innen abgedeckt, was für die Lehre und deren wissenschaftlichen Hintergrund nicht angemessen sein kann. Durch die hohen Lehrverpflichtungen ist es für diese Fachdidaktiker*innen äußerst schwer, eigenständige Forschung zu betreiben. Damit sind sie gezwungen, ihre Lehrinhalte aus anderen Forschungskontexten und -befunden zu adaptieren bzw. auf Lehrbücher zuzugreifen. Eine weitere Folge der „Verschulung" universitärer Fachdidaktiken ist der deutschlandweit zu bemängelnde defizitäre Forschungsstand der Disziplin. Die meisten Befunde in den beruflichen Fachdidaktiken wurden in den zurückliegenden Jahren von Berufspädagogen veröffentlicht, die domänenspezifische Lehr-Lern-Forschung betreiben. Aktuell lassen sich drei relativ unterschiedliche Positionierungen der beruflichen Fachdidaktiken an den Universitäten vornehmen:
(1) als Bestandteil der entsprechenden Fach- bzw. Bezugswissenschaften,
(2) als Teil der allgemeinen Didaktik und damit Erziehungswissenschaft und
(3) als unabhängige und eigene Wissenschaftsdisziplin[101].

Zu (1): Das hier vorliegende Primat der Fachlichkeit entsteht aus einer engen Verkopplung mit den Ingenieurfakultäten der Universitäten. Didaktisches Handeln orientiert sich dabei an Fachwissenschaft und -systematik. Entscheidend für die Lehr-Lern-Pro-

---

[101] Ott, 2003, S. 95 f.

zesse ist ein hohes fachliches Niveau. Die Wissensvermittlung, deren Ansätze, Möglichkeiten und Probleme werden nachgeordnet betrachtet.

Zu (2): Das hier vorliegende Primat des Lehrens kann als Gegenperspektive zum Ansatz (1) verstanden werden. Im Zentrum der Überlegungen steht die Vermittlung des Lernens, die Lehr-Lern-Interaktion und damit einhergehende pädagogische und psychologische Aspekte. Fachliches wird bei- oder nachgeordnet. Die universitäre Zuordnung liegt hier bei bildungs- oder erziehungswissenschaftlichen Fakultäten.

Zu (3): Ausgehend von einem Primat der Beruflichkeit wird die Fachdidaktik zu einer eigenständigen Wissenschaftsdisziplin. Dieser Ansatz postuliert, dass Facharbeit der Arbeit von Ingenieuren nicht nachgeordnet sei, sondern beigeordnet und damit einen eigenständigen Anspruch und Hintergrund habe. Die Erforschung dieser Arbeitsprozesse und der damit zusammenhängenden Lern- und Entwicklungsprozesse wird als berufswissenschaftlicher Ansatz vertreten, wobei der Berufswissenschaftler Fachexperte und Vermittlungsexperte in einer Person ist.

Jeder dieser Ansätze hat Stärken und Schwächen. Aktuell ist der Ansatz (1) an den bedeutendsten Standorten universitärer Lehrer*innenbildung im gewerblich-technischen Bereich dominierend. Ansatz (3) wird überwiegend im Bezugsraum von Felix RAUNER und seinen akademischen Schüler*innen umgesetzt, Ansatz (2) ist nur an wenigen Standorten (u. a. an der Universität Hamburg) vertreten. Die Ansätze (1) und (2) stehen sich idealtypisch gegenüber. Hier sind die Stärken des einen Ansatzes gleichzeitig die Schwächen des anderen. Die Annahme (bzw. Hoffnung), Ansatz (3) könne angesichts des Status Quo eine Lösung bieten, in welcher die Stärken beider Ansätze erhalten und ihre Schwächen reduziert werden könnten, wird aus den Erfahrungen der zurückliegenden Jahre nicht bestätigt[102].

Im Kontext dieser Ausrichtungen und strukturellen Positionierungen der universitären Einrichtungen lässt sich für den deutschsprachigen Raum übergreifend ein defizitärer Forschungsstand feststellen. In den zurückliegenden Jahren wurden – wie vorab in der Hinführung skizziert – die meisten Befunde der beruflichen Fachdidaktiken von Berufspädagog*innen als domänenspezifische Lehr-Lern-Forschungsbefunde veröffentlicht. Somit ist den beruflichen Fachdidaktiken ein enormer wissenschaftlicher und struktureller Entwicklungsraum beizumessen, welcher aktuell mehr Fragen aufwirft als beantwortet. Dies bezieht sich auf deren generelle Positionierung zwischen Fachwissenschaften, Bildungswissenschaften, Berufswissenschaft, empirischer Lehr-Lern-Forschung, allgemeiner Didaktik, deren interne Bezüge und Eigenheiten und deren Eigenständigkeitsanspruch im Zusammenhang mit genuinen Theorien, Methodologien und Forschungsbereichen.

Neben diesen offenen Fragen lassen sich in den Entwicklungsprozessen der beruflichen Fachdidaktiken immer neue inhaltliche (pädagogisch, didaktische und me-

---

[102] Umgekehrt kann man bei diesem Ansatz sogar davon ausgehen, dass teilweise die Schwächen verstärkt werden, denn die so genannte Berufswissenschaft liefert weder einen fachlich vertieften Wissenskern für die angehenden Berufsschullehrer*innen in ihrer technischen Domäne, noch eine deutlich erkennbar höhere Vermittlungskompetenz. Innerhalb der Disziplin konnte sich der Ansatz als eigenständiger Bereich oder Teilbereich bislang nicht überzeugend aufstellen, da weder eigenständige Basistheorien noch darauf aufbauende belastbare Befunde vorliegen.

thodische) und organisatorische Herausforderungen im Kontext eines beruflichen Unterrichts feststellen. Hier sind in den vergangenen Jahren insbesondere 1) die Einführung der lernfeldorientierten Lehrpläne u. a. mit dem Anspruch der Kompetenzorientierung[103] und 2) der Wandel sowie die Anpassung der Berufe zu nennen. An dieser Stelle sei als eine bedeutsame Herausforderung auf die organisationale Divergenz von Berufsfeldern bzw. fachdidaktischen Segmenten hingewiesen. So ordnet[104] SCHÜTTE z. B. 43 Ausbildungsberufe aus Industrie und Handwerk der beruflichen Fachrichtung Metalltechnik zu (Stand 2010)[105]. Das Spektrum reicht über den Beruf des/der Anlagenmechaniker/-in Sanitär-, Heizungs- und Klimatechnik bis zum/zur Uhrmacher/-in[106]. Ähnliches gilt für die weiteren gewerblich-technischen Fachrichtungen in der beruflichen Lehrer*innenbildung. Als häufigste und zwischenzeitlich durch die KMK gesetzte „Bündelungen" sind aktuell die Bereiche Metalltechnik – Elektrotechnik – Informationstechnik – Bautechnik – Holztechnik – Druck- und Medientechnik – Farbtechnik, Raumgestaltung und Oberflächentechnik sowie Fahrzeugtechnik[107] feststellbar. Entsprechend dieser beruflichen Fachrichtungen[108] gibt es die Fachdidaktik Metalltechnik, Fachdidaktik Elektrotechnik, Fachdidaktik Bautechnik usw. Die Frage, inwieweit diese „Bündelung" angesichts der durch den beruflichen Wandel initiierten „Verschmelzungsprozesse" (Prototyp: Mechatronik als Hybrid aus Metall- und Elektrotechnik) tatsächlich zielführend sein kann, soll hier nicht erschöpfend diskutiert werden.

Fakt ist jedoch, dass durch die vorab skizzierten Herausforderungen und offenen Fragen beruflicher Fachdidaktiken und der „universitären Ressourcenknappheit" im Bereich der beruflichen Lehrer*innenbildung in den vergangenen Jahren an Universitäten technikdidaktische Lehr- und Forschungseinheiten eingerichtet wurden und sich zwischenzeitlich etabliert haben. In einer derart übergeordneten Technikdidaktik sind einzelne berufliche Fachdidaktiken zusammengefasst. Verbindendes Element ist hierbei das Phänomen Technik sowie dessen berufs- und domänenspezifische Vermittlung.

2.3 Technikdidaktik

In einer weiteren Konkretisierung wird im Folgenden erörtert, was Technikdidaktik ist bzw. welche Konzepte es diesbezüglich aktuell gibt. Vorausgehend wird jedoch kurz geklärt, was man unter Technik versteht bzw. um welches Phänomen es sich hierbei handelt und in wie fern es Bedeutung für die Menschen und deren Entwicklung hat.

---

103 Dengler, 2016, S. 160 f.
104 Problematisch hierbei ist, dass eine völlig eindeutige Zuordnung von Ausbildungsberufen zu Berufsfeldern oder beruflichen Fachrichtungen nicht immer möglich ist und es immer auch Ausbildungsberufe geben wird, die entweder mehreren Berufsfeldern oder beruflichen Fachrichtungen zuzuordnen sind, oder nicht zugeordnet werden können (Herkner, 2010, S. 41).
105 Schütte, 2010, S. 452.
106 Hartmann und Eicker, 2001.
107 Kultusministerkonferenz, 2016, S. 5.
108 Im Handbuch Berufliche Fachrichtungen wird die Grundproblematik diskutiert und die genaue Analyse einzelner beruflicher Fachrichtungen im Detail vollzogen (Pahl und Herkner, 2010).

2.3.1 Begriffsbestimmung Technik

Der Gegenstand bzw. das Konstrukt der Technik ist im Hinblick auf eine Technikdidaktik als spezifizierendes bzw. eingrenzendes oder fokussierendes Merkmal zu verstehen. Allgemein werden unter Technik u. a. nutzenorientierte, künstliche, gegenständliche Gebilde (Artefakte, Sachsysteme), Einrichtungen, in denen diese entstehen und menschliche Handlungen, in denen sie verwendet werden, subsumiert.

Technik ist im 21. Jahrhundert so selbstverständlich geworden, dass deren Allgegenwärtigkeit von den Menschen kaum noch wahrgenommen wird. Mit diesem Begriff werden überwiegend Maschinen, Geräte und Bauwerke in Verbindung gebracht, aber auch unsere Gesundheit und Körperpflege ist geprägt und erfüllt von Technik, ebenso wie unsere Ernährung und Kleidung[109]. Insbesondere die amerikanischen Soziologen des beginnenden 20. Jahrhunderts haben sich mit dem „Phänomen Technik" und dessen Einfluss auf menschliche Gesellschaften bzw. deren Entwicklungen intensiv auseinandergesetzt[110] (Abbildung 6).

Abbildung 6: Soziologische Perspektiven auf den technischen Fortschritt

Im Ansatz von Akos PAULINYI umfasst die Technik die Gesamtheit aller Artefakte sowie aller Verfahren und Handlungen, mit denen der Mensch zum Erreichen eines Zweckes diese Artefakte vorausdenkend entwirft, herstellt und anwendet. Zentrale Bezugssysteme sind dabei „Material", „Energie" und „Information". Nach Lewis Henry MORGAN ist der technische Fortschritt hingegen ein bedeutender Entwicklungsmotor der Zivilisation. Er unterscheidet dabei die ‚Wilde Ära', in der Feuer, Bogen und Töp-

---

109 Dies wird besonders deutlich, wenn kurzzeitig der Strom – als zentraler Energielieferant unserer Technik – ausfällt, oder wir versuchen, bei einem Campingurlaub mit „möglichst wenig" Gegenständen auszukommen.
110 Im Folgenden Popitz, 1995.

ferei das Leben der Menschen erstmals technisch verbessert haben, die „Barbarei", in der Haustierhaltung, Ackerbau und Metallbearbeitung hinzukamen, und schließlich die „Zivilisation", in der Sprache und Schrift Einzug hielten. Lesley WHITE betrachtet den technischen Fortschritt aus einer anderen Perspektive, der Nutzbarmachung von Energie: Beginnend mit der Muskelkraft der Tiere wurde die körpereigene Energie überschritten. Daraufhin wurden Pflanzen gezielt angebaut und damit die Ernährungssituation deutlich verbessert, schließlich wurden fossile Brennstoffe und Atomkraft für die Bereitstellung von immer größeren und verfügbareren Energien erschlossen.

Schließlich betrachtet Gerhard LENSKI die technische Entwicklung aus Perspektive der Kommunikation. Erst diese versetzte den Menschen in die Lage, von einem Individuum zum anderen und damit auch über die Lebenszeit hinaus Erfahrungen und Wissen zu übertragen. LENSKI sieht dabei die ersten beiden Phasen menschlicher Kommunikation als vortechnische, da in ihnen zunächst ein Bewusstsein entstand. In der 1. Phase werden Informationen wie bei den Tieren auf genetischem Wege weitergegeben, in der 2. Phase dann schon durch primitive Kommunikation. Erst in der 3. Phase wird Technik zur Hilfe genommen – es entstehen Zeichensysteme und, damit zusammenhängend, – logische Grundansätze im Umgang mit den Zeichen. In der 4. Phase schließlich werden Symbole und Sprachen entwickelt, welche den zentralen Ausgangspunkt für eine umgreifende Herausbildung und Verbreitung von Information bilden.

Technik und technischer Fortschritt erweisen sich aus diesen soziologischen Perspektiven als komplexe und sehr facettenreiche Bezugsräume. Technik ist ein allgegenwärtiges, vom Menschen untrennbares und weltbestimmendes Phänomen und ihre Genese steht in unmittelbarem und untrennbarem Zusammenhang mit der Entwicklung des „Homo Sapiens", dem archaischen Menschen zum „Homo Faber", dem technisierten Menschen. Viele wissenschaftliche Disziplinen haben einen engen Bezug zur Technik oder setzen sich mit ihr reflexiv auseinander:

Seit der Aufklärung sind die Naturwissenschaften und die Mathematik Grundwissenschaften und Ausgangsbereiche für technische Entwicklungen (z. B. die physikalische Entdeckung der Elektrizität für die Glühbirne). Die Ingenieurwissenschaften haben sich aus dem ehemaligen Erfindertum entwickelt. Die Technikgeschichte setzt sich historisch mit dem technischen Wandel auseinander und den Mitteln, Wegen und Bedingungen, unter denen er sich vollzieht; die Techniksoziologie erforscht die gesellschaftlichen Auswirkungen der Technik. Schließlich fokussiert sich die Technikethik auf die moralisch-ethische Auseinandersetzung mit den technischen Realitäten und Entwicklungen, insbesondere mit den Individuen, die Technik gestalten und anwenden; die Technikphilosophie befasst sich zentral mit der Gegenüberstellung anthropologischer Grundfragen und Technik.

Der technische Fortschritt spielt auch für die Volkswirtschaften weltweit eine bedeutende Rolle. Der russische Wirtschaftswissenschaftler Nikolai Dmitrijewitsch KONDRATJEW (auch Kondratjeff) hat sich intensiv mit dem Zusammenhang zwischen technischen Innovationen und deren wirtschaftlichen Auswirkungen befasst. Er begründete eine zyklische Konjunkturtheorie mit einem Phänomen „langer Wellen" aus der Entwicklung einer technischen Basisinnovation und deren industrieller und wirtschaftlicher Umsetzung (Abbildung 7).

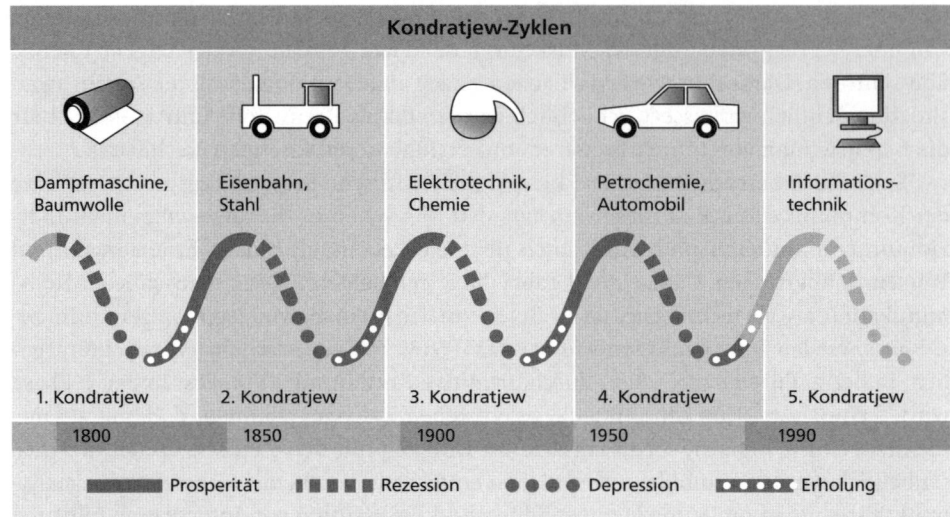

Abbildung 7: Die fünf bisherigen Kondratjew-Zyklen[111]

Der erste sog. „Kondtratjew-Zyklus" bezieht sich daher auf die Frühmechanisierung in der Zeit zwischen 1780 und 1849, als Handwerksbetriebe und Manufakturen europaweit von großen Fabriken verdrängt wurden. Basisinnovationen waren erste komplexe Maschinen wie die Spinnmaschine und der mechanische Webstuhl. Der zweite sog. „Kondtratjew-Zyklus" bezieht sich auf die Industrialisierung, welche letztlich durch die Erfindung der Dampfmaschine ausgelöst wurde. Diese ermöglichte es, wind- und wasserunabhängige Energie in bislang ungekannter Menge bereitzustellen und machte gleichzeitig eine Reihe von Rohstoffen (Kohle, Eisen), Produkten (Koks, Stahl) und Infrastruktur (Gleise und Eisenbahnen) erforderlich. Der dritte Zyklus, ausgelöst durch die Basisinnovation des Elektromotors (1890–1940), wurde als der „Elektrotechnik- und Schwermaschinen-Kondtratjew" bezeichnet. Der vierte Zyklus, ausgelöst durch die moderne Produktionstechnik (1940–1980), wurde als der „Einzweck-Automatisierungs-Kondtratjew" bezeichnet. Der fünfte Zyklus, ausgelöst durch die Computertechnik (seit 1980), wurde als der „Informations- und Kommunikations-Kondtratjew" bezeichnet[112].

Vor allem in den Industriestaaten war und ist die Technik der Motor der Wirtschaft. Deutschland hatte in den 1990er-Jahren einen Umbau in eine Dienstleistungsgesellschaft vollzogen, in welcher die Rolle der Technik gegenüber humanen Faktoren deutlich an Bedeutung verlor. Trotzdem wurde das Bruttoinlandsprodukt immer noch zum größten Teil aus der Industrie bzw. aus dem weitgehend technisch geprägten Handwerk

---

[111] Pollert, Kirchner und Polzin, 2016.
[112] Schelten, 2005, S. 207.

geschöpft. Durch den anhaltenden Siegeszug der Digitalisierung zeichnet sich aktuell ein neuerlicher, seit der Industrialisierung nicht mehr erlebter Bedeutungsgewinn der Technik ab. Schlagwörter wie „Industrie 4.0", „Internet der Dinge", „Smart Factory", „CPS" etc. sind Chiffren für die immer noch um sich greifenden Konsequenzen eines Prozesses, der in den 1980er-Jahren mit im Vollzug einer rasanten Entwicklung von Mikroprozessoren mit der Verbreitung von Personal Computern (kurz PCs) begann, durch das Internet und dessen mobile Allgegenwart explodierte und seit einigen Jahren in selbst erzeugten Wechselwirkungen immer weiter die analoge Welt in eine digitale transformiert. Ein schon historisches Beispiel hierfür ist das einst als Web 2.0 bezeichnete Phänomen, dass anfangs im Internet Inhalte eingebracht wurden, dies dann aber schnell auf die User überging. Ob Napster, Wikipedia oder Facebook – die Anwender sind wesentliche aktive Bestandteile der Systeme geworden, sie haben sich quasi „technisiert", indem sie der Technik ihren Inhalt verleihen. Dieser Prozess hält an, wenngleich dies immer weniger wahrgenommen wird. Unüberschaubare Daten über Bewegungsverhalten, Kommunikation und Biografien von Menschen werden fortlaufend gesammelt und in immer neuen, generell kommerziellen Varianten genutzt. Neben dem „Internet der Menschen" hat sich ein „Internet der Dinge" etabliert, in welchem Maschinen unmittelbar miteinander kommunizieren bzw. Daten austauschen. Damit ist unser Leben in einer Weise durchtechnisiert, wie es bislang kaum vorstellbar, aber auch nicht absehbar war. Nicht mehr wir sind es, die hier über Technik verfügen, sondern andere verfügen durch Technik über uns. Diese uns immer mehr determinierende Wirkung der dynamischen Technik-Genese akzentuieren u. a. GEHRING & RICHTER[113] indem sie feststellen, dass die technischen Lösungen der Menschen im Sinne einer „Pfadwahl" Folgen nach sich zieht, mit welchen die kommenden Generationen zu entsprechenden Folgetechnologien gezwungen sein werden. „Bildlich gesprochen schiebt hier eine einmal geschaffene Technologie eine Fülle ungelöster, auf die gegenwärtige Zukunft verschobener Probleme vor sich her und in künftige Gegenwarten (die dann damit „umgehen müssen") hinein". PFENNING[114] mahnt diesbezüglich eine „Gesellschaftstechnik" im Sinnen von Habermas an, also „Technologien, auf die sich eine Gesellschaft für grundlegende Funktionen ihrer Daseinsvorsorge verständigt hat". Technik erhält damit einen „sozialen Sinn"[115], was signalisieren soll, dass es nicht den Konstrukteuren und den Märkten überlassen bleiben sollte, wie sich Technik entwickelt, sondern auch das Korrektiv der Aushandlungsprozesse unserer demokratischen Gesellschaften erfordert.

Der aktuelle Stand der Realisierung künstlicher Intelligenz (KI) deutet jetzt schon eine Horizontlinie für die Menschheit an, die durch den technischen Fortschritt schon bald erreicht werden könnte. TEGMARK[116] spricht hier von einem Leben 3.0 jenseits des biologischen Lebens, welches von intelligenten Maschinen gelebt wird. Angesichts dieser Utopie (oder Dystopie) verdeutlicht sich sehr massiv die Dringlichkeit für die

---

113 Gehring und Richter, 2018, S. 33.
114 Pfenning, 2018, S. 42.
115 Minks, 2004.
116 Tegmark, 2017.

Menschheit, ihre Beziehung zur Technik ein weiteres Mal weiterzuentwickeln. Die Urkräfte der Natur technisch nutzbar zu machen und zu beherrschen, das stellt sich gegenüber der Kontrolle einer höheren Intelligenz, die weltweit vernetzt ist und mit allen Maschinen und Systemen in Lichtgeschwindigkeit kommunizieren kann, als äußerst einfaches Unterfangen dar. Auch hat die Evolution gezeigt, dass nicht der Stärkste, sondern der Intelligenteste überlebt, sich reproduziert und weiterentwickelt.

2.3.2 Technikdidaktik

Wird nun das vorausgehend umrissene Konzept einer (Fach-)Didaktik auf die Überlegungen des Technikbegriffs angewendet, kommt man zu zwei möglichen Grundansätzen von Technikdidaktik:

(1) einen Ansatz übergreifender Technikdidaktik, welche sich auf jene didaktischen Aussagen eingrenzt, die bzgl. aller vorliegenden Konzepte und Facetten von Technik getroffen werden können. (2) einen Ansatz eingegrenzter Technikdidaktiken, welche spezifische Aussagen für ein spezielles, eingegrenztes Konzept von Technik treffen können. (1) erscheint akademisch, zudem fehlt ihm wohl eine dezidierte Interessentengruppe. Zwar wird an verschiedenen Stellen über eine „allgemeine Technikdidaktik" geschrieben. Allerdings liegen dabei jedoch in jedem Falle spezifische Eingrenzungen vor. Daher müsste man gemäß (2) generell von *den* Technikdidaktiken sprechen, davon ausgehend, dass solche zu den verschiedenen Bezugsfeldern existieren. Dies kann zumindest für die beiden Hauptbereiche von Technikdidaktik, die allgemeine und die berufliche Bildung, festgestellt werden (Abbildung 8). Diese werden im Folgenden vorgestellt.

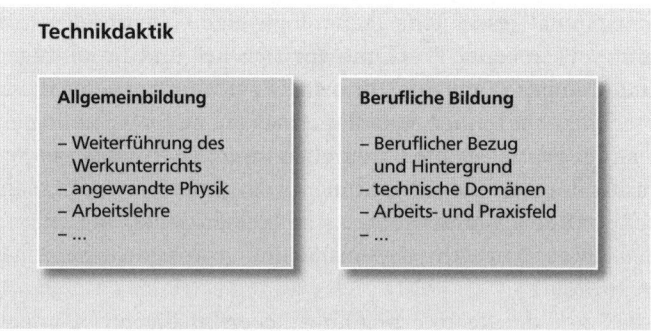

Abbildung 8: Bezugsräume von Technikdidaktik

2.3.2.1 Technikdidaktik in der Allgemeinbildung

In einzelnen Bundesländern gibt es an allgemeinbildenden Schulen das Fach Technik. Dieses überwiegend im Realschulkontext angebotene Fach baut auf dem Werkunterricht auf und hat Anschlusspunkte zur Arbeitslehre. Es vermittelt grundlegende technische Kompetenzen, die in hohem Maße naturwissenschaftlich angereichert sind. Nachdem es ohne beruflichen Hintergrund über keinen Professionsraum verfügt, beziehen sich diese Kompetenzen sehr allgemein auf die Umsetzung technischer Operationen und auf die Lösung technischer Probleme. In Baden-Württemberg wurde inzwischen das Fach „Naturwissenschaft und Technik" (NWT) an den Gymnasien etabliert. Hier wird – auf höherem Niveau – Ähnliches angeboten wie im Fach Technik der Realschule. Technikdidaktik hat im beschriebenen Kontext der Realschulen eine lange Tradition und ist ganz im Sinne der Allgemeinbildung eine Fachdidaktik des Technikunterrichts bzw. der Didaktik der Technik. Dies stellt sich für eine berufliche Technikdidaktik anders dar.

2.3.2.2 Berufliche Technikdidaktik

Das vorliegende Lehrbuch setzt sich ausschließlich mit der „beruflichen Technikdidaktik" auseinander. Berufliche Technikdidaktik unterscheidet sich von einer allgemeinbildenden Technikdidaktik deutlich, da dort Technik ohne beruflichen Hintergrund und ohne dezidiertes Arbeits- und Praxisfeld vermittelt wird. Berufliche Technikdidaktik lässt sich somit nach außen sehr leicht abgrenzen. Eine Eingrenzung nach innen hingegen wird schwieriger, da das so entstehende Bezugsfeld der Technikdidaktik schon weitgehend von den Fachdidaktiken der beruflichen Domänen abgedeckt wird. SCHÜTTE[117] greift diese Problematik auf und unterscheidet in technischer Berufsbildung vier spezifische Paradigmen: In einer fachwissenschaftlichen (bzw. ingenieurwissenschaftlichen) Orientierung das fachdidaktische Paradigma, in Orientierung am schulischen Unterricht das unterrichtsmethodische Paradigma, in Orientierung an der betrieblichen Unterweisung das „fachmethodische Paradigma" und in übergreifender Integration das „technikdidaktische Paradigma". In dieser Differenzierung wird die Technikdidaktik zu einem integrativen Sammelkonzept, welches mehrere Teilkonzepte sinnvoll zusammenführt. Diese Vorstellung drückt sich auch in der Definition von BONZ[118] aus, der Technikdidaktik „als Zusammenfassung von besonderen Didaktiken beschreibt, die sich auf technische Bereiche wie Metalltechnik, Bautechnik, […] beziehen, mit dem Ziel, deren didaktische Gemeinsamkeiten zusammenführend zu betrachten". Hier muss jedoch überlegt werden, ob eine so definierte Technikdidaktik nicht schon zu einer technisch akzentuierten Didaktik der beruflichen Bildung wird. Diese wird von RIEDL[119] und SCHELTEN[120] als eine „Bereichsdidaktik" beschrieben, in welcher die allgemeinen und übergreifenden Aussagen der Berufspädagogik soweit konkretisiert werden, dass sie von den Fachdidaktiken aufgegriffen und in den einzelnen Domänen umgesetzt werden können. Tatsächlich lassen sich hier definitorische Unschärfebereiche kaum vermeiden. Somit kann Technikdidaktik einerseits als übergreifende Fachdidaktik technischer beruflicher Fachrichtungen (Bezugspunkt Fachwissenschaften), andererseits als eine technische Spezifikation der Didaktik beruflicher Bildung

---

[117] Schütte, 2006, S. 88.
[118] Bonz, 2003, S. 4 ff.
[119] Riedl, 2018, S. 76.
[120] Riedl und Schelten, 2013, S. 24.

(Bezugspunkt Berufspädagogik) verstanden und gehandhabt werden (Abbildung 9). Sie kann mit beiden Bereichen korrespondieren, oder diese teilweise auch substituieren.

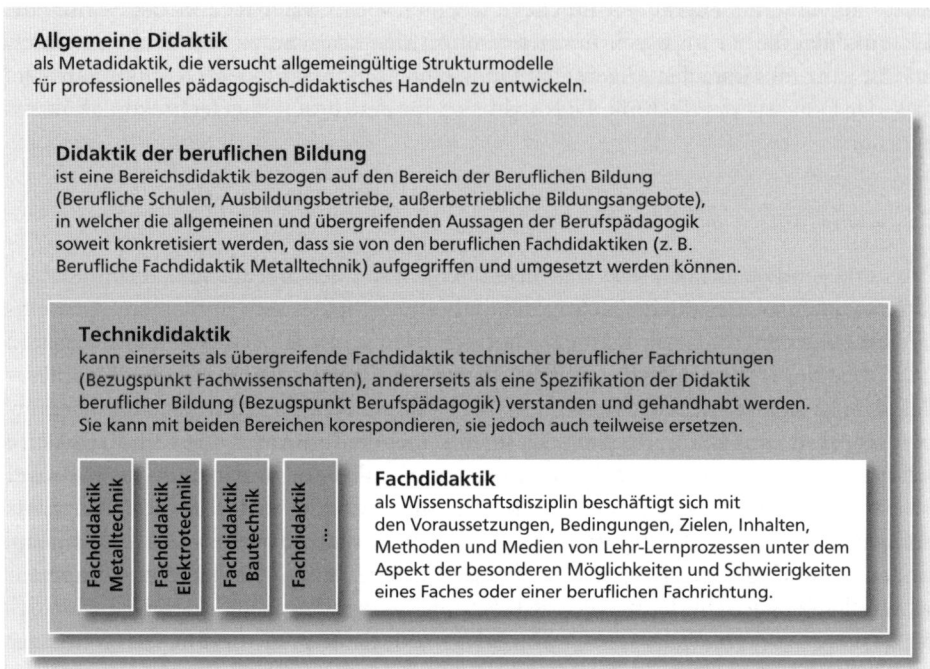

Abbildung 9: Zusammenhang Didaktik (allgemein und beruflich) mit den Fachdidaktiken (allgemein und beruflich) und der Technikdidaktik

Entsprechend dieser Grundüberlegungen positioniert sich die Technikdidaktik durch ihre Kontexte, Modelle und Instrumentarien zentral in einem erziehungswissenschaftlichen bzw. geistes- und sozialwissenschaftlichen Theorie- und Forschungsraum. Sie ist – ähnlich einer Didaktik der beruflichen Bildung – mit der Berufspädagogik verknüpft[121]. Sie besitzt jedoch eine größere Praxisnähe, da ihre Aussagen bis in das konkrete fachdidaktische Handeln reichen. Die Gegenstands- und Bezugsfelder der Technikdidaktik liegen im Bereich der Ingenieurwissenschaften sowie der Berufs- und Arbeitswelt in Handwerk und Industrie. Das Praxisfeld der Technikdidaktik ist im sekundären Bildungsbereich identisch mit den einzelnen Fachdidaktiken (schulische, außerschulische und betriebliche Berufsausbildung), im tertiären Bereich geht sie in die Hochschuldidaktik über. In jedem Falle erfolgt ihre Konkretisierung in spezifischen Domänen.

Diese Standortbestimmung könnte dahingehend interpretiert werden, dass die Technikdidaktik die technischen Fachdidaktiken vollständig substituieren könnte bzw. wollte. Tatsächlich erscheint es müßig zu erörtern, wie weit eine technische Domäne

---

[121] In ähnlicher Beziehung wie Wirtschaftsdidaktik und Wirtschaftspädagogik.

konkretisiert werden muss, um ihr didaktisch optimal gerecht zu werden. Wenn man z. B. von einer Didaktik der Metalltechnik spricht, impliziert dies die Didaktik des Maschinenbaus (Industrie) und des Metallbaus (Handwerk). Nimmt man die Didaktik des Bauwesens, ist darin die Didaktik des Hoch-, Tief- und Ausbaus, die Didaktik der Holztechnik und die Didaktik der Farbtechnik, Raumgestaltung und Oberflächentechnik usw. eingeschlossen[122]. Für einen so abgesteckten fachdidaktischen Bezugsraum lassen sich nur bedingt inhaltliche Begründungen finden. Tatsächlich sind es zumeist pragmatische Aspekte, die dazu führen, dass Professuren für Technikdidaktik eingeführt werden. Diese stehen entweder im Zusammenhang mit personalbezogenen oder lehrorganisatorischen Überlegungen der jeweiligen Universität. Der Übergang zwischen groß angelegten Fachdidaktiken (z. B. Fachdidaktik der Metall- und Elektrotechnik) und einer Technikdidaktik ist kaum wahrnehmbar und der Unterschied beider Ansätze eher in ihrem Anspruch als in ihrer Realität erkennbar. Fach- oder auch technikdidaktisches Handeln kann somit in den verschiedenen Bezugsräumen sehr domänenspezifisch, andererseits aber auch relativ domänenübergreifend sein. Z. B. müssen die Curricula für jeden Beruf individuell erstellt werden, können dabei jedoch nach übergreifenden Konzepten entwickelt werden. Für die Umsetzung gilt das Gleiche: Technikdidaktik kann nach übergreifenden Ansätzen, Konzepten und Regeln stattfinden, muss aber in jedem Falle auf die Berufsbezüge der Lernenden abgestimmt sein. Fachdidaktiker*innen in technischen Domänen sind somit immer zu einem hohen Grad auch Technikdidaktiker*innen und umgekehrt. Wissenschaftlich gesehen arbeiten sie an einem gemeinsamen Werk, praktisch gesehen wirken sie in vielfältigen Teilausschnitten kaum abgrenzbarer Felder. Angesichts sich etablierender Hybridberufe (z. B. Mechatronik) werden die traditionellen Domänen an Schärfe verlieren. Die IT-Berufe führen inzwischen den gewerblich-technischen Bereich und den kaufmännischen Bereich zusammen, sodass schließlich auch die Technikdidaktik und die Wirtschaftsdidaktik über ihre Schnittzonen und Korrespondenzen nachdenken müssen.

Zusammenfassend wird Technikdidaktik als *die Theorie und Praxis des Erwerbs und der Vermittlung von Kompetenzen in technischen Berufen* „definiert". D. h., dass sie in der vorliegenden Handhabung zentral mit dem Berufskonzept verknüpft ist, das sich im deutschsprachigen Raum etabliert hat.

---

122 Einen Ansatz zur Entwicklung einer übergreifenden Bereichsdidaktik Bau-, Holz- und Gestaltungstechnik leistete z. B. Kuhlmeier, 2003.

3 Berufskompetenzen

In Kapitel 3 „Berufskompetenzen" wird der kompetenztheoretische Bezugskontext einer beruflichen Technikdidaktik in Theorie und Praxis umrissen. Im Zentrum stehen hier ein weitgehend normativ fundierter Entwicklungsstrang im Zusammenhang mit den KMK-Entwicklungen und deren berufs- und wirtschaftspädagogischer Umsetzung (Kapitel 3.1) und ein weitgehend empirisch fundierter Strang im Zusammenhang mit der berufs- und wirtschaftspädagogischen Assimilation der PISA-Forschung (Kapitel 3.2). Aufbauend auf diesen Entwicklungslinien wird in Kapitel 3.3 ein technikdidaktisches Kompetenzmodell skizziert.

Kompetenz		
Die Leser*innen sind in der Lage, den KMK-Ansatz beruflicher Handlungskompetenz zu umreißen und dessen Fragen im Kontext einer wissenschaftlichen und praktischen Handhabung zu reflektieren.		
Die Leser*innen ...	**Professionswissen**	**Reflexionswissen**
... beschreiben Hintergründe des KMK-Ansatzes, nennen dessen Dimensionen und reflektieren offene Fragen.	Berufliche Handlungskompetenz nach KMK • Entwicklungen • Definition • Dimensionen	Offene Fragen des curricularen Rahmenkonzepts.

Kompetenz		
Die Leser*innen sind in der Lage, den kompetenztheoretischen Diskurs wiederzugeben und insbesondere die Ansätze der technischen Berufsbildung differenziert zu beschreiben sowie dessen Implikationen für die technikdidaktische Theorie und Praxis zu reflektieren.		
Die Leser*innen ...	**Professionswissen**	**Reflexionswissen**
... beschreiben Grundbezüge des kompetenztheoretischen Diskurses sowie die übergreifenden Setzungen der Terminologie. ... stellen Ansätze der technischen Berufsbildung mit kompetenztheoretischer Fokussierung dar und charakterisieren und differenzieren diese.	Kompetenzbegriff • Hintergründe (insb. Kompetenz vs. Peformanz) • Modell Weinert • Weiterentwicklungen des Weinertschen Ansatzes Ansätze der technischen Berufsbildung mit kompetenztheoretischer Fokussierung • Modellierungen mit diagnostischer Ausrichtung der FG Nickolaus • Modellierungen mit praxisnaher Ausrichtung der FG Rauner	Synergien und Abgrenzung allgemein- und berufsbildender Entwicklungslinien. Bedeutung der Ansätze für die Theorie und Praxis der technischen Berufsbildung.

Kompetenz

Die Leser*innen sind in der Lage, die konzeptionelle Rahmung eines technikdidaktischen Kompetenzmodells zu umreißen und davon ausgehend ein dispositionales Kompetenzmodell der beruflichen Technikdidaktik, dessen Kompetenzklassen sowie deren Grundbezüge und Implikationen zu begründen.

Die Leser*innen ...	Professionswissen	Reflexionswissen
... beschreiben die relevanten Ausgangs- und Ansatzpunkte eines technikdidaktischen Kompetenzmodells. ... skizzieren das Modell von Erpenbeck und Rosenstiel sowie dessen technikdidaktische Konkretisierung. ... erläutern die Grundbezüge fachlich-methodischer Kompetenzen und beschreiben ein technikdidaktisches Modell. ... benennen die zentralen Aspekte sozial-kommunikativer Berufskompetenzen. ... beschreiben die zentralen Aspekte personaler Berufskompetenzen im Hinblick auf ein technisches Lehren und Lernen.	Bezugskontexte für ein technikdidaktisches Kompetenzmodell • Beruf und Facharbeit • pädagogischer bzw. psychologischer Diskurs (Intelligenz, Kontextualisierung, Veränderbarkeit, Traits ...) Basistheorie von Erpenbeck und Rosenstiel • Dispositionale Grundausrichtung • Kompetenzklassen • Kompetenztypen • Konkretisierung eines technikdidaktischen Kompetenz(struktur)modells Fachlich-methodische Kompetenzen • Grundidee: Korrespondenz von Handlungs- und Wissensqualität • Hintergründe zum Konzept „Handlung" • Hintergründe zum Konzept „Wissen" • Arbeitsmodell und dessen Weiterentwicklungen Sozial-kommunikative Kompetenzen • Perzeptiv-kognitive Aspekte • Behaviorale Aspekte • Motivational-emotionale Aspekte Personale Kompetenzen • Motivationale und volitionale Aspekte • Lernbezogene Aspekte (insb. Lern- und Informationsstrategien) Aktivitäts- und umsetzungsorientierte Kompetenzen	Hintergründe, Entwicklungen sowie Implikationen von Kompetenzen in der technischen Berufsbildung. Besonderheiten des Ansatzes von Erpenbeck und Rosenstiel vor dem Hintergrund des technischen Lehrens und Lernens. Verständnis und Reflexionswissen als zentrale Determinante fachlich-methodischer Berufskompetenzen. Zusammenhang von Handlungs- und Wissensqualitäten sowie technikdidaktische Implikationen. Bedeutung und Adressierung überfachlicher Kompetenzen in technische Berufe sowie im Lehren und Lernen in der beruflichen Technikdidaktik.

3.1 Entwicklungslinie beruflicher Kompetenzen nach dem KMK-Ansatz

Berufliche Bildung orientiert sich seit ihrer schulischen Institutionalisierung an konkreten Bildungsperspektiven, die sich in wesentlichen Aspekten von jenen der Allgemeinbildung unterscheiden. Ausgehend von Georg KERSCHENSTEINER, der – bezogen auf berufliches Lernen – eine „Bildung für den Beruf" mit einer „Bildung durch den Beruf" integrierte, waren diese Bildungsperspektiven sowohl an den Tätigkeiten und den dahinterstehenden Arbeitswelten als auch am Individuum und der dahinterstehenden Gesellschaft orientiert. Mit dem Anspruch einer „Bildung durch den Beruf" widersprach Kerschensteiner dem Humboldtschen Bildungsideal einer „zweckfreien Bildung". Er maß einer bestimmten Entwicklung und Ausübung hochwertiger Tätigkeiten einen eigenständigen Bildungswert bei, also das Potenzial, die Mündigkeit, die selbstbestimmte Entfaltung eigener Talente und Neigungen sowie die Eigenverantwortlichkeit der Menschen zu fördern. Zentral war hierbei, dass es sich dabei um anspruchsvolle Tätigkeiten handelt und damit einhergehende Lernprozesse kognitiv reflektiert erfolgen. So etablierte sich der Kern des heute noch im DACH-Raum (Deutschland, Österreich und Schweiz) gültigen beruflichen Bildungskonzepts, welches sich zentral auf das Erlernen hochwertiger und reflektierter Erwerbsarbeit stützt[1].

In der Zeit der Ausdifferenzierung der beruflichen Bildung in Deutschland in den 1950er- und 1960er-Jahren wurde diese Grundausrichtung nicht wesentlich verändert. Zwar erfolgten verschiedene Akzentuierungen, korrespondierend mit den zeitlich-gesellschaftlichen Veränderungen (z. B. der Versuch, gesellschaftskritische Ideale zu integrieren), ohne jedoch den ursprünglichen „Bildungsdualismus", welcher sich auch in der Dualität der Lernorte manifestiert hatte, aufzuheben. Dualität deutet (und bedeutet auch nach wie vor) dabei auf eine „disparate Integrativität" hin, also das Nebeneinander zweier unterschiedlicher Wirkungssysteme mit korrespondierenden, aber nicht identischen Zielen. Trotz der gemeinsamen Bildungsgänge und übergreifenden Intentionen und Institutionen unterscheiden sich die Bildungspartner in der dualen beruflichen Bildung deutlich. Die Betriebe sind profitorientierte wirtschaftliche Organisationen, die versuchen, durch Ausbildung ihren Mitarbeiter*innenbedarf zu sichern. Der Staat fasst Ausbildung als gesellschaftsdienlichen Auftrag auf, in dem er einerseits der nachkommenden Generation den Zugang zu Sicherheit und Einkommen durch hochwertige Erwerbsarbeit ermöglichen, andererseits die Wirtschaft in diesem gesellschaftsdienlichen Auftrag unterstützen will. Diese Hauptorientierungen können – je nach Auslegung und Handhabung – sehr nahe beieinanderliegen, sie können sich aber durchaus auch voneinander entfernen. Letzteres ist dann der Fall, wenn die Betriebe sich in der Ausbildung extrem am unmittelbaren Profit orientieren und die Schulen sich von den betrieblichen Realitäten entfernen. Empirische Studien und ein kritischer berufs- und wirtschaftspädagogischer Diskurs belegen das Nebeneinander der Lernorte[2]. Für Betriebe stand grundsätzlich die Qualifikation der Auszubildenden im Mittelpunkt beruflicher Bildung, für Schulen deren Entwicklung zum beruflich mobi-

---

[1] dazu auch Schelten, 2005.
[2] Euler, 2004.

len, mündigen und eigenständigen Individuum. Die Arbeitgeber wollten „funktionierende" Mitarbeiter*innen für anspruchsvolle manuelle Tätigkeiten in ihren Betrieben, die Schulen wollten reflektierte Jugendliche, von denen auch einige die Ausbildung als Zwischenstufe in die tertiäre Bildung nutzen sollten.

Die Polarisierung zwischen Tätigkeitsorientierung auf der betrieblichen Seite und Individualorientierung auf schulischer Seite wurde auch durch die Neuorientierung an Schlüsselqualifikationen in den Betrieben in der Mitte der 1980er-Jahre nicht verringert. Gegenteilig wurde in dieser Zeit gegenüber berufsschulischer Bildung der Verdacht einer Vermittlung „trägen Wissens" ausgesprochen[3]. So wurde unterstellt, dass berufsschulisch erworbenes Wissen häufig überflüssig sei, da es in beruflichen Situationen von den Auszubildenden weder reflektiert, noch situativ zum Einsatz gebracht werden könnte. Als mögliche Ursachen für „träges Wissen" wurden u. a. defizitäre metakognitive Steuerungsprozesse beim Zugriff auf das Wissen angenommen, welche auf Strukturdefizite beim Gelernten zurückzuführen seien. Das vorhandene Wissen und dessen mögliche Anwendungssituationen stünden dabei in keiner strukturellen Verbindung[4]. Diese Zusammenhänge wurden im Kontext unserer dualen Ausbildung jedoch nicht empirisch erforscht. Vielmehr berief man sich immer auf Studien aus dem Hochschulbereich[5]. Als die Idee betrieblicher Schlüsselqualifikationen Anfang der 1990er-Jahre mit dem von der KMK „gesetzten" Kompetenzkonzept in ein neues Konstrukt übertragen wurde, das sowohl für Betriebe als auch Schulen relevant und aussichtsreich war, näherten sich die Bildungsperspektiven der beiden Lernorte einander wieder an. Dieses Konstrukt wurde in Anlehnung an den Deutschen Bildungsrat als „Ansatz der beruflichen Handlungskompetenz" bezeichnet und etablierte sich im Verlauf der 1990er-Jahre bei beiden Hauptintendanten beruflicher Bildung als zentrale Bildungsperspektive[6] (Abb. 10). Diese plötzliche und einvernehmliche Einigung der beiden disparaten Bildungsbereiche kann – optimistisch betrachtet – als Effekt der oben beschriebenen Unzufriedenheit bzw. Kritik eingeschätzt werden. Eine weitere Ursachenzuschreibung wäre jedoch auch in der großen Elastizität des Kompetenzbegriffs zu sehen, da dieser damals in keiner Weise theoretisch oder terminologisch geklärt war. Fest steht jedoch, dass durch die Einigung auf den Kompetenzanspruch in der Grundorientierung betrieblichen und berufsschulischen Lernens großes Integrationspotenzial erreicht wurde (Abbildung 10).

---

3 Gruber, Mandl und Renkl, 1999.
4 Renkl, 1996; Weinert und Schrader, 1997, S. 325.
5 Gruber, Mandl und Renkl, 1999.
6 Bader, 1989.

Entwicklungslinie beruflicher Kompetenzen nach dem KMK-Ansatz 75

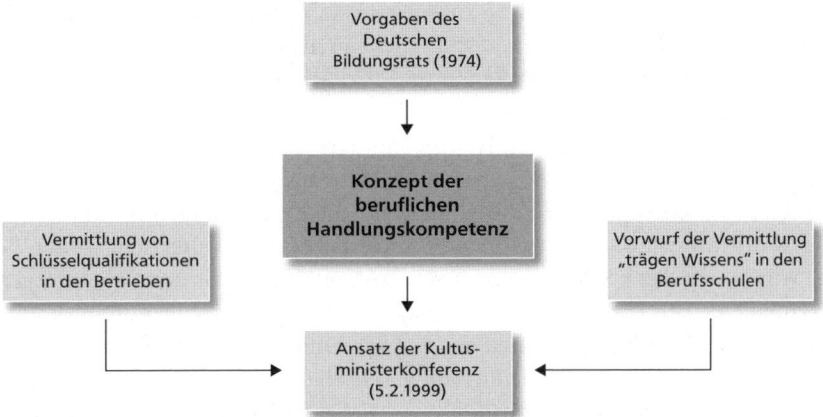

Abbildung 10: Entstehungskontext des KMK-Ansatzes beruflicher Handlungskompetenz

Gemäß der Kultusministerkonferenz (KMK) erfüllen Berufsschule und Ausbildungsbetriebe „in der dualen Berufsausbildung einen gemeinsamen Bildungsauftrag. Die Berufsschule ist dabei ein eigenständiger Lernort. Sie arbeitet als gleichberechtigter Partner mit den anderen an der Berufsausbildung Beteiligten zusammen. Sie hat die Aufgabe, den Schülern und Schülerinnen berufliche und allgemeine Lerninhalte unter besonderer Berücksichtigung der Anforderungen der Berufsausbildung zu vermitteln. Die Berufsschule hat eine berufliche Grund- und Fachbildung zum Ziel und erweitert die vorher erworbene allgemeine Bildung. Damit will sie zur Erfüllung der Aufgaben im Beruf sowie zur Mitgestaltung der Arbeitswelt und Gesellschaft in sozialer und ökologischer Verantwortung befähigen"[7]. Gemäß Beschluss der KMK vom 15.03.1991 – und der Aktualisierung des Jahres 2015 – sollte sich die Berufsschule zentral an folgenden Zielen orientieren:
- „eine Berufsfähigkeit zu vermitteln, die Fachkompetenz mit allgemeinen Fähigkeiten humaner und sozialer Art verbindet;
- berufliche Flexibilität zur Bewältigung der sich wandelnden Anforderungen in Arbeitswelt und Gesellschaft auch im Hinblick auf das Zusammenwachsen Europas zu entwickeln;
- die Bereitschaft zur beruflichen Fort- und Weiterbildung zu wecken;
- die Fähigkeit und Bereitschaft zu fördern, bei der individuellen Lebensgestaltung und im öffentlichen Leben verantwortungsbewusst zu handeln."

Was dabei genau unter Fachkompetenz zu verstehen war, blieb fast ein Jahrzehnt relativ offen. In diesem Zeitraum etablierte sich der Kompetenzbegriff und der damit einhergehende Paradigmenwechsel berufsschulischer Bildung. Deutschlandweit wurden viele Modellversuche durchgeführt, um Unterrichtskonzepte zu entwickeln, die dieser neuen Bildungsperspektive gerecht werden konnten. Am 5. Februar 1999 wurden über einen Beschluss des (Unter-)Ausschusses für berufliche Bildung der Kultusministerkonfe-

---

7 Kultusministerkonferenz, 1999, S. 9.

renz (KMK) neue, nach Lernfeldern orientierte Rahmenlehrpläne eingeführt. Dieser Beschluss, „berufsschulischen Unterricht" nicht mehr in Fächer zu teilen, sondern in Lernfeldern an betrieblichen Tätigkeiten und Prozessen zu orientieren, beinhaltete als intentionales Kernstück auch ein Konzept „beruflicher Handlungskompetenz". Dieses wurde in dafür eigens entwickelten Handreichungen dargestellt und erläutert, die seitdem sukzessive überarbeitet bzw. weiterentwickelt wurden.

Die letzte Version dieser „Handreichung für die Erarbeitung von Rahmenlehrplänen der Kultusministerkonferenz für den berufsbezogenen Unterricht in der Berufsschule" wurde von der KMK im Jahre 2011 veröffentlicht. Darin wird als zentrales Ziel von Berufsschule die Förderung der Entwicklung umfassender Handlungskompetenz festgeschrieben. „Handlungskompetenz wird verstanden als die Bereitschaft und Befähigung des Einzelnen, sich in beruflichen, gesellschaftlichen und privaten Situationen sachgerecht durchdacht sowie individuell und sozial verantwortlich zu verhalten"[8].

Handlungskompetenz entfaltet sich gemäß dieser Vorlage in den „Dimensionen" von Fachkompetenz, Selbstkompetenz und Sozialkompetenz mit den „immanenten Bestandteilen" Methodenkompetenz, kommunikative Kompetenz und Lernkompetenz. Dabei wird nicht geklärt, was „Dimensionen" sind und was „immanente Bestandteile", ebenso wenig wird expliziert wie diese zusammenhängen. Die einzelnen Dimensionen wurden im KMK Konzept wie folgt definiert:

Fachkompetenz ist die *„Bereitschaft und Fähigkeit, auf der Grundlage fachlichen Wissens und Könnens Aufgaben und Probleme zielorientiert, sachgerecht, methodengeleitet und selbstständig zu lösen und das Ergebnis zu beurteilen"*[9].

Selbstkompetenz ist die *„Bereitschaft und Fähigkeit, als individuelle Persönlichkeit die Entwicklungschancen, Anforderungen und Einschränkungen in Familie, Beruf und öffentlichem Leben zu klären, zu durchdenken und zu beurteilen, eigene Begabungen zu entfalten sowie Lebenspläne zu fassen und fortzuentwickeln. Sie umfasst Eigenschaften wie Selbstständigkeit, Kritikfähigkeit, Selbstvertrauen, Zuverlässigkeit, Verantwortungs- und Pflichtbewusstsein. Zu ihr gehören insbesondere auch die Entwicklung durchdachter Wertvorstellungen und die selbstbestimmte Bindung an Werte"*[10].

Sozialkompetenz ist die *„Bereitschaft und Fähigkeit, soziale Beziehungen zu leben und zu gestalten, Zuwendungen und Spannungen zu erfassen und zu verstehen sowie sich mit anderen rational und verantwortungsbewusst auseinanderzusetzen und zu verständigen. Hierzu gehört insbesondere auch die Entwicklung sozialer Verantwortung und Solidarität"*[11].

Ausgangskonzept dieses „Basismodells" ist die pädagogische Anthropologie von ROTH[12], der mit einem emanzipatorischen Anspruch Sach-, Selbst- und Sozialkompetenz als

---

8 Kultusministerkonferenz, 2011, S. 14.
9 Kultusministerkonferenz, 2011, S. 14.
10 Kultusministerkonferenz, 2011, S. 14.
11 Kultusministerkonferenz, 2011, S. 14.
12 Roth, 1971.

grundlegende menschliche Fähigkeiten für deren Mündigkeit feststellt[13]. Mit den Handreichungen der KMK zur Erstellung von Rahmenlehrplänen für beruflichen Unterricht von 2011 wurde das auf ROTH basierende Grundmodell um drei weitere Kompetenzen, im Sinne „immanenter Bestandteile", „aufgestockt": Hinzu kamen „Methoden-, Lernkompetenz und Kommunikative Kompetenz". Gründe für diese „Anreicherung" wurden nie veröffentlicht. Es ist jedoch davon auszugehen, dass dies eine Anpassungsreaktion auf Kritiker*innen des Basiskonzepts war, nicht aber das Resultat einer wissenschaftlich fundierten Auseinandersetzung.

Methodenkompetenz ist die *„Bereitschaft und Fähigkeit zu zielgerichtetem, planmäßigem Vorgehen bei der Bearbeitung von Aufgaben und Problemen (zum Beispiel bei der Planung der Arbeitsschritte)"*[14].

Kommunikative Kompetenz ist die *„Bereitschaft und Fähigkeit, kommunikative Situationen zu verstehen und zu gestalten. Hierzu gehört es, eigene Absichten und Bedürfnisse sowie die der Partner wahrzunehmen, zu verstehen und darzustellen"*[15].

Lernkompetenz ist die *„Bereitschaft und Fähigkeit, Informationen über Sachverhalte und Zusammenhänge selbständig und gemeinsam mit anderen zu verstehen, auszuwerten und in gedankliche Strukturen einzuordnen. Zur Lernkompetenz gehört insbesondere auch die Fähigkeit und Bereitschaft, im Beruf und über den Berufsbereich hinaus Lerntechniken und Lernstrategien zu entwickeln und diese für lebenslanges Lernen zu nutzen"*[16].

Folgt man dem Anspruch des KMK-Ansatzes, dass Methoden-, Kommunikative Kompetenz und Lernkompetenz immanente Bestandteile der Fach-, Sozial und Selbstkompetenz seien, würden sich die drei primären Kompetenzen in drei diffuse Teilaspekte ausdifferenzieren und sich substanziell relativieren. Selbst wenn man die kommunikativen Anteile der *„Bereitschaft und Fähigkeit, auf der Grundlage fachlichen Wissens und Könnens Aufgaben und Probleme zielorientiert, sachgerecht, methodengeleitet und selbstständig zu lösen"* im Einzelfall extrahieren und explizieren könnte, wäre schwer begründbar, warum es sich hierbei um einen immanenten Bestandteil der Fachkompetenz und nicht einfach um eine Sozialkompetenz bezogen auf die Ausgangstätigkeit handelt.

Eine kritische Analyse der Kompetenzbeschreibungen zeigt, dass die „immanenten Bestandteile" nicht konsistent für jede der drei Basiskompetenzen identifiziert werden können. Gegenteilig zeigt sich eine große semantische Nähe zwischen Fach- und Methodenkompetenz sowie zwischen Sozialkompetenz und Kommunikativer Kompetenz.

---

13 Unabhängig vom normativen Ausgangspunkt dieser Theorie wurde diese Dreiteilung in den Folgejahren bzw. -jahrzehnten in einigen Kompetenzmodellen übernommen (Klieme und Hartig, 2007, S. 17).
14 Kultusministerkonferenz, 2011, S. 15.
15 Kultusministerkonferenz, 2011, S. 15.
16 Kultusministerkonferenz, 2011, S. 15.

Die Lernkompetenz könnte als eine spezifische Selbstkompetenz eingeordnet werden.[17] Hierdurch wird offensichtlich, dass der durch die KMK vertretene Kompetenzanspruch überwiegend ein narrativer, jedoch kaum ein wissenschaftlicher ist. Nicht das erste Mal wird hier ein Lehrplan-Template mit diffusen Ansprüchen ausgestattet, was dessen (unterrichtliche) Handhabung nicht unbedingt erleichtert. Die Lehrplangestalter*innen stehen dabei vor ähnlichen Problemen wie die unterrichtenden Lehrpersonen, denn beide sollen nun eine didaktische Transformation vollziehen, deren Prämissen ebenso breit wie unscharf sind und dabei die Erfordernisse und auch Ressourcen aktuellen beruflichen Unterrichts teilweise ignorieren[18]. Wie die Vergangenheit zeigt, haben die Lehrplankommissionen und auch die unterrichtenden Lehrpersonen jedoch gelernt, jene Teile des Lehrplans einfach auszusparen, die sie nicht überzeugen bzw. die für sie nicht relevant erscheinen. In der Praxis wurde und wird zur Umsetzung lernfeldorientierter Lehrpläne überwiegend mit Fachkompetenzen gearbeitet, welches „Kompetenzmodell" hier als Orientierung dient, bleibt offen. Fest steht, dass es sich hierbei um Alltagsmodelle bzw. subjektive Konstrukte handeln muss, die absehbar das Produkt individueller Einstellungen zu Lehrplänen, Didaktik und Methodik sind, abgeglichen mit dem Bedürfnis bzw. der Restriktion, nach außen einen entsprechenden Anspruch zu wahren. Wenn das alle tun, kann man sich letztlich entspannt zurücklehnen und alles als Kompetenzen bezeichnen, was man glaubt zu unterrichten. Die Lehrpläne verlieren dabei aber enorm an Verbindlichkeit, zudem kann die innovative Grundintention des Kompetenzansatzes in der beruflichen Bildung damit kaum umgesetzt werden.

In Ermangelung eines theoretisch haltbaren Kompetenzmodells stützt die KMK somit alle lernfeldorientierten Lehrpläne auf einer losen Zusammenstellung von Kompetenzfacetten ab. Aus ihren ausladenden – wenngleich teilweise auch redundanten – Beschreibungen ergibt sich weniger die damit intendierte Klärung des Bildungsanspruchs und dessen Differenzierung in diskrete Teilbereiche, sondern vielmehr eine Art „Kompetenz-Programmatik", die zwar Intentionen und Ambitionen vermittelt, nicht aber Anschlüsse, Zusammenhänge, Ordnung und Schlüssigkeit. Ein „KMK-Kompetenzmodell" kann daher nur im terminologischen Sinne beansprucht werden, nicht aber im wissenschaftlichen. Letztlich handelt es sich hierbei – einmal mehr – um einen jener in Lehrplänen verbreiteten Abschnitt, in welchen übergeordnete Aspekte

---

17 Wenngleich im Umsetzungsbeispiel dieser Handreichungen auf S. 20 („Lesehinweise") versucht wird, neben den Fachkompetenzen die anderen Kompetenzfacetten zu akzentuieren, bleibt dies jedoch erkennbar vage, denn diese werden sehr allgemein durch die Lern-Handlungsklassifizierungen „reflektieren, präsentieren und diskutieren" adressiert. Damit wird unterstellt, dass man durch das Anhängen eines solchen Hinweises jedes Lernfeld mit allen sechs Kompetenzfacetten anreichern könnte. Würde man versuchen, dies in der Unterrichtskonzeption konsequent umzusetzen, würde über die beiden Kompetenzdimensionen und die weitere Dimension der Handlungsklassen ein „mehrdimensionaler Herbartianismus" aufgebaut. Ein solcher beruflicher Unterricht würde nicht nur alle zeitlichen Rahmen sprengen, sondern würde sich ohne Fokussierung und Akzentuierung fern der betrieblichen Realität durch ein artefaktisches Kompetenzgefüge arbeiten.

18 Wer sich ein Bild davon machen will, kann sich jeden beliebigen KMK-Rahmenlehrplan nehmen und dort in den Lernfeldern nach anderen als fachlichen Aspekten suchen; sie sind dort rar und entbehren zumeist einer Systematisierung. Auch bezeichnend ist das terminologische Chaos in den Zielbeschreibungen. Dort werden Lernhandlungen unmittelbar neben berufliche Handlungen gesetzt, konkrete Handlungen neben Verständnis-Aspekte etc.

des Ordnungsmittels (Leit- und Richtziele) sehr breit und „wichtig" dargestellt werden, um sie dann im restlichen Lehrplan nicht mehr ansprechen, geschweige denn strukturell umsetzen zu müssen. Die berufliche Bildung hat somit seit mehr als zwei Jahrzehnten die Vermittlung beruflicher Handlungskompetenz als ihre zentrale Zielperspektive ausgerufen, dafür aber bislang noch kein wissenschaftlich akzeptables Kompetenzmodell implementiert.

Die Gründe für diese Problematik liegen in der Vergangenheit: Zu Beginn der Lehrplanreform in den 1990er-Jahren stand nicht der Kompetenzbegriff in deren Zentrum, sondern der der Handlungsorientierung. Beruflicher Unterricht sollte betriebsnäher werden, indem man ihn fächerintegrativ und handlungsorientiert konzipierte. Dieser Wandel war – wie viele Modellprojekte dieser Zeit erkennen lassen – primär methodisch intendiert. Bis in das 21. Jahrhundert hinein wurden dort Schlüsselqualifikationen als Bildungsziele angeführt und erst nach und nach mit Handlungskompetenzen ersetzt. In dieser Zeit wurden diese Konzepte weitgehend als identisch betrachtet. Die Methodik einer Handlungsorientierung war wissenschaftlich und politisch „erwünscht", der Kompetenzanspruch wurde dieser zugeordnet und letztlich als deren „Transportmittel" verwendet. Durch die neue Bildungsperspektive beruflicher Handlungskompetenz sollte primär ein fachtheoretisch-partikularisierter, überwiegend frontal vermittelter, Unterricht überwunden werden. Als Beleg für diese Feststellung sind nicht nur die Berichte und Aufsätze aus dieser Zeit anzuführen, sondern auch die Tatsache, dass die Handlungsorientierung als methodisches Prinzip in den neuen Lehrplänen verankert wurde. Im Bereich schulischer Politik und Administration in Deutschland gibt es zudem keine Tradition wissenschaftlicher Fundierung. Dies heißt nicht, dass hier völlig unabhängig von dem gearbeitet wird, was in der Bildungsforschung stattfindet. Es heißt vielmehr, dass man sich dort nur dann und wann daran erinnert, dass es die Wissenschaft gibt und dass man auf diese bevorzugt dann zugreift, wenn es opportun ist. Der Ursprung des Kompetenzansatzes kommt aus einer solchen Phase, er wurde vom Deutschen Bildungsrat, der wissenschaftlich besetzt war, begründet. Für seine Explikation in der beruflichen Bildung und die damit zusammenhängenden curricularen Konsequenzen gilt dies jedoch nur noch bedingt[19]. Fest steht, dass der Kompetenzbegriff im Raum der Deutschen Berufsbildung erst sehr spät konsequent wissenschaftlich aufgegriffen wurde. Daher muss der KMK nicht die wissenschaftsferne Fundierung des Ausgangskonzepts in den 1990er-Jahren vorgeworfen werden, sondern die Tatsache, dass sie in den darauffolgenden Jahren keinen Ansatz verfolgt hat, diesem Defizit zu begegnen. Im Fortlauf der verschiedenen Handreichungen zur Erstellung der Rahmenlehrpläne kann dies gut rekonstruiert werden.

Andererseits muss hier festgestellt werden, dass die Kompetenzforschung in der beruflichen Bildung noch relativ jung ist und gerade in ihrer Anfangsphase kaum überzeugt hat. Die Theorie-Relativität des Konstrukts, ausgehend von den vielfältigen nationalen und internationalen Veröffentlichungen, die insbesondere mit TIMMS und PISA plötzlich um sich griffen, überforderte viele. Ein Problem war dabei, sich von

---

[19] Wie Dengler, 2016, S. 187 feststellt, wurde das Lernfeldkonzept von Reinhard Bader et al. ex post wissenschaftlich abgestützt.

rein (lern-)psychologischen Konzepten zu unterscheiden, ein anderes bestand darin, nicht den Rahmen der Allgemeinbildung zu assimilieren. Das ASCOT-Programm bewirkte hier zu Beginn der 2010er-Jahre eine deutliche Konkretisierung aber auch Eingrenzung. In diesem BMBF-Programm sollten Berufskompetenzen mit diagnostischer Ausrichtung (also als messbare Outcomes) quantitativ empirisch erforscht werden. Man trat also „in die Fußstapfen der Allgemeinbildung", getrieben von einer Berufsbildungspolitik, die plötzlich „evidenzorientiert" sein wollte. Kompetenz sollte nun auch in der Berufsbildung das sein, „was man misst". Schon vor ASCOT hatten sich Kompetenzmodelle etabliert, die deutlich stärker didaktisch – im Sinne einer Praxisorientierung – ausgerichtet waren. Hier waren jedoch von Anfang an konzeptionelle und theoretische Schwächen zu beklagen, z. B. beim sog. KOMET-Konzept (Abschnitt 3.2.3) von RAUNER[20]. Berufliche Kompetenz wird hier sehr eigenwillig definiert und erweist sich als eine Zielperspektive für eine Beruflichkeit, die mit aktueller Facharbeit wenig korrespondiert.

Somit ist zusammenzufassen, dass das aktuelle KMK-Kompetenzmodell als solches kaum bezeichnet werden kann. In den Handreichungen zur Gestaltung der Rahmenlehrpläne und diesen selbst findet man ein Konglomerat an wenig konsistenten Einzelkompetenzen mit vagen Inhalten und Zusammenhängen. Die Gründe dafür sind nachvollziehbar, wenngleich man hier inzwischen weiter sein könnte. Unabhängig von diesen Defiziten bleibt aber festzustellen, dass die Grundidee, in beruflichem Unterricht über die Vermittlung von Fachwissen hinauszugehen, indem man dessen berufliche Umsetzung als Zielaspekt miteinbezieht, nach wie vor tragfähig ist. Auch wenn die Lehrpläne konzeptionell zu wünschen übriglassen und deren Praxistransfer nach wie vor unbefriedigend voranschreitet[21], hat sich in den zurückliegenden 20 Jahren Vieles zum Positiven verändert. Im folgenden Kapitel wird ein wissenschaftlicher Kompetenzansatz vorgestellt, der einerseits mit den Grundintentionen des KMK-Ansatzes korrespondiert, im Gegensatz zu diesem jedoch theoretisch abgestützt, didaktisch transferierbar und empirisch überprüfbar[22] ist.

3.2 Entwicklungslinien beruflicher Kompetenzkonstrukte mit wissenschaftlichem Hintergrund

3.2.1 Allgemeine Ausgangspunkte

Im vorangegangenen Abschnitt deutete sich an, dass neben Entwicklungen der Arbeitswelt bzw. der Berufe die bildungswissenschaftliche Diskussion in allgemeiner und beruflicher Bildung der letzten beiden Jahrzehnte maßgeblich vom Kompetenzbegriff und dessen Definition sowie Bedeutung für ein handlungswirksames Lernen mit mess-

---

20 Rauner und Piening, 2010.
21 Dengler, 2016.
22 An dieser Stelle sei auf die Beiträge von Pittich, 2011 und insbesondere Tenberg, 2012 verwiesen. Dort wird differenziert auf offene Fragen einer praxisrelevanten Kompetenzdiagnostik eingegangen. Hinzu kommen für Teilaspekte Winther, 2011 sowie Nickolaus in unterschiedlichen Schriften.

baren Lernergebnissen geprägt wurde[23]. Im Bereich der beruflichen Bildung ist der integrative Aufbau von Berufskompetenzen als Zielperspektive in den Ordnungsmitteln fest verankert[24][25].

Der Kompetenzbegriff wird früh bei WHITE[26] und CHOMSKY[27] akzentuiert. So verwendet Letzterer den Begriff im Rahmen der Kommunikationswissenschaft als die Fähigkeit, „mit Hilfe eines begrenzten Inventars von Kombinationsregeln und Grundelementen potenziell unendlich viele neue, noch nie gehörte Sätze selbstorganisiert bilden und verstehen zu können"[28]. WHITE interpretierte Kompetenz als das Ergebnis „von Entwicklungen grundlegender Fähigkeiten, die weder genetisch, angeboren, noch das Produkt von Reifungsprozessen sind, sondern vom Individuum selbstorganisiert hervorgebracht wurden"[29]. In Anknüpfung an den Individuums- und Selbstorganisationsbezug dieser beiden Ansätze stellen sich Kompetenzen modellübergreifend als humane Dispositionen dar, weisen (international) jedoch eigenständige Entwicklungslinien auf, welche WEINERT[30] bilanzierte und zusammenführte. Er differenzierte zunächst unterschiedliche Grundorientierungen zur Beschreibung und Interpretation von Kompetenz:

„1. Kompetenzen als generelle kognitive Leistungsdispositionen, die Personen befähigen, sehr unterschiedliche Aufgaben zu bewältigen.

2. Kompetenzen als kontextspezifische kognitive Leistungsdispositionen, die sich funktional auf bestimmte Klassen von Situationen und Anforderungen beziehen (diese spezifischen Leistungsdispositionen lassen sich auch als Kenntnisse, Fertigkeiten oder Routinen charakterisieren).

3. Kompetenzen im Sinne der für die Bewältigung von anspruchsvollen Aufgaben nötigen motivationalen Orientierungen.

4. Handlungskompetenz als eine Integration der drei erstgenannten Konzepte, bezogen auf die Anforderungen eines spezifischen Handlungsfeldes wie z. B. eines Berufes.

5. Metakompetenzen als das Wissen, die Strategien oder die Motivationen, welche sowohl den Erwerb als auch die Anwendung spezifischer Kompetenzen erleichtern.

6. Schlüsselkompetenzen als Kompetenzen im unter 2. genannten funktionalen Sinn, die aber für einen relativ breiten Bereich von Situationen und Anforderungen relevant sind. Hierzu gehören z. B. muttersprachliche oder mathematische Kenntnisse"[31].

---

23 Winther, 2010.
24 Bader, 1989.
25 Kultusministerkonferenz, 1991; Kultusministerkonferenz, 1996; Kultusministerkonferenz, 2004.
26 White, 1959.
27 Chomsky, 1965.
28 Chomsky, 1965, S. XVIII.
29 White, 1959, S. XVIII.
30 Weinert, 1999; Weinert, 2001c.
31 Hartig und Klieme, 2006, S. 128 f.

Weinert fasst die zentralen Charakteristika bezüglich eines wissenschaftlich haltbaren und empirisch messbaren Kompetenzbegriffs zusammen und schlägt in diesem Zusammenhang vor, Kompetenzen gemäß Punkt 2 als *kontextspezifische, kognitive Leistungsdispositionen* zu definieren[32].

Entsprechend dieser Setzungen weisen die im internationalen Raum verbreiteten Konzepte einige Schnittmengen auf. Als verbindendes Element aller Entwicklungslinien benennt Winther die Generalisierbarkeit der Kompetenz in ähnlichen Situationen[33].

Forciert durch das DFG-Schwerpunktprogramm 1293[34] werden Kompetenzen modellübergreifend definiert als *„kontextspezifische kognitive Leistungsdispositionen, die sich funktional auf Situationen und Anforderungen in bestimmten Domänen beziehen"*[35]. Die Kompetenzorientierung war somit deutlich mehr als eine terminologische Neuerung, sie verschob den Zielbereich organisierter und institutionalisierter Bildung erheblich. Dies belegen neben den großen Schulvergleichsstudien (Large-Scale Assessments, wie z. B. PISA-Studien (Programme for International Student Assessment)) auch die Reaktion des Europäischen Bildungsraums. Lag der Schwerpunkt bis zur Einführung des Kompetenzanspruchs auf Bildungsbedingungen und Inhalten (Inputs) sowie Lehr-Lern-Vorgängen (Prozessen), so rückte in den letzten Jahren eher das, was mit Bildung erreicht bzw. bewirkt wird, in den Fokus der Betrachtungen. Die unmittelbaren Bildungsresultate werden dabei als „Output", die mittel- bis langfristigen als „Outcome" bezeichnet.

Dieser Diskurs der allgemeinen Bildung hat sich in Ergänzung zur Entwicklungslinie des KMK Ansatzes (Abschnitt 3.1) auf die berufliche Bildung ausgewirkt, deren „Outcome" als Berufskompetenz bzw. berufliche Handlungskompetenz definiert ist[36]. Eine solche outcome-orientierte Sichtweise zieht immer auch den Anspruch der Messbarkeit von Bildungsergebnissen nach sich. Dies beweisen Vergleichsstudien wie PISA, TIMSS und ULME. Exemplarisch soll hier kurz auf den Kompetenzansatz des PISA-Konsortiums[37] eingegangen werden.

PISA war und ist als (länderübergreifend) umgesetztes Large-Scale Assessement (kurz: LSA) konzipiert und hat das Ziel, „zentrale und grundlegende Kompetenzen zu erfassen, die für die individuellen Lern- und Lebenschancen ebenso bedeutsam sind wie für die gesellschaftliche, politische und wirtschaftliche Weiterentwicklung"[38]. Ausgehend von der Rahmenkonzeption[39] [40] ist das Konzept „Literacy" zentraler Bestandteil aller bisherigen Studien. Damit sollen die Möglichkeiten ausgelotet werden, „in einem bestimmten Gebiet Anforderungen zu bewältigen, Probleme zu lösen und weiter zu

---

[32] Weinert, 2001a.
[33] Winther, 2010, S. 22.
[34] Klieme und Leutner, 2006.
[35] Klieme und Leutner, 2006.
[36] Bader, 1989; Kultusministerkonferenz, 2011.
[37] OECD, 1999.
[38] Prenzel, Drechsel und Carstensen, 2005a, S. 13.
[39] OECD, 1999.
[40] Prenzel, Drechsel und Carstensen, 2005b.

lernen"[41]. So werden Problemstellungen der Bereiche Mathematik, Lesen und Naturwissenschaften anhand der Dimensionen Inhalte[42] („Wissen, dass"), Prozesse[43] („Wissen, wie") und Situation[44] (Anwendung von Wissen) gemäß der WEINERTschen Expertise[45] ausdifferenziert[46].

Nachdem sich diese Large-Scale Assessments (kurz: LSA) im allgemeinbildenden Bereich etabliert hatten, wurde versucht, diese auch im berufsbildenden Bereich zu implementieren, was schließlich zur Forschungsinitiative ASCOT – Technologie-orientierte Kompetenzmessung in der beruflichen Bildung – führte, der eine feasability-study vorausging, jedoch nur auf nationaler Ebene[47] [48]. ASCOT fokussierte dabei eine „valide Messung von Bildungsergebnissen einzelner Auszubildender sowie das Monitoring von Bildungsprozessen auf der Systemebene"[49]. Dabei galt es, Kompetenz- und Messmodelle bzw. Instrumente zu entwickeln, mit denen sich über technologieorientierte Zugänge einzelne Berufskompetenzen erheben und unterschiedlichen Leistungsniveaus zuordnen lassen. Das langfristige Ziel des Projektes, in Kooperation mit anderen europäischen Staaten die entwickelten Messinstrumente zu adaptieren und im Rahmen internationaler Vergleichsstudien (z. B. in Form eines VET-LSA) einzusetzen, wurde bislang nicht erreicht[50].

Die ASCOT-Konzepte in den Domänen Metall-, Elektrotechnik, Wirtschaft und Humandienstleistungen wurden nicht integrativ und auf Basis einer konvergenten Theorie entwickelt und stehen daher als domänenspezifische Einzelansätze nebeneinander, was die Frage aufwirft, ob es hierbei letztlich irrelevant ist, von welchem Kompetenzmodell man ausgeht, wenn man dieses dann nur konsequent empirisch bestätigt (was in der dort zugrunde gelegten Psychometrie generell richtig ist). Ob hier die Hoffnung bestand, aus den verschiedenen Ansätzen so etwas wie ein konvergentes und integratives Kompetenzmodell zu generieren, bleibt spekulativ, jedenfalls wurden diesbezügliche Versuche nie veröffentlicht[51]. Dies ist nicht nur im Hinblick auf einen (hier ausbleibenden) wissenschaftlichen Fortschritt relevant, sondern auch vor dem Hintergrund einer distanzierten Praxis. Für die wenigen, die ASCOT aus praktischer Perspek-

---

41 Prenzel, Drechsel und Carstensen, 2005b, S. 18.
42 Prenzel, 2007.
43 Prenzel, 2007.
44 Prenzel, 2007.
45 Weinert, 2001c.
46 Seit Beginn ihres Erscheinens wurden die PISA-Vergleichsstudien kontrovers diskutiert. So zeigt sich insbesondere aus der kompetenzdiagnostischen Perspektive, dass die Niveaumodellierungen bzw. die Festlegung der Kompetenzstufen bisher nur unzureichend theoretisch begründet wurden (Winther, 2010, S. 45). Die Festlegung erfolgt größtenteils post- hoc und „auf Grundlage der testmodell-konform übrig gebliebenen Aufgaben auf der Grundlage eines zwei-kategoriellen Raschmodells, wobei die Festlegung der Kompetenzgrenzen durch Unterteilung der Fähigkeitsskala hinsichtlich der Mindestlösungschancen erfolgt" (Winther, 2010, S. 45). So werden im mathematischen Bereich seit der ersten PISA-Studie im Jahr 2000 neben den Stufen- auch die Strukturmodellierungen kontrovers diskutiert.
47 Baethge und Arends, 2009.
48 BMBF, 2011.
49 BMBF, 2011.
50 BMBF, 2011.
51 Rosendahl und Straka, 2011, S. 190 f.

tive wahrgenommen haben, stellte sich nicht nur die Frage, warum die teilnehmenden Wissenschaftler*innen in ihrem spezifischen Binnenmodell bleiben, sondern auch die Frage danach, was dies alles überhaupt mit ihnen als Lehrperson und der beruflich-betrieblichen Realität zu tun hat. Aus Perspektive des vorliegenden Lehrbuchs sind die domänenspezifischen psychometrisch validierten Kompetenzgefüge auf den leistungsdiagnostischen Aspekt einzugrenzen, Anschlüsse an didaktische oder methodische Überlegungen wurden bislang nicht überzeugend vorgestellt.

3.2.2 Diagnostische Ansätze der beruflich-technischen Bildung

Die Forschungsprogramme der Forschergruppe um NICKOLAUS[52] fokussieren (gemäß WEINERTS Kompetenzkonzept[53]) kognitiv geprägte Kompetenzen und zielen neben der Strukturmodellierung speziell auf eine psychometrische Diagnostik von Kompetenzen über IRT-basierte Ansätze ab. Sie konzentrieren sich auf eine valide und reliable Diagnostik fachlicher Berufskompetenzen bei „Elektroniker*innen für Energie- und Gebäudetechnik" und „Kfz-Mechatroniker*innen". Strukturell weisen die frühen Arbeiten[54] eine Orientierung an der Trias Fach-, Sozial- bzw. Selbstkompetenz ROTHS[55] bzw. BADER UND MÜLLERS[56] auf. Die Kompetenzfacetten Sozial- bzw. Selbstkompetenz wurden hier bislang nicht einbezogen[57]. Zur genaueren Modellierung von Fachkompetenz werden horizontale und vertikale Wissensdifferenzierungen eingesetzt[58]. Erstere wird anhand des kognitiven Systems FORTMÜLLERS[59] vorgenommen. Die dort festgestellten deklarativen und prozeduralen Wissensarten werden um die Dimension der fachspezifischen Problemlösefähigkeit erweitert (Abbildung 11) und entsprechen damit den von WEINERT[60] definierten Dimensionen.

---

52 U. a. Gschwendtner, Geißel und Nickolaus, 2010; Nickolaus, Gschwendtner und Geissel, 2008, Nickolaus, Geißel, Abele und Nitzschke, 2011.
53 Weinert, 2001a.
54 Knöll, 2007.
55 Roth, 1971.
56 Bader und Müller, 2002.
57 Knöll, 2007.
58 Gschwendtner, Geißel und Nickolaus, 2010.
59 Fortmüller, 1997.
60 Weinert, 2001a.

Abbildung 11: Horizontale Differenzierung der Fachkompetenz von NICKOLAUS[61]

Die Hierarchisierung bzw. vertikale Differenzierung findet in Anlehnung an die Theorien von BLOOM[62] und ANDERSON[63] statt. Zur Festlegung der Niveaustufen und zur Generierung von Aufgaben werden die kognitiven Wissensaspekte bspw. in Wissen, Verstehen, Anwenden, Analyse, Synthese und Evaluation gestuft und entweder „ex ante" oder „ex post" verwendet[64].

In Weiterentwicklung der Studien der Elektro-, der Metall- und der Bautechnik wurde das Arbeitsmodell angepasst und „eine zweidimensionale Fachkompetenzstruktur, bestehend aus der Subdimension Fachwissen und der Fähigkeit dieses Wissen adäquat in wechselnden und problemhaltigen Situationen anwenden zu können"[65], überführt. Diese zweidimensionale Struktur konnte domänenübergreifend empirisch abgesichert werden, wobei sich innerhalb beider Dimensionen Ausdifferenzierungs- und Verschmelzungsprozesse während der Ausbildung abzeichnen[66]. Die weitere Subdimensionierung des Fachwissens, in deklaratives und prozedurales Wissen, konnten bislang nicht nachgewiesen werden[67], „was möglicherweise aber auch auf die Operationalisierung prozeduralen Wissens zurückzuführen ist, die im fachlichen Kontext immer deklarative Wissensbestandteile einschließt"[68]. Statt der beiden Wissensarten werden berufsspezifische Subkategorien des Fachwissens ausgewiesen und basale Grundkonzepte wie Lesen, Mathematik und Intelligenz in den Erklärungsmodellen berücksichtigt[69]. Die Messmodelle rekurrieren dabei auf berufsfachliche Anforderungskontexte.

---

61 i. A. a. Fortmüller, 1997; Knöll, 2007.
62 Bloom, 1956.
63 Anderson und Krathwohl, 2001.
64 u. a. Nickolaus, 2011a, Nickolaus, 2011b.
65 Nickolaus, Geißel, Abele und Nitzschke, 2011, S. 78.
66 Nickolaus, 2011a.
67 u. a. Geißel, 2008, Nickolaus, Gschwendtner und Geissel, 2008.
68 Nickolaus, 2011b, S. 166.
69 Nickolaus, Gschwendtner und Geissel, 2008.

Tabelle 2: Zweidimensionale Fachkompetenzstruktur am Beispiel „Elektroniker*in für Energie- und Gebäudetechnik" und „Kfz-Mechatroniker*in".[70]

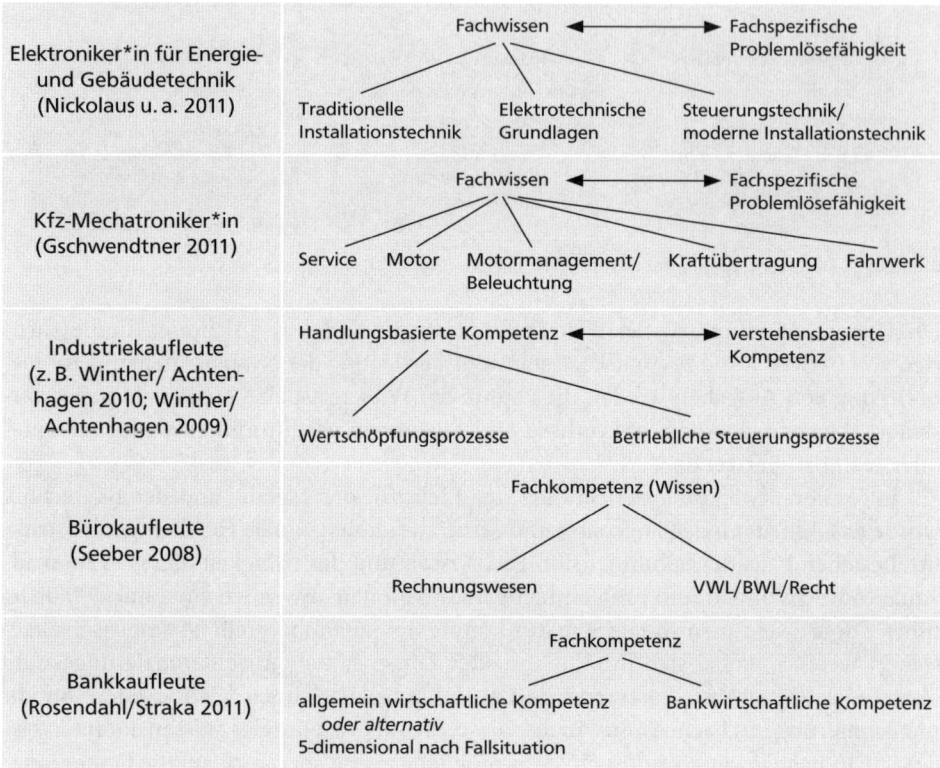

Die kompetenzdiagnostischen Ansätze von NICKOLAUS sind empirisch gut abgestützt und liefern, in Eingrenzung auf den Aspekt der Fachkompetenz und unter (vorläufiger) Akzeptanz der Unschärfe der Wissenskategorien, aktuell einen anspruchsvollen Beitrag zur Messung von Kompetenzen im gewerblich-technischen Bereich. Ähnlich wie in den PISA-Konzepten ist hier jedoch eine konzeptionelle Inkonsistenz im Zusammenhang von Wissen und fachspezifischer Problemlösefähigkeit festzustellen. Diese verdeutlicht sich in der Kontrastierung des Kompetenz- und Performanzbegriffs: Während Kompetenzen (Leistungs-)Dispositionen darstellen, also intrapersonelle Aspekte, die ein Individuum zum Handeln befähigen, entsprechen Performanzen, denen auch die fachspezifische Problemlösefähigkeit zuzuordnen ist, den beobachtbaren Verhaltensweisen einer Person[71]. Wenn nun aber Wissen und Problemlösen integrativ erhoben werden, bringt man Dispositionen (Kompetenzen) und Handlungen (Performanzen) in einer gemeinsamen Kategorie zusammen. Dies ist mathematisch möglich, kon-

---

70 u. a. Nickolaus, 2011a; Nickolaus, 2013.
71 U. a. White, 1959, Chomsky, 1965, Erpenbeck und Rosenstiel, 2007a.

zeptionell aber unschlüssig und scheint sich auch teilweise in den Befunden als offene Frage auszuwirken[72][73].

3.2.3 Praxisorientierte Ansätze der beruflich-technischen Bildung

Unabhängig von den im ASCOT-Projekt maximierten kompetenzdiagnostischen Forschungslinien etablierten sich einige praxisorientierte Ansätze für eine Kompetenzmodellierung im Zuge der Implementierung der Lernfeldlehrpläne. Möglicher Grund dafür war die oben bereits erwähnte Unschlüssigkeit des KMK-Kompetenzansatzes, insbesondere der schwierigen didaktischen Transformationen und dessen Kluft zwischen programmatischem Anspruch und curricularer Realität. In der Praxis war dann Kompetenz genau das, worauf man hinauswollte, die curriculare Verbindlichkeit löste sich auf und machte Platz für ein „anything goes" in der unterrichtlichen Umsetzung. In dieser konzeptionellen Grauzone wurde das KOMET-Programm (Kompetenzentwicklung und -erfassung in Berufen des Berufsfeldes Elektrotechnik-Informationstechnik) von RAUNER[74] platziert, mit dem Anspruch, Methoden zur empirischen Kompetenzerfassung zu entwickeln und zu erproben[75]. Kompetenz wird von RAUNER an der „multiplen Intelligenz"[76] von CONNELL ausgerichtet, als „multiple Kompetenz" definiert. Nach RAUNER hebt das „Modell multipler Kompetenz […] realitätsnah die durch berufliche Arbeit einerseits und die den Individuen andererseits gegebenen Potenziale der Kompetenzentwicklung hervor"[77]. Ausgehend von diesem Kompetenzbegriff sollen es die KOMET-Methoden erlauben, „auf der Ebene der individuellen Lernprozesse, der schulischen und betrieblichen Organisation beruflicher Bildung sowie der systemischen Strukturierung beruflicher Bildung Stärken und Schwächen beruflicher Bildung zu identifizieren"[78][79]. Das darauf bezogene dreidimensionale KOMET-Kompetenzmodell unterscheidet in Anforderungs-, Handlungs- und Inhaltsdimensionen sowie insgesamt acht Kompetenzkriterien (Abbildung 12).

---

72 Nickolaus, 2011a.
73 Nickolaus geht diesbezüglich davon aus, dass „die angesichts der Komplexität der zu erfassenden Konstrukte [– wie etwa dem der Berufskompetenz –] jeweils nur Teilsegmente abdecken können und systematisch aufgebaut werden müssen, damit die Ergebnisse aufeinander beziehbar werden" (Nickolaus, 2011a, S. 336).
74 Rauner, 2010.
75 Rauner, Hassler, Heinemann und Grollmann, 2009, S. 11.
76 Connell, K. und H., 2003.
77 Rauner, 2008, S. 85.
78 Rauner, 2010, S. 24.
79 Derartige pauschale Aussagen erscheinen unter Berücksichtigung der theoretischen und empirischen Fundierung des KOMET-Ansatzes fragwürdig.

Berufskompetenzen

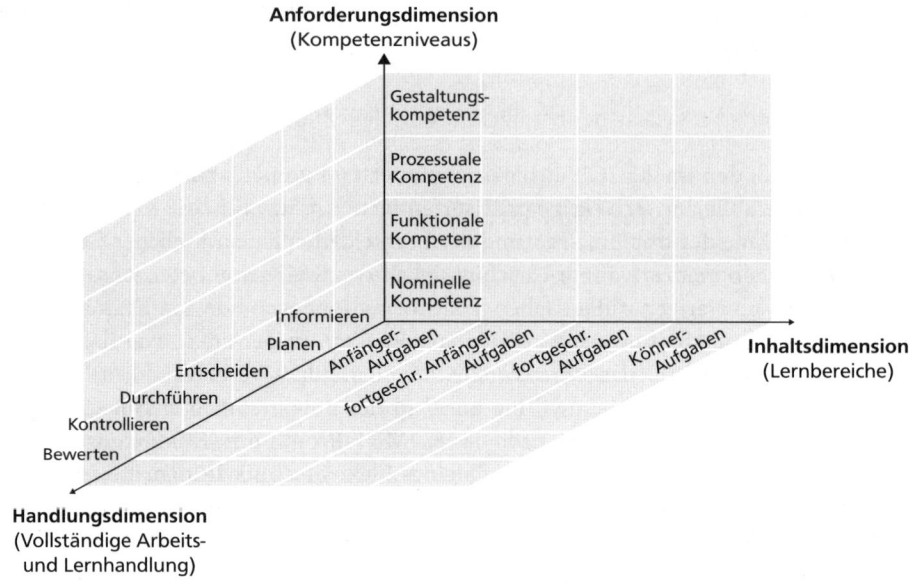

Abbildung 12: Dreidimensionales Kompetenzmodell des KOMET-Ansatzes mit den Dimensionen Anforderungs-, Handlungs- und Inhaltsdimension.[80]

Die Modellbildung der Anforderungsdimension weist in zwei Aspekten eine begriffliche Nähe zur PISA-Konzeption[81] auf: (1) Das Modell orientiert sich am vierstufigen Kompetenzniveaumodell für naturwissenschaftliche Grundbildung von BYBEE[82] und unterscheidet in nominelle, funktionale und prozessuale Kompetenz sowie ganzheitliche Gestaltungskompetenz. Die vier Kompetenzniveaus werden über acht Kriterien beruflicher Kompetenz, nämlich Funktionalität, Anschaulichkeit/Präsentation, Nachhaltigkeit/Gebrauchswertorientierung, Wirtschaftlichkeit/Effizienz, Geschäfts- und Arbeitsprozessorientierung, Sozialverträglichkeit und Kreativität, beschrieben[83]. (2) In späteren Veröffentlichungen ist der Begriff der „Literalität" hinzugenommen und damit eine Nähe zum Terminus „literacy" der PISA-Studien hergestellt worden.

Die acht Kriterien werden qualitativ den drei Kompetenz- bzw. Literalitätsniveaus zugeordnet (Abbildung 13). Die Niveaustufe „Nominelle Kompetenz/Literalität" wird in der Kriterienzuweisung nicht berücksichtigt, da „Auszubildende, die lediglich das Niveau nomineller Kompetenz erreichen, […] der ‚Risikogruppe' zugeordnet"[84] werden und somit nicht mit dem Erreichen des Ausbildungsziels zu rechnen ist.

---

80 Rauner, Heinemann, Maurer, Ji und Zhao, 2011, S. 51.
81 OECD, 1999.
82 Bybee, 1997.
83 Rauner, Grollmann und Martens, 2007.
84 Rauner, Heinemann, Maurer, Ji und Zhao, 2011, S. 56.

Abbildung 13: Zuordnung der acht Kriterien zu den drei Kompetenz- bzw. Literalitätsniveaus des KOMET-Ansatzes.[85]

Der Handlungsdimension liegt die Struktur der Leittextmethode zugrunde. Diese ermöglicht es nach RAUNER, „Schritte einer Aufgabenlösung anhand der Anforderungsdimension zu bewerten und erleichtert zugleich die Entwicklung von Testaufgaben anhand von Kriterien, die dem Bewerter vertraut sind"[86]. Die Inhaltsdimension orientiert sich an „Kompetenzentwicklungsstufen im Sinne des Novizen-Experten Paradigmas"[87] von DREYFUS & DREYFUS[88]. Diese Entwicklungsstufen liegen quer zu den Niveaustufen, zeichnen sich durch Inhalte beruflicher Entwicklungsaufgaben vom beruflichen Anfänger bis zum Könner aus und sind in zeitlicher Abfolge gestuft. Die Generierung der Testaufgaben erfolgt basierend auf diesen Entwicklungsaufgaben.[89] Die Testaufgaben unterscheiden sich sowohl in Inhalt als auch im Schwierigkeitsgrad.[90] Dabei werden über verbale Tests (Aufsätze) komplexe und vermeintlich praxisnahe Problemstellungen mit „Gestaltungsspielräumen" zur Identifizierung von Berufskompetenzen erhoben, die wiederum den kategorialen Kriterien und damit der Inhaltsdimension zugeordnet werden[91].

Das KOMET-Kompetenzmodell und dessen Handhabung wird im Bezugsfeld empirischer Kompetenzforschung skeptisch bewertet[92]. Die theoretische Begründung und Definition des Kompetenzbegriffs über eine „multiple Kompetenz" in Adaption der multiplen Intelligenz[93] erscheint fragwürdig, da die aktuelle Handhabung von Kompetenz in der Bildung nur sinnvoll (und gegenüber den zurückliegenden Jahrzehnten

---

85 Rauner, Grollmann und Martens, 2007, S. 23.
86 Rauner, 2010, S. 19.
87 Rauner, Hassler, Heinemann und Grollmann, 2009, S. 87.
88 Dreyfus und Dreyfus, 1986.
89 Rauner und Bremer, 2004.
90 Rauner und Bremer, 2004.
91 Rauner und Bremer, 2004, S. 84 ff.
92 U. a. Gschwendtner, Abele und Nickolaus, 2009, Tenberg, 2011.
93 Connell, K. und H., 2003.

fortschrittlich) sein kann, wenn sie sich deutlich vom Konzept der Intelligenz abgrenzt bzw. dieses überschreitet[94]. Insofern ignoriert die Begriffsbestimmung von RAUNER ein wesentliches und grundlegendes Unterscheidungsmerkmal von Kompetenz gegenüber Intelligenz, Generalisierung steht im Widerspruch zur Kontextualisierung[95]. Mit Blick auf diese konkreten kompetenztheoretischen Defizite erweist sich die von RAUNER entwickelte Kompetenzstruktur theoretisch als unschlüssig. Zudem impliziert der Ansatz inhaltlich ein Konzept von Facharbeit, das kaum der Realität entspricht. Wie Berufsbilder, Ausbildungsordnungen aber auch die berufliche Realität zeigen, wird Facharbeit nur randständig gestalterisch ausgeübt, ihre Qualität liegt jenseits dessen, was RAUNER in „funktional" und „prozessual" unterscheidet, der KOMET-Ansatz bleibt damit letztlich ein vager Versuch, über ein Kompetenzmodell berufsbildungspolitisch zu intervenieren.

3.2.4 Zusammenfassung und Fazit

Die vorangegangene Bilanzierung zeigt, dass die aktuellen Ansätze zur Erforschung berufsbezogener Kompetenzen auf vielfältige Theorieansätze zurückgehen. Eine Bestandsaufnahme der Erfassung fachlicher Kompetenzen führt NICKOLAUS[96] zu dem Ergebnis, dass zum aktuellen Stand eine Vergleichbarkeit bzw. Integrierbarkeit von Befunden unterschiedlicher Entwicklungslinien selbst im schmalen Bezugsraum der Diagnostik kaum bzw. nur stark eingeschränkt möglich ist. Der Hauptgrund für dieses Desiderat liegt vermutlich in der weitgehenden Fokussierung der Kompetenzmessung bei gleichzeitiger Aussparung der curricularen Abbildung von Kompetenzen sowie deren Vermittlung in wechselseitiger Beziehung zu deren Entwicklung. Ähnlich wie in PISA ist man hier wohl davon ausgegangen, dass eine gut abgestützte Diagnostik bei entsprechend verbindlicher Implementierung curricular wirksam wird, und damit dann auch didaktisch-methodische Entscheidungen determinieren kann. Betrachtet man die aktuelle Situation in der Allgemeinbildung, steht fest, dass eine derartige invertierte Steuerung wenig ertragreich ist. Trotz der enormen Investitionen, die dort für die LSA sowie die Einführung „verbindlicher" Bildungsstandards und Kerncurricula aufgebracht wurden und werden, zeigt sich, dass Didaktik nicht beim Test beginnt, sondern bei den Lernzielen. Es zeigt sich zudem, dass diese Lernziele nur dann adäquat in die Bildungsprozesse transformiert werden, wenn ein Gesamtkonzept vorliegt, das normativ verankert, theoretisch schlüssig und praktisch umsetzbar ist. Hinzu kommt das Merkmal der Akzeptanz, denn letztlich entscheiden die Lehrpersonen und deren Einstellung zu Curricula und Bildungsergebnissen, was konkret im Unterricht gemacht wird. Somit erstaunt es nicht, dass wiederum auch NICKOLAUS[97] einen kompetenzorientierten Gesamtansatz fordert, der theoretisch fundiert, empirisch abgesichert, praktisch

---

[94] Hartig und Klieme, 2006.
[95] Hartig und Klieme, 2006.
[96] Nickolaus, 2011a.
[97] U. a. Nickolaus, 2011a, Nickolaus, 2011b, Nickolaus, 2011c, Nickolaus, Geißel, Abele und Nitzschke, 2011.

umsetzbar und messmethodisch überprüfbar ist[98]. Mit diesem Anspruch wird nachfolgend ein technikdidaktisches Kompetenzmodell skizziert.

3.3 Technikdidaktisches Kompetenzmodell

Im nachfolgenden Abschnitt wird ein technikdidaktisches Kompetenzmodell beschrieben, welches den nur unscharf umrissenen Raum zwischen den Intentionen der KMK und den Erfordernissen des modernen beruflichen Unterrichts konkretisiert. Ausgangspunkte sind dabei der Bezugskontext beruflicher Facharbeit sowie der kompetenztheoretische Diskurs in der Erziehungswissenschaft (Abschnitt 3.3.1). Ausgehend von einer wissensakzentuierten Basistheorie (Abschnitt 3.3.2) werden dann das konkrete Kompetenzmodell (Abschnitt 3.3.3) und dessen Subdimensionen (Abschnitt 3.3.4 bis 3.3.7) skizziert.

3.3.1 Überlegungen zum technikdidaktischen Bezugskontext

Als Orientierung für ein technikdidaktisches Kompetenzmodell erscheinen zwei Bezugsperspektiven bedeutsam: (1) Eine Vorstellung darüber, wie sich Facharbeit bis heute entwickelt hat, was Facharbeit aktuell charakterisiert bzw. was (kompetente) Facharbeiter*innen oder Handwerker*innen ausmacht sowie (2) wie sich das terminologische Konstrukt Kompetenz von weiteren Konzepten im pädagogischen bzw. psychologischen Bezugsraum abgrenzt.

Zu (1): Im vorausgehenden Kapitel (Kapitel 2) wurde das Verhältnis von Beruf und Individuum historisch hergeleitet und anhand von traditionellen, aktuellen und perspektivischen Merkmalen differenziert. Im Folgenden werden diese vor dem Hintergrund eines Kompetenzansatzes analysiert und eingeordnet. Zentrales Kennzeichen von Facharbeit ist eine domänenspezifische Expertise, die mit einer langfristig erworbenen und verdichteten Praxis zusammenhängt, dabei aber auch von deren theoretischem Verständnis bedingt wird. Dieses Verständnis liegt zwar unterhalb des akademischen Niveaus, erreicht jedoch durch dessen unmittelbare und wechselseitige Verknüpfung mit einer anspruchsvollen Praxis eine hohe Komplexität. Facharbeiter*innen und Handwerker*innen sind in der Lage, innerhalb ihrer Domäne eigenständig komplexe Aufgaben zu identifizieren und effektiv und effizient zu lösen. In Gesellschaften, in welchen Facharbeiter*innen und Handwerker*innen fehlen, muss eine Vermittlungsinstanz zwischen Konstruktion, Entwicklung bzw. Aufgabenanalyse und Aufgabenumsetzung eingebaut werden, die die einfachen Tätigkeiten der angelernten Mitarbeiter*innen, deren Abfolgen sowie Korrespondenzen koordiniert und ihre Produkte oder Dienstleistungen kontrolliert. Ein zentraler Unterschied zwischen dem *worker* – im Sinne einer Arbeiter*in – und der Facharbeiter*in besteht also in einer höheren Eigenständigkeit und Belastbarkeit sowie einem größeren Einsatzspektrum. Durch die kognitive Durchdrin-

---

[98] An dieser Stelle sei auf die Beiträge von Pittich, 2011 und insbesondere Tenberg, 2012 verwiesen. Dort wird differenziert auf offene Fragen einer praxisrelevanten Kompetenzdiagnostik eingegangen.

gung ihrer Tätigkeiten identifizieren sich Facharbeiter*innen und Handwerker*innen stärker mit ihren Tätigkeiten und Aufgabengebiet, was Voraussetzung für die sog. Beruflichkeit ist. Im Folgenden wird daher davon ausgegangen, dass Facharbeit berufsförmig ausgeführt und wahrgenommen wird, wenngleich hier noch tiefer diskutiert werden müsste.[99] Für die hier vorzunehmende Kompetenzmodellierung ist dies unerheblich.[100]

Handlungsflexibilität kann summativ ebenso erreicht werden, wie reflexiv. Sie kann aus einer Ansammlung von Einzelerfahrungen entstehen oder durch Handlungsverständnis. Summativ erreichte Flexibilität stößt jedoch dann an ihre Grenzen, wenn neue Bedingungen angetroffen werden bzw. wenn sich unbekannte Probleme oder Widerstände einstellen. Um dann handlungsfähig zu sein, ist das Verständnis der beherrschten Einzelhandlungen erforderlich, deren ursächlicher Zusammenhänge, Gesetzmäßigkeiten und Wirkungen. Facharbeit bedingt somit ein verstehendes bzw. verstandenes selbständiges Handeln innerhalb eines begrenzten Expertisefeldes.

Zu (2): Ausgehend von intensiven Diskussionen zu Kompetenzen innerhalb der Psychologie wurde in den vergangenen zwei Jahrzehnten über berufliche Kompetenzen und deren Bedeutung für institutionalisierte Lernprozesse in der beruflichen Bildung diskutiert[101]. Um eine theoretische Klärung des Kompetenzbegriffs vorzunehmen, beauftragte die OECD Franz E. WEINERT mit einem Gutachten[102]. Darin grenzte er Kompetenz durch das Merkmal der Kontextspezifität von generalisierbaren und übergreifenden Konstrukten menschlicher Leistungsfähigkeit, wie z. B. Intelligenz und Begabung, ab. Kompetenz ermöglicht es demgemäß, „Anforderungen in spezifischen Situationen bewältigen zu können"[103]. WEINERT grenzte den Ansatz auf kognitive Dispositionen ein[104], affektive, motivationale und volitionale Aspekte wurden zunächst nicht modelliert, wenngleich WEINERT einräumt, dass Handlungskompetenzen auch durch motivationale Orientierungen, Einsichten, Tendenzen und Erwartungen bedingt würden[105]. Und so charakterisieren Kompetenzen für ihn letztlich „die bei Individuen verfügbaren oder durch sie erlernbaren kognitiven Fähigkeiten und Fertigkeiten, um bestimmte Probleme zu lösen sowie die damit verbundenen motivationalen und sozialen Bereitschaften und Fähigkeiten, um die Problemlösungen in variablen Situationen erfolgreich und verantwortungsvoll nutzen zu können"[106].

Davon ausgehend haben KLIEME et. al einen Kompetenzansatz und -begriff erarbeitet der sich als psychologische Rahmung charakterisieren lässt und auf das WEINERTsche[107] Gutachten aufbaut. Dieser Ansatz hat die (wissenschaftliche) Auseinandersetzung mit (beruflichen) Kompetenzen (und deren Messung) der letzten Jahre maßgeblich beeinflusst. Kompetenzen werden dabei definiert als: „Kontextspezifische kognitive Leistungsdispositionen, die sich funktional auf Situationen und Anforderun-

---

[99] Unger, 2009, S. 117 ff.
[100] Der Ansatz von Ghisla, Bausch und Boldrini, 2008 sieht eine moralische Dimension vor.
[101] U. a. Bader, 1989, Schelten, 2008, Rychen und Salganik, 2001.
[102] Weinert, 1999; Weinert, 2001a.
[103] Klieme und Leutner, 2006, S. 879.
[104] Weinert, 2001a.
[105] Weinert, 2001a.
[106] Weinert, 2001b, S. 27 f.
[107] Weinert, 1999, Weinert, 2001a.

gen in bestimmten Domänen beziehen"[108]. KLIEME & HARTIG[109] haben darüber hinaus eine Abgrenzung des Kompetenzkonstrukts zum Intelligenzkonstrukt herausgearbeitet. Die Abgrenzungen erfolgen anhand der Aspekte Kontextualisierung, Lernbarkeit und der Binnenstruktur (Tabelle 3).

Tabelle 3: Gegenüberstellung von Kompetenz und Intelligenz.[110]

Kompetenz	Intelligenz
Kontextualisiert, Fähigkeit, spezifische Situationen und Anforderungen zu bewältigen	Generalisierbar, Fähigkeit, neue Probleme zu lösen
Lernbar, wird durch Erfahrung mit den spezifischen Anforderungen und Situationen erworben	Zeitlich stabil, zu bedeutsamen Teilen durch biologische Faktoren determiniert
Binnenstruktur ergibt sich aus Situationen und Anforderungen	Binnenstruktur ergibt sich aus den grundlegenden kognitiven Prozessen

Das erste Unterscheidungsmerkmal besteht in der Generalisierbarkeit von Intelligenz gegenüber der Kontextspezifität von Kompetenz. So unterstreicht die Kontextualisierung oder Kontextabhängigkeit von Kompetenz eine bereichsspezifische Ausrichtung von (beruflichen) Situationen und Aufgaben. Dies wird im heutigen Kompetenzverständnis über sog. „Domänen"[111] abgebildet.

Das zweite Unterscheidungsmerkmal der Lernbarkeit leitet sich teilweise aus der Kontextspezifität ab, da der Kompetenzerwerb durch „das Sammeln von Erfahrungen in den entsprechenden Situationen bzw. mit entsprechenden Aufgaben"[112] markiert ist. Demnach sind Kompetenzen durch gezielte domänenspezifische Lehr-Lern-Maßnahmen veränder- und damit auch erweiterbar. Demgegenüber wird Intelligenz – trotz weiterer Unterscheidungen in fluide und kristalline – in der psychologischen Forschung als annähernd stabil beschrieben[113].

Als drittes Unterscheidungsmerkmal nennen HARTIG & KLIEME[114] die sog. Binnenstruktur, welche sich bei Kompetenzen aus den zu bewältigenden Anforderungen eines spezifischen Bereichs (Domäne) ergibt und rein kognitive Prozesse des Intelligenzkonzepts („Gedächtnis, Wahrnehmungsgeschwindigkeit, räumliches Denken und ‚reasoning'"[115]) überschreiten.

---

108 Weinert, 1999; Weinert, 2001a.
109 Hartig und Klieme, 2006.
110 Hartig und Klieme, 2006.
111 Hartig und Klieme, 2006.
112 Hartig und Klieme, 2006, S. 130.
113 Hartig und Klieme, 2006, S. 130.
114 Hartig und Klieme, 2006.
115 Hartig und Klieme, 2006, S. 131.

Die Intelligenz ist somit keine unabhängige Größe gegenüber der Kompetenz. Vielmehr ist davon auszugehen, dass sie die Basis für kognitiv bedingte Kompetenzen (fachliche oder methodische Kompetenzen) ist und diese damit von Anfang an determiniert. Wer intelligenter ist, muss nicht kompetenter sein, kann absehbar aber schneller kompetent werden und auch ein höheres Maß an Kompetenz erreichen. Für nicht (ausschließlich) kognitiv bedingte Kompetenzen (Sozial- und Personalkompetenzen) gibt es eine ähnliche Ausgangs- und Entwicklungsbasis, die Persönlichkeitseigenschaften oder Traits. Diese werden als zeitstabile Variablen beschrieben, mit denen menschliche Verhaltensaspekte in bestimmten Situationen erklärt und auch prognostiziert werden können[116]. Traits sind bei jedem Menschen unterschiedlich ausgeprägt und machen ihn zu einem einzigartigen Individuum. Um jedoch mit sich und den anderen adäquat umgehen zu können, muss jeder Mensch seine Eigenschaften kennenlernen, aktivieren, aber auch kontrollieren können. Hier versteht sich Kompetenzentwicklung nicht wie bei der Intelligenz als ein „Ausreizen" des Verfügbaren, sondern als ein „Erschließen und Abgleichen des Verborgenen". Die Kompetenzen eines Menschen zeigen sich entsprechend als Resultate mehr oder weniger gezielter, kurz- aber auch langzeitlicher Entwicklungsprozesse, in welchen die verfügbare Intelligenz nutzbar gemacht wird und Persönlichkeitseigenschaften verhaltenswirksam transformiert werden (Abbildung 14).

Abbildung 14: Humane Ressourcen und Kompetenzen

3.3.2 Der Ansatz von Erpenbeck und Rosenstiel als basistheoretische Rahmung

John ERPENBECK und Lutz VON ROSENSTIEL definieren Kompetenzen sehr knapp als „Dispositionen selbständigen Handelns"[117] und beziehen sich dabei zentral auf den (sprachwissenschaftlichen) Ansatz von CHOMSKY[118] und den motivationspsychologi-

---

116 Das wohl bekannteste Trait-Konzept ist der „Big-Five-Ansatz" von Hans-Jürgen Eysenck.
117 Erpenbeck und Rosenstiel, 2007b, S. XIX.
118 Chomsky, 1965.

schen Ansatz von WHITE[119]. Beide Ansätze akzentuieren die menschliche Fähigkeit, aus einem begrenzten Inventar an Informationen und der Verinnerlichung damit zusammenhängender Anwendungsmöglichkeiten ein großes funktionsfähiges Handlungsrepertoire zu entwickeln. Die einzelne Handlung wird dabei – in Anlehnung an CHOMSKY – als „Performanz" bezeichnet und damit die (dispositionale) Beziehung beschrieben, also die Unterscheidung zwischen dem was das selbständige Handeln ermöglicht, bedingt und bestimmt (Kompetenz) und der eigentlichen Handlung (Performanz). HUBER[120] beschreibt das Verhältnis zwischen Performanz und Kompetenz als ein „Teil-Ganzes-Verhältnis" und bringt so zwei weitere zentrale Aspekte zum Ausdruck: Nicht die einzelne Handlung kann Ausdruck über die dahinterstehenden Kompetenzen geben; vielmehr sind dazu mehrere selbständige Handlungen in variablen Situationen erforderlich. Umgekehrt ist ein Rückschluss auf Kompetenzen nicht direkt, sondern nur indirekt über die daraus generierten Handlungen möglich[121]. Wenn Facharbeit von eigenständigem, situationsflexiblem, ausbau- und weiterentwicklungsfähigem Handeln geprägt ist, dann muss sie – gemäß der Definition von ERPENBECK & ROSENSTIEL – auf Basis von Kompetenzen erfolgen. Dass dies jetzt der Fall ist und auch zukünftig absehbar, bestätigen die vorausgehend erörterten Überlegungen zur Entwicklung der beruflichen Facharbeit. Zentral ist hier eine Zunahme der Wissensarbeit, bei welcher sich operative Tätigkeitsanteile zugunsten informationsbezogener, planerischer, kommunikativer und organisierender Anteile verringern werden. Die konkrete Ausführung von Tätigkeiten wird damit nicht nebensächlich werden, aber zunehmende kognitiv-kommunikative Auseinandersetzungen erfordern.

ERPENBECK & ROSENSTIEL unterscheiden auf Basis ihrer Ausgangstheorie verschiedene Konkretisierungskonzepte, u. a. in „Kompetenztypen" (1) und „Kompetenzklassen" (2).[122]

Zu 1): Die Unterscheidung in Kompetenztypen bezieht sich auf den Anspruch der kompetenzbestimmenden Selbstorganisation. In jedem Falle wird dabei davon ausgegangen, dass sich Selbstorganisationen an „Problemlösungen" orientieren. Diese könne jedoch in zwei grundlegenden Ansätzen erfolgen, zum einen durch „Gradientenstrategien", zum anderen durch „Evolutionsstrategien". Erstgenannten wird eine weitgehend algorithmische Ausrichtung zugeschrieben, zweitgenannten eine überwiegend heuristische. Facharbeit kann beides erfordern: In der alltäglichen und routinierten Arbeit, also bei Anforderungen mit geringer Situationsvarianz dominieren in diesem Verständnis Gradientenstrategien. Bei Problemsituationen oder auch komplexen bzw. neuen Anforderungssituationen können Evolutionsstrategien erforderlich werden.

Zu 2): Demgegenüber orientiert sich die Unterscheidung in Kompetenzklassen an einem Beziehungssystem des selbstorganisierten Handelns. ERPENBECK & ROSENSTIEL gehen dabei davon aus, dass sich geistige oder physische Handlungen stets über Sub-

---

[119] White, 1959.
[120] Huber, 2001.
[121] Als Pendant dazu könnte Kompetenz (phänomenologisch) auch als ein Phänomen identifiziert werden, welches nicht direkt betrachtet, sondern ausschließlich über die Betrachtung seiner Abschattungen beschrieben werden kann.
[122] Erpenbeck und Rosenstiel, 2007a, S. XXI ff.

jekt-Objekt- oder Subjekt-Subjekt-Beziehungen vollziehen: „Selbstorganisiertes Handeln kann sich reflexiv auf die handelnde Person selbst beziehen (P). Es kann durch Aktivität und Willenskomponenten des Handelnden näher charakterisiert werden (A). Es kann sich auf eine gegenständliche Umwelt beziehen (in der auch andere Menschen als Forschungs- oder Bearbeitungs-Gegenstände aufgefasst werden), auf deren fachlich-methodische Erfassung und Veränderung (F). Es kann schließlich auf eine soziale Umwelt (andere Menschen oder Menschengruppen) bezogen sein (S)"[123] (Abbildung 15).

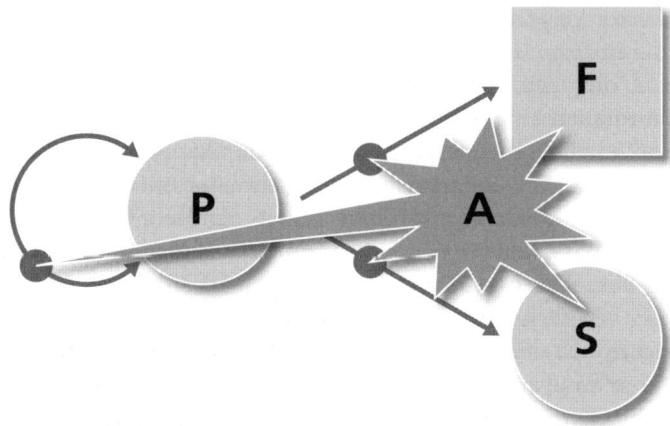

Abbildung 15: Darstellungen der Subjekt-Objekt- oder Subjekt-Subjekt-Beziehungen, aus denen sich die Selbstorganisationsdispositionen ableiten lassen.[124]

In Umsetzung der vier möglichen kompetenzrelevanten Beziehungen identifizieren ERPENBECK & ROSENSTIEL vier Kompetenzklassen. Bezieht sich selbstorganisiertes Handeln reflexiv auf die handelnde Person selbst (P), handelt es sich um „personale Kompetenzen", wird es durch Aktivität und Willenskomponenten des Handelnden näher charakterisiert (A) handelt es sich um aktivitäts- bzw. umsetzungsorientierte Kompetenzen, bezieht es sich auf eine gegenständliche Umwelt und auf deren fachlich-methodische Erfassung und Veränderung (F), handelt es sich um „fachliche und methodische Kompetenzen", bezieht es sich auf eine soziale Umwelt (S), handelt es sich um „sozial-kommunikative Kompetenzen"[125].
1. „Personale Kompetenzen: Dispositionen einer Person, reflexiv selbstorganisiert zu handeln, d. h. sich selbst einzuschätzen, produktive Einstellungen, Werthaltungen, Motive und Selbstbilder zu entwickeln, eigene Begabungen, Motivationen, Leistungsvorsätze zu entfalten und sich im Rahmen der Arbeit und außerhalb kreativ zu entwickeln und zu lernen.

---

123 Erpenbeck und Rosenstiel, 2007a, S. XXIII.
124 Erpenbeck und Rosenstiel, 2007a, S. XXI ff.
125 Erpenbeck und Rosenstiel, 2007a, S. XXIII.

2. Aktivitäts- und umsetzungsorientierte Kompetenzen: Dispositionen einer Person, aktiv und gesamtheitlich selbstorganisiert zu handeln und dieses Handeln auf die Umsetzung von Absichten, Vorhaben und Plänen zu richten – entweder für sich selbst oder auch für andere und mit anderen, im Team, im Unternehmen, in der Organisation. Diese Dispositionen erfassen damit das Vermögen, die eigenen Emotionen, Motivationen, Fähigkeiten und Erfahrungen und alle anderen Kompetenzen – personale, fachlich-methodische und sozial-kommunikative – in die eigenen Willensantriebe zu integrieren und Handlungen erfolgreich zu realisieren.
3. Fachlich-methodische Kompetenzen: Dispositionen einer Person, bei der Lösung von sachlich-gegenständlichen Problemen geistig und physisch selbstorganisiert zu handeln, d.h. mit fachlichen und instrumentellen Kenntnissen, Fertigkeiten und Fähigkeiten kreativ Probleme zu lösen, Wissen sinnorientiert einzuordnen und zu bewerten; das schließt Dispositionen ein, Tätigkeiten, Aufgaben und Lösungen methodisch selbstorganisiert zu gestalten, sowie die Methoden selbst kreativ weiterzuentwickeln.
4. Sozial-kommunikative Kompetenzen: Dispositionen, kommunikativ und kooperativ selbstorganisiert zu handeln, d.h. sich mit anderen kreativ auseinander- und zusammenzusetzen, sich gruppen- und beziehungsorientiert zu verhalten, und neue Pläne, Aufgaben und Ziele zu entwickeln"[126].

In Gegenüberstellung der Kompetenzklassen von ERPENBECK & ROSENSTIEL mit dem KMK-Ansatz werden durchaus Ähnlichkeiten deutlich: Im KMK-Ansatz erscheint auch die Fach- und Methodenkompetenz sowie die Sozialkompetenz. Selbstkompetenz kann als ein anderer Begriff für Personalkompetenz verstanden werden. Damit deutet sich an, dass beide Ansätze auf ein ähnliches Basiskonzept zurückgehen[127]. Im Unterschied zum KMK-Ansatz ist der Ansatz von ERPENBECK & ROSENSTIEL jedoch theoretisch schlüssig, indem die Teilkomponenten des Modells aus einem Gesamtzusammenhang hergeleitet sind und deren innere und äußere Zusammenhänge widerspruchsfrei hergestellt werden. Ersetzt man also den KMK-Ansatz durch das Modell der Kompetenzklassen, wird dessen Theoriedefizit kompensiert, was den KMK-Ansatz nicht widerlegt, sondern theoretisch hinterlegt. Mit der berufsbildungsbezogenen Konkretisierung des Ansatzes von ERPENBECK & ROSENSTIEL kann somit der KMK-Ansatz ersetzt werden und eine wissenschaftlich abgestützte didaktisch-methodische Transformation der Lernfeldlehrpläne erfolgen. Im nächsten Schritt werden die vier Kompetenzklassen im Sinne eines technikdidaktischen Strukturmodells konkretisiert.

---

126 Erpenbeck und Rosenstiel, 2007a, S. XXIII.
127 Auch hier schimmert wieder der anthropologische Ansatz von Roth durch.

3.3.3 Technikdidaktisches Strukturmodell

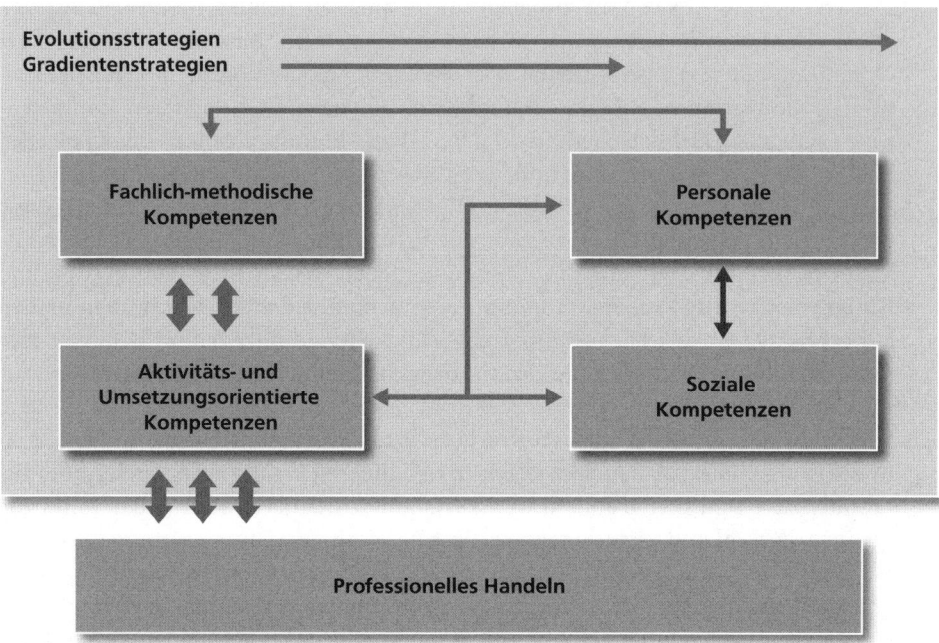

Abbildung 16: Kompetenzmodell nach ERPENBECK & ROSENSTIEL in Übertragung auf Facharbeit[128]

In der Beschreibung der Kompetenztypen stellen ERPENBECK & ROSENSTIEL spezifische Zusammenhänge zwischen diesen und den Kompetenzklassen her. Bei Gradientenstrategien dominieren fachlich-methodische Kompetenzen die personalen, die sozial-kommunikativen und die aktivitätsbezogenen, bei Evolutionsstrategien verhält es sich umgekehrt[129]. Sie begründen diese Unterscheidung mit den jeweils unterschiedlichen Handlungszielen und -intentionen. Wer Gradientenstrategien nutzt, hat eine konkrete Vorstellung vom Ziel und davon, wie er es erreicht. Für ihn zählen Effektivität und Effizienz. Er sucht nicht nach neuen Ausgangs- oder Bezugspunkten, sondern nach Anhaltspunkten für die nächsten Schritte und deren Handhabung. „Persönliche Eigenschaften wie Spieltrieb, Phantasie und Beharrlichkeit, aber auch kommunikative Fähigkeiten wie Kontaktstärke, Einfühlsamkeit und Geselligkeit sind bei dieser Lösungsstrategie eher störend, werden z. B. als Eigenwilligkeit oder Schwatzhaftigkeit zurückgewiesen. Fachliche und methodische Kenntnisse stehen im Zentrum des selbstgesteuerten Problemlösens"[130]. Evolutionsstrategien werden dann genutzt, wenn Gradientenstrategien entweder nicht vorliegen oder nicht wirken. Dann gilt es, diese zu relativieren oder evtl. sogar zu negieren, um weiter zu kommen. Das Vorhandene muss

---

[128] Pittich und Tenberg, 2013.
[129] Erpenbeck und Rosenstiel, 2007b.
[130] Erpenbeck und Rosenstiel, 2007a, S. XXIII.

destabilisiert und umbewertet werden. „Bei Evolutionsstrategien ist es entscheidend, dass einmal erstiegene ‚Lösungshügel' auch wieder verlassen werden können. Sie müssen deshalb notwendigerweise die Akzeptanz von Verschlechterungen einschließen."[131] Dies erfordert auch ein Überschreiten der eigenen Lösungskapazitäten durch Einbezug anderer. „Personale und aktivitätsbezogene und sozial-kommunikative Kompetenzen sind dabei zentral, fachlich methodische eine notwendige, aber in keiner Weise hinreichende Voraussetzung"[132]. Dieser Sachverhalt ist in Abbildung 16 durch unterschiedlich lange Pfeile visualisiert.

Im Zusammenhang mit Facharbeit löst sich dieser Dualismus bzw. Kontrast idealtypischer Kompetenztypen auf. Auf dem Weg zur Meister*in durchlaufen Facharbeiter*innen oder Handwerker*innen zunehmend komplexer und abstrakter werdende Problemlösungsprozesse. Dieser beginnt in der Ausbildung mit dem Erwerb erster Gradientenstrategien (z. B. die Übertragung der Maße einer Zeichnung auf das Anreißen eines Bauteils), führt durch viele Übergangsstufen (z. B. die systematische Fehlersuche in einer Maschine, die einerseits feststehende Suchalgorithmen erfordert, welche andererseits für deren Auswahl, Reihenfolge oder evtl. Variation und Modifikation schon überschritten werden müssen), bis hin zu einem Expert*innenstatus, in welchem – alleine oder gemeinsam mit anderen Expert*innen – neue Lösungen für aufgaben- oder gewerkeübergreifende Problematiken entwickelt werden (z. B. die Optimierung einer Prozesskette in einer Fertigungs- und Verpackungsanlage).

Dies führt zu dem Schluss, dass für die Kompetenzentwicklung von Facharbeiter*innen alle vier Kompetenzklassen gleichbedeutend sind, jedoch unterschiedlich akzentuiert werden müssen. Am Anfang sind fachliche und methodische Kompetenzen hoch relevant. Ohne ihre Entwicklung ist deren Weiterführung und Ausweitung in komplexere Kompetenzgefüge nicht vorstellbar. Trotzdem können sie nicht unter Ausschluss der anderen Kompetenzklassen entwickelt werden, da dies einer Negierung dieser Aspekte gleichkäme. Entwicklung von Berufskompetenz erfolgt somit permanent in allen vier Kompetenzklassen, mit einem anfänglichen Schwerpunkt im fachlich-methodischen Bereich.

3.3.4 Fachlich-methodische Kompetenzen

Fachlich-methodische Kompetenzen werden ausgehend von ERPENBECK & ROSENSTIELS Subjekt-Objekt- oder Subjekt-Subjekt-Beziehungen beschrieben als „Dispositionen einer Person, bei der Lösung von sachlich-gegenständlichen Problemen geistig und physisch selbstorganisiert zu handeln, d. h. mit fachlichen und instrumentellen Kenntnissen, Fertigkeiten und Fähigkeiten kreativ Probleme zu lösen, Wissen sinnorientiert einzuordnen und zu bewerten; das schließt Dispositionen ein, Tätigkeiten, Aufgaben und Lösungen methodisch selbstorganisiert zu gestalten, sowie die Methoden selbst kreativ weiterzuentwickeln"[133]. Überträgt man diese allgemeine Umschrei-

---

[131] Erpenbeck und Rosenstiel, 2007a, S. XXIII.
[132] Erpenbeck und Rosenstiel, 2007a, S. XXIII.
[133] Erpenbeck und Rosenstiel, 2007a, S. XXIII.

bung auf die Ausbildung in technischen Berufen, versteht man unter fachlich-methodischen Kompetenzen Dispositionen einer Facharbeiter*in oder Handwerker*in, bei der Lösung von grundlegenden beruflichen Aufgaben geistig und physisch selbstorganisiert zu handeln. Dies lässt schließen, dass sich fachlich-methodische Kompetenzen primär auf fachliche und instrumentelle Kenntnisse (d. h. auf ein spezifisches Wissen sowie auf dessen sinnorientierte Einordnung und Bewertung) beziehen, zudem aber auch auf organisatorische und regulative Fähigkeiten, mit denen dieses Wissen wirksam zur Anwendung gebracht werden kann. Fachlich-methodische Kompetenzen werden somit in einem technikdidaktischen Fokus von der Beziehung beruflich-technischen Handelns und dem dabei umgesetzten Wissen bestimmt:

Beruflich-technisches Handeln als operativer Parameter von Kompetenz

Im Zentrum technikdidaktischer Überlegungen zum „Zielkonstrukt Kompetenz" steht das beruflich-technische Handeln, über welches vielfältige Definitionen und Theorien vorliegen[134]. Die große Varianz ergibt sich hier aus den jeweils unterschiedlichen Handlungsräumen und -möglichkeiten, auf welche sich die jeweilige Theorie bezieht. Z. B. beziehen sich soziologische Ansätze auf Emile DURKHEIMS, Vilfredo PARETOS und Max WEBERS Theorien des sozialen Handelns. E. C. TOLMAN transformierte das Konzept des Verhaltens in der Psychologie durch den Ansatz eines „zielorientierten Verhaltens" in ein Konzept des Handelns. Auch dann, wenn man menschliche Handlung auf den Bereich von Arbeit fokussiert, bleibt dessen Theoretisierung durch die multiplen Bedingungs- und Einflussfaktoren komplex. Daher schloss Winfried HACKER bei seiner arbeitsbezogenen kognitiven Handlungstheorie affektive und emotionale Komponenten völlig aus. Im Zentrum stand hier die Frage, wie Menschen komplexe Handlungen regulieren (können). Nach HACKER bilden Handlungen „die kleinste psychologische Einheit willensmäßig gesteuerter Tätigkeiten. Die Abgrenzung dieser Handlungen erfolgt durch das bewusste Ziel, das die [...] Vorwegnahme des Ergebnisses der Handlung darstellt. Nur Kraft ihres Ziels sind Handlungen selbständige, abgrenzbare Grundbestandteile oder Einheiten der Tätigkeit"[135]. Handeln ist demnach das, was Tätigkeiten im Einzelnen ausmacht, es erfolgt bewusst, motiviert und vor allem zielgerichtet. Den Aspekt der Zielgerichtetheit von Handlung hat HACKER in der „Handlungsregulationstheorie"[136] weitergeführt und zu einer kognitiven Lern- und Arbeitstheorie ausgebaut. Dabei unterstellt er, dass eine Zielorientierung auch immer eine Zielüberprüfung impliziert, ansonsten wäre es eine unechte oder inkonsequente Zielorientierung.[137] Dies bedingt das regulatorische Prinzip einer vollständigen Handlung aus Planung, Durchführung und Überprüfung.[138] Regulation und Bildung von

---

[134] Diese können hier nicht erschöpfend dargestellt werden. Stattdessen sei an dieser u. a. auf Nerdinger, Blickle und Schaper, 2008 verweisen.
[135] Hacker, 1986, S. 73.
[136] Hacker, 1986, S. 273 ff.
[137] Vergleichbar mit einem Golfspieler, der unter höchster Konzentration einen Ball schlägt und anschließend den Platz verlässt, ohne zu klären, wo der Ball gelandet ist.
[138] Tenberg, 2011, S. 82.

Zielen sind eng miteinander verknüpft, denn eine „Handlungsregulation äußert sich in der Bildung von Zielen und untergliederten Teilzielen, die schließlich durch einzelne Bewegungshandlungen erreicht werden"[139]. Ziele werden dabei auf unterschiedlichen Ebenen gebildet. Somit entstehen aus Oberzielen Teilziele und diese wiederum werden in untergeordneten Teilzielen weiter ausdifferenziert. So entsteht eine hierarchische Struktur aus Teilzielen und deren Umsetzung. In komplexen Arbeitshandlungen stehen diese nicht nur hierarchisch übereinander, sondern auch sequenziert nebeneinander. Aus der zweidimensionalen Zielanordnung ergibt sich somit die zentrale Charakteristik der Handlungsregulationstheorie, nämlich die hierarchisch-sequentielle Struktur. Abbildung 17 demonstriert, wie sich gemäß der Handlungsregulationstheorie berufliche Handlungen ordnen und didaktisch planen lassen.

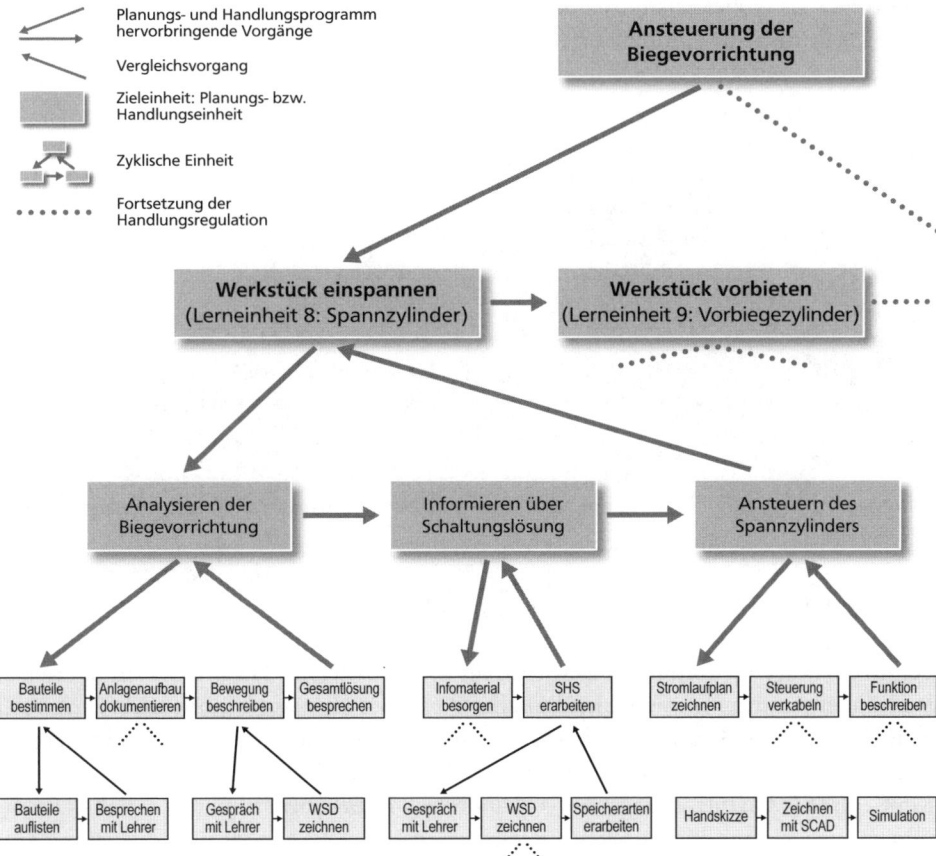

Abbildung 17: Konkretisiertes Beispiel der Handlungsregulationstheorie zur Strukturierung beruflicher Handlungen sowie zur Planung eines handlungssystematischen Unterrichts.[140]

---

[139] Schelten, 1995, S. 21.
[140] Riedl, 2004, S. 91.

Auch wenn das äußere Bild von Tätigkeiten längeren sequentiellen Abfolgen entspricht, erfolgen diese in kürzeren Einheiten, indem sie als spezifische Sinneinheiten fortlaufend, hinsichtlich ihres Erfolgs reflektiert werden. Danach wird unmittelbar mit der nächsten „zyklischen Einheit" begonnen etc. Ein Handeln in hierarchisch-sequentiellen Strukturen stellt sich gegenüber linearen Verkettungen effektiver und effizienter dar, denn in linearen Ketten müssten große Mengen an Handlungsvarianten (Kombinationen und Alternativen) gespeichert werden, zudem wären sie deutlich fehleranfälliger. Schon in der Planung wirkt sich diese Strukturierung vorteilhaft aus: Der Mensch überdenkt zuerst grobe Handlungseinheiten (hier: Sequenzen) und ordnet diesen dann entsprechende Teilziele zu. Erst in der Ausführung wird eine komplexe Handlung vollständig, dabei aber Teilsegment für Teilsegment kognitiv durchdrungen. Eine (zyklisch) vollständige Handlung besteht nach HACKER aus dem Planen, Ausführen und Kontrollieren. Wobei Ausführen und Kontrollieren gekoppelt sind (Abbildung 18)[141].

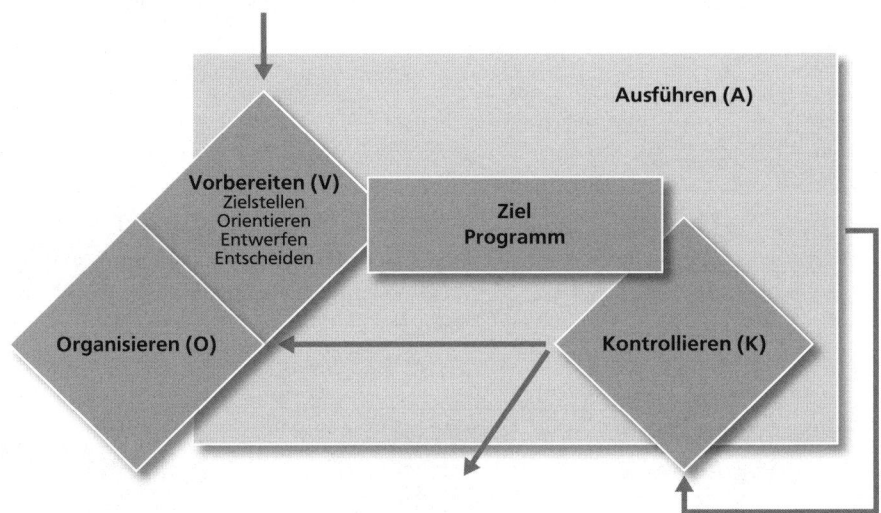

Abbildung 18: Eine (zyklisch) vollständige Handlung nach HACKER.[142]

Für weiterführende Betrachtungen wird an dieser Stelle auf HACKER[143], im Speziellen auf Kapitel 3 und 4, verwiesen. In ähnlicher Weise wie HACKER argumentiert auch VOLPERT. Er definiert Handeln als „bewusst zielgerichtetes Verhalten"[144] und impliziert somit, dass ein Tätigkeitsergebnis bereits vor Beginn der Tätigkeit als antizipiertes „im Kopf", also als kognitives Ergebnis vorhanden ist. Dabei „bestimmt das Ziel die Durchführung, aber ohne Reflexion der Realisierungsbedingungen ist die Aufstellung von

---

[141] Hacker, 1986, S. 164.
[142] Hacker, 1986, S. 164.
[143] Hacker, 1986.
[144] Volpert, 1974, S. 18 f.

Zielen sinnlos"[145]. Ähnlich zu HACKERS „zyklisch-vollständiger Handlung" verwendet Volpert das Konzept der „zyklischen Einheiten"[146]. Die Grundmerkmale beider Konzepte sind ähnlich: Zielgerichtetes Verhalten ist nur möglich, wenn der Handelnde eine Rückmeldung über das Resultat des Verhaltens erhält. Diese werden in der Psychologie über sog. Kreismodelle des Verhaltens abgebildet. Das bekannteste ist das TOTE-Modell (Test-Operate-Test-Exit) (Abbildung 19) von MILLER, GALANTER und PRIBRAM[147].

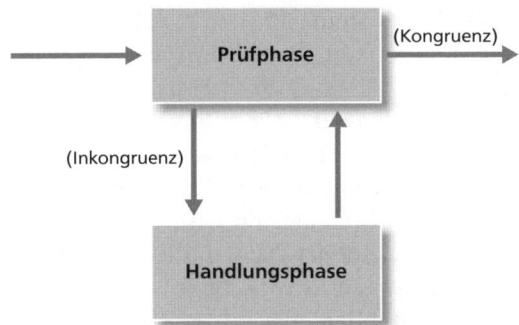

Abbildung 19: TOTE-Einheit nach MILLER, GALANTER und PRIBRAM[148]

Die Kernaussage des Modells besagt, dass die Schleife „Test-Operate-Test" so lange durchlaufen wird, bis der Istzustand dem Sollzustand entspricht und damit das antizipierte Ziel einer Handlung erreicht wurde. Erst danach wird durch Rückkopplung ein Handlungszyklus beendet (Exit).

HACKER und VOLPERT formulierten ihre „Vergleichs-Veränderungs-Rückkoppelungseinheit" (VVR-Einheit) ausgehend vom TOTE-Modell. Dort wird über Vergleichsvorgänge geprüft, „wieweit das Ziel noch entfernt ist; in den Veränderungsvorgängen versucht man sich diesem Ziel durch Teilhandlungen zu nähern"[149]. Einzelne VVR-Einheiten lassen sich hierarchisch nach Zielen und Teilzielen anordnen und können demnach „ineinander verschachtelt" sein. Trotz der Verschachtelungen lassen sich die VVR-Einheiten und Handlungssequenzen sog. Regulationsebenen zuordnen. Somit gelten neben der hierarchisch-sequentiellen Organisation der VVR-Einheiten auch die Unterscheidung und Ebenenzuteilung von Handlungssequenzen als grundlegendes Merkmal der Handlungsregulationstheorie. Dazu unterscheidet HACKER drei Regulationsebenen: die sensumotorische, die perzeptiv-begriffliche und die intellektuelle[150]. VOLPERT & OESTERREICH[151] entwarfen in Anlehnung an HACKER ein 5-Ebenen-Modell der Handlungsregulation:

---

[145] Volpert, 1974, S. 19.
[146] Volpert, 1974, S. 19 ff.
[147] Miller, Galanter, Pribram und Bärtschi, 1973, S. 29 ff.
[148] Miller, Galanter, Pribram und Bärtschi, 1973, S. 34.
[149] Volpert, 1974, S. 21.
[150] Hacker, 1986, S. 155 ff.
[151] U. a. Oesterreich und Volpert, 1991; Oesterreich, Leitner und Resch, 2000.

(i) die sensumotorische Regulation,
(ii) Handlungsplanung,
(iii) Teilzielplanung,
(iv) Koordination mehrerer Handlungsbereiche,
(v) Schaffung neuer Handlungsbereiche.

Diese Ebenen finden bis heute im „Verfahren zur Ermittlung von Regulationsanforderungen in der Arbeitstätigkeit (kurz: VERA)"[152] Anwendung und ermöglichen die „Analyse von Planungs- und Denkprozessen bei Arbeitstätigkeiten in der industriellen Produktion"[153]. Dabei werden die fünf Qualitäten im Sinne einer Taxonomie verwendet[154]. Im Bezugsfeld der technikdidaktischen Kompetenzmodellierung ist die Handlungsregulation in mehrfacher Hinsicht bedeutsam:

Die Handlungsregulationstheorie ist unter den etablierten Handlungstheorien die einzige, die explizit den Zusammenhang von beruflichem Handeln und diesbezüglichen Kognitionen aufgreift. Sie eröffnet dadurch die Möglichkeit, Planungs- und Reflexionsprozesse in berufsbezogenen Arbeitstätigkeiten zu beschreiben, denn „je mehr die Arbeitstätigkeit [...] kognitiv durchdacht bzw. durchdrungen wird, desto wirksamer wird die Arbeitsausführung"[155]. Und das bedeutet zugleich, dass einer kognitiven Durchdringung eine hierarchisch-sequentielle Handlungsregulation zugrunde liegt. Neben der Existenz von Regulationsschemata werden Planungsänderungen in Handlungen beschreibbar, gerade wenn diese während der Durchführung einer Arbeitstätigkeit offengelegt werden[156]. Diese Möglichkeit der effizienten und unkomplizierten Planungsänderung wirkt sich positiv auf die limitierten menschlichen Planungskapazitäten aus.[157] Infolgedessen können Handlungsregulationstheorien durch ihre kognitive Ausrichtung einen Beitrag zur theoretischen Modellierung des Zusammenhangs von Wissen und Handeln leisten, da sie die Bedeutsamkeit einer kognitiven Durchdringung von Arbeitshandlungen akzentuieren. Handlungsqualität und Wissensqualität hängen aus handlungsregulatorischer Sicht somit unmittelbar zusammen. Es ist erforderlich zu klären, um welches Wissen es sich dabei genau handelt, und wie dieses zu differenzieren ist.

Wissen als kognitiver Parameter von Kompetenz

Eine allgemeingültige Definition für Wissen zu geben, ist aktuell kaum möglich, da Wissen immer spezifisch im Kontext der jeweiligen Herkunfts- bzw. Anwendungsfelder definiert wird.[158] [159] Angesichts der Bedeutung von Wissen in unserer hochtechni-

---

152 Oesterreich und Volpert, 1991.
153 Schelten, 1995, S. 29.
154 Schelten, 1995, S. 29.
155 Schelten, 1995, S. 25.
156 Schelten, 1995, S. 26.
157 Schelten, 1995, S. 25.
158 Tenberg, 2011.
159 Wuttke, 2005.

sierten Gesellschaft erstaunt es, dass das Konstrukt weder hinreichend fundiert, noch in der Vielzahl der Wissensmodelle explizit integriert wurde.[160] Trotz allem lassen sich übergreifende „Merkmale finden, die für die Mehrzahl der Wissensbegriffe Gültigkeit besitzen. (1) Wissen wird erstens als individueller Besitz verstanden, der sich als relativ dauerhafter Inhalt des Gedächtnisses umschreiben lässt. […] (2) Dies deutet an, dass Bedeutsamkeit von Wissen durch soziale Übereinkunft bzw. Aushandlung festgelegt wird. (3) Vom Wissen eines bestimmten Menschen ist ferner nur die Rede, wenn er Überzeugung von der Gültigkeit des Wissens besitzt"[161]. Neben diesen übergreifenden Merkmalen hat sich insbesondere das Verständnis als ein entscheidender Parameter bei der Differenzierung von Wissensarten im beruflichen Bereich erwiesen. PITTICH[162] führte zur Konkretisierung des Ansatzes fachlich-methodischer Kompetenzen im Rahmen einer Validierungsstudie eine Analyse spezifischer Wissenskomponenten durch und identifizierte dabei den Aspekt des (beruflichen) Verständnisses als zentralen Faktor für hochwertiges (berufliches) Wissen[163]. Es integriert Transfer- und Wissenstheorien und setzt vier verschiedene Wissensarten in Beziehung zu deren Anwendung. Diese lauten: deklaratives, konditionales, konzeptuelles und prozedurales Wissen und werden einer Reflexionsebene, Grundlagenebene, Einsatzebene und Anwendungsebene zugeordnet (Abbildung 20).

RENKL geht von vernetztem Faktenwissen, dem sog. deklarativen Wissen, aus. Diesem steht das prozedurale Wissen gegenüber, welches sich aus zwei Subkategorien (dem konditionalisierten und unkonditionalisierten Wissen) zusammensetzt. Prozedurales Wissen ist konditionalisiert, wenn es sich aus einer expliziten Reflexion (der Kompilierung) des deklarativen Wissens entwickelt[164]. Unkonditionalisiertes Wissen zeigt sich nur bedingt bewusstseinsfähig, ist ebenso wie konditionalisiertes Wissen implizit, wird aber eher in einfachen beruflichen Handlungen eingesetzt. Ähnlich wie das konditionale Wissen auf der Anwendungsebene nimmt das konzeptuelle Wissen in der Reflexions- oder Verstehensebene eine exponierte Stellung ein. Terminologisch leitet RENKL das konzeptuelle Wissen vom „Conceptual knowledge" ab, berücksichtigt jedoch anders als z. B. RITTLE-JOHNSON & ALIBALI nur deklarative und konditionalisierte, also bewusstseinsfähige Wissensaspekte.

---

160 Wuttke, 2005.
161 Gruber, 1999, S. 95.
162 Pittich, 2013.
163 In der Analyse und der davon ausgehenden Modellierung wurde das explizite und implizite Wissen von Polanyi, 1967, das Expertenwissen nach Bereiter, 2002, das Conceptual knowledge nach Rittle-Johnson et al. (1999, 1998, 2001), das deklarative und prozedurale Wissen nach Anderson, 1983, das Handlungswissen nach Schelten, 2010, das Professionswissen nach Ebner, 2001 sowie insbesondere das Transfermodell von Renkl, 1996, Renkl, 1994 – dem eine besondere Bedeutung zukommt – berücksichtigt.
164 Tenberg, 2006.

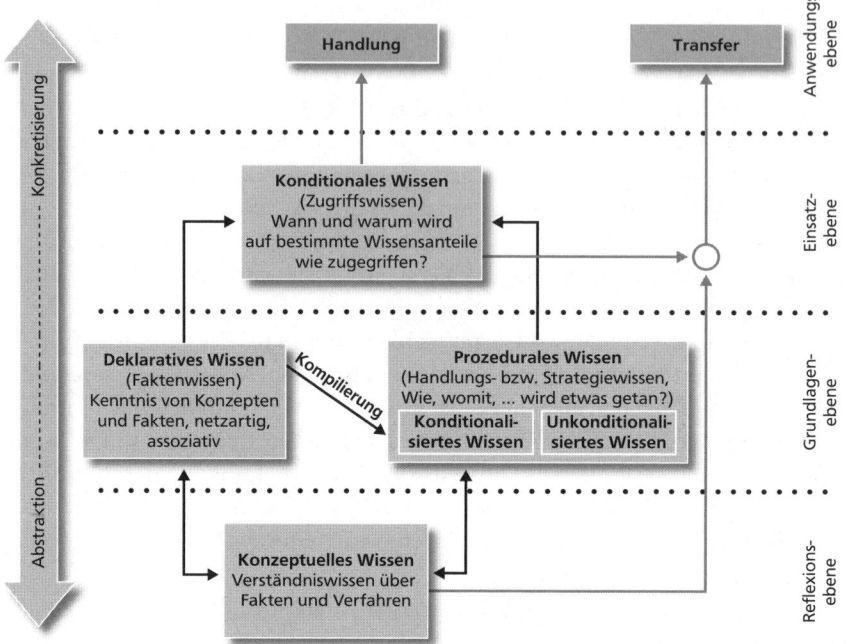

Abbildung 20: Transfermodell RENKL.[165]

Die Verbindung und Ergänzung der beiden Wissensarten ergibt im Hinblick auf den Abstraktionsgrad eine höhere Qualität des Wissens und ermöglicht zudem ein vertieftes Handlungsverständnis im Sinne einer Reflexionsfähigkeit. RENKLs Modell ist dabei in zweierlei Hinsicht für die technikdidaktische Kompetenzmodellierung einschlägig:
1) Das Modell liefert eine differenzierte Kategorisierung von Wissensarten und akzentuiert dabei insbesondere das konzeptuelle Wissen als übergeordnete und explizite Verständnisfacette im Sinne eines Reflexionswissens.
2) Es stellt einen klaren und nachvollziehbaren Zusammenhang zwischen Wissensqualität und Handlungsqualität her.

Modellierung kompetenzrelevanter Wissensaspekte

In der folgenden kompetenzrelevanten Wissensmodellierung sind insbesondere die basistheoretischen Ausgangspunkte des Ansatzes von RENKL[166], BEREITER[167], RITTLE-JOHNSON ET AL.[168], ANDERSON[169], SCHELTEN[170] und EBNER[171] berücksichtigt, welche aus-

---

[165] Tenberg, 2006, jedoch in Anlehnung an Renkl, 1994.
[166] Renkl, 1994, Renkl, 1996.
[167] Bereiter, 2002.
[168] Rittle-Johnson, Siegler und Alibali, 2001.
[169] Anderson, 1983.
[170] Schelten, 2004.
[171] Ebner, 2001.

gehend von den Analysen und Vorarbeiten[172] (in praxisnahen Weiterentwicklungen) tlw. terminologisch angepasst wurden. Diese Anpassungen erscheinen auch im Kontext dieses Lehrbuchs angemessen, einerseits, weil die zu Grunde gelegten (größtenteils aus dem Englischen adaptierten) Begriffe in PITTICHs Modellierung[173] geschärft werden müssen, andererseits, weil das terminologische wissenschaftliche Gesamtsystem vereinfacht werden muss, um nicht ein Komplexitätsniveau für ein Modell aufzubauen, welche in dessen didaktischer Handhabung erhöhten Aufwand erzeugt, ohne den „Nutzen" deutlich zu erhöhen. Im Sachwissen sind Aspekte und Grundideen des deklarativen Wissens aus unterschiedlichen Modellen[174] berücksichtigt. Ähnliches gilt für das Prozesswissen, welches sich maßgeblich aus den expliziten Facetten des prozeduralen Wissens[175] ableitet. Innerhalb des konzeptuellen Wissens[176] – was sehr abstrakt klingt – erfolgt eine rein begriffliche Modifikation hin zum Reflexionswissen (Abbildung 21).

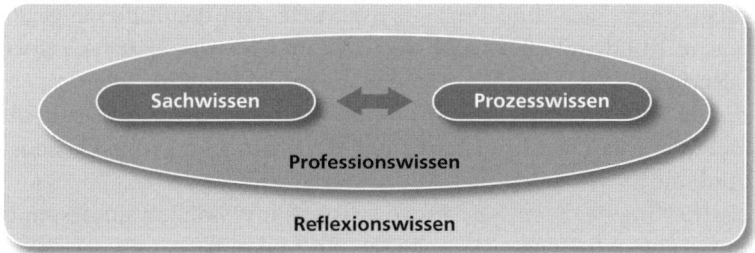

Abbildung 21: Modifiziertes Wissensmodell des vorliegenden technikdidaktischen Kompetenzansatzes[177] mit den Wissensarten Sach-, Prozess- und Reflexionswissen. Professionswissen wurde im Ausgangskonstrukt als integratives Wissen aus Sach- und Prozesswissen modelliert.

Sachwissen wird definiert als:
Ein *anwendungs- und umsetzungsunabhängiges Wissen* über Dinge, Gegenstände, Geräte, Abläufe, Systeme etc. Es ist Teil fachlicher Systematiken und daher sachlogisch-hierarchisch strukturiert und ist die *gegenständliche Voraussetzung für ein eigenständiges, selbstreguliertes Handeln.*

Beispiele: Aufbau eines Temperatursensors, Bauteile eines Kompaktreglers, Funktion eines Kompaktreglers, Aufbau einer speicherprogrammierbaren Steuerung, Programmiersprache einer speicherprogrammierbaren Steuerung, Struktur des Risikomanagement-Prozesses, EFQM-Modell …

Prozesswissen wird definiert als:
Ein *anwendungs- und umsetzungsabhängiges Wissen* über berufliche Handlungssequenzen. Prozesse können auf drei verschiedenen Ebenen stattfinden, daher hat Prozesswis-

---

172 Pittich, 2013.
173 Pittich, 2013.
174 U.a. Renkl, 1996, Renkl, 1994, aber auch Nickolaus u.a. 2011a aber auch weitere.
175 U.a. Renkl, 1996, Renkl, 1994, aber auch Nickolaus u.a. 2011a aber auch weitere.
176 Renkl, 1994, 1996; Pittich, 2013.
177 Pittich, 2013.

sen entweder eine Produktdimension (Handhabung von Werkzeug, Material etc.), eine Aufgabendimension (Aufgaben-Typus, -Abfolgen etc.) oder eine Organisationsdimension (Geschäftsprozesse, Kreisläufe etc.). Prozesswissen ist immer Teil handlungsbezogener Systematiken und daher prozesslogisch-multizyklisch strukturiert, wird durch zielgerichtetes und feedbackgesteuertes Tun erworben und ist damit eine *funktionale Voraussetzung für ein eigenständiges, selbstreguliertes Handeln.*

Beispiele: Kalibrierung eines Temperatursensors, Bedienung eines Kompaktreglers, Umgang mit der Programmierumgebung einer speicherprogrammierbaren Steuerung, Umsetzung des Risikomanagements, Handhabung einer EFQM-Zertifizierung etc.

Reflexionswissen wird definiert als:
Ein *anwendungs- und umsetzungsunabhängiges Wissen,* welches hinter dem zugeordneten Sach- und Prozesswissen steht. Als Reflexionswissen bildet es die theoretische Basis für das vorgeordnete Sach- und Prozesswissen und steht damit diesen gegenüber auf eine Metaebene. Mit dem Reflexionswissen steht und fällt der Anspruch einer Kompetenz (und deren Erwerb). Seine Bestimmung erfolgt im Hinblick auf
a) das unmittelbare Verständnis des Sach- und Prozesswissens (Erklärungsfunktion),
b) die breitere wissenschaftliche Abstützung des Sach- und Prozesswissens (Fundierungsfunktion),
c) die Relativierung des Sach- und Prozesswissens im Hinblick auf dessen berufliche Flexibilisierung und Dynamisierung (Transferfunktion).

Umfang und Tiefe des Reflexionswissens werden ausschließlich so bestimmt, dass diesen drei Funktionen Rechnung getragen wird. Innerhalb des Arbeitsmodells nimmt das Reflexionswissen eine exponierte Stellung ein, da es zum einem den Bezugshintergrund der Wissensarten ausmacht und zum anderen auf Verständnisbreite und -tiefe eingeht. Erst durch ein ausgeprägtes konzeptuelles Wissen verfügt ein Mensch über solche Begründungszusammenhänge, die letztlich in problemhaltigen beruflichen Anforderungssituationen verfügbar gemacht werden können. Zudem erscheint das hier als Reflexionswissen modellierte konzeptuelle Wissen sowohl aus kognitionstheoretischer als auch aus motivationaler Hinsicht[178] für den Wissenserwerb hoch relevant.

Integratives Modell beruflichen Handelns und Wissens

Bezogen auf die vorausgehend erörterten Basistheorien von ERPENBECK & ROSENSTIEL[179] und RENKL[180] sowie die darauf bezogenen Spezifikationen wurde ein (angepasstes) Arbeitsmodell für ein technikdidaktisches Kompetenzkonstrukt erstellt[181]. Ab-

---

[178] Das menschliche Bedürfnis, Sachverhalte zu verstehen und zu einem tiefergehenden Verständnis zu gelangen, beinhaltet ebenfalls eine motivationale Komponente (Ulich, 2005, S. 106 ff.), welche jedoch in der vorliegenden Studie vorerst nicht konkretisiert wird.
[179] Erpenbeck und Rosenstiel, 2007b.
[180] Renkl, 1994.
[181] Pittich, 2013.

bildung 22 veranschaulicht das Zusammenspiel der einzelnen Wissensarten in Bezug auf berufliche Handlungen und deren Freiheitsgrade.

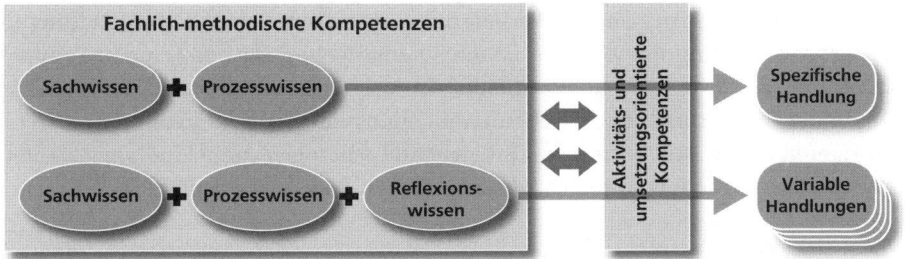

Abbildung 22: Angepasstes Arbeitsmodell fachlich-methodischer Kompetenzen von PITTICH[182] unter Verwendung der Theorien von ERPENBECK & ROSENSTIEL[183] und RENKL[184]

Handwerker*innen oder Facharbeiter*innen sind entsprechend dieser Darstellung in der Lage, aufgrund von Sach- und Prozesswissen eine spezifische Handlung auszuführen. Spezifische Handlungen fallen zumeist in Handlungsroutinen der Facharbeiter*innen an und lassen sich im Sinne der Handlungsregulation[185] auf Ebene der Handlungs- oder Teilzielplanung ausführen. Die Reichweite bzw. eine flexible Anwendbarkeit, also die Variabilität des Handelns ist dabei eingeschränkt. Um zu einer variablen, d. h. flexiblen und selbstständig erweiter- und veränderbaren Handlungsfähigkeit zu kommen, ist Reflexionswissen erforderlich.

Dieses Arbeitsmodell wurde in einem empirischen Ansatz überprüft.[186] In der Validierungsstudie wurde der Frage nachgegangen, ob und inwieweit fachlich-methodische Kompetenzen vom Professionswissen als integratives Wissen aus Sach- und Prozesswissen sowie einem diesbezüglichen Reflexionswissen bedingt werden und inwieweit ihre Qualität sich in der Situationsflexibilität von Facharbeiter*innen bzw. Handwerker*innen äußert. Dabei konnte gezeigt werden, dass: Je mehr durch Reflexionswissen begründetes Professionswissen ein/er Facharbeiter*in bzw. Handwerker*in in seinem/ihrem Berufsfeld verfügbar machen kann, umso handlungsfähiger ist er/sie[187]. Anders ausgedrückt werden fachliche Berufskompetenzen maßgeblich vom Verständnishintergrund bestimmt. Zur Konkretisierung des Gesamtansatzes, insbesondere für dessen curriculare und unterrichtliche Handhabung, werden die Handlungs- und Wissensqualitäten in einen konkreten Zusammenhang gebracht.

182 Pittich, 2013.
183 Erpenbeck und Rosenstiel, 2007b.
184 Renkl, 1994, Renkl, 1996.
185 Hacker, 1973; Volpert, 1983.
186 Pittich, 2013.
187 In der Studie von Pittich (2013) und dessen Weiterentwicklungen zeigte sich, dass berufliche Verständniszusammenhänge zum einen unmittelbar kontextbezogene Verständnisaspekte und zum anderen kontextübergreifende Verständnisaspekte (Tabelle 4) beinhalten. Während erstgenanntes Wissen auf Begründungen, die zur unmittelbaren Problemlösung beitragen, bezogen sind, gehen handlungsübergreifende Verständnisaspekte in technischen Anforderungsbezüge zumeist auf natur- und ingenieurwissenschaftliche Grundbezüge zurück.

Qualitativer Zusammenhang Wissen – Handlung

Berufliche Handlungen unterscheiden sich aus Kompetenzperspektive zentral hinsichtlich ihres kognitiven Anspruchs. Die Polarisierung zwischen einfacher Handlung und Transfer ist dabei zu grob, vielmehr ist davon auszugehen, dass es keinen „absoluten" Transfer gibt, dieser somit in unterschiedlichen Ausprägungen erfolgen kann. In Anlehnung an die Unterscheidung zwischen Gradientenstrategien und Evolutionsstrategien nach ERPENBECK & ROSENSTIEL[188] können strukturbezogen drei Handlungsqualitäten unterschieden werden: 1) Abfolgen, 2) Algorithmen und 3) Heuristiken (Tabelle 4).

Tabelle 4: Handlungsqualitäten als Ausgangspunkt eines didaktischen handhabbaren Stufenmodells fachlich-methodischer Kompetenzen.

Stufe	Handlungsqualitäten
Stufe 1: Abfolgen	Linear-serielle Struktur, Start und Ziel eindeutig, Umsetzung durch „reflektiertes Abarbeiten"
Stufe 2: Algorithmen	Zyklisch-verzweigte Struktur, Start und Ziel eindeutig, Umsetzung durch das koordinierte Abarbeiten mehrerer Abfolgen und damit zusammenhängenden Auswahlentscheidungen
Stufe 3: Heuristiken	Mehrschichtige Struktur, Ziel und Start müssen definiert werden, Umsetzung durch Antizipieren tragfähiger Algorithmen, bzw. deren Erprobung und reflektierter Kombination

Hier liegt ein konkretes Stufenmodell vor (kein kategoriales Modell), da die Stufung ein und demselben Parameter, der Struktur-Komplexität, folgt und weil die jeweils höhere Qualität die der vorausgehenden Stufe integriert. Handeln auf Ebene des Algorithmus bedingt die Beherrschung der darin zu vollziehenden Abfolgen, Handeln auf Heuristik-Ebene bedingt die Beherrschung der darin zu vollziehenden Algorithmen. Wie vorausgehend am Arbeitsmodell (Abbildung 22) und dem Modell von RENKL (Abbildung 20) dargestellt, korrespondiert der Handlungstransfer unmittelbar mit dem verfügbaren, handlungsrelevanten und handlungsreflexiven Wissen. Daher kann geschlossen werden, dass mit zunehmender Handlungsqualität auch umfassenderes Wissen erforderlich ist (Tabelle 5).

[188] Erpenbeck und Rosenstiel, 2007b.

Tabelle 5: Korrespondenz von Handlungs- und Wissensqualitäten.

	Professionswissen	Reflexionswissen	
	Sach- und Prozesswissen	kontextbezogen	kontextübergreifend
Abfolgen	+	(+)	
Algorithmen	++	++	+
Heuristiken	+++	+++	++

Für die Stufe „Abfolgen" ist Reflexionswissen funktional nicht erforderlich, trotzdem ist es für Lernende bedeutsam, da ein Verständnislernen immer interessanter und motivierender ist, als ein rein funktionalistisches Lernen. Für die Stufe „Algorithmen" ist handlungsnahes Reflexionswissen erforderlich, da hier schon Entscheidungen eigenständig getroffen werden müssen. Heuristiken können nur umgesetzt werden, wenn über das kontextbezogene Verständniswissen der Stufe „Algorithmen" hinaus weiteres Reflexionswissen verfügbar ist. Um komplexe Probleme zu lösen, sind kognitive Freiheitsgrade erforderlich, die nur mit einem entsprechen tiefen Verständnis der jeweiligen Zusammenhänge erreicht werden können. Mit diesen drei Anspruchsniveaus ergeben sich drei klar unterscheidbare Kompetenzstufen. Diese Stufen lassen sich für jede einzelne Kompetenz unterrichtlich konkretisieren.

Zusammenfassung und Prämissen fachlich-methodischer Kompetenzen:
- Das technikdidaktische Konstrukt für fachlich-methodische Kompetenzen wird durch die Zusammenführung sowie Vereinfachung der Theorien von RENKL, ERPENBECK & ROSENSTIEL entwickelt.
- Sach-, Prozess- und Reflexionswissen sind für alle Handlungsqualitäten relevant.
- Mit zunehmender Handlungsqualität – Folgen, Algorithmen oder Heuristiken – sind zunehmende Wissensqualitäten erforderlich.
- Nur verstandenes Handeln erfüllt den Anspruch einer Selbstorganisation.
- Heuristiken erfordern komplexes Reflexionswissen, da ansonsten kein Überschreiten des bestehenden Handlungskontextes möglich ist.
- Neben dem kognitiven Anspruch sind in beruflichen Handlungen die erwarteten berufsmotorischen Fähigkeiten und Fertigkeiten bedeutsam.

3.3.5 Sozial-kommunikative Kompetenzen

Unter dem Sammelbegriff „Sozialkompetenzen" werden aktuell verschiedene und relativ unscharfe Kommunikations- bzw. Kooperationsfähigkeiten zusammengefasst. ORTH[189] beschreibt Sozialkompetenzen als „Kenntnisse, Fertigkeiten und Fähigkei-

---
[189] Orth, 1999.

ten, die es ermöglichen, in den Beziehungen zu Mitmenschen situationsadäquat zu handeln"[190]. Dies geht konform mit der (oben bereits dargestellten) Spezifikation des Kompetenzkonstrukts von ERPENBECK & ROSENSTIEL von sozial-kommunikativen Kompetenzen als „Dispositionen, kommunikativ und kooperativ selbstorganisiert zu handeln, d.h. sich mit anderen kreativ auseinander- und zusammenzusetzen, sich gruppen- und beziehungsorientiert zu verhalten, und neue Pläne, Aufgaben und Ziele zu entwickeln"[191]. Eine mögliche Konkretisierung dieser Beschreibung wäre z.B. der Ansatz von BASTIANS und KLUGE. Sie stellen eine Reihe von Teilfähigkeiten zusammen, welche sie dem Überbegriff Sozialkompetenz zuordnen[192]:

- „Soziale **Wahrnehmungskompetenzen** bezeichnen die Fähigkeit, Situationen und Personen bezogen auf das persönliche Ziel angemessen wahrzunehmen und relevante Signale korrekt zu interpretieren. Dies umfasst frühzeitig und sensibel alle relevanten Signale der Situation und der an ihr beteiligten Personen zu erkennen und einzuschätzen.
- Eigenes **Selbst- und Stimmungsmanagement** bezeichnen die Fähigkeit, eigene Stimmungen und Emotionen wahrnehmen, steuern und ggf. situationsangemessen ausdrücken zu können. Dies umfasst eigene Positionen hinterfragen zu können, eigene negative Stimmungen (Ärger, Stress, Frustration, Langeweile) nicht auf andere Situationen zu übertragen, auch bei negativen eigenen Stimmungen und in Belastungssituationen (z.B. Stress) aufgabenorientiert zu handeln und sich zuverlässig und konsistent zu verhalten.
- Die **aktive Rolle übernehmen** zu können, bezeichnet die Fähigkeit, von sich aus die Initiative zu ergreifen und eigene Meinungen und Interessen anderen gegenüber aktiv durchsetzen zu können. Dies umfasst, die eigene Meinung und eigene Wünsche zu äußern, die eigene Meinung/Interessen anderen gegenüber durchzusetzen, sich einzubringen und ‚Nein' sagen zu können.
- **Kommunikationsfähigkeit** bezeichnet die Fähigkeit, sich auf verbaler und nonverbaler Ebene verständlich auszudrücken und Signale angemessen zu interpretieren. Dies umfasst inhaltliche und sprachliche Verständlichkeit (Prägnanz, Kürze, Gliederung, logischer Aufbau), insbesondere bei freier Rede, Sprachtempo, Lautstärke, Gestik, Mimik und Blickkontakt angemessen einzusetzen, Gespräche zu beginnen, aufrechtzuerhalten und zu beenden, zuzuhören und nicht zu unterbrechen, Inhaltsaspekte und Gefühlsaspekte von Nachrichten zu erkennen und angemessen darauf zu reagieren.
- **Konflikt- und Kritikfähigkeit** bezeichnen die Fähigkeit, situationsangemessen mit Konflikten umzugehen sowie Kritik äußern und annehmen zu können. Dies umfasst Konflikte wahrzunehmen, bezogen auf die eigenen Ziele einzuschätzen und anzugehen (ansprechen, lösen, ertragen, für nicht bedeutsam erklären und den Konflikt ggf. schwelen lassen), Kritik zu äußern und anzunehmen, Fehler einzugestehen und sich ggf. zu entschuldigen.

---

[190] Orth, 1999, S. 3.
[191] Erpenbeck und Rosenstiel, 2007a, S. XXIV.
[192] Bastians und Kluge, 1998.

- **Beziehungsmanagement** bezeichnet die Fähigkeit, soziale Kontakte zu anderen aufzunehmen, aufrechtzuerhalten und gegebenenfalls zu vertiefen bzw. abzubrechen. Dies umfasst offen über eigene Gefühle und Interessen/Absichten zu sprechen, Gefühle anderer zu bemerken, nachzuempfinden und ggf. zu äußern (Empathie), Akzeptanz/Toleranz von anderen und deren Meinungen und Gefühlen, den Standpunkt und die Gefühle anderer zu berücksichtigen, zu loben und Lob akzeptieren zu können, auch unangenehme Themen anzusprechen.
- **Teamkompetenzen** bezeichnen die Fähigkeit, aufgaben- und zielorientiert mit den Mitgliedern der Gruppe zu kooperieren. Das heißt auch, Prozesse in einem Team zu steuern und voranzutreiben. Dies umfasst den zielorientierten gegenseitigen Austausch von Informationen, das Anbieten und Akzeptieren von Hilfe, sich selbst und andere in das Team zu integrieren, sich bei der Erfüllung einer Aufgabe mit den Teammitgliedern abzustimmen und das Ergebnis der Teamarbeit als gemeinschaftlich erbrachte Leistung darzustellen.
- **Führungskompetenzen** bezeichnen Kompetenzen sowohl im Umgang mit einzelnen Mitarbeiterinnen oder Mitarbeitern als auch in der Interaktion mit Gruppen. Die einzelnen Mitarbeiterinnen oder Mitarbeiter müssen ihren Fähigkeiten und Fertigkeiten sowie ihrem Bedürfnisstand entsprechend konstruktiv angeleitet und betreut werden. In Gruppensituationen bezeichnen Führungskompetenzen die Fähigkeit, Gruppen konstruktiv und produktiv anzuleiten und zu betreuen und das Teamklima und die Teamdynamik zu verbessern. (Die Beobachtung von Führungskompetenzen setzt Interaktionen voraus, in denen zwischen den Interaktionspartner*innen eindeutige Hierarchien existieren.) Dies umfasst Verantwortung zu übernehmen und Entscheidungen zu treffen und damit umgehen und dafür geradezustehen, angemessen Feedback geben zu können, klare Absprachen zu treffen, Aufgaben zu delegieren, Mitarbeiter*innen entsprechend ihren Fähigkeiten zu fordern, fördern und Informationsprozesse und die Kommunikation im Team zu fördern und eine Kommunikationskultur zu pflegen."

Derartige Ansätze entsprechen situations- oder bereichsspezifischen Auswahlen ohne Differenzierung in übergreifende Aspekte. Mit dem Hinweis auf fehlende Systematiken und offene Terminologien solcher Kompetenzkataloge führte KANNING[193] eine qualitative Synthese von Sozialkompetenzen durch und kam dabei zu drei grundlegenden Dimensionen (Tabelle 6).

---

[193] Kanning, 2002.

Tabelle 6: Dimensionen sozialer Kompetenzen

Perzeptiv-kognitiver Bereich	Behavioraler Bereich	Motivational-emotionaler Bereich
• Selbstaufmerksamkeit • Personenwahrnehmung • Perspektivenübernahme • Kontrollüberzeugung • Entscheidungsfreudigkeit • Wissen	• Extraversion • Durchsetzungsfähigkeit • Handlungsflexibilität • Kommunikative Fertigkeiten • Konfliktverhalten • Selbststeuerung	• Emotionale Stabilität • Prosozialität • Wertepluralismus

Diese Analyse kommt zu dem Ergebnis, dass soziale Kompetenz einem integrativen Konstrukt entsprechen, im Sinne der „Gesamtheit des Wissens, der Fähigkeiten und Fertigkeiten einer Person, welche die Qualität eigenen Sozialverhaltens fördert"[194]. Soziale Kompetenz drückt sich demgemäß in der Qualität der Einzelkomponenten und deren sinnvollem Zusammenwirken aus. Dabei werden jedoch individuenbezogene Faktoren einbezogen, die nach der Ausgangstheorie von ERPENBECK & ROSENSTIEL den personalen Kompetenzen zuzuordnen sind (z. B. Selbststeuerung, Handlungsflexibilität oder auch emotionale Stabilität). Daraus ergibt sich allerdings kein Widerspruch, da generell von einer Integrativität aller Teilkompetenzen ausgegangen wird, diese aber in einzelnen Kompetenzmodellen strukturell unterschiedlich aufgelöst wird[195].

Für berufliches Lernen wenden sich EULER & BAUER-KLEBL überwiegend dem perzeptiv-kognitiven Bereich zu. Sie definieren Sozialkompetenz als „Disposition zur zielgerichteten Interaktion mit anderen Menschen über sachliche, soziale oder persönliche Themen in spezifischen Typen von Situationen".[196] Dieser Grundansatz präzisiert die von ERPENBECK & ROSENSTIEL allgemeine Kategorie eines Verhaltens als Interaktion und ordnet dieser zudem mit dem Begriff „zielgerichtet" das Merkmal der Intentionalität zu. Sozialkompetenzen müssen demnach situations(typen)spezifisch bestimmt und präzisiert werden.

„Die Beschreibung von Situationstypen soll die Grundlage schaffen, die auf sie bezogen Kompetenzen in den drei Handlungsdimensionen Wissen, Fertigkeiten und Einstellungen zu bestimmen. Hinsichtlich der Klärung des Begriffs der ‚Situation' bzw. des ‚Situationstyps' und der Bestimmung von Situationen lässt sich folgendes festhalten:
- Situationen beschreiben die raumzeitlichen Bedingungen für soziales Handeln, wobei die Akteure mit ihren individuellen Dispositionen einen Teil der Situation ausmachen.

---

[194] Kanning, 2002, S. 155.
[195] Inwiefern die Persönlichkeitseigenschaft „Extraversion" als Kompetenz verstanden werden kann, sei erst einmal dahingestellt.
[196] Euler und Bauer-Klebl, 2009, S. 23.

- Wenngleich die Wahrnehmung der Situation subjektabhängig erfolgt, ist es aufgrund von Sozialisationseinflüssen möglich, sozial geteilte Situationsdeutungen zu entwickeln.
- Die Bestimmung von Sozialkompetenzen bezieht sich nicht auf singuläre Situationen, sondern auf Situationstypen. Diese aktualisieren sich in konkreten Situationen.
- Als Bezugsrahmen für die Kennzeichnung des Situationstyps dient ein Modell, das die wesentlichen Merkmale bezeichnet: (a) Akteure; soziale Aufgaben, Erwartungen und Rollen; (b) Räumliche, materielle, kulturelle und institutionelle Bedingungen; (c) Zeitlicher Ablauf (Phasen, Schritte); (d) (kritische) Ereignisse.
- Die Bestimmung und Beschreibung von Situationstypen ist das Ergebnis von Auswahl- und Konstruktionsprozessen. Welcher Situationstyp ausgewählt, wie er im Einzelnen abgegrenzt und wie abstrakt oder konkret er formuliert wird, ist abhängig von seinem didaktischen Anwendungskontext.
- Ein auf diese Weise bestimmter Situationstyp bildet die Grundlage zur Begründung von Situationsanforderungen, zu deren Bewältigung spezifische Sozialkompetenzen erforderlich sind"[197].

In Berücksichtigung des von EULER & BAUER-KLEBL sehr gründlich fundierten und elaborierten Theorieansatzes, wird deutlich, dass eine Konkretisierung und Bestimmung sozialer Berufskompetenzen im Sinne konkreter Lernziele eine sehr aufwändige und schwierige Aufgabe für Expert*innen wäre. Im Weiteren würde dann die Konkretisierung situationstypenspezifischer Sozialkompetenzen, eine entsprechende didaktisch-methodische Transformation nach sich ziehen, was jedoch aus verschiedenen Perspektiven schwierig erscheint, so dass sich insbesondere die folgenden offenen Fragen ausweisen lassen:

1) Eignen sich auf diesem Konkretisierungsniveau hergeleitete Sozialkompetenzen – EULER & BAUER-KLEBL stellen kein explizites Beispiel vor – schon für eine unterrichtliche Verwendung, d.h. können sie so konkret formuliert werden, dass dazu Vermittlungswege und Methoden zur Reflexion und Kontrolle gefunden werden können?
2) Lässt sich ein so anspruchsvolles Kommunikationstraining in einen fachlich akzentuierten beruflichen Unterricht problemlos einbetten und auch außerhalb des realen Berufskontextes authentisch – und damit wirksam – umsetzen?
3) Sind die Lehrpersonen an Berufsschulen zum aktuellen Stand dazu qualifiziert bzw. besitzen sie selbst die erforderlichen Kompetenzen (und welche sind diese?), um als Kommunikationstrainer professionell zu arbeiten?

Diese Fragen lassen sich aktuell (noch) nicht hinreichend positiv beantworten, was zur Zwischenfeststellung führt, dass eine ähnlich klare Konkretisierung von Sozialkompetenzen in berufliche Lernziele wie im vorausgehenden Falle der fachlich-methodischen Kompetenzen nicht gelingen kann bzw. letztlich in der Umsetzung die so gewonnene

---

[197] Euler und Bauer-Klebl, 2009, S. 61.

Schärfe wieder verlieren würde. Angesichts der KMK-Vorgabe ist ein so dezidierter Ansatz auch nicht erforderlich, da diese zwar den Anspruch einer Vermittlung von Sozialkompetenzen bzw. sozial-kommunikativen Kompetenzen allgemein stellt, ihn jedoch in den einzelnen Rahmenlehrplänen nicht weiter expliziert.

Ausgehend von diesen Feststellungen wurde zur Konkretisierung von sozial-kommunikativen Kompetenzen auf unterrichtspraktischem Niveau eine Matrix entwickelt und im Rahmen des aktuellen Modellversuchs BüA gemeinsam mit dem hessischen Kultusministerium sowie mehreren berufsbildenden Schulen erprobt[198]. In diesem Ansatz werden soziale Kompetenzaspekte als Metakompetenzen bezeichnet, welche sich in variable Räume sozialer Interaktion übertragen lassen[199] und gemäß der OECD u. a. über folgende Aspekte ausdrücken:
– die Fähigkeit, gute und tragfähige Beziehungen zu anderen Menschen zu unterhalten. Dazu gehört zentral Empathie[200] und ein wirksamer Umgang mit Emotionen[201]
– Kooperationsfähigkeit[202]
– und die Fähigkeit zur Bewältigung und Lösung von Konflikten[203]

Hierüber spezifizierte (Teil-)Aspekte sozial-kommunikativer Kompetenzen erscheinen konkret genug, um sie differenziert didaktisch aufgreifen zu können, d. h. diesbezügliche Ziele formulieren zu können, Vermittlungswege konzipieren und schließlich auch ihre Entwicklung feststellbar zu machen. Ein weiteres Argument für eine nachdrückliche, aber fachlich-beruflich unspezifizierte Vermittlung von Sozialkompetenzen findet sich in deren berufsübergreifender Bedeutung. Soziale Kompetenzen korrespondieren in hohem Maße mit altersgemäßen Entwicklungsaufgaben bzw. deren Resultaten. Sie gehen einher mit den individuellen Sozialisationsprozessen und sollten damit über die berufsbezogene Funktionalität hinaus in ihrer Entwicklung gefördert und unterstützt werden. Da hier vorwiegend die unterrichtsnahe Handhabung der Matrix im Rahmen des Kompetenzerwerbs im Fokus steht, wird diese im Praxisband II beschrieben.

Sozial-kommunikative Kompetenzen sind Dispositionen, kommunikativ und kooperativ selbstorganisiert zu handeln, d. h. sich mit anderen kreativ auseinanderzusetzen, und sich gruppen- und beziehungsorientiert zu verhalten. Diese werden im Kontext beruflichen Handelns nach EULER & REEMTSMA-THEIS[204] konkretisiert und differenziert in einen (a) agentiven Schwerpunkt, einen (b) reflexiven Schwerpunkt und (c) deren Integration:

---

[198] Die Matrix wird Bestandteil des Bandes II sein.
[199] Bormann und Haan, 2008.
[200] Fähigkeit und Bereitschaft, sich in die Gefühle anderer Menschen zu versetzen.
[201] Erschließung und Reaktion auf fremde Emotionen und Wahrnehmung sowie Handhabung der eigenen Emotionen.
[202] Verständnis für Gesprächssituationen und Verläufe, Verhandlungs-, Vereinbarungs- und Entscheidungsfähigkeit unter Berücksichtigung unterschiedlicher Standpunkte.
[203] Analyse von Problemen und Interessen, Konfliktursachen und -ursprüngen sowie Argumenten und Standpunkten, Ermittlung von Übereinstimmungsbereichen und variablem Problemperspektiven, Priorisieren von Lösungen und Kompromissfindung.
[204] Euler und Reemtsma-Theis, 1999.

a) Fähigkeit zur Artikulation und Interpretation von verbalen und nonverbalen Äußerungen auf der Sach-, Beziehungs-, Selbstkundgabe- und Absichtsebene und Fähigkeit zur Artikulation und Interpretation von verbalen und nonverbalen Äußerungen im Rahmen einer Metakommunikation auf der Sach-, Beziehungs-, Selbstkundgabe- und Absichtsebene.
b) Fähigkeit zur Klärung der Bedeutung und Ausprägung der situativen Bedingungen, insbesondere von zeitlichen und räumlichen Rahmenbedingungen der Kommunikation, ‚Nachwirkungen' aus vorangegangenen Ereignissen, der sozialen Erwartungen an die Gesprächspartner, der Wirkungen aus der Gruppenzusammensetzung (jeweils im Hinblick auf die eigene Person sowie die Kommunikationspartner), Fähigkeit zur Klärung der Bedeutung und Ausprägung der personalen Bedingungen, insbesondere der emotionalen Befindlichkeit (Gefühle) der normativen Ausrichtung (Werte), der Handlungsprioritäten (Ziele), der fachlichen Grundlagen (Wissen), des Selbstkonzepts (‚Bild' von der Person), (jeweils im Hinblick auf die eigene Person sowie die Kommunikationspartner), Fähigkeit zur Klärung der Übereinstimmung zwischen den äußeren Erwartungen an ein situationsgerechtes Handeln und den inneren Ansprüchen an ein authentisches Handeln.
c) Fähigkeit und Sensibilität, Kommunikationsstörungen zu identifizieren, und die Bereitschaft, sich mit ihnen (auch reflexiv) auseinanderzusetzen, Fähigkeit, reflexiv gewonnene Einsichten und Vorhaben in die Kommunikationsgestaltung einbringen und (ggf. unter Zuhilfenahme von Strategien der Handlungskontrolle) umsetzen zu können.

3.3.6 Personale Kompetenzen

Gemäß der Theorie von ERPENBECK & ROSENSTIEL sind personale Kompetenzen nur indirekt handlungswirksam, vielmehr wirken sie als „Bezugsdispositionen" für fachlich-methodische, sozial-kommunikative, aktivitäts- und umsetzungsorientierte Kompetenzen. Die Grundannahme dieser strukturellen Anordnung besteht darin, dass selbstorganisiertes Handeln von Persönlichkeitsprozessen begleitet wird und diese Persönlichkeitsprozesse Einflüsse auf das Handeln ausüben. Ein Individuum benötigt demgemäß personale Kompetenzen, um seine Persönlichkeitsprozesse so zu regulieren, dass es Handlungsfähigkeit entfalten bzw. weiterentwickeln kann. Personale Kompetenzen sind demnach selbstreflexiv aber dennoch funktionsorientiert[205]. Die „Funktion" liegt hier jedoch nicht in einem äußerlich erkennbaren Handeln, sondern im „Umgang mit sich selbst". ERPENBECK & ROSENSTIEL beschreiben personale Kompetenzen als „Fähigkeiten, sich selbst einzuschätzen, produktive Einstellungen, Werthaltungen, Motive und Selbstbilder zu entwickeln, eigene Begabungen, Motivationen, Leistungsvorsätze zu entfalten und sich im Rahmen der Arbeit und außerhalb kreativ zu entwickeln und zu lernen. Als Folgen personal-kompetenten Handelns führen sie „Fleiß, Beharrlichkeit, Schöpfertum, Selbstvertrauen, Wertbewusstsein, Risikobereitschaft"[206] auf. Kon-

---
[205] Erpenbeck und Rosenstiel, 2007b.
[206] Erpenbeck und Rosenstiel, 2007a, S. XXIV.

kretisiert man dies für berufsförmige Arbeit, ergeben sich in motivationaler und volitionaler Hinsicht Selbstwirksamkeitserwartung, Handlungskontrolle, Lern- und Leistungsmotivation, in affektiver Hinsicht der Anspruch an die eigene Arbeit, betriebliche Identifikation und „commitment", Prozess- und Kundenorientierung, unternehmerisches und ökologisches Denken, Entwicklungsorientierung etc.

Hinter personalen Kompetenzen stehen (wie bei den sozial-kommunikativen Kompetenzen) die Persönlichkeitseigenschaften eines Menschen („Traits") und zudem seine Werte. Entsprechend müssen personale Kompetenzen in einem engen Zusammenhang mit diesen Komponenten stehen, dürfen damit aber nicht gleichgesetzt werden. Dies wäre unschlüssig, da die Persönlichkeitseigenschaften[207] eines Menschen relativ unveränderbar sind (Traits) (siehe Abschnitt 3.3.1 und Abbildung 14), personale Kompetenzen jedoch etwas sein müssen, was vom Individuum in einem entsprechenden Umfang entwickelt werden kann. Anders verhält es sich mit den Werten eines Menschen wie Ehrlichkeit, Fairness, Solidarität etc. Sie sollten als affektives Fundament einer Persönlichkeit der Hintergrund berufsbezogener Entwicklung sein und somit auch deren Gegenstand[208]. Personale Kompetenzen entsprechen hochindividuellen Strukturen, die ein Mensch entwickelt hat, um seine Eigenschaften und Werte funktional zur Wirkung zu bringen bzw. deren möglicherweise dysfunktionalen Wirkungen zu reduzieren bzw. einzugrenzen.

Entsprechend dieser Eingangsüberlegungen erscheinen für die im Rahmen eines technikdidaktischen Gesamtansatzes vorzunehmende Konkretisierung personaler Kompetenzen einerseits motivationale, volitionale Aspekte zielführend und andererseits kognitiv-affektive welche sich in spezifischen arbeitsorientierten bzw. berufsbildenden Ausprägungen ausdrücken (Abbildung 23).

Abbildung 23: Lern- und Informationsstrategien sowie motivationale Aspekte als Bestandteile personaler Kompetenz

---

207 Z. B. die „Big Five" nach Allport, Odbert Neurotizismus, Extraversion, Offenheit für Erfahrungen, Verträglichkeit, Gewissenhaftigkeit.
208 Z. B. muss sich ein ängstlicher Mensch für eine funktionale Kommunikation aktivieren, ein extravertierter Mensch dagegen eher kontrollieren.

Motivationale und volitionale Aspekte personaler Berufskompetenzen

Motivation wird in der Psychologie allgemein als das bezeichnet, was dem menschlichen Tun Energie und Richtung gibt (siehe dazu insbesondere Kapitel 4.3: Erwerb personaler Berufskompetenzen). Sie ist von Persönlichkeitsvariablen abhängig, wird aber auch von Umweltvariablen bedingt und beeinflusst. Motivation kann in Lern- und Arbeitsprozessen eine entscheidende Komponente für die Umsetzung sein, zudem ist sie auch eine relevante Zielkomponente für die Kompetenzentwicklung.

Betrachtet man die Fähigkeit, sich selbst zu motivieren, als Bestandteil personaler Kompetenz und damit als relevante Zielkomponente für Facharbeiter*innen und Handwerker*innen, lassen sich unterschiedliche Motivationsarten und -ausprägungen ausweisen[209] (Abbildung 24).

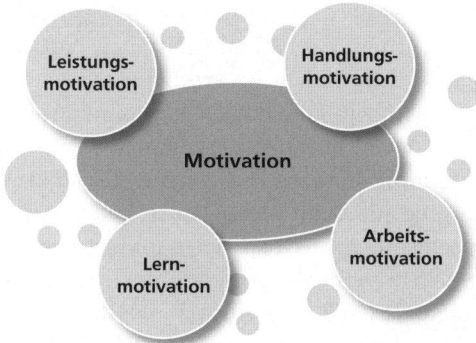

Abbildung 24: Für Facharbeiter*innen und Handwerker*innen relevante Motivationsarten und -ausprägungen.

Leistungsmotivation ist dabei als eine übergreifende Motivation zu betrachten, welche sich auf Handeln, Arbeiten und Lernen gleichermaßen bezieht. HECKHAUSEN[210] definiert als Leistungsmotivation „das Bestreben, die eigene Tätigkeit in all jenen Tätigkeiten zu steigern oder möglichst hoch zu halten, in denen man einen Gütemaßstab für verbindlich hält und deren Ausführung deshalb gelingen oder misslingen kann". Für die ursächliche Klärung dieses Bestrebens liegen in der Psychologie unterschiedliche Ansätze u. a. McCLELLAND et al.[211], ATKINSON[212] oder auch GAGE/BERLINER[213] vor.

Wird der Aspekt Arbeit jedoch auf das eigentliche (berufliche) Handeln reduziert, gilt es in einem technikdidaktischen Ansatz sowie dem diesbezüglichen Vermittlungskonzept, insbesondere Aspekte der Handlungsmotivation zu fokussieren. Wie in Abschnitt 3.3.4 innerhalb der fachlich-methodischen Kompetenzen im Kontext der Hand-

---

[209] Die entsprechenden Basistheorien werden an dieser Stelle nur bilanziert und im Kontext der Vermittlung personaler Kompetenzen (Kapitel 4.3) vertieft aufgegriffen.
[210] Heckhausen, 1965, S. 604.
[211] McClelland, Atkinson, Clark und Lowell, 1953.
[212] Atkinson, 1957.
[213] Gage und Berliner, 1996.

lungstheorien beschrieben, kommt Motivation eine bedeutende Rolle im menschlichen Handeln zu. In der Definition von HACKER[214] ist das Attribut „motiviert" neben „zielgerichtet" und „bewusst" eines von drei konstituierenden Merkmalen einer Handlung. Neben diesem basistheoretischen Bezugspunkt zeigt sich u. a. das sog. „Rubikon-Modell"[215] nach HECKHAUSEN bedeutsam. In Zusammenführung beider Ansätze wird jedoch deutlich, dass die von HACKER und VOLPERT offen gelegten zyklischen Prozesse der Handlungsregulation nicht nur von sachlich-rationalen Absichten und Rückmeldungen getragen werden, sondern auch in hohem Maße durch motivationale bzw. volitionale Prozesse hinterlegt sind. Wird der Aspekt Arbeit jedoch auf diesen Blickwinkel aus betrachtet, kommen auch Facetten der Arbeitsmotivation bzw. Arbeitszufriedenheit zum Tragen. Hier zeigen sich wiederum die arbeits- und organisationspsychologischen Ansätze der MASLOWschen[216] „Bedürfnispyramide" sowie die diesbezügliche Referenztheorie von HERZBERG[217] als relevant.

Dass für den Erwerb von Berufskompetenzen und entsprechend auch das institutionalisierte berufliche Lernen – innerhalb und auch nach der Ausbildung – entsprechende Lernmotivation erforderlich ist, erscheint selbstverständlich, sodass diese ebenfalls im Rahmen eines technikdidaktischen Gesamtansatzes mit einzubeziehen ist. Lernmotivation wird sowohl in konstruktivistischen und kognitivistischen Lerntheorien eine Bedeutung in Lernprozessen beigemessen. Zentrale Bedeutung kommt dabei der Selbstbestimmung zu, da im vorliegenden kompetenzorientierten Bildungsverständnis von einem selbstorganisierten Lernen und Handeln ausgegangen wird. An dieser Stelle greift die Selbstbestimmungstheorie der Motivation von DECI & RYAN, welche Selbstbestimmtheit als Grad oder Ausmaß beschreibt, in dem Menschen über ihre Handlungen selbst frei entscheiden. Davon ausgehend lassen sich für ein (selbstorganisiertes) Lernen die drei Grundbedürfnisse Autonomiewahrnehmung, Kompetenzerleben und soziale Eingebundenheit ausweisen. PRENZEL hat hierzu ein Modell der Lernmotivation (Kapitel 4.3.2) vorgelegt, in dem u. a. die Ausprägung der Selbstbestimmung über die Qualität des Lernens entscheidet und eine Kompetenzentwicklung durch Reproduktion des Gelernten nicht unterstützt werden kann. Die hier angesprochenen Basiskonzepte sollen später im Zusammenhang mit der Kompetenzvermittlung im Praxisband differenziert beschrieben werden.

Lernbezogene Aspekte der personalen Berufskompetenzen

Eine weitere, sehr bedeutende Facette personaler Kompetenz im vorliegenden Kontext ist die Fähigkeit, selbstreguliert zu lernen. Dieser Aspekt geht über rein motivationale Aspekte der Lernmotivation hinaus und erscheint aus zwei Gründen für eine Technikdidaktik besonders relevant: Zum einen wird u. a. die These vertreten, dass selbstreguliertes Lernen dem Individuum ein langfristig wirksameres Lernen ermöglicht,

---

[214] Hacker, 1986, S. 73.
[215] Heckhausen, Gollwitzer und Weinert, 1987.
[216] Maslow, 2016.
[217] Herzberg, Mausner und Snyderman, 1959.

zum anderen korrespondiert dieser Aspekt in hohem Maße mit dem aktuellen Bild von Facharbeiter*innen bzw. Handwerker*innen, die sich – u. a. aufgrund kurzzyklischer Innovationsprozesse – lebenslang selbst weiterentwickeln sollen.

Entsprechend erstaunt es nicht, dass in den Handreichungen für die Erarbeitung von Rahmenlehrplänen der Kultusministerkonferenz konstatierte Lernkompetenz im Sinne einer *„Bereitschaft und Befähigung, Informationen über Sachverhalte und Zusammenhänge selbstständig und gemeinsam mit Anderen zu verstehen, auszuwerten und in gedankliche Strukturen einzuordnen [sowie die] Fähigkeit und Bereitschaft, im Beruf und über den Berufsbereich hinaus Lerntechniken und Lernstrategien zu entwickeln und diese für lebenslanges Lernen zu nutzen"* als eigenständige oder quer verlaufende Kompetenz positioniert wird[218]. Das ist – wie bereits in Abschnitt 3.1 erörtert – theoretisch nicht nachvollziehbar und erscheint neben weiteren Aspekten als ein Strukturdefizit im Gesamtansatz der KMK.

Ausgehend von dieser offenen Frage soll im vorliegenden Gesamtansatz eine (erste, wenn auch zum aktuellen Entwicklungsstand nicht hinreichende) Konkretisierung lernbezogener Aspekte personaler Berufskompetenzen erfolgen. Hierfür erscheint insbesondere das Konstrukt des selbstregulierten Lernens relevant. Selbstreguliertes Lernen wird seit mehreren Jahrzehnten in engem Zusammenhang mit sog. „Lernstrategien" erforscht[219]. Ausgehend von kognitivistischen Basistheorien[220] etablierte sich Ende der 1960er-Jahre das „self-directed learning" in den Vereinigten Staaten. NEBER[221] adaptierte als einer der Ersten diese Ansätze aus dem Amerikanischen und verankerte damit die Idee und das Konzept des selbstregulierten Lernens vor drei Jahrzehnten im deutschsprachigen Bezugsfeld. Bis Mitte der 1980er-Jahre hatte sich in der Pädagogischen Psychologie eine Reihe von Referenzmodellen für selbstreguliertes Lernen etabliert. Dazu zählen aktuell das „integrative Rahmenmodell" von SCHIEFELE & PEKRUN[222], das „Drei-Ebenen-Modell" von BOEKAERTS[223], das „Vier-Stufen-Modell" von WINNE & HADWIN[224], der „Eigenverantwortlichkeitsansatz" von HIEMSTRA[225], das „Prozessmodell" von BORKOWSKI, CHAN & MUTHUKRISHNA[226] oder auch der „mehrdimensionale Ansatz" von STRAKA[227]. Jeder dieser Ansätze versucht, die vielfältigen Operanden von selbstreguliertem Lernen stimmig und funktional zu integrieren, zentriert sich dabei aber jeweils auf einen speziellen Aspekt oder versucht deren metatheoretische Integration. Die aktuellen Theorien über selbstreguliertes Lernen entsprechen somit Partialtheorien, welche sich deutlich überlappen und insgesamt sowohl ergänzen als auch relativieren.

---

[218] Kultusministerkonferenz, 2000, S. 4.
[219] Tenberg, 2008a, Tenberg, 2008b.
[220] Gagné, 1965; Ausubel, 1960; Bruner, 1967.
[221] Neber, 1978.
[222] Schiefele und Pekrun, 1996.
[223] Boekaerts, 1997.
[224] Winne und Hadwin, 1998.
[225] Hiemstra, 2000.
[226] Borkowski, Chan und Muthukrishna, 2000.
[227] Straka, 2000.

Unabhängig vom jeweiligen Modell, dessen Fokussierung oder Spezifikation erweisen sich zwei (keineswegs unabhängige) Konzepte in allen Ansätzen als zentral: Lernstrategien und Metakognition. Im Drei-Schichten-Modell von BOEKAERTS[228] korrespondiert z. B. die mittlere Ebene der Lernprozess-Kontrolle mit der inneren Ebene der Lernprozesse, indem „metacognitive knowledge and skills" über den Einsatz von „cognitve strategies"[229] entscheiden und wachen. WINNE & PERRY[230] weisen in ihrem Strukturmodell Knowledge of Study Tactics and Strategies – neben „beliefs, dispositions and styles, motivational factors and orientations, domain knowledge, knowledge of task" – eine zentrale Bedeutung für den Selbstlernprozess im Sinne von Cognitive Conditions zu. Die eigentlichen Lernoperationen erfolgen durch den Einsatz von Acquired Tactics and Strategies. Das Prozessmodell von SCHMITZ[231] bestimmt als Produkt und Anschluss der präaktionalen Phase an die aktionale Phase einen geplanten Strategieeinsatz. Dieser führt dann in der aktionalen Phase zur Lernstrategieanwendung, welche – neben der Volition – die Lernleistung bestimmt. Schließlich erfolgen in der postaktionalen Phase Reflexions- und Bewertungsprozesse, welche u. a. auch Strategiemodifikationen zur Folge haben. Im kombinierten Struktur- und Prozessmodell von SCHIEFELE & PEKRUN[232] wird metakognitives Wissen – neben Fähigkeiten, Vorwissen, Motivation und Volition – als entscheidendes Lernmerkmal vorausgesetzt. Jede Phase der internen Lernsteuerung (vor, während und nach dem Lernen) wird von metakognitiven Prozessen bestimmt. Die kognitiven Lernstrategien kommen in der Vorbereitung (Ressourcenmanagement) und dem eigentlichen Lernen (Wiederholungs-, Elaborationsstrategien etc.) zur Anwendung.

Somit können die aktuell verbreiteten Modelle des selbstregulierten Lernens in allen Fällen auch als Modelle der Anwendung und Entwicklung von Metakognition und Lernstrategien aufgefasst werden. Umgekehrt ist davon auszugehen, dass die gegenwärtigen Definitionen bzw. Konzepte von Metakognition und Lernstrategien sehr eng mit den jeweils einschlägigen Modellen von selbstreguliertem Lernen korrespondieren. Je nach Taxonomie wird die Metakognition den Lernstrategien bei- oder übergeordnet bzw. zwischen kognitiven und metakognitiven Lernstrategien unterschieden. Im Folgenden werden die beiden Begriffe (oder besser Begriffssysteme) kurz umrissen und erörtert.

Lernstrategien
Als „Lernstrategien" können allgemein jene Verhaltensweisen und Kognitionen bezeichnet werden, die vom Lernenden aktiv zum Wissenserwerb eingesetzt werden[233]. KLAUER[234] versteht unter Lernstrategien einen Plan von aufeinanderfolgenden Handlungen zur Erreichung eines Lernziels. Eine etwas komplexere Definition von HAS-

---
[228] Boekaerts, 1999, S. 449.
[229] Boekaerts, 1999, S. 449.
[230] Winne und Perry, 2000, S. 537.
[231] Schmitz, 2001, S. 183.
[232] Schiefele und Pekrun, 1996, S. 271.
[233] Wild, 2001.
[234] Klauer, 1988.

SELHORN & GOLD beschreibt Lernstrategien als „Prozesse bzw. Aktivitäten, die auf ein Lern- oder Behaltensziel ausgerichtet sind und die über die obligatorischen Vorgänge bei der Bearbeitung einer Lernanforderung hinausgehen. Lernstrategien weisen wenigstens eine zusätzliche akzessorische Eigenschaft auf, indem sie entweder intentional, bewusst, spontan, selektiv, kontrolliert und/oder kapazitätsbelastend sind bzw. eingesetzt werden"[235]. Diesen (und weiteren) Definitionen von Lernstrategien steht eine Reihe von Taxonomien gegenüber:

FRIEDRICH & MANDL[236] unterteilen die Lernstrategien in „kognitive" und „metakognitive" Strategien. Kognitiven Strategien wird eine eher operative Funktion beigemessen, metakognitiven eine überwiegend koordinative. Kognitive Lernstrategien unterscheiden sich in diesem Sinne übergreifend in:

- „Elaborationsstrategien", welche „dem Verstehen und dem dauerhaften Behalten neuer Informationen dienen"[237], z. B. „Vorwissen aktivieren, Fragenstellen, Notizenmachen, Vorstellungsbilder generieren, Mnemotechniken sowie Wiederholungsstrategien"[238]
- „Organisationsstrategien", welche darauf abzielen, „neues Wissen zu organisieren und zu strukturieren, indem die zwischen den Wissenselementen bestehenden inhärenten Verknüpfungen herausgearbeitet werden"[239] – z. B. „das Zusammenfassen von Texten, die Nutzung von Wissensschemata sowie Strategien der externen Visualisierung"[240]
- „Wissensnutzungsstrategien", mit der Intention, schon im Erwerb neuen Wissens dessen Anwendung bzw. Transfer zu antizipieren, z. B. durch das „Lösen von Problemen, das Schreiben von Texten oder das Argumentieren/Diskutieren im sozialen Kontext"[241]

Tabelle 7: Lernstrategien nach MANDL & FRIEDRICH[242]

Unmittelbare Lernstrategien		Mittelbare Lernstrategien
Kognitive Strategien	**Metakognitive Strategien**	• Motivations- und Emotionsstrategien • Strategien für kooperatives Lernen • Strategien für die Nutzung von Ressourcen
• Elaborationsstrategien • Organisationsstrategien • Wissensnutzungsstrategien	• Selbstkontroll- und • Selbstregulationsstrategien	

---

235 Hasselhorn und Gold, 2006, S. 90.
236 Mandl und Friedrich, 2006a, S. 1 f.
237 Mandl und Friedrich, 2006a, S. 2.
238 Mandl und Friedrich, 2006.
239 Mandl und Friedrich, 2006a, S. 4.
240 Mandl und Friedrich, 2006.
241 Mandl und Friedrich, 2006a, S. 6.
242 Mandl und Friedrich, 2006.

Metakognitive Lernstrategien kennzeichnen eine „mental koordinative Orientierung":
- Selbstkontroll- und Selbstregulationsstrategien zur „situations- und aufgabenangemessenen Steuerung des Lernprozesses, insbesondere der Planung, Überwachung und Regulation, als ein ‚Nachdenken über das Nachdenken' im Sinne von ‚Wie gehe ich bei dieser Aufgabe vor?', ‚Habe ich das jetzt wirklich verstanden?', ‚Damit bin ich noch nicht zufrieden'"[243].

Diesen unmittelbaren Lernstrategien werden schließlich noch mittelbare Lernstrategien beigeordnet. Diese sind Motivations- und Emotionsstrategien (Aufbau von Lernmotivation, Abwehr von Amotivation, Herstellung und Stabilisierung von Volition), Strategien für kooperatives Lernen (Kommunikation und Kooperation beim Lernen) und Strategien für die Nutzung von Ressourcen innerer (Arbeitszeiten, -mittel, Dokumentation etc.) und äußerer Koordination (Planung, Vereinbarung mit anderen Aktivitäten etc.) des Lernens.

Dieser Ansatz korrespondiert deutlich mit der verbreiteten Taxonomie nach DANSERAU[244] bzw. WEINSTEIN & MAYER[245], welche eine Dreiteilung nach kognitiven, metakognitiven Strategien und Stützstrategien vornimmt. MAYER[246] modifizierte seinen Ansatz später, indem er die kognitiven Strategien umstrukturierte und die bisherigen Strategien des Elaborierens und Organisierens in „mnemotische Strategien", „Strukturierungsstrategien" und „generative Strategien" aufteilte. Diese von MAYER vorgenommene, empirisch belegte Neubestimmung geht auf von ihm selbst bemängelte Unschärfen der vorausgehenden Kategorisierung zurück:
- „Mnemoische Strategien" werden zum Behalten neuer Informationen angewandt bzw. zur Unterstützung ihrer Verknüpfung mit vorhandenem Wissen (Mnemotechniken), z. B. gedankliches oder lautes Wiederholen, Bilden von Schlüsselwörtern etc.
- „Strukturierende Strategien" intendieren die Verknüpfung, Systematisierung und Reduktion des Lernmaterials, z. B. das Finden bzw. Bilden von Überbegriffen (Kategorisierung), Identifikation und Verknüpfung relevanter Inhalte (Exzerpt) etc.
- „Generative Strategien" haben zum Ziel, ein vertieftes Verständnis für das Gelernte herzustellen. Anstelle des Aufnehmens, Behaltens und Überblickens von Informationen steht hier der Aufbau von logischen (oder zumindest funktionalen) Zusammenhängen. Beispiele wären hier Wenn-Dann-Beziehungen, komplexere mentale Modelle, Analogien etc.

Eine der grundlegenden Ideen in der Auseinandersetzung mit Lernstrategien war (und ist) jene, dass sich diese hinsichtlich ihrer Qualität unterscheiden. So gilt z. B. die Grundannahme, dass Elaborationsstrategien zu einer tieferen Verarbeitung von neuen Informationen führen und damit ein höheres Verständnis und eine bessere Behaltens-

---

[243] Mandl und Friedrich, 2006a, S. 5.
[244] Danserau, 2014.
[245] Weinstein und Mayer, 1986.
[246] Mayer, 2003 aber auch Mayer, 2008.

leistung erzielt wird. Z. B. impliziert LOMPSCHERs Taxonomie[247] die Möglichkeit einer wirkungs- und anspruchsbezogenen Bewertung der Lernstrategien, indem ein von ihm entwickeltes Instrument zwischen Oberflächenstrategien und Tiefenstrategien unterscheidet. Als Oberflächenstrategien werden dabei jene Strategien bezeichnet, welche eine reine Wissensreproduktion intendieren (z. B. wörtliches Auswendiglernen), als Tiefenstrategien diejenigen Strategien, die auf ein Verständnis des zu Lernenden gerichtet sind.

Diese – an sich plausible – Annahme erwies sich jedoch in Versuchen, sie empirisch zu bestätigen, als schwierig. Weder die in vielfältigen Instrumenten vorgenommenen Partikularisierungen und Umstrukturierungen der Lernstrategien noch die Ausdifferenzierung und Verfeinerung bei den Wirkungsfeststellungen konnten bislang bestätigen, dass allein die Art, Gattung oder Charakteristik einzelner Lernstrategien schon über Qualität bzw. Wirksamkeit des Lernens entscheiden kann. Vielmehr deutet sich an, dass ein Lernstrategie-Einsatz in einem komplexen Zusammenhang mit dem situationsspezifischen, gegenüber Aufgabe und Anforderung fein abgestimmten tatsächlichen Einsatz steht, welcher sich auf ein bestehendes Repertoire bezieht und dabei mit verschiedenen antizipativen, lernbegleitenden und auch retrospektiven Prozessen korrespondiert. Dieser Einsatz hängt von korrespondierenden kognitiven, metakognitiven und emotionalen Faktoren ab.

Metakognition
Unabhängig von der zugrundeliegenden Definition oder Taxonomie wird in allen aktuellen Lernstrategie-Konzepten zwischen kognitiven und metakognitiven Strategien unterschieden. Unter Metakognitionen sind allgemein reflexive Auseinandersetzungen zu verstehen, welche ein Mensch gegenüber seinen operativ ausgerichteten Kognitionen führt, also vereinfacht „Gedanken über die eigenen Gedanken". Dies erfolgt im Zusammenhang mit Lernen schon beim einfachen Rekapitulieren eines Lösungsweges und kann bis in komplexe philosophische Auseinandersetzungen führen. In den aktuellen Ansätzen selbstregulierten Lernens wird generell davon ausgegangen, dass die jeweiligen Lernoperationen einer darüberliegenden gedanklichen Steuerung unterliegen. Die Definition von HASSELHORN & GOLD[248] fordert dies explizit durch den Anspruch, dass Lernstrategien „über die obligatorischen Vorgänge bei der Bearbeitung einer Lernanforderung hinausgehen"[249]. Umgekehrt ist also zu konstatieren, dass Lernprozeduren erst durch Metakognitionen zu Lernstrategien werden.

Da sich menschliches Denken in einem Vorausschauen, einer direkten bzw. situativen und einer retrospektiven Reflexion vollziehen kann, teilen sich die metakognitiven Lernstrategien in die Bereiche „Lernplanung und Ressourcenmanagement", „Lernüberwachung und Lernregulierung" sowie „Lerndiagnose und Lernbewertung" auf.

Die Plausibilität dieser einfachen Basiszusammenhänge muss jedoch angesichts des aktuellen Forschungsstands relativiert werden. Schon BROWN beschrieb Metakognition

---
[247] Lompscher, 1995.
[248] Hasselhorn und Gold, 2006.
[249] Hasselhorn und Gold, 2006, S. 90

als „Wissen und Kontrolle über das eigene kognitive System"[250] und akzentuierte damit – neben dem Aspekt der Kontrolle – den des Bewusstseins. Zudem markieren diese Faktoren keinen Dualismus zwischen unbewusstem und bewusstem oder unkontrolliertem und kontrolliertem Denken, sondern sind vielmehr als Pole eines wenig konstanten Kontinuums zu verstehen. Während wir denken, können unser diesbezügliches Bewusstsein und unsere diesbezügliche Kontrolle sehr starken Intensitätsschwankungen ausgesetzt sein. Beispiel wäre hier die Lösung einer anspruchsvollen Aufgabe, bei der wir relativ unbewusst aber durchaus kontrolliert zunächst auf unsere Erinnerung zugreifen, um nach bewährten Lösungen zu suchen, wenn wir diese aber nicht finden, automatisch auf offene Lösungsalgorithmen zugreifen und dabei sehr bewusst die Schlüssigkeit unserer neuen Lösungswege reflektieren, ohne zunächst direkten Einfluss darauf vorzunehmen etc.

Wie nahe kognitive und metakognitive Prozesse beieinanderliegen, zeigt die von STRASSER durchgeführte theoriegestützte Synopse[251], in welcher er drei unterschiedliche Formen von Metakognition differenziert: „deklarative Metakognition", „prozedurale Metakognition" und „metakognitive Empfindungen". Deklarative Metakognition entspricht metakognitivem Wissen, welches sich in Personen-, Aufgaben- und Strategievariablen teilt[252]. Der Begriff der prozeduralen Metakognition subsummiert weitgehend die metakognitiven Lernstrategien. Als metakognitive Empfindungen werden Emotionen bezeichnet, die mit den gedanklichen Prozessen einhergehen, diese evtl. initiieren, begleiten und beeinflussen. Basisgerüst dieser Differenzierung ist die von RYLE[253] begründete Teilung in deklaratives und prozedurales Wissen als Erklärung des kognitiven Zusammenhangs und Zusammenspiels zwischen menschlichem Denken und Handeln (später aufgegriffen von AEBLI, MANDL, RENKL etc.). Wo nun aber die Trennlinie bzw. der Übergang zwischen prozeduraler Kognition und prozeduraler Metakognition ist, kann aktuell weder theoretisch markiert noch empirisch abgebildet werden. Noch diffuser wird es mit emotionalen Bezügen. Auf Basis klinischer Erfahrungen und Versuche legte CIOMPI in seinem Ansatz einer „Affektlogik"[254] den engen Zusammenhang zwischen gedanklichen und emotionalen Prozessen offen, unterstrich dabei aber gleichzeitig dessen Komplexität durch das Prädikat „fraktal", also „selbstähnlich", aber unberechenbar. Ob dies haltbar ist oder nur einer Annahme entspricht, kann angesichts fehlender empirischer Belege nicht geklärt werden. Fest steht aber, dass die „emotionale Komponente" in kognitiven und metakognitiven Prozessen sowie deren Übergängen und Korrespondenzen immer eine Rolle spielt[255].

Die hier vorgenommene Zusammenfassung der Konzepte von Lernstrategien und Metakognition legt einerseits relativ klare und vor allem plausible Theorien offen, wel-

---

250 Brown, 1984, S. 61.
251 Straßer, 2008, S. 85 f.
252 Straßer, 2008, S. 86.
253 Ryle, 1949.
254 Ciompi, 1997.
255 Bezeichnend ist hier auch eine gewisse „Hemdsärmligkeit" in der theoretischen wie empirischen Handhabung dieser Problematik, die sich z.B. im Ansatz von Mandl und Friedrich, 2006, s. o.) zeigt. So werden dort Motivations- und Emotionsstrategien den kognitiven und metakognitiven Strategien einfach als eigenständige Konzepte beigeordnet.

che für Forschung und auch Praxis handhabbar erscheinen und ein in sich einigermaßen schlüssiges Bild abgeben. Andererseits zeigt sie auch, dass dieses Bild nur der Oberfläche eines immer noch relativ unerschlossenen, gleichermaßen komplexen und diffusen Bezugsraums menschlicher Lernprozesse entsprechen kann.

Eine empirische Bilanzierung von TENBERG[256] über den empirischen Forschungsstand bzgl. der Anwendung von Lernstrategien und Metakognition im beruflichen Lernen kommt zu folgender Zusammenfassung:
- Lernstrategien und Metakognition weisen im beruflichen Lernen eine „gewisse Relevanz" für Lernleistungen auf,
- sie stehen in einem relativ offenen Zusammenhang mit Lern- bzw. Leistungsmotivation,
- sie hängen deutlich mit volitionalen Dispositionen zusammen und
- unterliegen einer hohen individuellen und situativen Varianz.

Diese Befundlage trägt der Tatsache Rechnung, dass es bislang nur wenige praxiserprobte Ansätze von Lernstrategieförderung im beruflichen Unterricht gibt, der Schwierigkeit, den Lernstrategieeinsatz von Schüler*innen empirisch zu erschließen und auch der Problematik einer reliablen und validen Kompetenzmessung. In jedem Falle muss darauf bezogen der Optimismus bzgl. der hohen Potenzialität dieser Metakompetenz der KMK relativiert werden.

Informationsstrategien
Insbesondere vor dem Hintergrund zunehmender Wissensarbeit in der Facharbeit werden Informationsstrategien immer bedeutsamer. Ähnlich wie Lernstrategien sind diese dem Bereich personaler Kompetenzen zuzuordnen, wenngleich sie deutlich näher bei den fachlich-methodischen Kompetenzen liegen, da deren Vollzug in der Wissensarbeit ohne strategische Handhabung von Information nicht möglich ist. Unter Informationsstrategien werden unterschiedliche Aspekte verstanden, wobei hier der entscheidende Parameter die Informationsintention ist: Diese kann wissenschaftlich sein (Recherche) oder lernbezogen (Lernstrategie) oder bildungsbezogen (Informationskompetenz).

Im Zusammenhang mit Wissensarbeit wurde bislang kein eigenständiges Konzept vorgestellt, im Zentrum dieses Themas steht weniger die genauere Auseinandersetzung mit Information als deren tätigkeitsbezogene Rolle, Notwendigkeit und Nutzung. Überträgt man den Ansatz von LANDWEHR ET AL.[257] zur wissenschaftlichen Recherche auf diesen Kontext, lässt sich zunächst dessen Strukturierung in Vorphase, Hauptphase und Nachphase übernehmen. Ersetzt man die wissenschaftliche Fokussierung durch eine tätigkeitsbezogene (in Anlehnung an die Befunde von SOBBE[258]), stellen sich die Phasen wie folgt dar:

---

[256] Tenberg, 2008a, Tenberg, 2008b.
[257] Landwehr, Mitzschke und Paulus, 1978, S. 23.
[258] Sobbe, 2015.

- Vorphase: Klärung des konkreten Informationsbedarfs, spezifischer Begrifflichkeiten, einschlägiger Informationssysteme bzw. -individuen sowie deren Zugänglichkeit und Zuverlässigkeit.
- Hauptphase: Aufsuchen der Informationssysteme, Suche und Einholung der Informationen, Interpretation, Verifizierung und Gegenüberstellung von Informationen, Ausschluss irrelevanter Informationen.
- Nachphase: Integration der relevanten Informationen, Abgleich mit dem Informationsbedarf, Entscheidung über Weiterführung, Modifikation oder Abschluss.

Ähnlich wie bei den Lernstrategien ist bei den Informationsstrategien davon auszugehen, (1) dass es eine operative Ebene (Kognition) und eine reflexive Ebene (Metakognition) gibt, welche die operative steuert, (2) dass sie nicht völlig unabhängig vom Bezugsfeld bzw. -raum sind, jedoch relativ universell anwendbar sind. Für präzisere und differenziertere Aussagen ist hier dringend Forschung erforderlich. Sobbe hat diesbezüglich gezeigt, dass Facharbeiter*innen im Flugzeugservice umfassendes Informationsmanagement betreiben, ihre Informationsstrategien jedoch sehr unterschiedlich sind, angefangen bei rechnergestützten Datensystemen, über die kollegiale Nachfrage bis hin zu einem selbst geführten Notizbuch[259].

Nach dieser (ausschnittartigen) Darstellung theoretischer Bezugspunkte lässt sich hier zusammenfassend feststellen, dass im Fokus des vorliegenden Ansatzes – korrespondierend mit dem Grundmodell von Erpenbeck & Rosenstiel – unter personalen Berufskompetenzen folgende Aspekte verstanden werden können:

Die Fähigkeit, Selbstwirksamkeit im beruflichen Tun wahrzunehmen und zu entwickeln, Lern- und Leistungsmotivation sowie Handlungskontrolle darin auf- und auszubauen, ein hoher Anspruch an die eigene Arbeit, betriebliche Identifikation, Prozess- und Kundenorientierung, unternehmerisches und ökologisches Denken sowie eine generelle berufliche Entwicklungsorientierung und zudem die Befähigung, unter reflektiertem Einsatz von Lern- und Informationsstrategien selbstreguliert zu lernen bzw. im Kontext der zunehmenden Wissensarbeit zu handeln.

Angesichts dieser Beschreibung wird deutlich, welchen hohen Stellenwert diese Kompetenzen für Facharbeiter*innen und Handwerker*innen insbesondere in deren Ausbildung und Entwicklung haben. Daher gilt es diese – neben den fachlichen Aspekten – in einer überzeugenden Technikdidaktik aufzugreifen und zu erschließen.

Zusammenfassung
Personale Kompetenzen sind Fähigkeiten, sich selbst einzuschätzen, produktive Einstellungen, Werthaltungen, Motive und Selbstbilder zu entwickeln, eigene Begabungen, Motivationen, Leistungsvorsätze zu entfalten und sich im Rahmen der Arbeit und außerhalb kreativ zu entwickeln und zu lernen. Lerch[260] bezeichnet personale Kompetenzen in Orientierung an aktuellen bildungswissenschaftlichen Konzepten auch als Selbstkompetenzen und unterscheidet dabei motivational-affektive Komponenten wie

259 Sobbe, 2015, S. 18.
260 Lerch, 2016.

Selbstmotivation, Lern- und Leistungsbereitschaft, Sorgfalt, Flexibilität, Entscheidungsfähigkeit, Eigeninitiative, Verantwortungsfähigkeit, Zielstrebigkeit, Selbstvertrauen, Selbstständigkeit, Hilfsbereitschaft, Selbstkontrolle, Anstrengungsbereitschaft und strategisch-organisatorische Komponenten (wie Selbstmanagement, Selbstorganisation, Zeitmanagement und Reflexionsfähigkeit). Hier sind auch sog. Lernkompetenzen[261] als jene personalen Kompetenzen einzuordnen, welche auf die eigenständige Organisation und Regulation des Lernens ausgerichtet sind, und Informationskompetenzen, welche sich auf die berufliche Auseinandersetzung mit einschlägigen Informationen beziehen.

3.3.7 Aktivitäts- und umsetzungsorientierte Kompetenzen

Die Aktivitäts- und umsetzungsorientierten Kompetenzen wurden von ERPENBECK & ROSENSTIEL definiert als: „Dispositionen einer Person, aktiv und gesamtheitlich selbstorganisiert zu handeln und dieses Handeln auf die Umsetzung von Absichten, Vorhaben und Plänen zu richten – entweder für sich selbst oder auch für andere und mit anderen, im Team, im Unternehmen, in der Organisation. Diese Dispositionen erfassen damit das Vermögen, die eigenen Emotionen, Motivationen, Fähigkeiten und Erfahrungen und alle anderen Kompetenzen – personale, fachlich-methodische und sozial-kommunikative – in die eigenen Willensantriebe zu integrieren und Handlungen erfolgreich zu realisieren"[262]. Aktivitäts- und umsetzungsorientierte Kompetenzen nehmen in der Basistheorie von ERPENBECK & ROSENSTIEL entsprechend eine besondere Stellung ein, da sich diese 1) als Integration der vorabskizzierten Kompetenzdimensionen und 2) als fallspezifisch zeigen (Abbildung 25).

Abbildung 25: Aktivitäts- und umsetzungsorientierte Kompetenzen als „fallspezifische Integration" unterschiedlicher Kompetenzdimensionen.

---

261 U. a. Mandl und Friedrich, 2006.
262 Erpenbeck und Rosenstiel, 2007b.

Eine „fallspezifische Integration" ergibt sich dann, wenn jemand nicht nur „kann", sondern auch „will". Davon ausgehend, dass sich volitionale und motivationale Aspekte nicht auf jeden Teilaspekt von Kompetenz beziehen, sondern auf das Handeln an sich (in welchem immer alle Teilkompetenzen integriert sein müssen), haben ERPENBECK & ROSENSTIEL aktivitäts- und umsetzungsorientierte Kompetenzen diesen nachgeordnet. Ob man hier jedoch konkret von Kompetenzen sprechen kann (im Sinne von Selbstorganisationsdispositionen), oder eher in Anschluss an das Rubikon-Modell der Handlungsmotivation (Abschnitt 4.3.2) feststellen muss, dass für das Auslösen jedweder Handlung adäquate Motivation und für deren Beibehaltung entsprechende Volition erforderlich ist, sei hier dahingestellt. Fest steht, dass bislang zu diesem Kompetenzbereich keine systematische Forschung erkennbar ist.

4 Erwerb von Berufskompetenzen

Im vorausgehenden Abschnitt wurde – ausgehend von den Entwicklungslinien des KMK-Kompetenzansatzes sowie kompetenzbezogenen Ansätzen der berufsdidaktischen Theorie und Praxis – der basistheoretische Rahmen von ERPENBECK & ROSENSTIEL skizziert und in einem technikdidaktischen Kompetenzmodell konkretisiert. Dabei wurde zentral in fachlich-methodische Kompetenzen, sozial-kommunikative sowie personale Kompetenzen differenziert. In den Erörterungen der einzelnen Kompetenzklassen wurden ihre konzeptionellen Unterschiede herausgearbeitet und erste Implikationen für ihren Erwerb angedeutet. So unterschiedlich wie die einzelnen Kompetenzklassen modelliert sind, so unterschiedlich sind deren Lern- und Lehr-Implikationen.

Im Folgenden wird die vorausgehende Unterteilung der Kompetenzklassen beibehalten. Damit soll jedoch nicht impliziert werden, dass diese separat vermittelt werden sollen bzw. können. Tatsächlich ist dieses nur integrativ vorstellbar, wobei jedoch unterschiedliche Akzente gesetzt werden müssen.

Kompetenz

Die Leser*innen sind in der Lage, die lerntheoretischen Paradigmen und Partialtheorien sowie Gemeinsamkeiten und Unterschiede ausgewählter lerntheoretischer Ansätze zu erklären, zu reflektieren und die dort gewonnenen Erkenntnisse auf den Erwerb von fachlich-methodischen, sozial-kommunikativen und personalen Berufskompetenzen anzuwenden.

Die Leser*innen ...	Professionswissen	Reflexionswissen
... erläutern die dargestellten Lerntheorien und ausgewählte Partialtheorien im Überblick aber auch im Detail. ... diskutieren und reflektieren die Anwendungsbezüge einzelner Theorien zur Unterstützung des Erwerbs von fachlich-methodischen, sozial-kommunikativen und personalen Berufskompetenzen.	Lerntheorien und ausgewählte Parialtheorien • Behaviorismus • Kognitivismus • Konstruktivismus • Motorisches Lernen • Modelllernen • Selbstwirksamkeit • Motivationstheorien • Selbstreguliertes Lernen Strategien zum Transfer von Lerntheorien auf den Erwerb von Berufskompetenzen.	Bedeutung und Nutzen von Lerntheorien für die Förderung des Erwerbs von Berufskompetenzen. Offene Fragen, Brüche und Herausforderungen bei der Adaption von Lerntheorien zur Unterstützung der Kompetenzentwicklung in der gewerblich-technischen Berufsbildung.

4.1 Erwerb fachlich-methodischer Berufskompetenzen

Gemäß dem im vorausgehenden Kapitel dargestellten technikdidaktischen Ansatz werden fachlich-methodische Berufskompetenzen durch spezifische Wissenskomponenten bzw. -qualitäten repräsentiert, welche wiederum in entsprechenden Handlungskontexten bzw. -qualitäten angewendet werden. Dabei ist Kompetenz als dispositionales Konstrukt veränderbar; bei fachlich-methodischen Kompetenzen wurde (hochwertiges) Wissen als zentrale Disposition dargestellt. Die Veränderungen dieser Disposition geht mit der Frage des Erwerbs bzw. des Lernens einher. Als übergreifender Bezugsraum werden daher im Folgenden menschliche Lerntheorien im Überblick[1] bzw. exemplarisch erörtert und skizziert. Eine vertiefte Auseinandersetzung kann hier an dieser Stelle nicht geleistet werden, da dies den Rahmen dieses Lehrwerks deutlich überschreiten würde[2].

Die Bildungslandschaft in der Allgemein- und Berufsbildung wird aktuell stark von Konzepten dominiert, die Kompetenzerwerb durch konstruktivistische Lerntheorien erklären und welche sich ausgehend von Theorien z. B. von BARLETT, PIAGET, VON GLASERSFELD und AEBLI etabliert haben. Diese konstruktivistischen Lernansätze gehen häufig von Ansätzen eines situierten, schüleraktiven bzw. selbstorganisierten Lernens aus und können als eine Variante des Kognitivismus aufgefasst werden[3]. Daher werden konstruktivistische Ansätze im Folgenden auch aus der Perspektive kognitivistischer Ansätze betrachtet und um diese erweitert, welche insbesondere das menschliche Lernen durch Verstehen, das Problemlösungslernen, die „objektive" Organisation des Gedächtnisses und das Phänomen des Verständnisses fokussieren. Die kognitivistischen Ansätze wurden zum Teil als Weiterführung und in Abgrenzung zu den frühen behavioristischen Ansätzen entwickelt. Wenngleich diesen in der vorliegenden Technikdidaktik nur eine randständige Bedeutung beizumessen ist, werden sie ebenfalls skizziert, da sie den Beginn der wissenschaftlichen Auseinandersetzung mit Lernen markieren und zudem für das Erlernen manueller Fertigkeiten und emotionale Lernprozesse einschlägig sind.

4.1.1 Behaviorismus

Ein sehr früher wissenschaftlicher Ansatz, menschliches Lernen zu erklären, ist im Behaviorismus zu finden. Diese vom nordamerikanischen Forschungsraum der 1920er ausgehenden empirisch-psychologischen Ansätze erklärten das Lernen des Menschen ausschließlich über Verhalten (= Behavior), so dass die Ansätze eng mit den Forschern der „klassischen Konditionierung" (Iwan PAWLOW (1849–1936), John B. WATSON (1878–1958) und zur „operanten Konditionierung" Burrhus Frederic SKINNER (1904–1990)) verbunden sind.[4]

---

[1] Eine vertiefte Auseinandersetzung zu Lerntheorien und generell zur Pädagogischen Psychologie finden Sie in der weiterführenden Literatur (z. B. Hasselhorn und Gold, 2017; Woolfolk und Schönpflug, 2014).
[2] Lehrwerke zur Pädagogischen Psychologie umfassen häufig annähernd 1000 Seiten.
[3] Hasselhorn und Gold, 2017, S. 62.
[4] Edelmann und Wittmann, 2012, S. 45–62.

Lernen wurde zu dieser Zeit als Verhaltensänderung interpretiert. Da menschliche Wahrnehmungs- und innere Verarbeitungsprozesse damals einer wissenschaftlichen Beobachtung nicht zugänglich waren, wurden in experimentellen Verhaltensanalysen u. a. Stimuli (Reiz), darauffolgende Reaktionen (Response) oder gezielte Konsequenzen und Verhaltenshäufigkeit analysiert. Erklärt (und prognostiziert) werden konnten damit ein Lernen durch Belohnung oder Strafe[5], Lernen durch Reizsubstitution und das sog. Modelllernen, also solche Lernformen, welche Verstehensprozesse nicht einbeziehen. Durch behavioristische Lerntheorien können auch heute noch emotionale und physiologische Lernprozesse gut erklärt werden, wie z. B. die Entwicklung von Schulangst, Motivation oder der gezielte Einsatz von ressourcenbezogenen Lernstrategien oder Umsetzung eines durchdachten Klassenmanagements[6] mit sinnvollen Regeln und Routinen.[7] Da jedoch behavioristische Ansätze für den Erwerb fachlich-methodischer Kompetenzen weniger Erklärungswert haben, wird im Folgenden etwas ausführlicher auf kognitive Lerntheorien und die damit verbundenen kognitiven Verarbeitungsprozesse eingegangen.

4.1.2 Kognitivismus

Nachdem behavioristische Lerntheorien die psychologische Diskussion bis in die 1960er-Jahre dominierten, wurden diese danach zunehmend kritisiert und von kognitiven Lerntheorien abgelöst. Dieser Paradigmenwechsel ging als „kognitive Wende" in die Geschichte ein.[8] Der sog. Kognitivismus erschloss das, was die Behavioristen als „Black Box" aussparten, die menschlichen Denk- und Problemlösungsprozesse. Unter „Kognitionen" verstehen EDELMANN und WITTMANN „jene Vorgänge, durch die ein Organismus Kenntnis von seiner Umwelt erlangt. Im menschlichen Bereich sind dies besonders: Wahrnehmung, Vorstellung, Denken, Urteilen, Sprache. (…) Durch Kognitionen wird Wissen erworben"[9].

Kognitive Lerntheorien beschäftigten sich zunächst mit Aspekten des Informations-/Wissenserwerbs sowie deren Verarbeitungs- und Speicherungsprozesse[10] durch den Menschen auf Basis seiner Wahrnehmung, Dispositionen und seines Gedächtnisses[11]. Untersuchte Phänomene sind beispielsweise: „Wahrnehmung", „Wissenserwerb und Wissensstrukturen", „Problemlösen", „Entscheidungs- und Lernprozesse", „Informationsverarbeitung", Intelligenz, Metakognition, Selbstregulation und „Verständnis", welche durch kognitive Lerntheorien beschrieben, erklärt und prognostiziert werden sollen[12].

---

5 Hasselhorn und Gold, 2017, S. 44 ff.
6 Seidel, 2015, S. 107–119.
7 Edelmann und Wittmann, 2012, S. 96 ff.
8 Krapp, 2014, S. 51.
9 Edelmann und Wittmann, 2012, S. 109.
10 Renkl, 2015, S. 10.
11 Krapp, 2014, S. 51.
12 Artelt und Wirth, 2014, S. 167 ff.

In kognitivistischen Lerntheorien wird versucht, komplexe Denkprozesse zu erkennen und zu erklären. Das ambitionierte Ziel kognitivistischer Forschung bedingt somit ein tiefes Interesse an den Hintergründen menschlichen Lernens und die Bereitschaft, den Menschen nicht als (determiniertes) Objekt zu betrachten, sondern als (denkendes, selbstreflektives, individuelles) Subjekt[13]. Vertreter*innen kognitiver Lerntheorien gehen deshalb in Abgrenzung zu den Behavioristen davon aus, dass …
- menschliches Verhalten nicht nur das Resultat einer Reiz-Reaktions-Kette ist, welches von außen beliebig stimuliert werden kann,
- zwischen Reiz/Umwelt und Reaktion/Verhalten die kognitive Repräsentation und Bewertung der wahrgenommenen Reize im Gedächtnis als Vermittlungsinstanz zwischen Reiz und Reaktion steht,
- Reize nicht nur aufgenommen und beantwortet, sondern dazwischen einer Speicherung, Bewertung und Verarbeitung unterzogen werden,
- Lernen bzw. Entwicklung aktive Denkprozesse eines mit Erkenntnisfunktionen ausgestatteten Subjektes sind,
- Handeln – neben den Gefühlen – überwiegend von individuellen Denkvorgängen bestimmt wird und weniger von den äußeren Gegebenheiten[14].

Im Gegensatz zu behavioristischen Ansätzen werden im Kognitivismus Bewusstseinsprozesse thematisiert, also jene menschlichen Denkvorgänge, die wahrgenommen und gezielt vorangebracht werden, wobei das Gedächtnis ebenso zum Einsatz gebracht wird wie Logik und Kombinatorik. Kognitives Lernen wird grundlegend als weitgehend bewusste Informationsaufnahme und -verarbeitung verstanden, da das Individuum aktiv am Lernprozess beteiligt ist und da Lernergebnisse keine unmittelbaren Verbindungen zwischen Verhalten und Folgen sind, sondern dem entsprechen, was der Lernende aus dem Wahrgenommenen im Hinblick auf seine Ziele und Möglichkeiten gemacht hat[15].

Kognitives Lernen kann dabei auch als Problemlöseprozess verstanden werden, hier spielt bspw. „Lernen durch Denken" oder auch „Lernen durch Einsicht" eine zentrale Rolle. Im Gegensatz zum instrumentellen Lernen erfolgt hier eine Verhaltensänderung nicht kontinuierlich, bewirkt durch die Häufigkeit von Versuchen oder Wiederholungen, sondern diskontinuierlich durch das Auflösen von Unstimmigkeiten (kognitive Dissonanzen). Kognitives Lernen lässt sich aus der Sicht der Gestaltpsychologie – wie sie z. B. durch KÖHLER und WERTHEIMER vertreten wurde – im Kontext eines Problemlöseprozesses durch drei Merkmale näher beschreiben:
a) Einsicht ist abhängig von der Anordnung der Problemsituation (Zugänge und Ansatzpunkte für das Verstehen)[16]
b) Lernerfolg stellt sich plötzlich ein („Aha-Erlebnis")
c) Die gewonnene Lösung kann auf andere Situationen angewandt werden (Relativierung der Lösung gegenüber dem Ausgangsproblem)

---

13 Epistemologisches Subjektmodell.
14 Tenberg, 2011.
15 Als typische kognitive Lerntheorie kann die Handlungsregulationstheorie nach Hacker, Volpert und Cranach, 1983 bezeichnet werden.
16 Fitzek, 2014, S. 7.

Zu (a): Einsicht ist im kognitivistischen Sinne Klarheit über einen Zusammenhang[17]. Das Individuum kommt zur Einsicht, indem es ein ungeordnetes Gefüge so anordnet (oder angeordnet bekommt), dass es für eine individuelle Rationalität (Intelligenz!) schlüssig wird[18].

Zu (b): Ordnung in der Unordnung zu erkennen erfolgt durch multiple gedankliche Versuche, die – je nach Problemstellung – mehr oder weniger komplex sind und schleifenartig „abgearbeitet" werden. Dabei können durchaus vorläufige Lösungen gefunden werden, die dann aber beim konsequenten Durchdenken wieder verworfen werden, bis die Lösung gefunden ist[19]. Das provisorisch durchdachte Lösungsgefüge wird bestätigt und damit stabilisiert (Heureka – „ich hab's")[20].

Zu (c): Da der Lernerfolg hier nicht durch eine reine rezeptive Gedächtnisleistung eingetreten ist, sondern durch umfassende gedankliche Aktivitäten, unterliegt er auch nicht der Gefahr eines schnellen Vergessens und kann – was noch wichtiger ist – über die spezifische Lernsituation hinaus transferiert werden. Kognitiv akzentuiertes Lernen heißt zwar zum einen, ein konkretes Problem zu lösen, zum anderen aber auch, den Lösungsvorgang zu üben und verbessern (Metakognition), sowie den Aufgabeninhalt zu relativieren. Lerntransfer wird insbesondere durch variantenreiches Üben verbessert, da hierbei die übergreifenden Muster am deutlichsten erkannt werden können.

Der häufig formulierte Vorwurf, der Kognitivismus würde menschliches Denken – weitgehend adäquat zu Computern – als rechnerische Verarbeitung symbolischer Repräsentationen beschreiben, kann angesichts der oben umrissenen Konzepte zurückgewiesen werden. Denn die Kernaussage aktueller kognitiver Lerntheorien ist: Menschliches Lernen erfolgt nicht algorithmisch (mathematisch-logisch, eindeutig), sondern heuristisch (problem- und situationsabhängige geistige Abläufe)[21]. Diese heuristische Fähigkeit zeigt sich am deutlichsten in menschlichen Problemlösungsprozessen. Wenn ein Individuum mit einer Aufgabe konfrontiert ist, die weder abgearbeitet (Folgen) werden kann, noch durch gewohnte und eingeschliffene kognitive Operationen gelöst werden kann (Algorithmen oder Gradientenstrategien) oder diese einfach zu aufwändig wären[22], kann bzw. muss er sich sog. „Heuristiken" (Evolutionsstrategien) bedienen. Typische Problemlösungsstrategien sind z. B.: „vom Ziel aus rückwärts denken", „Un-

---

[17] Edelmann und Wittmann, 2012, S. 183 f.
[18] Typisch ist hier der Ansatz einer Mathematikaufgabe. Man beginnt zu rechnen, wenn die Problemstellung in „Gegeben" und „Gesucht" transformiert wurde. Diese Anordnung der Problemsituation kann eine größere kognitive Leistung sein, als die Rechnung an sich, denn diese erfolgt (zumindest in der Schule) häufig auf Basis feststehender Operationen.
[19] Bleibt man hier bei der Mathematik, könnte dies z. B. das Finden des richtigen Ansatzes sein, also z. B. aus verschiedenen mechanischen Größen wird erkannt, dass man das Gesuchte über die Kombination aus Impulserhaltungssatz und Energieerhaltungssatz finden kann. Versucht man die Aufgabe mit einer der beiden Gesetzmäßigkeiten zu lösen, kommt man nicht weiter.
[20] Im Folgenden weitgehend übernommen aus Tenberg, 2011.
[21] Unter Heurismus wird nach Sell, 1991, S. 68 der Gesamtablauf des Problemlösungsprozesses verstanden. Um Handlungen so organisieren zu lernen, sind bestimmte Konstruktions- und Verfahrenselemente anzuwenden („Heurismen"). Ganz allgemein und weitreichend betrachtet, besteht der Heurismus dabei in der Organisation von Analyse-, Veränderungs- und Prüfprozessen (TOTE-Einheiten, Miller, Galanter, Pribram und Bärtschi, 1973).
[22] Z. B. das „Problem des Handlungsreisenden".

terschiedsreduktion", „Mittel-Ziel-Analyse" und „Arbeiten mit Analogien". Jede dieser Strategien setzt neben der Intelligenz, Logik und Kreativität eines Individuums auch Wissen voraus und dessen hochgradig flexible Handhabung. Heuristiken sind somit unsere komplexesten kognitiven Fähigkeiten, die zur Lösung offener Problemstellungen ebenso eingesetzt werden wie zur Verringerung „kognitiven Aufwands" oder auch zur Entwicklung und Gestaltung von Neuem. Je stärker beim Lernen ein Verständnis von Zusammenhängen erforderlich ist, desto mehr werden solche Heuristiken aktiviert.

Betrachtet man den Kognitivismus nach dem heutigen Verständnis als Grundlage für die Gestaltung von Lernumgebungen, so geht es in diesem Paradigma jedoch darum, den Wissenserwerb möglichst optimal zu gestalten[23]. „Unterricht hat das Ziel, Lernende in der systematischen Erweiterung ihrer kognitiven Strukturen zu unterstützen. Bestehende Wissensstrukturen (z. B. in Form von Vorwissen zu einem Unterrichtsthema) müssen aktiviert, bestehende Verbindungen realisiert und Verknüpfungen entsprechend der neuen Informationen erweitert und verändert werden"[24]. An dieser Stelle setzten konstruktivistische Lerntheorien an, welche RENKL als besondere Variante des Kognitivismus bezeichnet, denn auch hier geht es um die Frage, wie Wissen erworben wird und welche kognitiven Strukturen aufgebaut werden[25]. Der Problembezug eines (beruflichen) Lernens nimmt entsprechend eine Brückenfunktion zwischen den kognitiven und konstruktivistischen Paradigmen ein, da es häufig dem gemäßigten Konstruktivismus zugeordnet wird[26], jedoch das Problemlösen als kognitiver Prozess definiert wird[27].

4.1.3 Konstruktivismus

Der pädagogische Konstruktivismus wurde Mitte der 1990er-Jahre in Deutschland[28] aus dem nordamerikanischen Raum implementiert[29]. Damals stellte Horst SIEBERT fest, dass der Konstruktivismus einen Lernbegriff anbietet, „der neuro- und kognitionswissenschaftlich ‚abgesichert' und aus Sicht der Alltagserfahrung plausibel und praktisch folgenreich ist"[30]. Gegen Ende der 1980er-Jahre hatten die US-amerikanischen Wissenschaftler John BRANSFORD, Allan COLLINS und John Seely BROWN[31] Befunde aus der Lehr-Lern-Forschung in lehrmethodische Konzeptionen wie Anchored Instruction[32] oder Cognitive Apprenticeship übertragen[33]. Im Hintergrund dieser Konzeptionen stand ein neues Lernparadigma, welches sich dem Kognitivismus zunächst entgegen-

---

23 Renkl, 2015, S. 4.
24 Seidel und Reiss, 2014, S. 258.
25 Renkl, 2015.
26 Lipowsky, 2015, S. 73.
27 Gerrig, 2016, S. 311 ff.
28 Riedl, 2011, S. 104.
29 Z. B. von Horst Siebert, Heinz Mandl oder Rolf Dubs.
30 Siebert, 2008, S. 8.
31 Seidel und Reiss, 2014, S. 260.
32 Bransford, 1990.
33 Collins, Brown und Newman, 1989.

stellte. Dabei wurde nicht angezweifelt, dass menschliches Lernen über Kognitionen erfolgt, sondern darauf hingewiesen, dass unser Verstand die Welt nicht „objektiv rezipieren" kann, sondern „subjektiv erschließen" muss[34]. Ausgangspunkt des konstruktivistischen Ansatzes sind die Theorien des Chilenen Humberto MATURANA und seiner „Schüler" (Francisco VARELA, Ernst VON GLASERSFELD etc.). Maturana übertrug Erkenntnisse aus der Zellbiologie auf Zusammenhänge menschlichen Lernens und untermauerte damit u. a. die Idee neuronaler Netze lerntheoretisch. Zur Erklärung des konstruktivistischen Grundansatzes sind folgende Begriffe zentral (Abbildung 26):

Autopoiesis: Aus dem Griechischen: autos + poiein = Selbst + Erhaltung. Nach MATURANA sind wir als strukturdeterminierte Systeme von außen prinzipiell nicht gezielt beeinflussbar, sondern reagieren immer im Sinne der eigenen Struktur[35]. Die Selbstorganisation ist ein Fortpflanzungs- und damit Überlebensprinzip höherer Lebewesen. Die Struktur bewahrt eine innere Ordnung gegenüber einer äußeren.

Viabilität[36]: Ernst VON GLASERSFELD – ein österreichisch-irisch-amerikanischer Kognitionspsychologe, Kybernetiker und Begründer des Konstruktivismus-Begriffs – definiert Viabilität in Anlehnung an die Entwicklungspsychologie Piagets als „lebensdienlich" bzw. „dem Überleben dienend". VON GLASERSFELD kennzeichnet damit jene Impulse bzw. Reize, welche ein System als passend, brauchbar oder funktional erkennt. Viabilität ist die Grundvoraussetzung für die Annahme eines Reizes oder Impulses[37].

Perturbation: Der Begriff der Perturbation ist auf Francisco VARELA zurückzuführen. Diese Wortkreation hängt damit zusammen, dass im Spanischen „disturbación" ‚Störung im unangenehmen Sinne' bedeutet. Er spricht also von „perturbación", einer ‚Störung im angenehmen Sinne'. Der daraus abgeleitete englische Begriff „perturbation" (eingedeutscht Perturbation) bedeutet somit „Störung eines autopoietischen Systems mit der Folge einer Veränderung". Dabei kann der perturbierende Impuls oder Reiz das System nicht direkt beeinflussen. Er stimuliert vielmehr die strukturellen Grundanlagen des Systems, was schließlich zu einem inneren Wandel führt[38]. Perturbierende Reize kommen immer aus dem umgebenden Milieu. Da dieses Milieu generell aus einzelnen Individuen besteht (in menschlichen Gemeinschaften), stimulieren sich die einzelnen Systeme gegen- bzw. wechselseitig. Dies wird als „strukturelle Kopplung" bezeichnet. Interaktion zwischen Menschen wird dabei als anhaltende, reziproke Perturbation angesehen.

---

34 Renkl, 2015, S. 7.
35 Als Beispiel ist hier die Zellteilung als ein andauerndes „sich-selbst-Erzeugen" zu erwähnen. Die neue Zelle entspricht der Entwicklung des Organismus, beruht aber auf der vorliegenden Erbinformation.
36 Im Folgenden weitgehend wörtlich übernommen aus Tenberg, 2011, S. 104 ff.
37 Riedl, 2011, S. 103 f.
38 Wenn z. B. eine Gruppe („System") eine Themenvorgabe für eine Diskussion erhält („Reiz"), wird das Gespräch zwar durch das Thema ausgelöst („stimuliert"), jedoch nicht determiniert. Dafür sind Wissen, Meinungen und Einstellungen der Individuen der Gruppe entscheidend („Grundanlagen des Systems").

Rekursivität: Auf Niklas LUHMANN, einen deutschen Soziologen und geistigen Vater der Systemtheorie, geht nicht nur das Konzept der strukturellen Kopplung zurück, sondern auch der damit zusammenhängende Begriff der „Rekursivität". Erkenntnis bzw. Lernen ist rekursiv – es greift auf Erfahrenes zurück. Was wir wahrnehmen, hängt davon ab, was wir bereits kennen. Rekursives Lernen ist strukturdeterminiert, also strukturkonservativ. Es entsteht nichts gänzlich Neues, sondern eine veränderte, angepasste und damit auch weiterentwickelte Form des Alten.

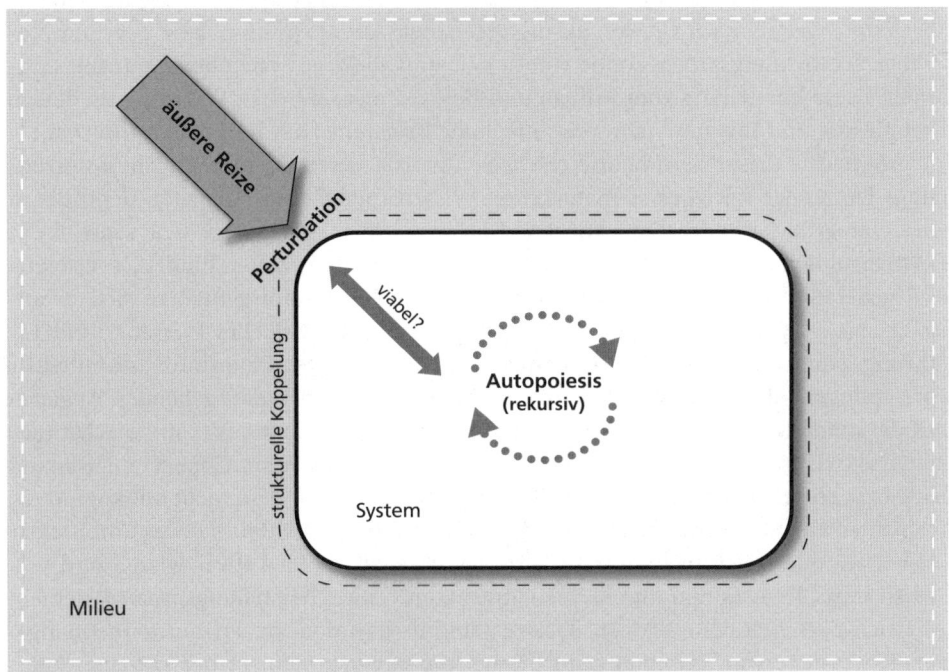

Abbildung 26: Grafische Darstellung konstruktivistischer Grundüberlegungen, Begriffe und Zusammenhänge

Innerhalb eines geteilten Milieus stellen sich Menschen als geschlossene Systeme dar, welche aber mit ihrer Umwelt strukturell gekoppelt sind. Über diesen Mechanismus können sie sich verändern. Dazu ist jedoch ein Impuls/Reiz erforderlich, den das System als „viabel" (interessant, relevant) akzeptiert. In Form einer Perturbation (produktive Störung) wird eine Systemveränderung (bzw. -anpassung) ausgelöst. Diese Änderung ist ursächlich zwar vom äußeren Reiz abhängig, wird inhaltlich jedoch vom bestehenden System bestimmt, dimensioniert und ausgestaltet. Damit ist menschliches Lernen bzw. menschliche Entwicklung rekursiv, also strukturkonservativ.[39] Gemäß der

---

[39] Die daraus entwickelte Theorie des pädagogischen Konstruktivismus wurde später (vor allem bei Theoretikern) gerne im Extrem diskutiert. Philosophische Aspekte über die Existenz oder auch Nicht-Existenz unserer nur durch die Sinne erschließbaren (und damit anzweifelbaren) Welt führten zu einer Polarisierung zwischen einem sog. „radikalen Konstruktivismus" und einem sog. „gemäßigten" Konstruktivismus. Diese Unterscheidung erscheint hier nicht zuletzt in Anbetracht dessen, was aus dem Gesamtansatz an Schlüssen abgeleitet werden kann, als wenig fruchtbar. Auch wird in keiner Feststellung der genannten

dargestellten Theorie ist Wissen ein komplexes, konkret situiertes assoziatives Netz, in ständigem Auf- und Umbau, wird sozial ausgehandelt und erwächst aus unzähligen Problemlösungen. Gespeichert wird nicht nur das „Produkt" in Form einer Systemanpassung, sondern auch der dabei durchlaufene Erkenntnisprozess in Form von Lösungsstrategien.

Diese Vorstellung von Lernen betrifft alle menschlichen Entwicklungsbereiche, also neben dem kognitiven auch den affektiven, emotionalen und psychomotorischen Bereich. Die klare Trennung dieser Bereiche wird im Konstruktivismus grundsätzlich abgelehnt. Vielmehr wird davon ausgegangen, dass kein kognitiver bzw. psychomotorischer Entwicklungsprozess ohne emotionale und affektive Systembeteiligungen stattfindet. Diese Vorstellung vom Aufbau und Bestand menschlichen Wissens, von dessen Komplexität und Integrativität, weist eine hohe Kohärenz zum Kompetenzansatz auf.

Angesichts dieser Lerntheorie erscheint die in unseren Schulen übliche Konfrontation Lernender mit vorsystematisiertem Wissen fraglich bzw. defizitär, denn damit wird eine grundlegende „Eigenkonstruktion" ausgespart, stattdessen eine individuelle Rekonstruktion gefordert. Das Individuum kann nicht einen neuen Eindruck verfolgen und generativ bzw. konform zu dem bestehenden Verständnisgefüge an sich heranlassen, bis es eine eigenständige Einordnung in sein individuelles Wissens- und Erfahrungsgefüge vornimmt. Es ist vielmehr gezwungen, diese Einordnung unmittelbar vorzunehmen, ohne über Viabilität zu entscheiden und ohne vorausgehenden Abgleich mit dem individuellen Wissens- und Erfahrungsgefüge. Damit entsteht zunächst (aus konstruktivistischer Sicht) ein Wissensimplantat, welches keine Chance auf Bestand hätte bzw. sofort wieder abgestoßen werden würde, wenn wir dem nicht mit kognitiven Instrumenten entgegenwirken würden[40]. Nicht weil das Individuum etwas unmittelbar interessant oder relevant findet, sondern weil es weiß, dass es etwas wissen und verstehen muss, lernt es nun durch einen abstrakten Gegenüberstellungsprozess – einem Abgleich zwischen dem eigenen Basisverständnis und dem neuen Zusammenhangsgefüge. Anstelle von Viabilität steht hierbei die Opportunität. In der US-amerikanischen Mediziner*innen-Ausbildung wurde nachgewiesen, dass objektiviert erworbenes Wissen über dessen Rekapitulation hinausgehend kaum adäquat angewandt werden konnte („Träges Wissen"[41]). Ähnliches kennen wir auch vom Vokabellernen. Nur wenn man anschließend die neuen Begriffe aktiv verwendet (also in Sprache umsetzt), hat man eine Chance, sie zu behalten. Worte und Formulierungen, die wir in der jeweiligen Kultur (also ohne Vokabelheft) gelernt haben, bleiben uns gegenüber dem „schulstandardmäßig" erlernten um ein Vielfaches länger verfügbar.

Im Grundansatz wird durch den Konstruktivismus die Wichtigkeit eines „objektiven" Wissens im Sinne eines überindividuellen Wissens keineswegs bestritten. Es wird jedoch davon ausgegangen, dass die Objektivierung von Wissen dessen Konstruktion nicht ersetzen kann, also besser in deren Anschluss erfolgen sollte, in jedem Falle aber

---

Wissenschaftler ein Schwerpunkt auf diese philosophischen Grundfragen gelegt; vielmehr versuchen sie, menschliches Lernen dort besser verständlich zu machen, wo die Aussagefähigkeit anderer Lerntheorien unscharf wird.
40 Diese Instrumente werden im Folgenden als sog. Lernstrategien erörtert.
41 Renkl, 1994.

erforderlich ist, um träges Wissen zu verhindern. Betrachtet man menschliches Wissen als eine individuelle Gesamtheit ist diese generell ein durch Erfahrungen, Lernen und Reifung entstandenes, einzigartiges Konstrukt, welches – ähnlich einem assoziativen Netzwerk – aus Bezugskonzepten (Knoten) besteht, die durch vielfältige Relationen (Verknüpfungen) ihre Eigenschaften und Zusammenhänge erhalten. In ihm sind kognitive, affektive und emotionale Aspekte gleichermaßen verknüpft. Es ist zum Teil über das Bewusstsein zugänglich, weite Teile wirken unterbewusst.

Die Objektivierung des Wissens ist in der heutigen Welt, die auf Rationalität und Wissenschaftlichkeit basiert, unabdingbar. Sie ist materialisiert in allen Fachbereichen und deren Aufzeichnungen und wird im Sinne einer kollektiven (überindividuellen, entsubjektivierenden) menschlichen Kognitionsleistung von abstrahierenden und relativierenden Verständnis- und Erkenntnisprozessen bedingt. Erst die Objektivierung macht eine sinnvolle Kommunikation des eigenen Wissens an andere Individuen möglich und damit dessen Überprüfung, Bestätigung, Korrektur, Modifikation, Relativierung und schließlich Dokumentation. Wissensobjektivierung ist somit die Grundbedingung von Kultur, Technik und Wissenschaft. D. h., dass auch das objektivierte Wissen letztendlich ein menschliches Konstrukt ist, nicht aber ein individuelles, subjektives, (ontogenetisches), sondern ein überindividuelles, verallgemeinertes (phylogenetisches), denn ob bzw. inwiefern unser Weltwissen „wahr" ist, können wir nur in den Grenzen unserer Sinne und unseres Verstandes postulieren, nicht aber an einem Außenkriterium überprüfen.

Der entwicklungspsychologische Ansatz von Jean PIAGET macht deutlich, wie ein Wissenserwerb aus konstruktivistischer Perspektive erfolgen kann. Jean PIAGET[42], Schweizer Psychologe (1896–1980), muss aufgrund seiner Entwicklungstheorie in enge Verbindung mit den Ansätzen von MATURANA, VARELA und GLASERSFELD gebracht werden. Vor allem GLASERSFELD bezeichnet die von Piaget entwickelte (und empirisch fundierte) „Theorie der Äquilibration" als genuin konstruktivistischen Ansatz. Unter Äquilibration versteht PIAGET selbstregelnde Anpassungsprozesse des Menschen an seine Umwelt. Diese Anpassung erfolgt durch eine interne „Gleichgewichtsregulierung" der vom Menschen erworbenen Schemata, welche sich in Form einer komplexen Systembildung ausdrückt. Ausgangspunkt dieses Ansatzes ist folglich der Schemabegriff[43][44]. Schemata sind die Ausgangsstrukturen der Erkenntnis eines Menschen und beinhalten die bisher individuell erworbenen Erfahrungen und Begriffe zu „bestimmten, wiederholt vorkommenden (Problem-)Situationen in abstrahierter Weise (…). Sie stellen skelettartige Wissensstrukturen dar, die mit den Spezifika einer aktuellen Problemstellung angereichert werden, wenn die Person einem passenden Problemtyp begegnet"[45]. Die vom Menschen im Laufe der Zeit erworbenen Schemata bilden sein

---

[42] Der Schweizer Philosoph und Psychologe Jean Piaget arbeitete und forschte auf dem Gebiet der Kinder- und Persönlichkeitspsychologie. Er befasste sich mit philosophischen Fragen des Sprachverständnisses, des Symboldenkens, der moralischen Urteilsbildung, der Genetik und mit dem Strukturalismus. Jean Piaget forderte u. a. die Erneuerung des Unterrichtswesens gemäß seiner Entwicklungstheorie.
[43] Hasselhorn und Gold, 2017, S. 61.
[44] An anderer Stelle wird auch von Systemen gesprochen.
[45] Renkl, 2015, S. 6.

kognitives System, welches durch die Prozesse der „Assimilation" (Zuordnung) und „Akkommodation" (Anpassung) weiterentwickelt werden kann.

Unter Assimilation versteht Piaget die Einordnung von neuen Erfahrungen in schon vorhandene subjektive Schemata. Das Neue wird als ähnlich mit Bekanntem identifiziert und diesem zugeordnet. Dadurch wird die neue Erfahrung „verstanden" und das bestehende Schemata ergänzt[46]. So entstehen komplexe assoziative Systeme, indem wir einem Gefüge von Eigenschaften immer weitere zuordnen. Je mehr wir mit bestimmten Dingen zu tun haben, desto mehr Attribute sind uns darüber bekannt. Ein Uhrmacher hat ein vielfach umfassenderes assoziatives Gefüge über „die Uhr" als wir „Nicht-Uhrmacher".

Piaget hatte aber auch nachgewiesen, dass dieses Assimilieren nicht immer direkt gelingt. Dies ist dann der Fall, wenn eine neu erkannte Eigenschaft eines Konstrukts zu den bisher damit assoziierten Erfahrenen im Widerspruch steht. Ein widersprüchliches Attribut kann nicht einfach assimiliert werden, da Schemata in sich (subjektiv) schlüssig sein und dies auch bleiben müssen. Entweder wird in solchen Fällen dieses Neue als falsch eingeschätzt und verworfen oder das bestehende System muss verändert werden (abhängig von der Stabilität der alten Schemata bzw. dem Reizwert des Neuen). Die Veränderung des Systems erfolgt dann in Form einer schlüssigen Ausweitung oder Ergänzung mit erheblichem Aufwand, aber auch Komplexitätszuwachs. Das neue System vereinigt das bisherige mit dem Neuen, indem es nicht nur das Neue hinzufügt, sondern auch die differenzierte Beziehung, in der es zum Gesamtsystem steht[47]. Dieser Vorgang wurde von Piaget als „Akkommodation" bezeichnet und ist nichts anderes als eine korrigierende Assimilation. Vereinfachte oder stereotype Assoziationen werden mit bestimmten Bedingungen oder Merkmalen verknüpft. So ist ein Blatt bald nicht mehr „alles Grüne, was an Bäumen und Büschen hängt", sondern eine biologische Solarfabrik mit den verschiedensten Größen, Umrissen, Formen, Oberflächen, Strukturen, Zuständen usw. Assimilation und Akkommodation sind somit ergänzende Vorgänge, die häufig ineinander übergehen. In beiden Fällen muss ein neues Attribut einem bestehenden System schlüssig zugeordnet werden: Wenn dabei das bestehende System nicht angepasst werden muss (Systemerweiterung), handelt es sich nach Piaget um Assimilation. Wenn das bestehende System verändert werden muss (Systemdifferenzierung), handelt es sich um Akkommodation (Tabelle 8).

---

[46] Z.B. berührt ein Kind zum ersten Mal das Wasser und erkennt, dass es nass und kalt ist. Die bisherigen Erfahrungen damit identifizierten es als geruchsneutrale durchsichtige Flüssigkeit. Die neuen Eigenschaften widersprechen nicht den alten, können diesen also zugeordnet werden und ergänzen damit das bestehende System „Wasser".

[47] Im Winter sind die Seen gefroren. Das bisherige Schema von Wasser kann dieses nicht widerspruchsfrei als Festkörper repräsentieren, da Wasser an sich flüssig ist. „Akkommodation" heißt, den Begriff des Wassers mit dem des Eises ergänzen, indem festgestellt wird, dass Wasser auch fest sein kann, wenn es eine bestimmte Temperatur unterschritten hat. Dann kommen weitere neue Eigenschaften hinzu: nicht durchsichtig, glatt, hart usw., bis wiederum dieses Konzept überschritten wird, wenn Eis in Form von Schnee auftritt …

Tabelle 8: Gegenüberstellung von Assimilation und Akkommodation sowie Darstellung der entsprechenden Grundbezüge.

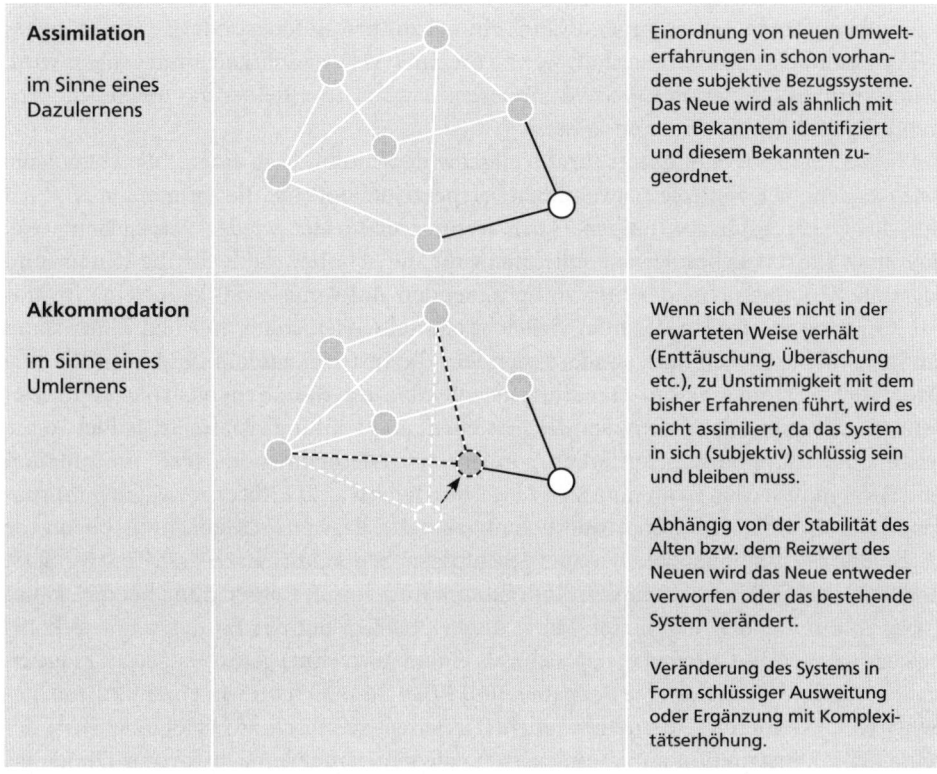

Assimilation im Sinne eines Dazulernens		Einordnung von neuen Umwelterfahrungen in schon vorhandene subjektive Bezugssysteme. Das Neue wird als ähnlich mit dem Bekanntem identifiziert und diesem Bekannten zugeordnet.
Akkommodation im Sinne eines Umlernens		Wenn sich Neues nicht in der erwarteten Weise verhält (Enttäuschung, Überaschung etc.), zu Unstimmigkeit mit dem bisher Erfahrenen führt, wird es nicht assimiliert, da das System in sich (subjektiv) schlüssig sein und bleiben muss. Abhängig von der Stabilität des Alten bzw. dem Reizwert des Neuen wird das Neue entweder verworfen oder das bestehende System verändert. Veränderung des Systems in Form schlüssiger Ausweitung oder Ergänzung mit Komplexitätserhöhung.

Die Äquilibrationstheorie[48] integriert alle zentralen Aussagen des Konstruktivismus: Das Lernen erfolgt rekursiv, also in einer primären Auseinandersetzung mit dem bereits Bekannten, sonst wären weder Assimilation noch Akkommodation möglich. Die Auswahl, Annahme und Umsetzung der Reize erfolgt in Abwägung ihrer Viabilität. Dabei muss diese für eine Akkommodation erwartungsgemäß höher sein als für eine Assimilation, da das eine systemstabilisierend, das andere jedoch zunächst systemdestabilisierend ist. D. h., es muss einen guten Grund geben, warum ein Individuum den Aufwand betreibt, ein „einfaches System" zu komplizieren. Die Perturbation erfolgt dann, wenn Assimilation oder Akkommodation konkret vollzogen werden, angeknüpft an den „Innenzustand" des Individuums, und wird somit von diesem determiniert, nicht vom äußeren Reiz. Das Gesamtaggregat der Äquilibration in einem Menschen führt zu dessen fortschreitender Autopoiesis. Im Rahmen der eigenen Möglichkeiten und Grenzen stabilisiert sich ein Individuum in seiner Umwelt, indem es deren Beschaffenheit und Verhalten fortlaufend in Einklang zu bringen versucht.

---

[48] Woolfolk und Schönpflug, 2014, S. 37 f.

Im Hinblick auf die Theorie der Äquilibration verschwimmt der Unterschied zwischen Wissenserwerb und -anwendung. Sowohl Assimilation als auch Akkommodation bedingen eine aktive Auseinandersetzung mit dem Neuen. D. h., es wird nicht etwas aufgenommen, um es „irgendwann" einmal zu verwenden, sondern es findet generell nur dann eine Aufnahme statt, wenn von einer Verwendbarkeit ausgegangen wird. Damit bedingt die Art und Weise des Wissenserwerbs unmittelbar das potenzielle Anwendungsfeld des erworbenen Wissens[49].

Diese Perspektive markiert für die allgemeine Schulbildung eine große Herausforderung, denn die zentrale Anwendungsperspektiven sind für die Lernenden letztlich nur die Leistungsüberprüfungen. Auch wenn dort immer wieder vorgegeben wird, dass man für das Leben lernen solle, nicht für die Schule[50], zählt für die Kinder und Jugendlichen angesichts des hier zu betreibenden Aufwands wohl kaum eine irrationale Fernperspektive (in der man vielleicht einmal wissen sollte, welchen Blütenstand ein Buschwindröschen hat), sondern vielmehr die Instrumentalität der Noten für eine erfolgreiche Schullaufbahn. Handlungsperspektive für das Lernkonstrukt kann hier somit nicht „das Leben" sein, sondern ist eben „die Prüfung". Dafür ist jedoch keine nachhaltige Autopoiesis erforderlich, sondern ein „Merken für den Test". Assimilation und Akkommodation kann man sich (aus Effektivitäts- und Effizienzerwägungen) sparen, das „Wissen" wird komprimiert so angeordnet, dass es im Gedächtnis bleibt, die „Schranke der Viabilität" bleibt dabei geschlossen. Schon kurz nach dem Test verblasst und verfällt das Gelernte, mit dem Individuum und dessen Entwicklung hat dies kaum etwas zu tun. Ob die Allgemeinbildung dieses Problem mit der Einführung von kompetenzorientierten Curricula (seit mehr als einem Jahrzehnt) gelöst hat, ist in Frage zu stellen. Auch wenn schulische Aufgaben und PISA-Tests sich nun an einer fiktiven „Lebenswelt" orientieren, ist trotzdem nicht Derjenige schulisch am erfolgreichsten, der seine Selbstkonstruktion am komplexesten vollzieht, sondern nach wie vor Derjenige, der die Aufgaben am besten löst. Funktionalität geht hier somit vor Individualität, mit der Folge, dass der Habitus des Auswendiglernens in Verbindung mit einem teilweise lebensweltfernen Fächerkanon (Latein, Musik, …) Bestand hat.

Wissenserwerb aus konstruktivistischer Perspektive sollte somit generell kontextbezogen sein, die Wissensanwendung kann dann rekurrierend auf den Erwerb erfolgen. Überträgt man die – vorausgehend erläuterte – Vorstellung eines netzartigen Wissens auf die Wissensanwendung, klären sich auch noch weitreichendere Aspekte wie Wissensübertragung oder -transfer. In diesen Begriffen drückt sich die menschliche Fähigkeit aus, spezifisch erworbenes Wissen auf andere, mehr oder weniger ähnliche Situationen zu übertragen.

Transfer entspricht aus konstruktivistischer Perspektive einer „Akkommodation höherer Ordnung". So wie Menschen in der Lage sind, bestimmte Systeme soweit zu verändern, dass sie neue Komponenten widerspruchsfrei aufnehmen bzw. erklären

---

49 Z. B. baut sich eine andere Vorstellung von Eiweiß auf, wenn ich es im Labor untersuche, als wenn ich damit Erfahrungen beim Kochen sammle. Umgekehrt, werden Chemiker*innen wahrscheinlich ebenso unwahrscheinlich gut kochen, wie Köch*innen in der Lage sein werden, Lebensmittelanalysen durchzuführen.
50 Seneca: non vitae, sed scholae discimus.

können, kann dies auch mit Anwendungssituationen gelingen. Dabei wird anstelle des inneren Erklärungszusammenhangs der äußere Bezugsrahmen modifiziert. Entscheidend ist dabei der Grad der Ähnlichkeit zwischen dem Kontext des Wissenserwerbs und der Anwendung. Ähnlichkeit erkennen heißt in diesem Sinne, identische Kernaspekte von nicht identischen Randaspekten zu unterscheiden. Wenn dies gelingt, kann das bestehende Wissen in angepasster Form auf den neuen Zusammenhang angewandt werden. Dies erfolgt in jedem Falle zunächst experimentell. Bei Erfolg ist das Anwendungsfeld erweitert, bei Misserfolg wird die Falsifikation vermerkt, evtl. werden Basisannahmen revidiert und damit die Herangehensweise variiert bis der Transfer gelingt oder die Möglichkeiten ausgereizt sind.

Zusammenfassend ist festzustellen, dass der Konstruktivismus ein adäquater Ansatz zur Beschreibung menschlichen Wissens, dessen Erwerb und Anwendung ist. Er erlaubt darüber hinaus auch Rückschlüsse auf die Übertragung und damit Erweiterung von Wissens- und Anwendungszusammenhängen. In Korrespondenz mit dem Kognitivismus lässt sich der Erwerb fachlich-methodischer Kompetenzen facettenreich erklären. Zudem halten beide Ansätze eine Reihe von Implikationen für die Unterstüt-

Tabelle 9: Gegenüberstellung und Kontrastierung der verschiedenen Lernparadigmen.

	Behaviorismus	Konstruktivismus	Kognitivismus
Lernen	einschleifen und festigen durch Wiederholung, optimieren	entdecken, einordnen, verknüpfen, erweitern, transferieren	erarbeiten, verstehen, assoziieren, zuordnen, verallgemeinern
Beispiel	auswendig lernen	entdecken, erproben	Probleme lösen
Wissen	latent, implizit	episodisch, überwiegend implizit	systematisch, überwiegend explizit
Stärken	zeiteffektives Lernen für eine Wissensreproduktion	individualisiert, differenziert, anwendungserprobt	objektiviert, differenziert, sicher, übertragbar
Schwächen	schneller Verfall, kaum anschlussfähig, geringe Anwendbarkeit	Motivation als Filter, lückenhaft, „individuelle Wahrheit"	begabungsabhängig, hoher Aufwand, Motivation als Begrenzer
Lernzuwachs	/	∽	⌐⌐

zung des Erwerbs fachlich-methodischer Kompetenzen bereit. In Tabelle 9 sind die verschiedenen Lernparadigmen zusammenfassend gegenübergestellt. Die konkreten didaktisch-methodischen Implikationen und unterrichtsnahen Umsetzungsmöglichkeiten sind Gegenstand des Bandes II.

In Tabelle 9 wird erkennbar, dass jede Form menschlichen Lernens unterschiedliche Wege geht, unterschiedliche Bereiche fokussiert und damit auch spezifische Wirkungsfelder anspricht. Daher kann nicht die Entscheidung für ein einzelnes Lernparadigma zu optimalen Lernerfolgen führen, sondern die spezifische und angemessene Kombination aller drei Zugänge.

4.1.4 Motorisches Lernen

Fachlich-methodische Kompetenzen von Facharbeiter*innen und Handwerker*innen sind aktuell ohne manuelles Geschick nicht vorstellbar. Qualität und Umfang der berufsmotorischen Anteile innerhalb der fachlich-methodischen Kompetenzen differieren dabei erheblich von Beruf zu Beruf. Fest steht, dass die Beherrschung der erforderlichen manuellen Techniken ebenso eine Disposition für selbständiges Handeln darstellt wie das dazu erforderliche Wissen[51].

Motorisches Lernen vollzieht sich weitgehend physisch, jedoch sind dabei auch willentlich-kognitive Vorgänge von großer Bedeutung. Das neuromuskuläre System des Menschen ist so beschaffen, dass es über einfache Bewegungsvorstellungen schnell zu einer Rahmenkoordination gelangt, in der eine Bewegung in Grobform ausgeführt werden kann. Durch Wiederholungen werden nach und nach Bewegungsfehler reduziert und minimiert, sodass die Bewegung schließlich in „Normalbedingungen" sicher ausgeführt werden kann (Detailkoordination). Weiteres Üben, Variieren und Differenzieren führt schließlich zu einer Sicherheit, in welcher die Bewegung auch unter schwierigen Bedingungen unbewusst reguliert stabil gelingt (Automation).

Derartige Zyklen berufsmotorischen Lernens sind lerntheoretisch weitgehend behavioristisch zu erklären[52]. Fortlaufende Reize (stimuli) führen zu immer besser abgestimmten Reaktionen (responses). Dabei darf jedoch nicht außer Acht gelassen werden, dass auch hier der Mensch den Verstand erheblich zur Unterstützung einsetzt (bzw. einsetzen kann). Für Fortschritte im motorischen Lernen sind vielfältige Rückmeldungen erforderlich. Physisch erhält der Lernende Feedbacks über seine eigenen Sinneswahrnehmungen bzw. Rezeptoren (taktiles bzw. sensumotorisches Feedback). Er sieht sich handeln und auch das Ergebnis seiner Handlungen (visuelles Feedback). Zudem erhält er taktile, aber auch verbale Rückmeldungen von anderen. Psychomotorisches Lernen vollzieht sich (je nach Alter und Befähigung) in gedanklicher Aufmerksamkeit,[53] sodass

---

51 Eine Frisur wird ebenso wenig gelingen, wie das Schneiden eines Gewindes, wenn dazu zwar alle Wissenskomponenten verfügbar sind, aber die entsprechende Motorik fehlt.
52 Befunde gibt es dazu unzählige aus der Arbeitswissenschaft, aber auch den Sport- und Rehabilitationswissenschaften.
53 Das gilt sicher nicht für Babys oder Kleinkinder und weniger für den Erwerb von Alltagsmotorik, sondern v. a. für motorische Fähigkeiten und Fertigkeiten, die darüber hinaus gehen. Neben der Berufsmotorik ist dies z. B. das Spielen eines Instruments oder der Sport.

davon ausgegangen werden kann, dass die für die Rückmeldungen erforderlichen Verständnisprozesse bedeutende Brücken zwischen Wissen und Handeln, zwischen Denken und Tun, zwischen Verstand und Physis schlagen. Wäre dies nicht der Fall, könnte Kompetenz auch über imaginäre oder fiktive Handlungen entwickelt werden.

In den Betrachtungen zur Handlungsregulation im vorausgehenden Kapitel wurde der Zusammenhang zwischen Berufsmotorik und Kognition schon akzentuiert („Handlungsregulationstheorie" siehe Abschnitt 3.3.4). Hier wurde deutlich gemacht, dass hinter einzelnen Handlungen unterschiedlich komplexe Verständnis- und Regulationsprozesse stehen können, welche in beide Richtungen wirken, denn nicht nur das Handlungslernen wird vom Sachverständnis gefördert, sondern – auch umgekehrt – kann sich aus dem beruflichen Handeln heraus ein differenziertes Sachverständnis entwickeln[54]. Dies bezieht sich primär auf Komponenten des Prozesswissens, aber auch auf das Sachwissen, denn in der Handhabung von Dingen werden diese deutlich intensiver erfahren, als in deren Betrachtung.[55] Der Kreis aus Wahrnehmen, Denken und Tun verläuft bei Facharbeitern und Handwerkern auch in zunehmender Umsetzung von Wissensarbeit über die Berufsmotorik, denn auch wenn vor dem faktischen Handeln ein Reflexionshandlungsfeld aufgesucht wurde, kann letztlich nur der konkrete Handlungsvollzug die Gesamtschleife der Handlungsregulation schließen (Abbildung 27).

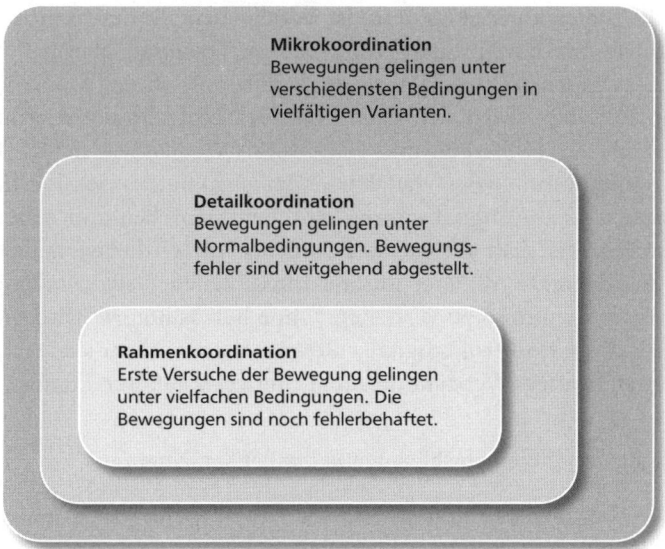

Abbildung 27: Die drei Phasen der Koordination in der Berufsmotorik

---

54 Näheres dazu in Tenberg, 2018, S. 130 ff.
55 Jeder, der ein IKEA-Regal aufgestellt hat, weiß das. Bevor man das getan hat und auch in Betrachtung des Bauplans, sind die spezifischen Vorstellungen über die Verbindungselemente und deren Handhabung relativ diffus, danach sehr konkret und plastisch.

Wie eng im motorischen Lernen Verstand und Motorik korrespondieren, zeigen auch die beiden charakteristischen Störungen berufsmotorischen Lernens. Wenn ein Auszubildender eine bestimmte Fertigkeit nicht richtig verstanden hat, entwickelt er eine falsche oder fehlerhafte Berufsmotorik, z. B. wenn er beim Sägen glaubt, in der Vorwärts- und Rückwärtsbewegung die Säge gleich stark auf das Werkstück drücken zu müssen. Wenn er dagegen die Technik verstanden hat, jedoch noch nicht richtig umsetzen kann, bedient er sich motorischer Vereinfachungen, die er später aufgrund seines Wissens um die richtige Technik nach und nach revidieren wird, z. B. wenn er beim Elektroschweißen aus Ausdauer- oder Präzisionsgründen immer wieder nach kurzer Strecke absetzt, obwohl er weiß, dass es besser wäre, die Naht in einem Stück durchzuschweißen. In beiden Fällen ist es der Verstand, der schließlich zur angemessenen Motorik führt, im ersten Falle durch Korrektur, im zweiten Falle durch Beharrlichkeit.

Im Zuge der fortschreitenden Digitalisierung wird die Berufsmotorik nach und nach an Bedeutung verlieren. Heutige Zerspanungsmechaniker*innen kennen aus ihren Ausbildungen zwar noch analoge Drehmaschinen und können sie evtl. bedienen, durch die Spezialisierungen auf CNC-Maschinen fehlt ihnen hierbei jedoch schon Einiges von dem Geschick, das ältere Kolleg*innen, die noch an den Handradmaschinen gelernt hatten, besitzen. Ähnlich stellt es sich beim technischen Zeichnen dar, welches früher großes manuelles Geschick erforderte, heute nur noch die Bedienung von Tastatur und Maus. Grafiker lernen immer noch intensiv mit Farben und Zeichengeräten umzugehen, ihr professionelles Medium ist jedoch ebenfalls der Computer geworden. Nur noch das Handwerk zeigt hier bislang weniger Dynamik, aber bald werden auch hier digitale Maschinen nach und nach die Berufsmotorik der Menschen zu substituieren beginnen. Damit wird sich nach und nach ein zentraler Aspekt technischer Beruflichkeit auflösen, Facharbeit und Handwerk virtualisieren sich[56]. Das Begreifen der Techniken und Technologien – auch im wörtlichen Sinne – wird immer abstrakter durch die Distanz, die die Digitalisierung zwischen Menschen und Arbeit schafft und anhaltend erweitert. Mit dem Verlust der Berufsmotorik werden wir auch immer weiter gezwungen, uns abstrakte Abbilder unserer funktionalen Welt zu schaffen und diese damit dann auch (irgendwie) zu verstehen. Ohne Berufsmotorik wird die Arbeitswelt also zu einem fiktiven Konstrukt digitaler Repräsentation, in der sich technische Facharbeit in unserem heutigen Verständnis möglicherweise auflösen könnte.

4.1.5 Übertragung und Transfer fachlich-methodischer Kompetenzen

Im Bezugsraum beruflicher Bildung wird die Übertragung von Kompetenzen in die unmittelbare Berufspraxis, welche außerhalb dieser entwickelt wurden, vereinzelt auch als Lerntransfer bezeichnet[57]. Diese Begriffshandhabung entspricht jedoch nicht dem, was in der Lernpsychologie unter einem Lerntransfer verstanden wird: STEINER be-

---

[56] Handwerkliches Geschick verabschiedet sich dann in den Hobbybereich und wird dort – ähnlich wie im Sport – den Menschen physische Erlebnisse ermöglichen, die sie in ihrem funktionalen Leben an die Technik preisgegeben haben.
[57] Z. B. Gessler, 2012.

zeichnet diesen als „die Nutzung von früher erworbenem Wissen im Hinblick auf neue Inhalte und neue Situationen"[58]. Im Hinblick auf eine kompetenzorientierte berufliche Bildung verschwimmt diese Differenzierung, wobei aber deutlich wird, dass Kompetenzentwicklung in hohem Maße davon abhängt, dass ein Lerntransfer möglich ist, denn nur durch ihn können einfache, angelernte Operationen in Richtung flexibles und entwicklungsfähiges Handeln überschritten werden.

So plausibel die Vorstellung bzw. Unterstellung eines Lerntransfers im Sinne von STEINER ist und so zwingend dessen Wirksamkeit im Hinblick auf jedes menschliche Lernen erscheint, so unklar stellen sich empirische Nachweise über dessen Ursachen, Bedingungen und Effekte dar. In Nordamerika wurden diesbezüglich schon Anfang der 1960er-Jahre umfassende Experimente und Feldstudien durchgeführt, jedoch zumeist mit dem Ergebnis, dass der Lerntransfer ausbleibt[59]. Spätere Studien unter dem Sammelthema „analoger Transfer" führten zu besseren Ergebnissen. So wurde festgestellt, dass strukturelle Analogien – also Ähnlichkeiten, die eher in der Struktur von Aufgaben und Lösungen als in deren Inhalten liegen – eine entscheidende Rolle dabei spielen, inwieweit Menschen ihr erworbenes Wissen auf neue Bereiche oder Situationen übertragen können. Diesen Befunden stehen jedoch eine Reihe ungelöster Probleme gegenüber: Bislang wurde der Lerntransfer in keinen lerntheoretischen Gesamtrahmen integriert. Nach wie vor bleibt unklar, welches die entscheidenden bzw. wirksamen Analogien für einen Transfer sind. Zudem gibt es zwar theoretische Stufen- bzw. Prozessmodelle für den Lerntransfer, diese berücksichtigen jedoch nicht dessen realen zeitlichen Ablauf[60].

Weitere Ansätze zum Lerntransfer fokussieren sich auf den Lernkontext, den es zunächst zu abstrahieren (Dekontextualisierung) gilt, um dann das Gelernte auf einen neuen Kontext anwenden zu können. Dies setzt aber voraus, dass mit dem erworbenen Wissen auch die Bedingungen erlernt werden, unter welchen dieses anwendbar ist. Ein hoher Anspruch, der nicht nur den Gesamtlernaufwand vergrößert, sondern auch eine Lernintention hinzufügt, die dem Lernenden zunächst wenig plausibel erscheint bzw. anderen konkurrieren könnte[61]. Möglich wäre so eine Verwechslung des Lerngehalts, bei welchem sich die Lernenden, anstatt sich auf den primären Lerninhalt zu konzentrieren, auf dessen Kontext fokussieren könnten und damit den Transfer defizitären Wissens erreichen würden[62]. Als interessante Weiterführung des Analogieansatzes wurden auch sog. „Situationsmodelle" untersucht. Dabei wird davon ausgegangen, dass in mentalen Modellen generell strukturelle Merkmale der Lernsituation unbewusst mit abgespeichert werden. Dies ermöglicht zum einen eine Identifikation neuer Situationen, auf die das Gelernte auch angewandt werden kann, zum anderen den eigentlichen Transfer. Im Gegensatz zum Kontextansatz ist hier nur eine nachträgliche Situierung

---

58 Steiner, 2006, S. 193.
59 Steiner, 2006.
60 Salvucci und Anderson, 1998.
61 Wenn man schon Schwierigkeiten hat, das Lichtbogenschweißen an sich zu verstehen, kann nicht erwartet werden, dass man sich zusätzlich noch damit auseinandersetzt, für welche weiteren technischen Zwecke Lichtbogen verwendet werden könnten.
62 Prenzel und Mandl, 1993.

erforderlich,[63] keine explizite Thematisierung des Kontextes im Lernprozess bzw. eine Aufarbeitung[64].

Schließlich wurden und werden seit mehr als zwei Jahrzehnten bestimmte Lernstrategien als eigenständige Transferelemente aller Lernprozesse erforscht. Über die Metakognition soll dabei eine Lern-Abstraktion die Relativierung und Abstrahierung von Lernprozessen bewirken und damit einen Transfer der Lerntechniken und -strategien ermöglichen. Die diesbezügliche Befundlage kann diese Annahmen jedoch nur teilweise bestätigen.

Angesichts dieser komplexen und nur bedingt korrespondierenden Bilanz ist es nachvollziehbar, dass es Forscher*innen gibt, die einen Lerntransfer generell in Frage stellen[65].

Es wird deutlich, dass Transfertheorien „in der Literatur höchst unterschiedlich verwendet [werden], was zum einen die Gefahr von Verwechslungen und Missverständnissen birgt"[66] und sich zum anderen in einer langen Forschungstradition äußert.

In der Literatur lassen sich mindestens fünf Entwicklungslinien identifizieren: Theorie der identischen Elemente und des Erkennens von Prinzipien, Transfer durch Analogiebildung, Transfer durch Nutzung mentaler Werkzeuge und Transfer durch metakognitive Kontrolle. Statt der differenzierten Darstellung der fünf Entwicklungslinien, welche u.a. in HASSELHORN & GOLD[67] und HASKELL[68] erörtert werden, soll im nachfolgenden Abschnitt auf die übergreifende Unterscheidung in Situations- und Handlungstransfer näher eingegangen werden.

Unabhängig von diesen Entwicklungslinien wird Transfer in der Pädagogischen Psychologie als „die erfolgreiche Anwendung angeeigneten Wissens bzw. erworbener Fertigkeiten im Rahmen einer neuen, in der Situation der Wissens- bzw. Fertigkeitsaneignung noch nicht vorgekommenen Anforderung"[69] definiert[70]. Zudem lassen sich zwei übergreifende Ausprägungen eines Transfers identifizieren: 1) der Situationstransfer und 2) der Handlungstransfer. Eine Vielzahl der Lerntransferstudien setzt sich mit dem Situationstransfer auseinander. Eine weitere Begriffsausdifferenzierung (horizontal vs. vertikal[71], literal vs. figural[72], spezifisch vs. unspezifisch[73]) zeigt, dass insbesondere die Distanz von Lern- und Transfersituation bedeutsam für einen positiven Transfer ist. Theorieneutral und modellübergreifend wird daher in proximalen (nahen) und distalen (weiten) Transfer unterschieden[74]. Um innerhalb dieses Kontinuums fundierte

---

[63] Deutliche Akzentuierung des Wissenserwerbskontexts.
[64] Kintsch, 1991.
[65] Steiner, 2006.
[66] Mähler und Stern, 2006, S. 782.
[67] Hasselhorn und Gold, 2006, S. 139 ff.
[68] Haskell, 2001, S. 75 ff.
[69] Mähler und Stern, 2006, S. 782 f.
[70] Ähnliche Definitionen finden sich in Standardwerken der Pädagogischen Psychologie u.a. Gage und Berliner, 1996, S. 316 ff., Hasselhorn und Gold, 2006, S. 139 ff., Nolting und Paulus, 2004, S. 135 f. und Steiner, 2006, S. 193 ff.
[71] Gagné, 1965.
[72] Royer, 1979.
[73] Hasselhorn und Gold, 2006.
[74] Hasselhorn und Gold, 2006, S. 142.

Dimensionierungen und Zuordnungen zu ermöglichen, aber auch um Befunde zu aggregieren, haben HAGER & HASSELHORN[75] bzw. BARNETT & CECI[76] ein Rahmenmodell mit einer Inhaltskomponente (Was wird transferiert?) und einer Kontextkomponente (Wann und wo findet der Transfer statt?) erarbeitet. Der Situationstransfer erscheint in dieser Studie gegenüber dem Handlungstransfer weniger bedeutsam, da es vorrangig um die Anwendung des Erlernten auf (neue) Handlungssituationen geht. Insbesondere der Handlungstransfer erlangte vor über 20 Jahren in der Diskussion um „träges Wissen" („inert knowledge") Bedeutung für die berufliche Bildung. Hier sind insbesondere die Studien der Forschergruppe um MANDL und RENKL hervorzuheben. Diese setzen sich grundlegend mit der Frage auseinander, warum „Wissen, obwohl scheinbar vorhanden, nicht eingesetzt [wird], wenn es gilt, anstehende Probleme zu lösen"[77]. RENKL identifiziert drei Erklärungsvarianten dieses Phänomens: „Metaprozeßerklärungen gehen davon aus, dass das notwendige Wissen vorhanden ist, aber nicht genutzt wird, da Metaprozesse (z. B. kognitive Steuerungsprozesse) defizitär sind. Strukturdefiziterklärungen sehen die Defizite im Wissen selbst angesiedelt, d. h. das Wissen ist nicht in einer Form vorhanden, die seine Anwendung erlauben würde. In Situiertheitserklärungen wird der traditionelle Wissens- und Transferbegriff der kognitiven Psychologie generell infrage gestellt. Die Grundannahme lautet dabei, daß Wissen prinzipiell relativ gebunden sei"[78]. Im vorliegenden (theoretischen) Bezugsrahmen erweisen sich Strukturdefiziterklärungen als ein denkbarer Anknüpfungspunkt. Sie akzentuieren u. a. unzureichende Repräsentationen von Verständniswissen oder aber eine mangelnde Kompilierung zwischen Fakten- und Handlungswissen als Gründe für defizitäre Wissensanwendungen.

Die Theorien der Transferforschung zeigen sich in vielerlei Hinsicht für unser Kompetenzverständnis anschlussfähig und lassen sich, wie das Beispiel RENKLS – bereits im Kontext der fach-methodischen Kompetenzen – zeigt, ebenfalls in empirischen Studien umsetzen. Zu Beginn der 1990er-Jahre erfolgte trotz langer Forschungstradition eine erneute und vertiefte Auseinandersetzung mit der Thematik „Transfer-Wissen" bzw. „Träges Wissen"[79]. Zur gleichen Zeit entwickelte sich im deutschsprachigen Raum ein Interesse an der Erforschung von Kompetenzen. Beide Forschungslinien entwickelten sich allerdings unabhängig voneinander bzw. existierten parallel. Synergien wurden kaum nutzbar gemacht. Dies ist nicht auf inhaltliche Unterschiede, sondern auf unterschiedliche Arten der Auseinandersetzung zurückzuführen. Die Kompetenzforschung entwickelte sich innerhalb weniger Jahre von theoretisch geprägten hin zu messtheoretischen Ansätzen. Die Transferforschung ist einen ähnlichen Schritt bisher nicht konsequent gegangen. Insbesondere die Studien der Forschergruppe um RENKL eröffnen die Möglichkeit, Befunde der Transferforschung kompetenztheoretisch zu interpretieren und diese in eine (berufliche) Kompetenzmodellierung und den diesbezüglichen Erwerb zu integrieren.

75 Hager und Hasselhorn, 2000.
76 Barnett und Ceci, 2002.
77 Renkl, 1994, S. 2.
78 Renkl, 1994, S. 2.
79 Renkl, 1994; Renkl, 1996; Mandl und Gerstenmaier, 2000; Gruber, Mandl und Renkl, 1999.

Führt man die aktuellen psychologischen und didaktischen Befunde, die einen Lerntransfer bestätigen bzw. damit zusammenhängen, mit didaktisch akzentuierten Einschätzungen zusammen, lassen sich die folgenden drei zentralen Feststellungen für Begünstigungen eines Transfers treffen:
(1) Lerntransfer hängt erheblich von der Qualität des Lernprozesses ab.
(2) Für einen Lerntransfer sind – neben den kognitiven – auch emotionale Aspekte sehr bedeutsam.
(3) Lerntransfer wird durch persönliche Unterstützung maßgeblich gefördert.

Zu (1): Die Wahrscheinlichkeit, dass die Lernenden nach dem Unterricht einen Transfer leisten können, wird durch die Umsetzung der folgenden 5 methodischen Schritte deutlich erhöht:
- Konsolidierung des Wissens: Das erworbene Wissen sollte dazu in veränderten Abfolgen, Rahmenbedingungen bzw. aus anderen Perspektiven oder auch mit veränderten Zielsetzungen aufgearbeitet werden.
- Flexibilisierung der neu erworbenen Strukturen: Die Lernenden sollen dazu angeleitet werden, die Problemstellungen bzw. Aufgaben zu analysieren und dabei Aufgaben und Rahmenbedingungen zu relativieren und abstrahieren.
- Multiple Repräsentation der Wissensstrukturen: Ikonische Repräsentationen sollen in verbale oder numerische (und wechselseitig umgekehrt) übertragen werden, sodass das Wissen in verschiedenen Strukturen vernetzt und verankert wird.
- Dekontextualisierung: Wie vorausgehend beschrieben, soll das Gelernte in neuen Kontexten angewandt werden.
- Rekapitulieren von Lern- und Lösungsprozessen: Nach der Lösung einer Aufgabe oder am Ende eines Lernabschnittes sollen die Lernenden zurückblicken und feststellen, wie sie das neue Wissen erworben haben, welche einzelnen Schritte sie dabei gegangen sind, wo die entscheidenden Überlegungen lagen[80].

Zu (2): Ob bzw. zu welchem Grad ein Lerntransfer möglich ist, entscheiden – neben den kognitiven – maßgeblich auch emotionale Aspekte. Hier ist das Interesse der Lernenden ein bedeutender Faktor: Je stärker ein Lernprozess internalisiert wird, also je höher das Maß an lernbezogenem Interesse, desto wahrscheinlicher ist ein späterer Transfer. Umgekehrt ist davon auszugehen, dass auch im Anschluss an qualitativ hochwertigen Unterricht amotivierte oder überwiegend extrinsisch motivierte Lernende das Gelernte kaum in einem Transfer umsetzen können. Weitere nicht-kognitive Prädiktoren für einen Lerntransfer sind ein verständnis- bzw. tiefenorientiertes Lernen, eine „hohe Bereitschaft zu mentaler Anstrengung und zum Durchhalten in schwierigen Lern- und Problemlösesituationen"[81], günstige Kausalattributionen für Lernerfolg sowie eine spezifische Selbstwirksamkeitserwartung.

---

80 Steiner, 2006.
81 Steiner, 2006, S. 199.

Zu (3): Schließlich ist davon auszugehen, dass ein Transfer entscheidend von der Betreuung und Unterstützung der Lernenden abhängt. VYGOTSKI spricht[82] von einer „Zone proximaler Entwicklung", wenn er eine enge persönliche Interaktion zwischen Lehrenden und Lernenden bezogen auf einen wünschenswerten Lerntransfer beschreibt. Entscheidend sind dabei entweder direkte Hinweise des Lehrenden, was und wie transferiert werden könnte, oder indirekte Impulse durch Fragen oder Antworten.

Die aktuelle Befundlage im Bezugsfeld der Entwicklung von fachlich-methodischen Berufskompetenzen hat bislang nur wenige belastbare Aussagen hergeleitet, die über die Ansätze des Kognitivismus und Konstruktivismus hinausgehen. Daher erscheint es angezeigt, die gründlich empirisch ermittelten und innerhalb eines langjährig gewachsenen internationalen Forschungskontextes elaborierten Befunde über den Lerntransfer weiterzuführen. Dabei soll einerseits die begründete Vorsicht bzgl. zu hoher Erwartungen an Transferleistungen mitgenommen werden, andererseits aber auch jene spezifischen Aussagen darüber, welche kognitiven, emotionalen und sozialen Faktoren einen Lerntransfer begünstigen.

Zusammenfassung zentraler Aussagen über den Erwerb fachlich-methodischer Kompetenzen:
- Menschen erwerben ein Wissen, das sie als relevant einschätzen, sie können es jedoch nicht einfach auf- oder übernehmen, sondern müssen es entweder konkret konstruieren oder abstrakt rekonstruieren.
- Wissenserwerb ist ein aufwändiger, aktiver Prozess und bedingt somit Motivation („wollen") und Volition („dabei bleiben").
- Wissen konstruieren bedeutet, neue Informationen dem bestehenden individuellen Netzwerk gegenüberzustellen und dieses dann entweder zu ergänzen, oder es so anzupassen, dass sich das Neue stimmig einordnen lässt.
- Wissenskonstruktion bezieht den Entstehungskontext mit ein, d.h., die Situation und Prozesse der Aneignung von Informationen gehen verbunden mit diesen in das Netzwerk ein.
- Je mehr der Entstehungskontext des Wissens dessen Anwendungskontext ähnelt, desto größer die Wahrscheinlichkeit, dass die Wissensanwendung gelingt.
- Individuelle Wissensnetze sind nicht „richtig" oder „wahr", sie können sogar unschlüssig sein, lückenhaft oder (objektiv) fehlerhaft; um sie zu verifizieren, muss das Individuum sein Wissen mit „Referenzwissen" abgleichen.
- Wissensobjektivierung erfolgt wissenschaftlich durch Theorie und Empirie (Texte, Bücher) und sozial durch Argumente (Kommunikation).
- Objektivierte Wissensnetze bleiben hinsichtlich der Situierung individuell, wobei sie gemäß der Objektivierung redigiert sind; d.h., die Situierung des Wissens bleibt erhalten, das Wissen selbst ist geklärt und bestätigt.
- Wissensobjektivierung ist ein zentrales Element in der langfristigen Wissensentwicklung, da das Individuum diese gesicherten Stränge in seinem individuellen Netzwerk benötigt, um es zu stabilisieren und einen sinnvollen „Weiterbau" des Netzes zu gewährleisten.

---

82 Vygotskij, 1978.

- Verständnis bzw. Erkenntnis sind die Folge aktiver geistiger Verarbeitungsprozesse; sie können nicht im Sinne eines Anpassungsverhaltens an äußere Reize erklärt werden, vielmehr sind sie Ergebnisse komplexer Problemlösungsprozesse.
- Wenn Lernen durch Problemlösungen erfolgt, ist umgekehrt davon auszugehen, dass ein Problemlösen immer auch Lernwirkungen beim Menschen freisetzt.
- Ähnlich wie beim Wissenserwerb durch Konstruktion werden auch beim Problemlösen Kontextfaktoren in den Lernprozess einbezogen; daher sind Lernwirkungen aus Problemlösungen ebenfalls handlungsrelevant und transferierbar.
- Motorisches Lernen erfolgt weitgehend physisch, dabei sind jedoch kognitive Zugänge und Begleitprozesse förderlich; umgekehrt ist der Handlungsvollzug letztlich die Realisierung des Überlegten, Gedachten und Verstandenen, daher muss das berufsmotorische Lernen als ein Prozess verstanden werden, der mit kognitiven Lernen korrespondiert.

Für eine methodische Unterstützung des Erwerbs fachlich-methodischer Kompetenzen sind daher folgende Schlussfolgerungen abzuleiten:
- Fachlich-methodische Kompetenzen werden durch eigenständige Konstruktionsprozesse erworben, die – abhängig von den individuellen Vorkenntnissen und Vorerfahrungen eines Menschen – individuell verlaufen und zu individuellen Ergebnissen führen.
- Die Ausgangskompetenzen des Lernenden sind von entscheidender Bedeutung, da das Neue immer im Bezug darauf konstruiert wird. D. h., dass ein hoher Kompetenzstand besonders gut weiterentwickelt werden kann, jedoch Kompetenzdefizite oder Fehlkonzepte auch sehr hemmend wirken können.
- Die Aktivierung der Ausgangskompetenzen, ihre bestehende Ordnung, Zugänglichkeit und Ausdifferenzierung spielen eine entscheidende Rolle für deren Korrektur, Erweiterung und Vereinbarkeit mit dem Neuem.
- Der Erwerb fachlich-methodischer Berufskompetenzen ist in jedem Falle ein Informationsverarbeitungsprozess. Somit spielen Quantität und vor allem Qualität der Kommunikation dabei eine entscheidende Rolle.
- Für einen Aufbau komplexer aber auch flexibler und transferfähiger Wissensnetze sind nichtlineare Lernwege erforderlich, also entdeckendes und problemlösendes Lernen, in dem die Lernenden den Kontext der Kompetenzen und deren Hintergründe und Bezüge erschließen können.
- Neugier und Interesse der Lernenden spielen eine ebenso entscheidende Rolle wie eine generelle Lernbereitschaft und ein positives Selbstbild.
- Der Erwerb fachlich-methodischer Berufskompetenzen sollte auch das Wissen über das eigene Wissen bzw. die eigenen Kompetenzen fördern; derartige metakognitive Prozesse müssen explizit thematisiert und durch Reflexions- und Bewertungsprozesse unterstützt werden.
- Der Erwerb fachlich-methodischer Berufskompetenzen erfordert vollständiges Handeln, also eine Integration aller relevanten kognitiven und psychomotorischen

Prozesse, daher muss die im beruflichen Lernen tradierte Differenzierung in zwei Lernorte generell skeptisch gesehen werden.
- Der Erwerb fachlich-methodischer Berufskompetenzen setzt eine Konsolidierung neu erworbenen Wissens voraus, dessen Flexibilisierung und Überführung in multiple Repräsentation. Zudem sind eine Dekontextualisierung des Gelernten und die Rekapitulation der Lern- und Lösungsprozesse förderlich.
- Der Erwerb fachlich-methodischer Berufskompetenzen wird durch eine angemessene und als angenehm empfundene Lernbetreuung erheblich gefördert.
- Berufsmotorik ist ein zentraler Bestandteil der beruflichen Handlungskompetenz von Facharbeitern und Handwerkern, daher muss der Kompetenzerwerb diese in jedem Falle integrieren und angemessen akzentuieren.
- Die Wahrscheinlichkeit eines Lerntransfers (und damit einer Kompetenzentwicklung) steigt mit der Qualität des Lernprozesses, der Motiviertheit der Lernenden und deren sozialer Unterstützung.

4.2 Erwerb sozial-kommunikativer Berufskompetenzen

In Ergänzung der Überlegungen von EULER sowie Konkretisierung in dem hier vorliegenden Ansatz geht KANNING[83] davon aus, dass sich Sozialkompetenzen bzw. sozial-kommunikative Kompetenzen aus einer engen Verschränkung kognitiver und emotionaler Komponenten konstituieren. Soziales Lernen kann dem gemäß nur teilweise über kognitive Prozesse erklärt werden. Umgekehrt erscheint ein rein behavioristischer Erklärungsansatz ebenso wenig tragfähig. Daher wird im Folgenden das Modelllernen als ein kombiniert kognitiv-affektiver Lernprozess als (ein mögliches) Kernstück der sozial-kognitiven Lerntheorie erörtert.

4.2.1 Modelllernen bzw. Beobachtungslernen

Ausgehend von den Ansätzen von BANDURA, dem Begründer der „sozial-kognitiven Lerntheorie", stellt STEINER fest, dass eine Vielzahl von sozialen Kompetenzen durch Beobachten und Nachmachen erworben wird[84]. Dies wird mit der Tatsache begründet, dass soziales Verhalten ausschließlich in Zusammenhang mit anderen Individuen auftritt und sich demgemäß auch ausschließlich an diesen orientieren kann. Mit anderen Worten: wir entwickeln uns sozial durch anhaltende Vergleiche zwischen dem eigenen Verhalten und dem der anderen sowie den daraus resultierenden Folgen. Ohne andere Menschen ist entsprechend kein soziales Lernen möglich.

Wir reflektieren das Verhalten der anderen fortlaufend und setzen es in Beziehung zu unserem eigenen Verhalten. Die Art und Intensität dieses Abgleichs kann dabei stark schwanken, zwischen Gleichgültigkeit und hohem Interesse. Ist das Verhalten eines anderen Menschen für uns interessant (aus welchen Gründen auch immer), kann

---

83 Kanning, 2002.
84 Steiner, 2006, S. 157 f.

es zum Modell werden, also als eine positive oder negative Verhaltensvorlage wirken. Zentrales Merkmal eines sozialen Modells ist dessen Wirksamkeit auf das Verhalten des Beobachters in unterschiedliche Richtungen; ein „positives Modell" dient uns als Vorlage zur Nachahmung, ein „negatives Modell" als Muster für ein zu vermeidendes Verhalten. Die Attribute „positiv" und „negativ" entsprechen dabei affektiven Klassen, determiniert durch unsere individuellen und sozialen Werte.

So wird ein neues/anderes Verhalten dann besonders schnell/gründlich übernommen, wenn es unsere Werte adressiert bzw. bestätigt[85], umgekehrt werden wir auch gegen äußeren Druck ein neues/anderes Verhalten vermeiden, wenn es unseren Werten widerspricht[86]. Eine Verkehrsampel bei Rot zu überschreiten, wird von den Menschen sehr unterschiedlich gehandhabt, was von internalen Aspekten (Korrektheit, Akzeptanz von Regeln, …) ebenso abhängt, wie von externalen (Situation, Umgebung, …). Wenn wir z. B. an der roten Ampel stehen bleiben und Menschen, die uns ähnlen, weitergehen, ist die Wahrscheinlichkeit, dass wir diesen folgen, um ein Vielfaches höher, als wenn sie sich deutlich von uns unterscheiden[87]. Modelllernen hängt von unserer Identifikation mit dem Modell ab, soziales Lernen ist somit in hohem Maße identifikationsdeterminiert.

Ein weiteres Merkmal von sozialem Beobachtungslernen ist, dass es versuchsfrei erfolgt. Ein neues Verhalten muss nicht unmittelbar nach dessen Beobachtung erfolgen und erfordert keine Übungen oder Wiederholungen. „Der Beobachter speichert die Sinneserfahrungen oder symbolischen Reaktionen in dem Augenblick, in dem er das Modellverhalten wahrnimmt und positiv bewertet. Diese gespeicherten sensorischen Vorgänge oder symbolischen Reaktionen sind dann später die ‚Stichworte', auf die hin ein früher durch Beobachtung gelerntes Verhalten in die Tat umgesetzt wird"[88]. Nach BANDURA stehen im Zentrum des Beobachtungslernens (1) Aufmerksamkeits-, (2) Kodierungs-, Behaltens-, (3) Reproduktions-, (4) Verstärkungs- und Motivationsprozesse.

Zu (1): Beobachtung setzt Aufmerksamkeit voraus. Diese erfordert zunächst die Akzeptanz bzw. Relevanz des Modells (affektive Valenz). Hinzu kommt der funktionale Wert des zu Beobachtenden. Dieser ist hoch, wenn ein bestimmtes Verhalten von den anderen geschätzt oder geachtet wird. Diesen „Modellstimuli" stehen wichtige Beobachtermerkmale gegenüber: Entscheidend ist eine entsprechende Wahrnehmungskapazität, ein mittleres Erregungsniveau und evtl. eine diesbezüglich schon vorausgehende Lerngeschichte[89].

Zu (2): Vor allem visuelle Eindrücke, aber auch verbale tragen dazu bei, dass ein beobachtetes Verhalten gespeichert wird. Dies erfolgt in kodierter Form, wobei das Be-

---

85 z. B. eine Grußformel im Ausland oder die Ausdrucksweise eines Menschen, der uns imponiert, …
86 z. B. die klare Distanzierung im gesamten Auftreten defensiver Fußballfans gegenüber sog. Ultras, …
87 Gage und Berliner, 1996, S. 261 f.
88 Gage und Berliner, 1996, S. 264.
89 Schüler*innen beobachten eine Gruppe älterer Schüler*innen beim Rauchen im Pausenhof. Die Schüler*innen der eigenen Klasse schauen zu diesen Älteren auf. Einige in der Gruppe sind dabei aber mit internen Streitigkeiten abgelenkt. Nur ein Schüler konzentriert sich auf die Älteren. Er hat nämlich auch in seinem Jugendzentrum festgestellt, dass diejenigen, die rauchen, besonders angesehen sind.

obachtete dabei auf (individuell) wichtige Komponenten reduziert und in Verbindung mit den spezifischen Auslösebedingungen gespeichert wird[90].

Zu (3): Treten diese Auslösebedingungen ein, muss es nicht zum tatsächlichen Nachmachen des beobachteten Verhaltens kommen. Der Beobachter kann dieses auch rein gedanklich reproduzieren. Innerhalb derartiger Reproduktionen kann der Lernprozess weitergeführt und vertieft werden[91].

Zu (4): Die wiederholte Konfrontation mit einem erfolgreichen Modell erhöht den Willen bzw. die Bereitschaft, das Beobachtete nachzumachen. Solche stellvertretende Verstärkung wird nach erfolgtem Nachmachen durch Selbst- oder Fremdverstärkung (im erfolgreichen Falle) ersetzt[92].

Es lässt sich zusammenfassen: **Soziales Lernen ...**
- erfolgt in permanenter Beobachtung der anderen und hängt zunächst davon ab, wie interessant das Modell bzw. sein Verhalten ist,
- erfordert Aufmerksamkeit und Aufnahmefähigkeit seitens des Beobachters und knüpft an vorausgehende korrespondierende Lernprozesse an,
- wirkt sich innerlich aus und kann ohne Verhaltensänderung weitergeführt und vertieft werden,
- kann kognitiv erfasst und damit beeinflusst werden,
- wird dann verhaltensändernd, wenn Verstärkung erfolgt; Verstärkung kann von außen oder von innen bzw. explizit oder implizit erfolgen.

Aus den vorausgehenden Betrachtungen lassen sich darüber hinaus einige übergreifende Schlüsse für die Förderung sozialen Lernens ableiten:
- Soziales Lernen findet dann mit hoher Wahrscheinlichkeit statt, wenn ein anerkanntes „Modell" vorliegt. Sowohl die/der Beobachtete als auch ihr/sein Verhalten müssen der/dem Beobachtenden für das eigene Verhalten interessant, attraktiv, adaptiv etc. erscheinen.[93]
- Der soziale Lernprozess erfolgt langzeitlich und häufig zunächst auch ohne äußere Veränderungen. Jeder Lernschritt unterliegt den genannten Ausgangsbedingungen und kann verhaltensfördernd oder verhaltensunterbindend wirken. Damit ist anekdotischen Ereignissen weniger Lernpotenzial zuzuweisen als wiederkehrendem Sozialverhalten. Widersprüchliche Wahrnehmungen können einen sozialen Lernprozess hemmen bzw. unterbinden.

---

90 Er erinnert sich später an ihre Gesten, ihre Haltung und die Worte, die sie im Zusammenhang mit Zigaretten und Rauchen verwenden.
91 In den folgenden Wochen sieht er immer wieder diese Gruppe im Pausenhof. Er verinnerlicht dabei ihre Gesten und Worte, traut sich aber nicht, es ihnen dort gleichzutun.
92 Als er eines Tages einen angesehenen Schüler seiner Klasse rauchen sieht, stellt er sich zu ihm und nimmt eine angebotene Zigarette an. Er stellt dann auch fest, dass die anderen Schüler seiner Klasse ihn nun als etwas Besonderes sehen.
93 Das bedeutet z. B., dass sich Lehrer*innen immer bewusst sein müssen, dass jede ihrer Verhaltensweisen zu einer Nachahmung bei den Schüler*innen führen kann, unabhängig davon, ob dies gewollt oder ungewollt ist. Das bedeutet aber auch, dass Lehrer*innen nur bedingt als Modelle fungieren können. Je nach Alter und Entwicklungsstand der Schüler*innen tendieren diese mehr oder weniger dazu, Erwachsene als Modelle anzuerkennen.

- Entscheidend ist die Fremd- und Selbstverstärkung. Implizite Fremdverstärkung kann durch stellvertretende Verstärkung (wiederholtes Auftreten der Verstärkung) im Vorfeld der Übernahme des erlernten Verhaltens erfolgen, explizite Fremdverstärkung und Selbstverstärkung setzen diese jedoch voraus. Damit wird zunächst die hohe Bedeutung der affektiven Valenz des Modells unterstrichen und auf den gesamten sozialen Lernprozess ausgeweitet.
- Eine explizite Fremdverstärkung kann entweder direkt in Form einer Förderung erwünschten Sozialverhaltens bzw. Eindämmung unerwünschten Sozialverhaltens oder indirekt in einer Förderung der Selbstverstärkung erfolgen. Diese kann sich sowohl auf die Eigenwahrnehmung des Lernenden beziehen als auch auf die darauf bezogene Bewertung.
- Zur Förderung erwünschten Sozialverhaltens liegen verschiedene Möglichkeiten kognitiver und behavioristischer Interventionen vor. Diese sind gezielt, spezifisch und situiert einzusetzen.
- Eine Förderung der Selbstverstärkung erfolgt durch Maßnahmen zur Erhöhung der Selbstaufmerksamkeit, Selbstbewertung und Selbstkontrolle. Damit kann erreicht werden, dass sich die Lernenden eigenständig belohnen bzw. bestrafen. Z. B. verordnet sich ein Schüler, der sich als zu dominant in einer Gruppe wahrnimmt, aus eigenem Willen eine „Zuhörphase".
- Je reifer die Lernenden sind, desto kognitiver kann das soziale Lernen erfolgen. Reflexionen über die eigene Autonomie und den individuellen Stand der sozialen Integration können die Wirkungen des Modelllernens durch metakommunikative Prozesse weiterführen.

4.2.2 Informationsverarbeitung in sozialen Kontexten

In Akzentuierung des kognitiven Aspekts sozial-kommunikativer Kompetenzen ist weniger der Umgang mit den eigenen Gefühlen und denen der anderen zu fokussieren, sondern die Art und Weise, wie soziale Informationen aufgenommen und verarbeitet werden. Kommunikation und Interaktion werden von sozial kompetenten Individuen in hohem Maße kognitiv reguliert. Dies erfolgt zum einen zur Schaffung und Stabilisierung der eigenen Rolle in einer Gruppe („identifizierende Komponente"), zum anderen aber auch zur Realisierung bzw. Durchsetzung der eigenen Ideen und Intentionen in der Gruppe („strategische Komponente"). WILD, HOFER & PEKRUN benennen eine Reihe von rationalen Verhaltensweisen, die ein kompetentes Sozialverhalten bedingen[94]:
- „seine Wünsche und Meinungen äußern (Ich-Botschaften senden), aber auch den anderen anhören (aktiv zuhören),
- Kontakte herstellen und aufrechterhalten, aber auch beenden,
- Hilfe anbieten, aber auch Unterstützung annehmen und ablehnen,
- im Gespräch andere nicht unterbrechen, sich aber auch nicht unterbrechen lassen,

---

94 Im Folgenden Wild, Hofer und Pekrun, 2006, S. 255.

– andere respektieren, aber auch Respekt von anderen einfordern,
– Widerspruch äußern, aber auch Kritik annehmen und nach Kompromissen suchen."

Diese anspruchsvollen sozial-kommunikativen bzw. -interaktiven Verhaltensweisen entsprechen komplexen interpersonellen Problemlösungsprozessen mit einem hohen Anspruch an die involvierten Interaktionspartner. Nach CRICK & DODGE[95] erfolgen diese in vier handlungsregulatorischen Teilschritten:
1. Interpretation der Situation,
2. Generierung sinnvoller Handlungsalternativen,
3. Entscheidung für eine Handlungsweise und deren Umsetzung,
4. Wahrnehmung und Bewertung der Folgen des Handelns.

Derartige komplexe sozial-kommunikative Verhaltensweisen werden im „häuslichen" Modelllernen (s. o.) mit Eltern und Geschwistern begründet, müssen jedoch später in kognitiven Lernformen ergänzt und erweitert werden. Diese bedeutende Aufgabe obliegt den allgemeinbildenden bzw. berufsbildenden Schulen. Die dafür geeigneten Ansätze in Kommunikationstrainings bzw. Metakommunikation orientieren sich dabei weitgehend an den Gesetzmäßigkeiten des konstruktivistischen und kognitivistischen Lernens (siehe Abschnitte 4.1.2 und 4.1.3).

Für den Erwerb von sozial-kommunikativer Berufskompetenz sind daher folgende Schlussfolgerungen abzuleiten:
– Für die Lernenden sind als Lehrer*innen bzw. Ausbilder*innen Personen bzw. Persönlichkeiten wichtig, die in vorbildlicher Weise und möglichst widerspruchsfrei interagieren und kommunizieren.
– Es muss für die Lernenden Klarheit darüber bestehen, wie man sich verhält bzw. wie man sich nicht verhalten soll. Dabei sind Lob und Tadel sehr gezielt und differenziert, keineswegs aber im Übermaß einzusetzen.
– Die Lernenden sollen zunehmend das eigene Sozialverhalten wahrnehmen, reflektieren und regulieren lernen. Dazu sind Kommunikationstrainings und Metakommunikation erforderlich.
– Im Zuge einer metakommunikativen Auseinandersetzung können die Lernenden nach und nach eine gewisse Distanz zum eigenen Sozialverhalten aufbauen und damit bewusst Kommunikationstechniken implementieren.

4.3 Erwerb personaler Berufskompetenzen

Gemäß der vorausgehenden Konkretisierung personaler Berufskompetenzen ist deren Erwerb als gekoppelt individuen- und tätigkeitsbezogene Entwicklung zu verstehen. Die überwiegend emotionalen Aspekte „Selbstwirksamkeit" (Kapitel 4.3.1) und „Motivation" (Kapitel 4.5.2) sind dabei als langzeitliche menschliche Entwicklungsaufgaben

---

95 Crick und Dodge, 1994.

bzw. Entwicklungsprozesse aufzufassen, welche durch berufliches Lernen zwar angeregt und gefördert werden können, jedoch nur in einem begrenzten Rahmen und determiniert, durch die individuell „mitgebrachten" Potenziale und Traits (Abbildung 14) der Jugendlichen. Die Entwicklung von Selbstwirksamkeitserwartung und Motivation verläuft dabei keineswegs konstant, unterliegt Ereignissen und Störungen und wird zudem durch eine Reihe externer Faktoren beeinflusst.[96] Die kombiniert kognitiv-affektiven Aspekte „hoher Anspruch an die eigene Arbeit", „betriebliche Identifikation", „Prozess- und Kundenorientierung", „unternehmerisches und ökologisches Denken" sowie „generelle berufliche Entwicklungsorientierung" konstituieren sich in kürzeren und dabei auch dynamischeren Veränderungsprozessen.

In einem technisch-beruflichen Unterricht kann die Entwicklung der erstgenannten Aspekte eher begleitet denn reguliert adressiert werden, sodass sich die hier darzustellenden Überlegungen zum Erwerb personaler Kompetenzen darauf beschränken, die wichtigsten Grundbezüge zu skizzieren und bedeutsame Zusammenhänge zu erläutern.

4.3.1 Selbstwirksamkeit

BANDURA definiert Selbstwirksamkeitserwartung als Erwartung eines Menschen, aufgrund eigener Kompetenzen gewünschte Handlungen erfolgreich selbst ausführen zu können.[97] Der intensive Wunsch nach Effektivität geht auf das menschliche Grundbedürfnis nach Kontrolle zurück. Kontrollverlust ist frustrations- und angstbehaftet. Daher ist Selbstwirksamkeitserwartung für menschliches Handeln eine minimale Grundvoraussetzung, für die Erbringung von Leistung ist ein höheres Maß erforderlich. Entscheidend für die individuelle Selbstwirksamkeitserwartung ist die internale Kontrollüberzeugung. Das Individuum muss sich selbst als Ursache einer Wirkung erkennen bzw. eine Wirkung auf das eigene Handeln zurückführen, nicht auf das anderer Menschen oder den Zufall[98].

Selbstwirksamkeitserwartung ist bei einem Individuum nicht allgemein ausgeprägt, sondern wird differenziert – also aufgaben- bzw. situationsspezifisch – entwickelt. Menschen haben „ein Gespür" dafür, wo sie etwas können und wo nicht. Somit ist Selbstwirksamkeitserwartung nicht generalisierbar oder transferierbar, mit der Konsequenz, dass jeder Mensch ein spezifisches Spektrum verschiedenster Selbstwirksamkeitserwartungen besitzt.

BANDURA hat folgende Moderatoren der Selbstwirksamkeitserwartung hergeleitet:[99] Meisterung schwieriger Situationen, soziale Unterstützung, physiologische Reaktionen, Beobachtung von Modellen. Dabei ist das Meistern schwieriger Situationen entschei-

---

96 Für Auszubildende stehen hier die Entwicklungsaufgaben junger Erwachsener an; zentrale Kontexte sind die Peers, die Eltern und die Familie.
97 Bandura, 1980.
98 Wenn beispielsweise Kleinkinder Dinge, die sie anfassen und halten, plötzlich fallen lassen, überprüfen sie, ob sie die Kontrolle darüber haben, unabhängig davon, ob ihnen das nützlich ist.
99 Bandura, 1980.

dend und in jedem Falle auch unverzichtbar. Soziale Unterstützung und physiologische Reaktionen sind direkte Verstärker, die Beobachtung von Modellen ist ein indirekter Verstärker[100].

Innerhalb des individuellen Spektrums verschiedener Selbstwirksamkeitserwartungen eines Menschen kann ein großes Gefälle zwischen stark und schwach ausgeprägten Bereichen vorliegen. Entscheidend ist hier, wie der Einzelne dieses Spektrum sieht und bewertet. Es mündet schließlich in das Selbstwertgefühl[101] eines Menschen und gewinnt damit eine biografische Dimension, indem die selbst entwickelten Fähigkeiten in die Gesamtpersönlichkeit einfließen.

Ausgangspunkt des Selbstwertgefühls ist das frühkindliche Grundvertrauen, weitere Entwicklungen erfolgen durch soziale Bestätigung, Anerkennung und Wertschätzung. Mit der Reifung eines Menschen verlieren dabei emotionale, empathische Rückmeldungen immer mehr an Bedeutung und sachliche bzw. funktionale Bestätigungen werden wichtiger. Das bedeutet, dass das Selbstwertgefühl Erwachsener maßgeblich von deren Selbstwirksamkeitserwartung bedingt wird[102].

Nach LOCKE & LATHAM[103] konstituiert ein Mensch sein Selbstkonzept aus zwei Teilkonzepten, dem „kognitiven Konzept" und dem „affektiven Konzept". Das kognitive Konzept entspricht dem, wie ein Mensch sich und seine Fähigkeiten verstandesmäßig einschätzt, das affektive Konzept entspricht dem, wie er diese Einschätzung bewertet. Man könnte auch sagen, dass sich das Fähigkeitskonzept eines Menschen und sein darauf gebautes Selbstvertrauen gegenüberstehen. Zwischen diesen beiden Konzepten besteht ein enger Bedingungs- und Wirkungszusammenhang: Je positiver ein Mensch seine Fähigkeiten bewertet, desto besser fühlt er sich, je besser er sich fühlt, desto lieber wird er seine Fähigkeiten einsetzen und damit neuerliche Bestätigung finden. Dieser positive Kreislauf wird von LOCKE & LATHAM als „high-performance-cycle" bezeichnet. Darin ist der Mensch von sich und seinem Tun überzeugt, zweifelt nicht oder stellt es infrage und erlebt eine Kompetenzwahrnehmung und -bestätigung, die auch eine hohe Arbeitsleistung nach sich zieht. Dieses Bestätigungs- und Stabilisierungssystem kann jedoch sowohl im (1) kognitiven als auch im (2) affektiven Bereich gestört werden.

Zu (1): Bei einer Wahrnehmung von Fehlern wird Misserfolg zurückgemeldet, die Kompetenz infrage gestellt und damit das kognitive Konzept destabilisiert. Dies kann durch tatsächliche Fehler erfolgen, aber auch durch defizitäre oder falsche Rückmeldungen bzw. durch zu hohe oder unpassende Zielvorstellungen. Als Konsequenz ergibt

---

[100] Beispiel: Wenn es einem KFZ-Mechatroniker-Azubi gelingt, eine Bremse richtig einzustellen, sieht er dies am Bremsenkontrollstand (Rückmeldung über das Meistern der Aufgabe), er spürt es aber auch bei einer Probebremsung (physiologische Reaktion). Eine weitere Bestätigung erfährt er durch das Lob des Meisters und des Kunden (soziale Unterstützung). Schließlich beobachtet er einen Gesellen, wie er in genau der gleichen Weise eine Bremse erfolgreich einstellt, was ihn zusätzlich bestärkt (Beobachtung von Modellen).
[101] Auch „Selbstwert" oder „Selbstvertrauen" genannt.
[102] Als Gegenbeispiel dazu könnte die negative Wirkung der Arbeitslosigkeit auf das Selbstwertgefühl angeführt werden. Diese wird in hohem Maße darauf zurückgeführt, dass Menschen ohne Arbeit in ihren Möglichkeiten, sich als wirksam wahrzunehmen, (im Vergleich zu Arbeitenden) eingeschränkt sind.
[103] Locke und Latham, 1990.

sich – neben einem Bestreben nach Ursachenklärung und Korrektur – eine Negativbewertung des Tuns, also eine Destabilisierung des affektiven Konzepts.

Zu (2): Ein schwaches oder aus anderen Arbeits- oder Lebenssituationen temporär geschwächtes Selbstvertrauen kann dazu führen, dass ein Mensch schon erworbene Kompetenzen infrage stellt bzw. sich den Erwerb neuer Kompetenzen nicht zutraut. Die Folge kann dann sein, dass das bisher zügige, sichere Handeln langsam und vorsichtig wird bzw. dass Neues nicht an- und aufgenommen bzw. erprobt und umgesetzt wird. Somit könnte man auch umgangssprachlich einen „Engelskreis" und einen „Teufelskreis" konstatieren, denn im ersten Falle bewirkt die Dynamik positiver Bestätigungen eine Stabilisierung beider Konzepte, im zweiten Falle bewirkt sie eine Infragestellung und Destabilisierung.

Die hier didaktisch abzuleitenden Schlüsse sind schwieriger, als sie zunächst scheinen: An sich gelten die oben schon festgestellten Faktoren einer Förderung der Selbstwirksamkeitserwartung primär durch wahrgenommene Handlungserfolge und sekundär durch entsprechende Verstärker. Dies muss jedoch – angesichts der Überlegungen zum „high-performance-cycle" – relativiert werden.

Fall A: Bei einem Menschen mit geringem Selbstvertrauen ist es generell schwieriger, Erfolge herbeizuführen, da er skeptisch und vorsichtig an die Dinge herangeht. Wenn er trotzdem erfolgreich handelt, tendiert er dazu, entweder den Schwierigkeitsgrad der Aufgabe infrage zu stellen, oder dies als Zufall einzustufen. Wenn er dagegen Misserfolge hat, wird er sich leicht in seinem Selbstbild bestätigt sehen und dieses einmal mehr verfestigen.

Fall B: Bei einem leistungsschwachen Menschen ist es ebenfalls schwierig, Erfolge herbeizuführen, da in seinem Verständnis der Aufgabe und in ihrer Umsetzung kognitiv-perzeptive Fehler liegen können. Die Klärung und Aufarbeitung der Fehler reduzieren dann das kognitive Konzept und, dem folgend, das affektive. Wenn er ohne Klärung und Aufarbeitung der Fehler (durch Zufall oder Unterstützung) erfolgreich handelt, könnte sich ein unangemessenes Selbstvertrauen entwickeln, mit der Folge, dass die defizitäre Kompetenz beim nächsten Einsatz nicht „funktioniert" und eine noch negativere affektive Reaktion die Folge ist, da man zum einen eine Selbstüberschätzung feststellt, zum anderen keine Vorstellung von deren Ursachen hat.

Zusammengefasst wäre daraus zu schließen, dass berufliches Lernen dann in einen „high-performance-cycle" führen kann, wenn es gelingt, Zyklen, wie sie die Fälle A und B beschreiben, zu vermeiden.

Auszubildende in gewerblich-technischen Berufen beginnen – bezogen auf ihren angestrebten Beruf – mit einem minimalen kognitiven Konzept. Daher ist es natürlich, dass sie dazu auch ein minimales affektives Konzept haben. Da sie selbst und der Betrieb zu Beginn der Ausbildung diesbezüglich auch keine großen Erwartungen haben, kann dies nicht negativ wirken. Wichtig ist für die Jugendlichen in dieser Phase ein positives (fachlich unspezifisches) Selbstbild, um sich die Ausbildung und deren Herausforderungen generell zuzutrauen. Wenn dies nicht der Fall ist (z. B. durch Negativerfahrungen aus der Schulzeit), würde eine Anfangsüberforderung in einen Negativzyklus gemäß des Falles A führen. Mit zunehmendem kognitiven Konzept wächst auch das affektive Konzept des Auszubildenden. Unabhängig von seiner objektiven Leistungsfähigkeit kann dieses zu optimistisch oder zu pessimistisch sein. Daher kann ein Auszubildender in beide der dargestellten Negativzyklen geraten, wenn er unstimmige oder falsche Rückmeldungen über seinen Kompetenzstand erhält. Mündet eine Ausbildung in eine Überforderung des Auszubildenden, ergibt sich wieder die gleiche Gefahr wie bei einer Anfangsüberforderung; der Auszubildende nimmt mehr und mehr Schwierigkeiten wahr und wird damit immer unsicherer (Fall A). Wenn man ihn dann durch einfache Ermunterungen oder ein Herunterspielen der Probleme nur „psychisch aufrichtet", gelangt er direkt in den anderen Negativkreislauf (Fall B). Daher kann die Lösung hier nur in intensiver Arbeit an den Schwierigkeiten und den daraus erfolgenden Positiv-Rückmeldungen liegen.

Das heißt zusammengefasst, dass ...
- beruflicher Unterricht vielfältige Möglichkeiten für die Auszubildenden bieten sollte, sich mit angemessenen fachlichen Aufgaben zu konfrontieren und dazu schnelle und direkte Leistungsrückmeldungen zu erhalten;
- bzgl. der Zugänglichkeit und des Schwierigkeitsgrades differenzierte Aufgabenstellungen erforderlich sind, die eine „weiche" Schwelle zum Einstieg in die Fachinhalte setzen;
- Lehrer*innen die Selbstbewertung und das Selbstvertrauen der Jugendlichen sowie deren Leistungsverlauf differenziert wahrnehmen und verfolgen sollten, um möglichst früh Einstiege in Negativ-Kreisläufe zu verhindern;
- fachliche Bemängelungen frei von Bewertungen in Verbindung mit Lösungsmöglichkeiten oder neuen Wegen besprochen werden müssen, um die Eigenbewertung nicht zusätzlich zu belasten und um zu signalisieren, dass dem Auszubildenden eine Verbesserung generell zugetraut wird.

Eine hohe Selbstwirksamkeitserwartung kann absehbar den Ausbildungs- und Berufserfolg steigern und dazu führen, dass ein Jugendlicher sein Potenzial ausschöpft, eine niedrige Selbstwirksamkeitserwartung wird wahrscheinlich eine Selbsteingrenzung im Handeln und Lernen nach sich ziehen, mit der Folge, dass der junge Mensch sein Potenzial nur bedingt ausschöpfen wird. In der weiteren beruflichen Biografie kann sich dies fortsetzen. D.h., dass mit der Förderung dieser personalen Kompetenz ein „Grundstein" für eine positive Berufs(bildungs)karriere gelegt werden kann.

4.3.2 Motivation

Das Thema „Motivation" ist äußerst facettenreich und wird im Zusammenhang mit dem Lernen häufig und vielfältig akzentuiert. Unzählige Motivationstheorien werden in verschiedensten didaktischen Ansätzen aufgegriffen und in generelle Prinzipien oder methodische Ableitungen für alle Phasen der Unterrichtsplanung und -realisierung umgesetzt. Damit wird klar, dass die Bedeutung von Motivation für das Lernen seit langem erkannt und didaktisch aufgearbeitet wurde.

Motivation wird in der Psychologie allgemein als das bezeichnet, was dem menschlichen Tun Energie und Richtung gibt. Sie ist von Persönlichkeitsvariablen abhängig, wird aber auch von Umweltvariablen bedingt und beeinflusst. Motivation kann in Lern- und Arbeitsprozessen eine entscheidende Komponente für die Umsetzung sein, zudem ist sie auch eine relevante Zielkomponente für die Kompetenzentwicklung.

Betrachtet man Motivation als eine personale Kompetenz für Facharbeiter*innen und Handwerker*innen, kann zunächst Leistungsmotivation als eine übergreifende Motivation betrachtet werden, welche sich gleichermaßen auf Handeln, Arbeiten und Lernen bezieht. Betrachtet man Arbeit reduziert auf das eigentliche Handeln, gilt es, Aspekte der Handlungsmotivation zu fokussieren. Weitet man diesen Blickwinkel aus, steht man der Thematik Arbeitsmotivation bzw. Arbeitszufriedenheit gegenüber. Da für den Erwerb von fachlich-methodischen Kompetenzen innerhalb und auch nach der Ausbildung eine entsprechende Lernmotivation erforderlich ist, muss diese sicher auch miteinbezogen werden. Dies wird jedoch später, im Zusammenhang mit der Kompetenzvermittlung, erfolgen.

Leistungsmotivation

HECKHAUSEN[104] definiert als Leistungsmotivation „das Bestreben, die eigene Tätigkeit in all jenen Tätigkeiten zu steigern oder möglichst hoch zu halten, in denen man einen Gütemaßstab für verbindlich hält und deren Ausführung deshalb gelingen oder misslingen kann". Für dieses Bestreben können verschiedene Ursachen festgestellt werden. Z. B. geht MCCLELLAND ET AL.[105] von einem grundlegenden menschlichen Bedürfnis nach Leistung aus. Leistung wird zum eigenständigen Motiv, ähnlich wie Macht, Besitz oder Gemeinschaft. Dieser Ansatz ist deterministisch, da er Leistungsmotivation als Trait identifiziert und damit kaum individuelles Entwicklungspotenzial zuweist. ATKINSON[106] betrachtet Leistungsmotivation in seinem Risiko-Wahl-Modell als ein Konstrukt, welches sich aus der Differenz zwischen der Erfolgsmotivation und der Misserfolgsvermeidungsmotivation quantitativ bestimmen lässt. Je höher das erste und je geringer das zweite beim Individuum ausgeprägt ist, desto höher ist seine Leistungsmotivation. Schließlich stellen GAGE & BERLINER[107] einen engen Zusammenhang zwischen Leistungsmotivation und Attribution fest: Interne Attribuierung führe zu Erfolgssuche, externe Attribuierung zu Misserfolgsvermeidung. Leistungsmotivation ist demnach ein menschlicher Antrieb, der auf interne Attribuierung zurückgeht. Auch hier wäre ein Trait indirekt für die Leistungsmotivation verantwortlich.

Um einen technischen Beruf zu erlernen und ihn erfolgreich und entwicklungsorientiert auszuführen, benötigt ein Mensch Leistungsmotivation. Dabei erscheint es müßig, zu klären, welcher Anteil hier auf Traits beruht und damit unabänderlich ist

---

104 Heckhausen, 1965, S. 604.
105 McClelland, Atkinson, Clark und Lowell, 1953.
106 Atkinson, 1957.
107 Gage und Berliner, 1996.

und welcher Anteil entwicklungsfähig erscheint, denn letztendlich hängt dies immer auch davon ab, inwieweit ein junger Facharbeiter oder Handwerker selbst entscheidet, ob er über seine Grundeigenschaften hinauswachsen, oder sich ihnen unterordnen will.

Gemäß der hier diskutierten Theorien erscheint es für die Entwicklung von Leistungsmotivation bedeutsam, ...
- dass Auszubildende möglichst viel selbsttätig lernen, also schon im Lernen ihr Wissen und Verständnis erproben können;
- dass sie vielfältige Aufgaben mit angemessenem Schwierigkeitsgrad erhalten;
- dass sie Gütemaßstäbe und deren Verbindlichkeit erkennen und anerkennen;
- dass ihnen vielfältige und hochwertige Rückmeldungen zur Verfügung stehen, aus denen sie erkennen können, was sie richtig bzw. falsch gemacht haben;
- dass sie in ihrer Reflexivität gefordert und gefördert werden;
- dass sie bei der Aufarbeitung der Fehler und deren Korrektur oder Revidierung unterstützt werden;
- dass sie über die Gütemaßstäbe hinaus einen eigenständigen Anspruch entwickeln.

Lernmotivation

Die Amerikaner E. L. DECI und R. M. RYAN veröffentlichen 1993 eine „Selbstbestimmungstheorie der Motivation"[108]. Als Kernelemente für menschliches Lernen setzten sie in dieser Theorie die Autonomiewahrnehmung, die soziale Einbindung und das Kompetenzerleben fest. PRENZEL adaptierte diese Theorie 1997 in eine Lerntheorie, welche er empirisch gut abstützen konnte[109].

Zentraler Anspruch des Ansatzes von PRENZEL war, dass die Ausprägung der Selbstbestimmung in Lernprozessen deren Qualität maßgeblich beeinflusst. Damit wurde nicht nur der damals – aus der Reformpädagogik wiederentdeckte – Anspruch eines schülerorientierten Unterrichts unterstrichen, sondern insbesondere die Rolle persönlichen Interesses am Lernthema bzw. -gegenstand akzentuiert. PRENZEL unterteilt – empirisch hergeleitet – in sechs unterschiedliche Stufen bzw. Qualitäten der Lernmotivation (Abbildung 28):

---

108 Deci und Ryan, 1993.
109 Prenzel, 1997.

Abbildung 28: Lernmotivation und Selbstbestimmung

1) Amotivation, als eine Stufe fehlender Motivation.
2) Externale extrinsische Motivation als eine Stufe des Lernens zur Vermeidung von Problemen bzw. Nachteilen.
3) Introjizierte extrinsische Motivation als eine Stufe des Lernens aus Schuld- und Pflichtgefühlen.
4) Identifizierte extrinsische Motivation als eine Stufe des Lernens aus Akzeptanz und Einsicht in die Notwendigkeit.
5) Integrierte extrinsische Motivation als eine Stufe des Lernens in Einklang mit den eigenen Interessen.
6) Intrinsische Motivation als eine Stufe natürlichen Interesses.

In eigenen technikdidaktischen Studien konnten bislang nicht alle der sechs Stufen repliziert werden, es gelang jedoch vier Stufen gut voneinander zu unterscheiden. Dieses sind die Stufen 1, 2 + 3, 4 + 5 und 6. Dies geht konform zum Ansatz von PRENZEL, welcher zwischen den Stufen 3 und 4 eine bedeutende Linie zieht, indem er zwischen einer „kontrolliert extrinsischen Motivation" unterscheidet und einer „autonom extrinsischen Motivation".

Entsprechend lassen sich für ein technisches Lernen vier Motivationsstufen deutlich voneinander unterscheiden:

Jene des Fehlens von Motivation (1), jene einer fragwürdigen Motivation über Belohnung und Strafe (2 + 3), jene einer reifen Zuwendung zu einem akzeptierten Lernen (4 + 5) und jene des reinen Interesses (6).

Markant ist hierbei, dass eine idealtypische Polarisierung zwischen extrinsischem und intrinsischem Lernen verlassen bzw. differenziert wird. Intrinsisch ist hier eher eine lernbezogene Ausnahme, also der Zufall, dass der Lerngegenstand gerade im Interessenspektrum der Lernenden liegt. Damit wird der Anspruch an Unterricht reduziert und gleichermaßen an die Realität angepasst, denn die Wahrscheinlichkeit, „immer alle" Interessen der jeweiligen Schülerschaft zu treffen, ist extrem gering.

Umso bedeutender wird die Unterscheidung in verschiedene Qualitäten extrinsischer Motivation, also einer Motivation, die nicht unmittelbar „von innen" kommt. Sie hat in jedem Falle instrumentellen Charakter, kann aber deutlich unterschiedlich ausgeprägt sein.

Der Begriff „kontrolliert" deutet an, dass diese Facette von Lehrpersonen unmittelbar aufgebaut und überwacht werden muss. Sobald dies nicht mehr der Fall ist, wirken sich motivationale Aspekte auch nicht (mehr) im bzw. über den jeweiligen Lernprozess hinaus aus. Sie kann letztlich nur eine Reproduktion des Gelernten bewirken.

Der Begriff „autonom" deutet demgegenüber an, dass diese Facette vom Individuum aufgebaut, überwacht und damit auch in das gesamte Lernverhalten übernommen wird. Sie bewirkt ein Verinnerlichen des Gelernten und ermöglicht dessen Transfer. Insbesondere hier zeigt sich die Basistheorie von DECI & RYAN als bedeutsam, denn in dieser ist Autonomie eine der drei tragenden Säulen (Abbildung 29).

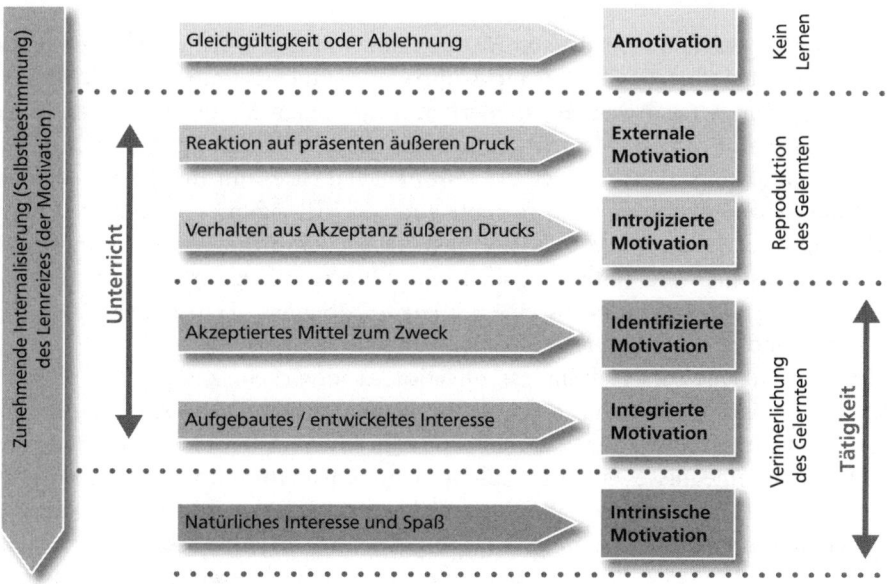

Abbildung 29: Lernmotivation und Lernergebnisse

Technisch-berufliches Lernen sollte somit durch die Unterstützung „autonom extrinsischer Motivation" akzentuiert werden. Dies schließt den Versuch, intrinsische Motivation zu adressieren, nicht aus, setzt dies jedoch nicht als Maxime. „Kontrolliert extrinsische Motivation" kann bestenfalls als Anfangs- oder Übergansform akzeptiert werden, denn sie führt absehbar nicht zur Entwicklung fachlich-methodischer Kompetenzen und hat zudem hohes Frustrationspotenzial.

Handlungsmotivation

Verschiedene Handlungstheorien deuten darauf hin, dass Motivation eine bedeutende Rolle im menschlichen Handeln spielt. Gemäß der Definition von HACKER[110] ist das Attribut „motiviert" neben „zielgerichtet" und „bewusst" eines von drei konstituierenden Merkmalen von Handlungen. Im sog. „Rubikon-Modell"[111] nach HECKHAUSEN erfolgt der Einstieg in das Handeln überwiegend durch motivationale Prozesse: In der sog. prädesizionalen Phase, der Vorphase des eigentlichen Handelns, werden vom Individuum Informationen rezipiert und diese im Hinblick auf verschiedene Ideen und Antriebe abgewogen, um schließlich eine handlungsbezogene Entscheidung treffen zu können. Diese motivationalen Prozesse lösen ein aktives Zugehen auf Informationen sowie eine fokussierte Auseinandersetzung mit ihnen aus. Vor dem eigentlichen Handeln (präaktionale Phase) werden Willensprozesse (Volition) stimuliert, angefangen mit einer dezidierten Zielentscheidung und Handlungsplanung. Diese „aktiven Anteile der Motivation" werden beim tatsächlichen Handeln (aktionale Phase) weitergeführt. Schließlich löst die der Handlung folgende Bewertungsphase (postaktionale Phase) wiederum motivationale Prozesse aus, die dann schließlich in die nächste Handlung führen.

Somit wird deutlich, dass die von HACKER und VOLPERT offen gelegten zyklischen Prozesse der Handlungsregulation nicht nur von sachlich-rationalen Absichten und Rückmeldungen getragen werden, sondern auch in hohem Maße von motivationalen bzw. volitionalen Prozessen. Immer dann, wenn eine Teilhandlung abgeschlossen ist, muss der „Rubikon" zwischen der prädesizionalen Phase und der postdesizionalen Phase überschritten werden, also in motivationaler Abwägung entschieden werden, was als nächstes kommt, wie es weiter geht. Daher kann die Handlungsmotivation einzelner Menschen sehr unterschiedlich sein: Eine zu geringe Ausprägung führt zu Zurückhaltung oder Übervorsicht, eine mittlere Ausprägung zu einem adäquaten Handeln, eine zu hohe Ausprägung zum Aktionismus.

Um eine angemessene Handlungsmotivation zu entwickeln, kann es daher kein anderes Rezept als sinnvolles und reflektiertes Handeln geben. Dies sollte auch in möglichst authentischen Kontexten stattfinden, da zum einen die Bewertung des (potenziellen) Handlungsergebnisses erheblich auf die Handlungsmotivation „vorauswirkt". Zum anderen ist die Handlungsmotivation – ähnlich wie die Selbstwirksamkeitserwartung – in hohem Maße situationsabhängig. Insgesamt sind hier folgende Schlüsse zu ziehen:
- Berufliches Lernen sollte den Auszubildenden viele Gelegenheiten geben, möglichst eng im Berufskontext unter Realansprüchen zu handeln.
- Dabei sollte vor allem die Vorphase des Handelns als zentrale Lernphase akzentuiert und durch Informationsmaterialien sowie Entscheidungshilfen unterstützt werden.
- Dazu sind komplexe Aufgaben erforderlich, die mehr als einen direkten Lösungsweg zulassen.

---

110 Hacker, 1986, S. 73.
111 Heckhausen, Gollwitzer und Weinert, 1987.

- Die in der Vorphase der Handlung getroffenen Entscheidungen und die dazugehörigen Verständnisprozesse sollten durch explizite und ausgeprägte Kontroll- und Bewertungsprozesse bestätigt bzw. relativiert werden können.
- Unterstützung sollte zurückhaltend und individuell erfolgen, indem vorsichtige Auszubildende zum Handeln bekräftigt und übereifrige zur Besonnenheit aufgefordert werden.

Handlungsmotivation entsteht durch offene Zugänge auf berufliche Aufgabenstellungen, die Möglichkeit, eigene Ziele zu bilden, Entscheidungen selbst zu treffen, Handlungspläne zu entwickeln und umzusetzen, Handlungsprodukte oder -ergebnisse zu schaffen und zu bewerten. Handelndes Lernen kann Handlungsmotivation als Lernmotivation nutzen und dabei den individuellen Umgang mit Motivation und Volition weiterentwickeln.

Arbeitsmotivation

Seit MASLOWS[112] „Bedürfnispyramide" wurden vor allem seitens der Arbeits- und Organisationspsychologie einige Theorien zur Arbeitsmotivation entwickelt. Die ursprünglichen Überlegungen MASLOWS, warum Menschen überhaupt arbeiten, wichen dabei der Frage nach der Arbeitszufriedenheit aus. Eine diesbezügliche Referenztheorie wurde bereits 1959 von HERZBERG[113] veröffentlicht. Diese empirisch abgestützte Zwei-Faktoren-Theorie stellt Aspekte, welche Arbeitszufriedenheit fördern (Satisfiers), solchen gegenüber, welche Arbeitsunzufriedenheit fördern (Dissatisfiers). Als „Satisfiers" wies HERZBERG überwiegend internale Faktoren nach, z. B. die Möglichkeit, Leistung zu erbringen bzw. Anerkennung und Wertschätzung. Als „Dissatisfiers" stellten sich externale Faktoren heraus, z. B. Entlohnung oder Arbeitsbedingungen.

Je mehr Satisfiers in einer Tätigkeit vom Individuum wahrgenommen werden, desto höher die Arbeitszufriedenheit, je mehr Dissatisfiers, desto höher die Arbeitsunzufriedenheit. Fehlen jedoch Satisfiers, entsteht nicht automatisch Unzufriedenheit, fehlen Dissatisfiers, entsteht nicht automatisch Zufriedenheit. Mit anderen Worten: Nur eine Verbesserung im Bereich der Satisfiers kann die Arbeitszufriedenheit tatsächlich erhöhen; verbessert man etwas im Bereich der Dissatisfiers, wird dagegen lediglich die Unzufriedenheit reduziert.

Gemäß HERZBERGS Theorie nehmen die internalen Aspekte einer Tätigkeit eine bedeutende und unersetzliche Rolle ein. Auch bei guten Arbeitsbedingungen und ordentlicher Bezahlung wird ein Mensch keine wirkliche Zufriedenheit in seiner Arbeit finden, wenn er etwas tut, was ihn nicht interessiert, wo er seine Potenziale nicht ausschöpfen kann und wo er keine adäquaten sozialen Beziehungen erlebt.

Betrachtet man Arbeitsmotivation nun als personale Kompetenz, entsteht Skepsis, da die dafür relevanten Faktoren relativ feststehend erscheinen. Spätestens wenn sich ein Mensch für eine Ausbildung bzw. einen Beruf entschieden hat, sollten diese As-

---

[112] Maslow, 2016.
[113] Herzberg, Mausner und Snyderman, 1959.

pekte weitgehend geklärt und einigermaßen positiv realisiert sein. Aus demographischen Zahlen und empirischen Studien wird jedoch das Gegenteil deutlich: Gerade die Ausbildungs- bzw. Berufswahl erfolgt bei den meisten Jugendlichen unter erheblichen Restriktionen (eingeschränkte Angebote, Defizite im Schulabschluss, fehlende Grundkompetenzen) und zudem auf wenig rationaler Basis (Modeberufe, Peergroup, Elternhaus, fehlende Fähigkeit, aber auch Bereitschaft, sich zu informieren). So erstaunt nicht, dass sich ein hoher Prozentsatz von Jugendlichen in der Ausbildung „fehl am Platze" fühlt.[114] Dies gilt insbesondere auch für Auszubildende mit Abitur: „Unzufriedenheitsstatistiken" führen häufig Berufe aus dem oberen Spektrum des kaufmännischen Bereichs an, also z. B. Bank- und Industriekaufleute.

Trotzdem ist für die ausbildungsbezogene, möglicherweise aber auch langfristige Arbeitsmotivation der Faktor „Interesse" entscheidend. Dass ein gewisses „grobes Berufsinteresse" bei einigen Jugendlichen schon vorliegt, ist nicht infrage zu stellen. Bei den meisten kann aber davon ausgegangen werden, dass dies nicht manifest und zudem in vielen Fällen negierend ist („ich weiß genau, was ich nicht will"). Das bedeutet, dass angesichts des Alters, in dem Jugendliche in eine Ausbildung eintreten, davon ausgegangen werden kann, dass sie sich entweder in einer sehr frühen Phase beruflicher Identifikation befinden, oder diese noch gar nicht begonnen haben.

Arbeitsmotivation kann somit in dieser Phase – ebenso wie Leistungs- und Handlungsmotivation – zumindest anteilig entwickelt werden. Dies erfolgt durch Prozesse beruflicher Identifikation, bzw. durch ein, für jedes Individuum wichtiges Initialerlebnis, das den Anfang seiner beruflichen Identität bildet. Im Gegensatz zum komplexen und zum Teil auch strittigen Konstrukt der beruflichen Identität[115] kann „berufliche Identifizierung" einfacher eingeschätzt werden.

Identifizierung ist generell der Weg zur Identität bzw. der Prozess einer Identitätsentwicklung. Sie beginnt an einem Punkt, an dem ein Mensch in den Ansichten, Ideen, Traditionen aber auch Handlungen und Artefakten anderer Menschen Attraktivität entdeckt und den Wunsch bzw. Willen entwickelt, sich dem in irgendeiner Form anzuschließen und damit „zu diesen Menschen dazuzugehören". Identifizierung ist somit nicht ein Interesse an einer bzw. eine Begeisterung für eine Sache (z. B. Reggae-Musik, Rastalocken etc.), sondern eine als interessant oder angenehm empfundene persönliche Zuordnung zu anderen Menschen (z. B. Jugendlichen, die Rastalocken tragen und Reggae-Musik hören)[116]. Ob aus der Identifizierung eine Identität wird, entscheidet deren Grad, Verlauf und Dauer.

In allen namhaften Theorien über „Identität" besteht Konsens bezüglich deren Persönlichkeitswirksamkeit. Berufliche Identität ist dann entstanden, wenn die berufliche Identifizierung eine Qualität erreicht hat, in welcher der Einzelne sich und seinen Selbstwert zumindest zu einem gewissen Teil aus dem beruflichen Handeln ermisst. Dies kann aus zwei Gründen in der Ausbildungszeit nicht bzw. nur rudimentär erfol-

---

114 Ratschinski, 2009.
115 Neben berufs- und wirtschaftspädagogischen Ansätzen stehen hier Ansätze aus der Arbeits- und Organisationspsychologie sowie der Soziologie, die das Konstrukt deutlich unterschiedlich akzentuieren.
116 Ein reiner Musikfan, dem die Reggae-Musik gut gefällt, den aber die Rasta-Philosophie nicht interessiert, wird die Musik gerne hören, sich aber nicht mit dem Reggae identifizieren.

gen: Zum einen befinden sich die Jugendlichen in diesem Lebensabschnitt in einer Latenzphase, in der sie von einer Kind-Identität in eine Erwachsenen-Identität wechseln müssen und somit die berufliche Identifizierung als Nebenaspekt in einem großen Gesamtprozess verläuft. Zudem bieten die älteren Gesell*innen oder Meister*innen häufig keine attraktiven Identitätsmodelle an. Zum anderen besitzt das berufliche Handeln in vielen Ausbildungen zumindest anfangs noch nicht die Qualität, welche erforderlich bzw. ausreichend wäre, um sich den „Arrivierten" zuzuordnen.

Ob bzw. wann Facharbeiter*innen oder Handwerker*innen berufliche Identität aufgebaut haben, ist für den Aspekt der beruflichen Identifizierung nicht entscheidend, vielmehr erscheint es für eine Berufsausbildung wichtig, dass sich die Menschen „auf dem Weg dazu" befinden. Um diesen Weg angehen zu können und sich auf ihm zu „bewegen", ist das Ziel durchaus relevant. Somit können einige Wirkungsfaktoren für den Identifikationsprozess in einer Berufsausbildung abgeleitet werden:

Erfüllung eines längerfristigen Berufswunsches, Wahrnehmung von Attraktivität in den Gegenständen, Tätigkeiten, Produkten, Mitarbeitern und Führungskräften, dem Betrieb und der Abteilung, „soziale Passung", spezifische Selbstwirksamkeit, eigenes Wachstum und Entwicklung, Anerkennung von innen (Ausbilder*innen) aber auch von außen (Peergroup, Eltern), Zukunftsaussichten und Verdienstmöglichkeiten.

Der Aufbau einer konstanten und dauerhaften Arbeitsmotivation beginnt somit in der Berufsausbildung durch berufliche Identifizierung. Je positiver die oben angeführten Faktoren vom Auszubildenden empfunden werden, desto mehr Arbeitsmotivation wird er entwickeln und desto stärker wird er schon in der Ausbildung mit dem Aufbau einer beruflichen Identität beginnen. Umgekehrt wird die Identifizierung nicht oder nur in geringem Maße stattfinden, wenn Zweifel daran bestehen, ob man diesen Beruf überhaupt beibehalten will oder kann bzw. wenn er (wie bei vielen Auszubildenden in den hochwertigsten Ausbildungen) nur als ein Zwischenschritt vor oder zu einem hochschulischen Bildungsweg gesehen wird. Damit wird schließlich auch deutlich, dass gerade der Aspekt der Arbeitsmotivation keineswegs mit der Leistungs- und Handlungsmotivation einhergehen muss, sondern sogar „quer" dazu liegen kann.

Zusammenfassend ist hier zunächst festzustellen, dass sich der Aspekt der Motivation im Hinblick auf personale Kompetenzen nicht nur als vielfältig und komplex, sondern in hohem Maße als bedeutsam erwiesen hat. Motivation oder Motive entwickeln und damit umgehen, das erweist sich für angehende Facharbeiter*innen und Handwerker*innen als gleichermaßen anspruchsvolle und attraktive Herausforderung, in deren Bewältigung bzw. Umsetzung die separaten Einzelbereiche verschiedener Motivationsarten und -theorien sich auflösen und in relativ konvergente Schlussfolgerungen einmünden:
- Auszubildende in technischen Berufen sollten möglichst nah bzw. im Berufskontext unter Realansprüchen Lernumgebungen vorfinden, in welchen sie selbsttätig Aufgaben mit angemessenem Schwierigkeitsgrad bearbeiten können;
- Die Aufgabenstellungen sollten komplex, aber vom Schwierigkeitsgrad her angemessen sein und mehrere Lösungswege ermöglichen;

- Durch vielfältige indirekte aber auch direkte Reflexions- und Feedbackansätze sollten die Auszubildenden mit eigenen und fremden Gütemaßstäben konfrontiert werden und daraus einen eigenen Anspruch an ihr Tun entwickeln;
- Fehler oder Mängel sollten nicht emotionalisiert oder sanktioniert, aber auch nicht ignoriert oder kleingeredet werden, sondern ursächlich aufgeklärt, bewertet und korrigiert bzw. revidiert;
- Betreuung und Unterstützung beginnt bei einer guten Auswahl der Informationsmaterialien (fachlich-inhaltlich) und Leittexte (methodisch) und realisiert sich emotional-affektiv durch positive Ermunterung und Bestärkung sowie kognitiv durch Verständnis- und Klärungsgespräche;
- Die individuellen Identifizierungsprozesse sollten beobachtet und durch das Gesamtszenario der Ausbildung „allgemein" gefördert werden. Zudem können sie nachgefragt, nicht aber gefordert oder erzwungen werden. In offenen Einzelgesprächen kann schließlich geklärt werden, wo der Azubi steht und ihm evtl. Orientierungshilfe gegeben werden.

4.3.3 Kognitiv-affektive Aspekte von Arbeit und Beruf

Die vorausgehend betrachteten Personalkompetenzaspekte Selbstwirksamkeit und Motivation sind überwiegend emotional bedingt und damit eng mit der persönlichen Identität des Individuums verbunden. Die nun zu erörternden „kognitiv-affektiven Aspekte von Arbeit und Beruf" beziehen sich überwiegend auf den Verstand und das Wertesystem. Im Zusammenhang mit den Erfordernissen, Ansprüchen und Hintergründen von Arbeit hängen sie daher überwiegend mit der beruflichen Identität des Individuums zusammen.

Die Aspekte „hoher Anspruch an die eigene Arbeit", „betriebliche Identifikation", „Prozess- und Kundenorientierung", „unternehmerisches und ökologisches Denken" sowie „generelle berufliche Entwicklungsorientierung" werden gerne als Arbeitstugenden bezeichnet und damit als ein „Markenzeichen" der dualen Berufsbildung im deutschsprachigen Raum. Letztendlich sind es normative Komponenten, die – bezogen auf das Individuum – den Unterschied zwischen Job und Beruf ausmachen. Wo, wie und warum entwickeln Handwerker*innen und Facharbeiter*innen diese „Arbeitsmoral"? Fest steht, dass hier der Betrieb zentraler Entwicklungsraum sein muss. Innerhalb und auch nach der Ausbildung wird formell und informell vermittelt, was für die Produkte bzw. Dienstleistungen und eine innovative, zukunftsträchtige und nachhaltige Wertschöpfung entscheidend ist. In dem Maße, in dem dieses Verständnis im Betrieb verinnerlicht und kulturell umgesetzt wird, kann der einzelne Auszubildende oder Mitarbeiter*innen daran partizipieren.

Aus psychologischer Perspektive geht es hier um die Internalisierung moralischer Normen. Angesichts des Anspruchs einer Kompetenz als Selbstorganisationsdisposition kann in diesem Bereich eine Anpassung an bestehende Regeln nicht genügen. Nach OERTER & MONTADA[117] sind Normen dann internalisiert, wenn sie ohne externe

---

[117] Oerter und Montada, 2008, S. 581.

Kontrollen eingehalten werden, „dass sie von einer Person als richtig anerkannt werden, was daran erkennbar ist, dass ungerechtfertigte Abweichungen zu Selbstvorwürfen, Schuld oder Scham führen"[118].

Angesichts dieses hier formulierten Anspruchs ist davon auszugehen, dass diese kognitiv-affektiven Aspekte personaler Berufskompetenz nur im Zuge von überwiegend betrieblichen Identifikationsprozessen entwickelt werden können. Dabei ist das (bereits im Zusammenhang mit Sozialkompetenzen erörterte) Modelllernen von großer Bedeutung. Identifikation erfolgt aus Beobachtung, wobei diese jedoch bestimmten Bedingungen unterliegt[119]:
1) Das Beobachtete darf den eigenen Überzeugungen nicht widersprechen;
2) Die beobachtete Person muss anerkannt und „machtvoll" sein. Macht kann dabei in Fachkompetenz ebenso bestehen wie im Sozialstatus, Beliebtheit oder Sanktionsgewalt;
3) Der Beobachtende sollte eine bestehende oder erwünschte Ähnlichkeit zur beobachteten Person wahrnehmen.

In der traditionellen Meister*innenlehre übernehmen dieses Modellrollen die Ausbilder*innen über die eigene Persönlichkeit. Relevant ist zudem, dass diese kognitiv-affektive Entwicklung nicht nur über informelle, mentorengeprägte Prozesse „mitläuft", sondern für die Lernenden so weit expliziert wird, dass die Werte nach ihrer Übernahme auch verstanden werden. So kann eine moralische Entwicklung erfolgen, die über Wissen und Verständnis zu Distanz und Reife führt. Diesbezügliche Ansätze stehen in engem Zusammenhang mit einem konsequenten und weitgreifenden Qualitätsdenken. Aus den Grundansätzen von Qualitätsgruppenarbeit wurde im Zuge der in den 1990er-Jahren Verbreitung findenden „Lernenden Organisation" umfassende Qualitätsmanagementansätze implementiert. In moderner industrieller Ausbildung werden die Auszubildenden von Anfang an in das Qualitätsmanagement mit einbezogen, z. B. betreiben sie eigene KVP-Werkstätten (KVP = Kontinuierlicher Verbesserungsprozess) zur Optimierung betrieblicher Stör- oder Schwachstellen.

4.3.4 Selbstreguliertes Lernen

Der Lernerfolg hängt – aus kognitivistischer und konstruktivistischer Perspektive – zentral von der Fähigkeit, selbstreguliert zu lernen, ab. Diese überfachliche Kompetenz ist den personalen Kompetenzen zuzuordnen, weil sie zwar einen effektiven und effizienten Wissenserwerb intendiert, dabei jedoch nicht fachlich-methodisch, sondern individuenspezifisch orientiert ist. Im Folgenden wird ein Modell über die interdependenten Zusammenhänge von Lernstrategien und Metakognition im selbstregulierten Lernen skizziert (Abbildung 30)[120].

---

118 Oerter und Montada, 2008.
119 Oerter und Montada, 2008.
120 Oerter und Montada, 2008.

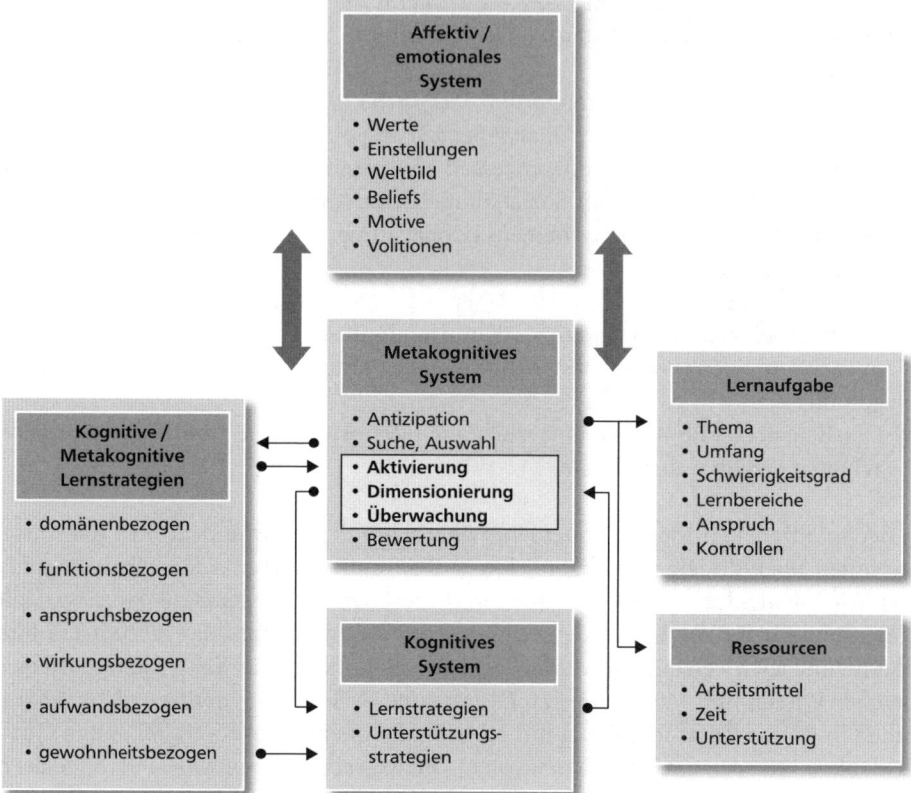

Abbildung 30: Zusammenfassung der aktuellen Theorien selbstregulierten Lernens in Akzentuierung von Lernstrategien und Metakognition[121]

Im Zentrum steht die Lernsteuerung durch das metakognitive System. Dabei wird davon ausgegangen, dass diese Lernsteuerung generell als dynamischer, wechselwirkender Prozess zwischen verschiedenen Kognitionen in ständiger Verbindung mit verschiedenartigen Emotionen aufzufassen ist[122]. Betrachtet man Lernen im Sinne einer vollständigen Handlung (bewusst, intendiert, motiviert und reflektiert), kann in eine präaktionale, eine aktionale und eine postaktionale Phase unterschieden werden[123].

In der präaktionalen Phase werden die Lernaufgabe und die verfügbaren Ressourcen antizipiert. Die hier erfolgenden motivationalen und volitionalen Prozesse entscheiden über den weiteren Verlauf des Lernprozesses: Je nachdem, welche Valenz der Aufgabe bzw. deren Lösung beigemessen wird, welche Bedeutung dem eigenen Anspruch und Fremdansprüchen zukommt, wie sich Erfolg oder Misserfolg zeigen bzw. welche Erwartungen damit verbunden sind, in welchem Verhältnis dazu die Erfolgser-

---

121 Tenberg, 2008a, Tenberg, 2008b.
122 Baumert, 1993, S. 348.
123 Siehe oben den Abschnitt zu „Handlungsmotivation".

wartung steht etc., entwickelt sich vor einem spezifischen emotional-affektiven Hintergrund ein latentes Konzept, wie an die Aufgabe herangegangen werden soll und welche Lernstrategien dabei zum Einsatz gebracht werden sollen. Auch die Auswahl von Lernstrategien ist emotional eingefärbt, da mit dem bestehenden Repertoire auch Erinnerungen an dessen Anwendung verbunden sind, welche mehr oder weniger angenehm sein können (Aufwand, Anstrengung, Beherrschung, Erfolg etc.).

In der aktionalen Phase kommen die gewählten metakognitiven und kognitiven Strategien zur Anwendung. Ihr Einsatz erfolgt vor dem antizipierten emotional-affektiven Hintergrund, löst aber zusätzliche – entweder fördernde oder hemmende – Emotionen aus. Die Tendenz dieser handlungsbegleitenden Emotionen wird von der Antizipation determiniert, kann sich aber absehbar auch – bspw. bei unerwartetem Verlauf – revidieren oder umkehren. Je kognitiv-aufgabenorientierter der Lernende ist, desto geringer sind hier die emotionalen Einflüsse; der Lernstrategieeinsatz erfolgt nach Funktions- und Regulationskriterien und wird nüchtern mit der Feststellung von Erfolg oder Misserfolg enden. Eventuell werden zusätzliche Lernstrategien eingesetzt oder auch das Scheitern akzeptiert. Anders bei Lernenden, die diesem Idealbild nicht entsprechen. Diese müssen entweder ein hohes Maß an Aufwand betreiben, um einen erwünschten Lernstand zu erreichen, oder Verhaltensweisen entwickeln, welche ein tatsächliches Lernen nur simulieren. Dabei sind verschiedenste Gefühle denkbar, vom unangenehmen Lernzwang über Frustrationen bei wahrgenommenen Merk- oder Verständnisdefiziten bis hin zur Langeweile in der Simulation.

In der postaktionalen Phase wird der Einsatz von Lernstrategien vor dem Hintergrund der antizipierten Einschätzungen und Erwartungen bilanziert. Dies setzt zum einen voraus, dass überhaupt ernsthaft versucht wurde, zu lernen (kein Kulissenlernen), zum anderen setzt es eine reflexiv-konstruktive Haltung voraus. Oberflächenorientierte und tiefenorientierte Lerner ziehen hier ein (mehr oder weniger) sachliches Resümee, bewerten Lernprozess und -erfolg, ziehen Rückschlüsse auf die Strategien und bestätigen oder korrigieren diese.

Ein Unterschied zwischen beiden Lernorientierungen besteht jedoch in den Bewertungskategorien und dem dazu investierten Aufwand: Oberflächenorientierte Lerner*innen tendieren zu ökonomischen Betrachtungen, also einer Abwägung zwischen Aufwand und Wirkung und ziehen diesbezügliche Schlüsse. Für tiefenorientierte Lerner*innen hingegen ist die Effektivität entscheidend; sie konzentrieren sich darauf, gelungene Lösungsprozesse für eine spätere Anwendung oder Weiterführung und Ausbau zu abstrahieren und zu konservieren.

In der Realität ist weder von einem idealtypischen Auftreten der hier konstatierten Lerntypen noch von einer klaren Trennung und Abfolge der Lernhandlungsphasen auszugehen. Es ist durchaus denkbar, dass ein Schüler innerhalb eines (nach außen hin geschlossen erscheinenden) Lernprozesses seine diesbezügliche Haltung modifiziert und damit alle entscheidenden Parameter verändert. Diese Unschärfe in Erwerb und Handhabung von Lernstrategien zeigt sich immer wieder in empirischen Untersuchungen. Z. B. stellen NÜESCH & METZGER[124] trotz aufwändiger langjähriger Internetstudien

---

[124] Nüesch und Metzger, 2010, S. 47 f.

lediglich fest, dass eine langfristige Förderung von Lernstrategien bei Auszubildenden zu signifikanten Veränderungen in der Effizienz und Zielorientierung des Lernverhaltens führen könne (Selbsteinschätzungen der Schüler*innen), diese jedoch auf das mittlere Ausbildungsniveau einzugrenzen ist. Wie in anderen Befunden zeigt sich so auch in dieser Studie, dass eine Reihe von Schüler*innen entweder kaum Lernstrategien aufbauen will bzw. kann, oder dass die Schüler*innen mit ihren bestehenden bzw. verfügbaren Lernstrategien zufrieden sind. Bei guten bis sehr guten Schüler*innen kann dies akzeptiert werden, bei schwächeren Schüler*innen erscheint dies allerdings fatal, da genau eine Verbesserung in diesem Metaaspekt die Lernleistungen mittel- bis langfristig fördern und damit einen Positivkreislauf in Bewegung setzen könnte. Da jedoch aktuell keine empirischen Befunde vorliegen, welche ein diesbezügliches Konzept in seiner Wirksamkeit bestätigen, muss momentan davon ausgegangen werden, dass sich die Entwicklung von Lernstrategien bei schwächeren Schüler*innen nicht über Methodentrainings mit metakognitiven Elementen anbahnen lässt, sondern nur durch ein langfristiges, eng geführtes und begleitetes Lernen aufbauen und erst bei entsprechendem Stand metakognitiv erschließen lässt.

Wie im vorausgehenden Kapitel hergeleitet wurde, wird unter „personalen Berufskompetenzen" verstanden: Fähigkeiten, Selbstwirksamkeit im beruflichen Tun wahrzunehmen und zu entwickeln, Lern- und Leistungsmotivation sowie Handlungskontrolle darin auf- und auszubauen, einen hohen Anspruch an die eigene Arbeit, betriebliche Identifikation, Prozess- und Kundenorientierung, unternehmerisches und ökologisches Denken, eine generelle berufliche Entwicklungsorientierung sowie die Befähigung unter reflektiertem Einsatz von Lernstrategien selbstreguliert zu Lernen.

Wie die hier im Einzelnen dargestellten Ausführungen über den Erwerb dieser Teilaspekte zeigen, wird hierbei ein Bezugsraum betreten, der weit vor dem Wirkungsbereich technisch-beruflichen Lernens beginnt und der zugleich deutlich über diesen hinausreicht. Der im Rahmen einer Berufsausbildung abgesteckte Lern- und Entwicklungsraum bietet nur eingeschränkte Möglichkeiten, personale Kompetenzen zu wecken und zu fördern. Nichtsdestotrotz sind sie hier von großer Bedeutung, da sie – wie der Ansatz von ERPENBECK & ROSENSTIEL postuliert – Basiskompetenzen für die fachlich-methodischen sowie die sozial-kommunikativen Kompetenzen darstellen.

5 Technikdidaktische Rahmung zur Unterstützung des Kompetenzerwerbs

Vorausgehend wurden die theoretischen und konzeptionellen Hintergründe technischen beruflichen Lernens dargestellt und hinsichtlich eines komplexen Kompetenzerwerbs systematisch aufgearbeitet. In diesem Kapitel wird nun erörtert, inwiefern und womit der Erwerb von Kompetenzen für technische Berufe gerahmt und unterstützt werden kann. Dazu sind zwei Bezugskonzepte besonders bedeutsam: Zum einen jenes der Lernumgebung und zum anderen das Konzept des Lehrens als Flankierung des Lernprozesses.

Kompetenz

Die Leser*innen sind in der Lage, ausgehend von den Hintergründen (Arten und Spezifika) die Bedeutsamkeit und Stellung der Bezugskonzepte Interaktion und Feedback für einen technischen Kompetenzerwerb zu erkennen und darzustellen.

Die Leser*innen ...	Professionswissen	Reflexionswissen
... beschreiben Interaktion und Feedback als bedeutsame Bezugskonzepte eines technischen Kompetenzerwerbs.	Interaktion • Begriff • intra- und interpersonale Interaktion • Lerninteraktion • Lehrinteraktion Kommunikation • Sender-Empfänger-Modell • 4 Seiten einer Nachricht Feedback • Arten • Attribute	Bedeutung von Interaktion und Feedback für den Kompetenzerwerb.

Kompetenz

Die Leser*innen sind in der Lage, die Besonderheiten eines dualen Kompetenzerwerbs zu skizzieren, die diesbezüglichen Herausforderungen für ihr didaktisches Handeln in den Schritten Planung, Konzeption, Durchführung, Evaluation des technikdidaktischen Prozessmodells zu erkennen.

Die Leser*innen ...	Professionswissen	Reflexionswissen
... umreißen die Besonderheiten eines dualen Kompetenzerwerbs.	Betrieb und Berufsschule Lernorte der dualen Ausbildung • Spezifika • Aufgaben • Methoden • Lernortkooperation und Connectivity	Herausforderung und Chancen eines geteilten Kompetenzerwerbs.
... beschreiben ein technikdidaktisches Prozessmodell.	Technikdidaktisches Prozessmodell • Planung • Konzeption • Durchführung • Evaluation	Technikdidaktisches Prozessmodell als Ausgangspunkt und Strukturierung des Lehrens und Lernens.

Anspruchsvolle kompetenzförderliche Lernumgebungen, in denen die Möglichkeiten einer Autodidaktik überschritten werden sollen, sehen generell die Anwesenheit von Lehrpersonen vor. Dieses Lehren erfolgt jedoch über andere Initial- und Interaktionsprozesse als das traditionelle Lehren. Man spricht eher von Betreuung, Beratung, Anregung und Unterstützung als von „Unterrichten".[1] Dies schließt jedoch direkte Instruktionen in angemessenem Rahmen und Umfang nicht aus. Somit wird klar, dass das Konzept des Lehrens und das Konzept der Lernumgebung sich nicht entgegenstehen, sondern – gegenteilig – sich in einer aktuellen Vorstellung von Kompetenzförderung gegenseitig ergänzen und damit bedingen: „Keine Lernumgebung ohne Lehren, kein Lehren außerhalb einer Lernumgebung" soll die Prämisse sein.

Unter Lehren wird im traditionellen Sinne eine direkte Einflussnahme einer Lehrperson auf einen Lernenden verstanden. In dieses Begriffsverständnis passen die Instruktion, die Vorlesung, der Unterrichtsvortrag, aber auch das Unterrichtsgespräch oder die Unterweisung. Schon vor der Zeit der Reformpädagogik wurden direkte Lehrinterventionen infrage gestellt, da mit ihnen direktive oder auch autoritäre Komponenten in Verbindung mit dem Lernen gebracht wurden. Erkenntnisse darüber, dass Menschen relativ individualistisch lernen, und zwar dann am besten, wenn dies in einem anregenden und entsprechend ausgestatteten Ambiente erfolgt, führten zur Entwicklung von Lernumgebungen, so z. B. typisch im Ansatz von Maria Montessori. Angestrebt wurde dabei eine besonders „lehrreiche Umgebung", die einerseits all jene Informationen und Anwendungen, welche vom lernenden Individuum erschlossen und in Wissen bzw. Kompetenzen umgewandelt bzw. ausgebaut werden sollen, beinhalten sollte; andererseits sollte sie den Lernenden vielfältige Anreize und Hilfeleistungen für die Ausbildung, Aufrechterhaltung sowie für das erfolgreiche Abschließen eines Selbstlernprozesses bereitstellen[2].

An dieser Stelle sollen die ersten beiden Grundfunktionen der Didaktik nach EULER & HAHN, die Planungs- und Steuerungsfunktion und die Ordnungsfunktion aufgegriffen und konkretisiert werden[3]: Davon ausgehend, dass das Lehren in jedem Falle planvolles Handeln ist, bildet die Didaktik zunächst die Grundlage zur Vorbereitung und Durchführung des Handelns der Lehrpersonen in Lehr-Lern-Situationen. Um dies angemessen und differenziert zu ermöglichen, muss sie entsprechende Herangehensweisen, Strukturen und Methoden bereithalten. Unterrichtsplanung erfordert zudem entsprechende Begriffs- und Bezugssysteme für alle relevanten Bedingungs- und Entscheidungsfelder. Um Unterricht beschreiben bzw. auch erklären zu können, muss die Didaktik einen ordnenden Hintergrund bereitstellen, an welchem Eindrücke, Erfahrungen, Schlüsse und Erkenntnisse gespiegelt werden können.

Aus diesem Anspruch ergibt sich entsprechend auch die Struktur für dieses und die nachfolgenden Kapitel des 2. Bandes des vorliegenden Lehrbuchs:

Zunächst wird – unter Klärung der entsprechenden Zusammenhänge und Begründungen – ein funktionales didaktisches Modell aufgebaut und ausdifferenziert, an-

---

[1] Seidl und Reiss, 2014, S. 261.
[2] Im Folgenden weitgehend wörtlich übernommen aus Tenberg, 2011, S. 146 ff.
[3] Euler und Hahn, 2014, S. 51, aber auch Kapitel 2.

schließend wird dessen konkrete Umsetzung erläutert und erörtert. Da es sich dabei um ein Prozessmodell handelt, wird die Umsetzung weitgehend dem intendierten technikdidaktischen Prozess folgen.

5.1 Bezugskonzepte eines technischen Kompetenzerwerbs

5.1.1 Interaktion

„Interaktion" bedeutet in der deutschen Sprache zunächst nicht mehr als „Wechselbeziehung". So wird mit diesem Begriff allgemein das Zusammenspiel von zwei beliebigen „Agenten" beschrieben, z. B. von bestimmten Größen, Variablen, Konstrukten, Systemen oder auch Personen[4].

Lernen wie auch Lehren stehen aus heutiger Sicht in enger Verbindung mit menschlichen Interaktionsprozessen, da in beiden Fällen nicht von einfachen Ursache-Wirkungs-Zusammenhängen auszugehen ist, sondern vielmehr von komplexen Wechselwirkungen einer Vielzahl von Faktoren. Aus pädagogischer Perspektive kann sich dies auf (1) intrapersonale Prozesse[5] sowie auf (2) interpersonale Prozesse beziehen (Abbildung 31)[6].

Zu (1): Aus konstruktivistischer Sicht kann ein Lernprozess als interner Interaktionsprozess eines Subjekts verstanden werden. Eine Autopoiesis lebt nicht aus passiver Betrachtung, sondern einer (zunächst geistig) aktiven Auseinandersetzung des lernenden Individuums mit Neuem[7]. Äußere Eindrücke werden beobachtet und mit eigenen Vorerfahrungen verglichen. Gemäß dem daraus entstehenden Reizwert wird es hinsichtlich seiner Attraktivität bzw. Viabilität bewertet. Ob im Einzelnen assimiliert oder akkommodiert wird, entscheidet sich dann bei dem jeweiligen Versuch, das Neue in das bestehende Wissen einzufügen. Dies findet zunächst nur als geistige Aktivität statt und äußert sich erst sekundär verbal oder durch Handlungen.

Zu (2): „Interpersonale Lerninteraktion" findet dann statt, wenn dem lernenden Subjekt im Lernprozess (mindestens) ein zweites Individuum gegenübersteht. Dieser Interaktionspartner kann ebenfalls lernintendiert sein, muss dies aber nicht. Ist dies der Fall, handelt es sich entweder um Mitlernende oder um Lehrende, andernfalls um beliebige Interaktionspartner. Da der einzelne Lernende, seine Mitlernenden und Lehrenden zwar ähnlichen – aber nie gleichen – Intentionen unterliegen, entsteht durch ihre Interaktion ein geteilter, aber auch inhomogener Interaktionsraum. Die intrapersonalen Interaktionen aller Beteiligten regen sich gegenseitig an und beeinflussen sich gegenseitig, indem sie sich in interpersonalen Interaktionen äußern.

---

4 Im Folgenden weitgehend übernommen aus Tenberg, 2011, S. 148 ff.
5 Also auf Interaktionen, welche überwiegend innerhalb eines Subjekts ablaufen.
6 Also auf Interaktionen, welche zwischen mehreren Subjekten ablaufen.
7 Renkl, 2015.

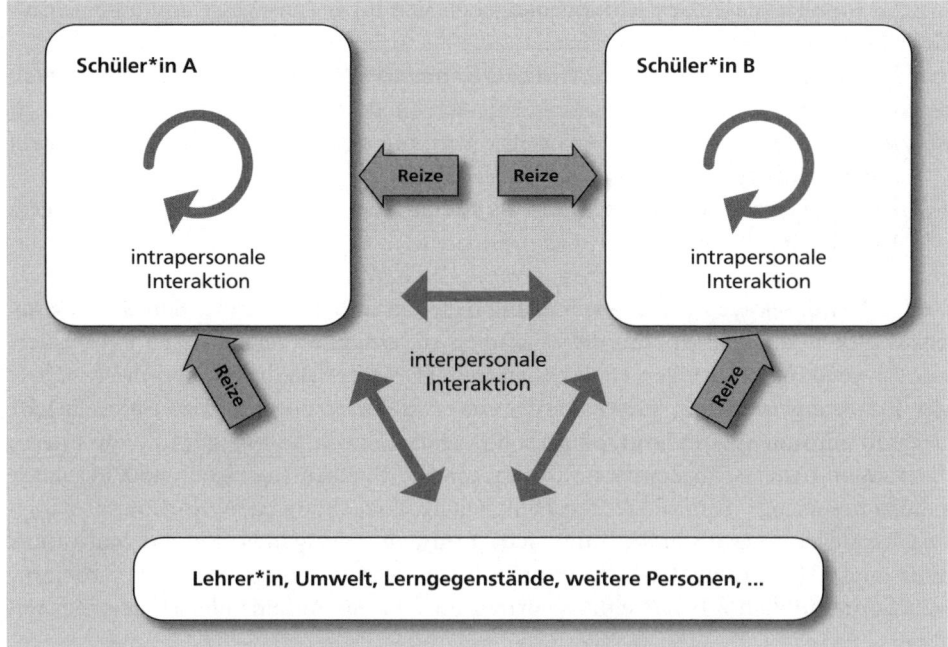

Abbildung 31: Zusammenhang zwischen intrapersonaler und interpersonaler Interaktion

(1) ist also ohne (2) denkbar – ein Subjekt kann auch alleine lernen.
(2) ist ausschließlich als Folge von (1) denkbar – ein geteilter Lernprozess bzw. ein Lehr-Lern-Prozess entsteht, indem sich zwei Subjekte einen „Lernraum" interaktiv teilen.

Abbildung 31 verdeutlicht zudem die Abhängigkeit aller äußeren Interaktionsprozesse von den inneren. Unabhängig davon, ob Schüler*innen mit einem Vortrag konfrontiert werden oder einem anderen Lernenden gegenüberstehen, in jedem Falle regeln die inneren Denkprozesse Auswahl und Zugang aller äußeren Reize und bestimmen damit auch jede Form von Lerninteraktion.

Aus diesem Zusammenhang kann aber auch umgekehrt geschlossen werden, dass Qualität, Vielfalt und Quantität der (im Gegensatz zu den Denkprozessen nach außen hin erkennbaren) interpersonalen Interaktionen ein zuverlässiges Abbild der intrapersonalen Interaktionen sind. Dies begründet nicht zuletzt die zentrale Bedeutung jeder äußerlich erkennbaren bzw. beeinflussbaren Interaktion innerhalb der Didaktik, da sich nur über die von der Lehrperson wahrnehmbaren Anteile des Lehr-Lern-Prozesses Interventionen vornehmen lassen und deren Umsetzung und Wirkungen registriert werden können. Mit anderen Worten: Die Lehrkraft weiß umso mehr über die Wirkung ihres Unterrichts, je mehr sie darüber bei den Schüler*innen wahrnehmen und beobachten kann.

Als Resultat dieser Betrachtungen ergeben sich für Lernprozesse drei unterschiedliche Interaktionsräume:
(1) die „interne Lerninteraktion" (ILI) als Raum ungeteilter geistig-aktiver Auseinandersetzung,
(2) die „Lern-Lern-Interaktion" (= externe Lerninteraktion ELI) als Raum eines (mehr oder weniger symmetrisch) geteilten Lernens und
(3) die „Lehr-Lern-Interaktion" (LLI) als Raum einer (asymmetrischen) Lehr-Lern-Auseinandersetzung:

Zu (1): Geistig-aktive Auseinandersetzung bedeutet für ein lernendes Subjekt, sich mit etwas Neuem zu befassen, um dieses kennen zu lernen, zu verstehen, zu überprüfen, zur Anwendung zu bringen etc. Verständnis, Einsicht, Erkenntnis sind die Resultate der Erfahrungen, die ein Subjekt in der Auseinandersetzung mit dem Neuen macht. Wie gut ein Individuum lernt, hängt somit zentral davon ab, wie gut es diese interne Interaktion beherrscht. Zentrale Faktoren sind hier neben Intelligenz und Begabung bereits bestehende Kenntnisse und Fähigkeiten, Vorstellungsgabe, Abstraktionsfähigkeit, verfügbare Lerntechniken und Gedächtnis, aber auch Interesse und Motivation. Eine interne Lerninteraktion (ILI) besteht in der aktiven Aufnahme und Verarbeitung von Informationen z. B. aus einem Vortrag oder in der Auseinandersetzung mit Medien.

Zu (2): Geteiltes Lernen entsteht dann, wenn zwei oder mehrere Lernende ihre geistige Auseinandersetzung zu einem gewissen Grad miteinander teilen. Anders ausgedrückt werden hier zwei oder mehrere ILI gekoppelt. Zu den bereits angesprochenen Aspekten aus (1) kommt nun die soziale Interaktion hinzu. Diese soziale Interaktion ist theoretisch symmetrisch, da beide Subjekte das gleiche Ziel haben und sich diesbezüglich austauschen und evtl. unterstützen. Da im Realfall jedoch immer unterschiedliches Wissen und unterschiedliche Fähigkeiten vorliegen, sind in der externen Lerninteraktion (ELI) Asymmetrien die Regel.

Zu (3): Die Lehr-Lern-Interaktion (LLI) kann auch als „pädagogische Interaktion" bezeichnet werden. „Das zentrale Merkmal der pädagogischen Interaktion besteht darin, dass ein oder mehrere Akteur(e) auf einen oder mehrere andere Akteur(e) in Richtung auf bestimmte Ziele erzieherischen Einfluss zu nehmen versuchen"[8]. Damit wird deutlich, dass häufig die beiden vorausgehenden Interaktionsprozesse (1 u. 2) diesem Aspekt (3) ein- bzw. untergeordnet werden. Dies ist schlüssig, aus Sicht der Lehrkraft, da ihr gesamtes Wirken darauf zielen muss, die vorausgehenden Prozesse zu unterstützen. Grund dafür ist wiederum die Lernautonomie der Schüler*innen. Wie bereits zuvor deutlich gemacht wurde, kann der Lehrer*innen die Lernenden nicht „lernen machen". Also ist die einzig direkt lernwirksame Interaktion die ILI, die jedoch über äußere Interaktionsprozesse beeinflusst, unterstützt, angereichert bzw. moderiert werden kann.

Lehrinteraktionen besitzen somit generell den intentionalen Kern einer Förderung der ILI. Dies kann über verschiedene Wege erfolgen:

---

[8] Perrez, Huber und Geißler, 2006, S. 361, hier in Anlehnung an Brezinka, 1990.

1. Direkte Unterstützung der ILI durch Lehrkommunikation (Vortrag, Präsentation, Unterrichtsgespräch, Instruktion etc.);
2. Direkte Unterstützung der ILI durch mediale Aufbereitung (Vorbereitung, Selektion, Reduktion, Bereitstellung von sachbezogenen Informationen, Vereinfachung von Zugangswegen, motivationale Maßnahmen, Übungsmaterialien …);
3. Indirekte Unterstützung der ILI durch Beeinflussung der ELI.

Lerninteraktionen stellen sich dem gegenüber anders dar:
1. Unmittelbare Auseinandersetzung mit dem Lerngegenstand durch Ansehen, Lesen, Zusehen/Zuhören, Bearbeitung, Auf- bzw. Abschreiben, Zeichnen, Experimentieren etc.;
2. Mittelbare Auseinandersetzung mit dem Lerngegenstand durch Kommunikation über diesen mit Mitlernenden bzw. Lehrpersonen.

Aus den bisherigen Betrachtungen wird deutlich, dass hier zwei sehr unterschiedliche Interaktionsszenarien vorliegen: einerseits die im Lernenden stattfindende ILI in Form einer eigenständigen Auseinandersetzung mit dem Neuen, andererseits die darauf bezogenen interpersonellen Interaktionen (ELI und LLI), welche weitere Personen mit in den Lehr-Lern-Prozess einbinden. Das Zweite impliziert das Erste, ohne es genau wahrnehmen, einschätzen oder bemessen zu können. Somit muss eine Interaktionsplanung zwar die ILI antizipieren, kann sich aber ausschließlich in Form einer LLI ausdrücken.

PEREZ, HUBER & GEISSLER ordnen die interpersonelle Interaktion (ELI und LLI) generell der „sozialen Interaktion" zu. Sie definieren soziale Interaktion als einen Prozess, in welchem zwei oder mehr Menschen sich in ihrem Handeln aufeinander beziehen[9]. Damit wird neben dem Handlungsbezug der Aspekt der Kommunikation im Zusammenhang mit Interaktion deutlich. Zwei (oder mehrere Individuen) handeln wechselseitig aufgrund dessen, was sie diesbezüglich kommunizieren. Art, Umfang, Qualität und Effektivität einer Interaktion werden somit auch maßgeblich von der dabei stattfindenden Kommunikation bestimmt[10].

Kommunikation bezeichnet auf menschlicher Ebene vereinfacht den wechselseitigen Austausch von Gedanken in Sprache, Schrift oder Bild. Wird Kommunikation aber vom menschlichen Subjekt abgekoppelt, spricht man bspw. von wechselseitigen Übermittlungsprozessen zwischen bestimmten Objekten, zwischen technischen Systemen oder auch zwischen Daten bzw. Signalen, die einen festgelegten Bedeutungsgehalt aufweisen.

Dies erscheint jedoch gemäß dem sog. „Sender-Empfänger-Modell" (Abbildung 32) zunächst unzulässig:[11] Dieses psychologische Modell ist sehr bekannt und wird als

---

[9] Perrez, Huber und Geißler, 2006, S. 359.
[10] Mit der Maßgabe, dass auch im Bereich Kommunikation zwischen intrapersoneller und interpersoneller Kommunikation unterschieden werden kann, lassen sich Interaktion und Kommunikation gleichsetzen. Diese häufig anzutreffende Unschärfe führt zu einer (im hier wichtigen didaktischen Bezug) wenig wünschenswerten Vernachlässigung des Handlungsaspekts.
[11] Es wird gerne diskutiert, ob die Teilnehmer*innen einer Kommunikation Individuen sein müssen bzw. ob für Kommunikation ein Bewusstsein vorausgesetzt werden muss. In den technischen Disziplinen wird

Basiskonstrukt in der Sprechakttheorie, der Nachrichtentechnik und der klassischen Informationstheorie, aber auch in Pädagogik und Didaktik angewandt.

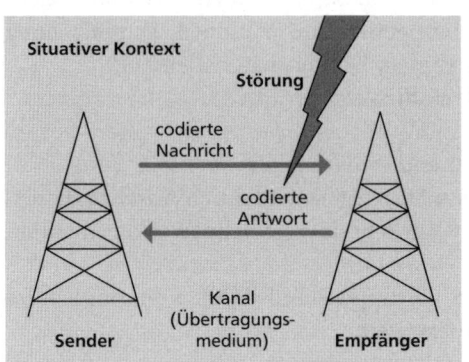

Abbildung 32: Sender-Empfänger-Modell der Kommunikation

Bei genauerer Betrachtung des Modells wird jedoch deutlich, dass Gegenstände oder technische Systeme sehr wohl eine Rolle in der menschlichen Kommunikation spielen. Sie können zwar nicht die Rolle von Sender oder Empfänger einnehmen, da sie zu keinen gedanklichen Leistungen fähig sind, können aber als Medien die Kommunikation maßgeblich bestimmen. Dabei ist generell zwischen zwei verschiedenen Medientypen zu unterscheiden:
(1) Übertragungsmedien (Informationskanal)
(2) Informationsmedien

Übertragungsmedien werden immer dann genutzt, wenn die humanen Medien (Sprache, Gestik, Mimik) nicht ausreichen. Z. B. benutzt man einen Brief oder ein Telefon, um eine Information weiterzutragen. Informationsmedien werden im Sinne von Speichern genutzt. Sie entlasten das menschliche Gedächtnis, wenn zu viele Informationen vorliegen oder die Gefahr besteht, diese zu vergessen. Z. B. kann ein Foto etwas festhalten, was man erstens so genau nicht beschreiben könnte und zweitens wahrscheinlich im Detail auch schnell vergessen würde. Beide Medien können auch in kombinierter Form vorgefunden werden, z. B. in den Massenmedien, wo unzählige Informationen über große Räume und Distanzen verbreitet werden. Die Position der Übertragungsmedien im vorliegenden Modell (Abbildung 33) ist gekennzeichnet, wo aber befinden sich hier die Informationsmedien?

dies verneint und die Kommunikation als ein Prozess betrachtet, der den Zustand des Empfängers verändert. Aus philosophischer Sicht wäre dann allerdings zu fragen, ob es Kommunikation ohne „Verständnis" und „Erinnerung" überhaupt geben kann. Auch ist nach wie vor strittig, ob Kommunikation intentional (von einer Absicht begründet) sein muss bzw. ob es einseitige Kommunikation gibt.

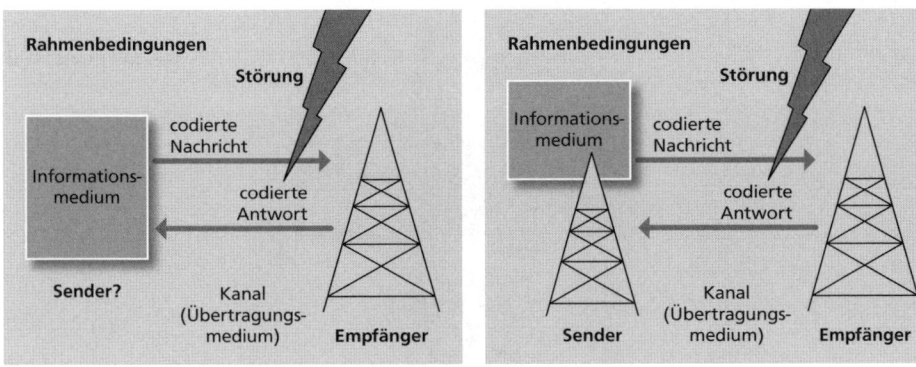

Abbildung 33: Position von Informationsmedien im Sender-Empfänger-Modell

Wie Abbildung 33 zeigt, kann ein Informationsmedium einen Sender nicht ersetzen. Dies kann auf den ersten Blick z. B. bei computergestützten, sog. „interaktiven" Medien scheinbar der Fall sein, bei genauerer Betrachtung wird jedoch deutlich, dass jedes Informationsmedium (auch ein Computerprogramm) von einem Individuum entwickelt und bereitgestellt werden muss. Zudem schließt sich der Kreis auch erst dann zur Kommunikation, wenn sich die Autor*innen eines Informationsmediums in irgendeiner Weise mit dem Feedback der Empfänger*innen auseinandersetzen.

Damit ergeben sich aus kommunikativer Perspektive drei vorstellbare Kommunikationsräume:
(1) die intrapersonelle Kommunikation
(2) die unmittelbare interpersonelle Kommunikation
(3) die mittelbare interpersonelle Kommunikation

Raum (1) entspricht weitgehend der vorausgehend betrachteten ILI. Die Räume (2) und (3) sind aus didaktischer Perspektive sehr unterschiedlich zu betrachten: Während in (2) die zwischenmenschlichen Aspekte eine zentrale Rolle einnehmen, sind in (3) die medialen Aspekte entscheidend.

Zu (2): Im Sinne von Schulz von Thun[12] besitzt jede Nachricht neben dem Sachinhalt (a) auch Aspekte der Selbstoffenbarung (b), der Beziehung (c) und des Appells (d). Ohne dies hier näher ausführen zu wollen, kann festgestellt werden, dass eine rein fachliche Kommunikation in unmittelbaren Lehr-Lern-Prozessen unmöglich ist. Unabhängig davon, was eine Lehrperson intendiert und explizit sagt, vermittelt sie in jedem Falle darüber hinausgehende, implizite Aspekte (Abbildung 34).

---

[12] Schulz von Thun, 2007, S. 19.

Abbildung 34: Nachrichtenquadrat nach SCHULZ VON THUN[13]

Unmittelbare Lehr-Lern-Kommunikation findet somit immer innerhalb eines impliziten psycho-sozialen Raums statt, welcher der Lehrkraft zumindest bewusst sein sollte, um kontraproduktive Wirkungen zu vermeiden. Je weiter die Lehrziele im affektiven, sozialen bzw. emotionalen Bereich liegen, desto expliziter müssen die Aspekte der Selbstoffenbarung, der Beziehung und des Appells mit in die Unterrichtsgestaltung einbezogen werden. Dies betrifft insbesondere Aspekte der Lehr-Lern-Interaktion, der Sozialformen und der Führungsstile, welche an späterer Stelle in Band II weiter ausgeführt werden.

Zu (3): Gegenüber der unmittelbaren Kommunikation ist die Kommunikation über Informationsmedien relativ sachlich. Zwar können die unter (2) angesprochenen Aspekte auch hier wirksam werden. Dies verliert jedoch sicher an Wirkung durch die fehlende Präsenz des Senders, zudem sinkt die Wahrscheinlichkeit einer unbewussten oder unbeabsichtigten Kommunikation durch die fehlende Situativität. Für die Gestaltung von Informationsmedien gelten (ebenso wie jene der Übertragungsmedien) somit gegenüber der Gestaltung personeller Lernkommunikationen eigenständige Gesetzmäßigkeiten. Dies wird unter dem Aspekt der Medien in Band II näher erörtert.

Zusammenfassend ist festzustellen, dass das Lernen mit einer interpersonalen Interaktion beginnt, indem sich ein Individuum aktiv mit Neuem auseinandersetzt. Diese Auseinandersetzung wird durch Kommunikation mit anderen Subjekten bereichert. Sind diese als Mitschüler*innen oder Lehrpersonen intentional am Lernprozess beteiligt, entstehen externe Lerninteraktionen bzw. Lehr-Lern-Interaktionen. Da die Kommunikation die Koppelung aller an einem Lernprozess beteiligten Individuen herstellt, bestimmt diese maßgeblich über Qualität und Wirkung der gesamten Lehr-Lern-Interaktion.

5.1.2 Feedback

Wenn Lernen bzw. Kompetenzerwerb als komplexer und mehrschichtiger Interaktionsprozess verstanden wird, ist den für jede Form von Interaktion generell erforderlichen

---

[13] Schulz von Thun, 2007, S. 19.

Rückmeldungen eine bedeutende Rolle beizumessen. Sowohl in konstruktivistischen als auch in kognitivistischen Lerntheorien wird davon ausgegangen, dass das Individuum Lernfortschritte nur in dem Maße verwerten kann, in dem es sich deren versichert hat.

Bezogen auf den Erwerb von fachlich-methodischen Kompetenzen sind insbesondere kognitive Bestätigungsrückmeldungen, die sich auf die Richtigkeit von Konzepten, Handlungen oder Lösungen beziehen, bedeutsam. Für den Erwerb sozial-kommunikativer Kompetenzen sind – neben kognitiven Bestätigungen – insbesondere Verhaltensrückmeldungen bedeutsam. Das Individuum orientiert sich sozial an den anderen und sucht nach Bestätigungen für sein richtiges Verhalten. Soziale Verstärker sind Rückmeldungen, die vom sozial Agierenden unmittelbar mit seinem Verhalten in Verbindung gebracht werden und ihn bestätigen oder zu Veränderungen in seinem Verhalten aktivieren. Für den Erwerb personaler Kompetenzen sind vielfältige motivationale und volitionale Rückmeldungen sowie Rückmeldungen über die Wirksamkeit des eigenen Handelns erforderlich. Schließlich hat sich erwiesen, dass Lernkompetenzen weitgehend über Metakognition entwickelt werden können, also über innere Rückmeldungen bezüglich des eigenen Denkens und Problemlösens.

Kompetenzentwicklung wird somit in seiner ganzen Breite von verschiedenartigsten nebeneinander aber auch miteinander eintretenden Rückmeldungen bestimmt. In einer zusammenfassenden Metaanalyse über 180.000 Einzelstudien haben HATTIE & TIMPERLEY[14] zunächst die am häufigsten erforschten Feedbackkomponenten identifiziert und hinsichtlich ihrer Effektstärken[15] gegenübergestellt. Gemäß dieser Studie sind für das kognitive Lernen vor allem sachliche Hinweise[16], Zielklärungen[17] und Korrekturen[18] wichtig. In Lernhandlungen zählt zentral das unmittelbare Wahrnehmen des Handlungserfolgs[19]. Im Verhaltensbereich ist vor allem persönliche Bestärkung[20] entscheidend, zudem sind audiovisuelle Selbstreflexionen sehr wirksam[21]. Darüber hinaus lassen sich verschiedene Attribute für Rückmeldungen ableiten:

1. Direktheit: Eine sofortige, wenig komplexe Rückmeldung ist gegenüber einer verzögerten, komplexen deutlich wirksamer[22]. Daher sollten Feedbacks nicht erst am Ende längerer Lernstrecken eingeleitet werden. Besser sollte das Lernszenario so aufgebaut sein, dass es aus sich heraus immer wieder Feedbacks leistet oder fordert (z.B. durch komplexe Aufgaben oder Kontrollfragen). Allerdings sollte dies nicht als Aufruf zu einer Überhäufung des Lernprozesses mit permanenten Rück-

---

14 Hattie und Timperley, 2007, S. 84.
15 Als Effekte werden in diesen Studien erfahrungsgemäß Lernerfolge erhoben, dies umfasst in vielen Fällen die einfache Wiedergabe von Wissen, aber auch das Lösen von Aufgaben sowie komplexe Problemstellungen.
16 Effektstärke 1.10.
17 Effektstärke 0.46.
18 Effektstärke 0.37.
19 Effektstärke 0.95.
20 Effektstärke 0.94.
21 Effektstärke 0.64.
22 Effektstärke im Unterschied zwischen „unmittelbarer" und „verzögerter" Rückmeldung 0.34, Effektstärke im Vergleich „wenig komplexe" Rückmeldung – „komplexe" Rückmeldung 0.55 vs. 0.03.

meldungen verstanden werden, da die Menge der Feedbacks generell in keinem Zusammenhang mit deren Wirksamkeit steht[23].
2. Sachlichkeit: Rückmeldungen in Form von klaren sach- oder situationsbezogenen Hinweisen haben die höchste Wirksamkeit[24], da sie unmittelbar zugeordnet und umgesetzt werden können. Bestätigungsrückmeldungen[25] führen dabei zu stärkeren Wirkungen als Fehlerrückmeldungen[26], was nicht als ein Aufruf zur Fehlervermeidung verstanden werden soll, sondern vielmehr die Bedeutung von Erfolgen akzentuieren soll.
3. Neutralität: Feedbacks sollten von persönlichen Bewertungen möglichst freigehalten werden. Im Zusammenhang mit Bemängelung, Strafe, aber auch Lob, wurden nur geringe, teilweise negative Effekte nachgewiesen[27].
4. Anspruch: Rückmeldungen sollten nicht den Anspruch bzw. den Schwierigkeitsgrad einer Aufgabe relativieren oder aufweichen. Gegenteilig sollten sie sich an angemessenen und herausfordernden Zielen orientieren[28], da einige Lernende sonst nicht ihre Lösung, sondern vielmehr die Aufgabe selbst infrage stellen.
5. Vollständigkeit: Rückmeldung bezieht sich nicht nur auf eine Dimension des Lernens, sondern auf mehrere Sachverhalte wie z. B. Feedback: a) zum Aufgabenverständnis (verstanden?), b) zum Lösungsweg (führt zum Ziel?), c) zum Ergebnis (richtig?), d) zur Selbstregulation des Lernprozesses (effizient?), e) zur persönlichen Bewertung (Lob, gute Note, Umgang mit Fehlern?).
6. Prozessorientierung: Weiterhin geht es beim Feedback um Prozessorientierung, welche damit beginnt, Feedback a) über die Zielsetzung einzuholen (Wo willst du hin? = Feed Up), b) über den aktuellen Stand der Aufgabenumsetzung (Wie kommst du voran? = Feed Back) und c) über die nächsten Schritte zur Weiterführung des Kompetenzentwicklungsprozesses (Welche Lernprozesse sind als nächstes zielführend? = Feed Forward)[29].

Die Lernenden bekommen im Eigen-, Lehrer*innen- und Schüler*innenfeedback Rückmeldungen über ihr Wissen, ihre Kompetenzen sowie über soziale und personale Aspekte. Dabei hat jede Art der Rückmeldung eine eigenständige Charakteristik:

Eine Eigenrückmeldung erfolgt im relativ engen Spektrum dessen, was der Einzelne von sich selbst wahrnehmen kann bzw. will. Sie wird daher von der „Vorauswahl des Erwünschten" und einem „Eingangsfilter des Erwarteten" beeinflusst. Daher sind Eigenrückmeldungen vor allem im Bereich der fachlich-methodischen Kompetenzen, aber auch in jenem der personalen Kompetenzen relevant. In erstem Falle deshalb, weil hier Vorauswahl und Eingangsfilter aufgrund der Sachlichkeit kaum zur Wirkung

---

[23] „Wenige" Feedbacks stehen „gehäuften" Feedbacks mit einer Effektstärke von 0.32 zu 0.39 gegenüber.
[24] Effektstärke 1.10.
[25] Effektstärke 0.43.
[26] Effektstärke 0.25.
[27] Effektstärke bei „Strafe" 0.20, bei „Lob" 0.14, Vergleich zwischen „Lob"/„kein Lob" 00.9 vs. 0.34, „entmutigende" Rückmeldungen −0.14.
[28] Effektstärke bei „anspruchsvollen Zielen" 0.51, bei „einfachen" oder „beliebigen Zielen" 0.35.
[29] Zierer, 2014, S. 65 ff.

kommen werden, in zweitem Falle, da hier gerade der Umgang mit Vorauswahl und Eingangsfilter zur Kompetenzentwicklung beiträgt. Wie vorausgehend beschrieben, geht es bei diesen Feedback-Überlegungen um den Aufbau von Motivation und Selbstwirksamkeit. Beides hängt zentral damit zusammen, was man sehen will, was man an sich heranlässt und wie man es verarbeitet. Insbesondere selbstreguliertes Lernen und die darin zentralen Problemlösungsprozesse sind ohne Selbstreflexion nicht denkbar. Im Modell von ZIMMERMAN & CAMPILLO verbindet die Selbstreflexionsphase die Arbeitsphase mit der Antizipationsphase und erweist sich somit als entscheidendes Bindeglied zirkulärer Problemlösungsprozesse (Abbildung 35)[30].

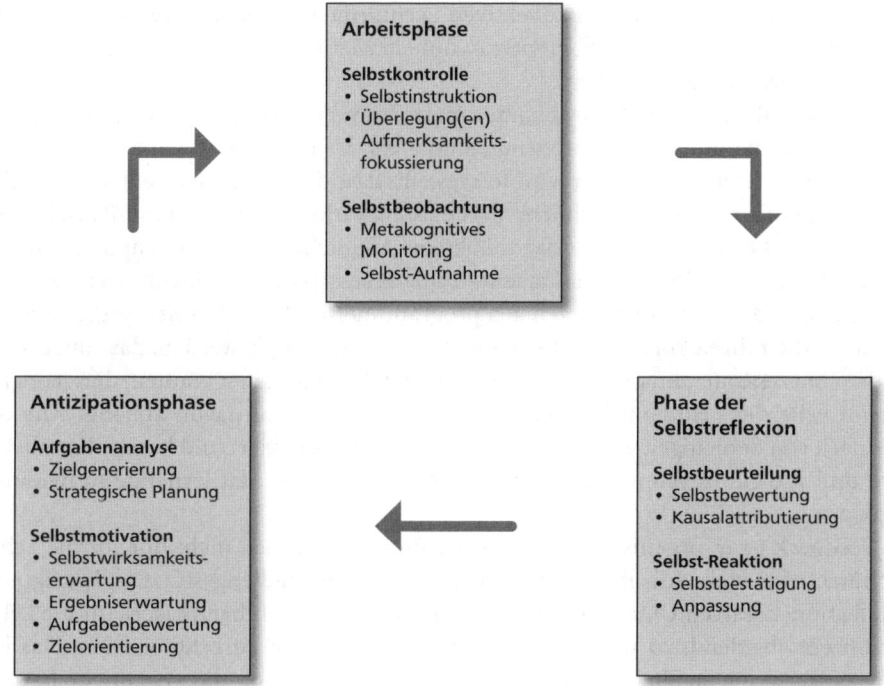

Abbildung 35: Selbstreflexion als entscheidendes Bindeglied in zirkulären Problemlösungsprozessen[31]

Schüler*innenrückmeldungen erfolgen im breiteren aber leider relativ zufälligen Spektrum dessen, was die Mitschüler wahrnehmen, wie sie es interpretieren und rückkoppeln. So sind sie für den Adressaten im fachlich-methodischen Bereich interessant, jedoch bezüglich ihrer Richtigkeit nicht sicher. Daher erfordern sie eine Verifizierung. Im personalen Bereich sind sie sehr bedeutsam, da der Lernende diese dem Eigenfeedback gegenüberstellen und es damit relativieren kann. Am bedeutendsten sind Schülerrückmeldungen für die Entwicklung sozial-kommunikativer Kompetenzen, da diese ausschließlich in sozialer Interaktion entwickelt werden können.

30 Zimmerman, 2008, S. 178.
31 Zimmerman und Campillo, 2003.

Lehrer*innenrückmeldungen repräsentieren für die Lernenden in erster Linie die fachliche Referenz und sind daher entscheidend für die Verifizierung und Objektivierung des erworbenen Wissens. Bezogen auf soziales Lernen stellen sie ein wichtiges Korrektiv dar, vor allem immer dann, wenn die ablaufenden sozialen Prozesse defizitär oder kontraproduktiv werden. Die in erster Linie von Eigenrückmeldungen abhängige Entwicklung personaler Kompetenzen kann durch Lehrer*innenrückmeldungen gut ergänzt werden, wenn diese darauf ausgerichtet sind, Motivation und Selbstwirksamkeitserwartung aufzubauen. Dies erfolgt vor allem beim Aufbau von Leistungsmotivation durch sachliche Aussagen über das Erreichte und Noch-Zu-Erreichende, bei der Erfahrung von Selbstwirksamkeit durch Akzentuierung dessen, worin das Schüler*innenhandeln wirksam wurde. In kollektiven Lernformen wurde nachgewiesen, dass die Lernenden ihre persönliche Effektivität in hohem Maße aus der ihnen zurückgemeldeten Gruppeneffektivität ableiten[32].

Bzgl. der Rückmeldung durch „interaktive Medien", also multimediale Computer, werden in der vorausgehend bezogenen Studie von HATTIE & TIMPERLEY hohe Effektstärken konstatiert (0.52). Auch wird festgestellt, dass das Computerfeedback in vielen Fällen gegenüber dem „menschlichen" Feedback wirksamer ist[33]. Diese Pauschalisierung erscheint jedoch angesichts der vielfältigen Möglichkeiten von Computerfeedback und der dabei vorstellbaren Qualitätsunterschiede sehr verkürzt. Zudem belegt ein weiterer Befund, dass Rückmeldungen aus programmierten Instruktionen sogar negative Effekte herbeiführen können. Daher kann davon ausgegangen werden, dass interaktive Medien interessante und produktive Lernrückmeldungen leisten können, dies jedoch – wie im Falle der „Human-Rückmeldungen" – entscheidend davon abhängt, wie das Feedback von denjenigen, die das Medium gestalten, antizipiert und konzeptionalisiert wird und wie gut es gelingt, das rückmeldende Medium an das lernende Individuum anzupassen.

Feedback ist in organisierten Lehr-Lern-Prozessen jedoch nicht nur für die Schüler*innen essenziell. Sowohl für die Konzeption eines mediengestützten, hochgradig schüler*innenaktiven Unterrichts als auch für dessen Durchführung ist es für die Lehrperson entscheidend, zu wissen, wie die Lernenden damit zurechtkommen. Das betrifft zunächst die fachlich-inhaltliche Seite, also die Frage, ob das vermittelte bzw. zu vermittelnde Wissen der Schüler*innengruppe angemessen ist und zudem die methodische Seite, also die Frage, ob die Zugänge für die Lernenden so angelegt sind, dass sich möglichst viele von ihnen darin zurechtfinden. Da die Lehrperson jedoch auch personale und sozial-kommunikative Kompetenzen vermitteln soll, benötigt sie selbst auch auf der persönlichen Ebene intensive Feedbacks von den Lernenden. Dies erfolgt u. a. durch intensive Beobachtung der Einzel- und Gruppenarbeiten, zum anderen aus formellen, aber auch informellen Einzel- bzw. Gruppengesprächen. Schließlich ist für einen guten Unterricht langfristig auch das Arbeitsklima im Unterricht bedeutsam. Daher benötigen Lehrende auch Rückmeldungen darüber, welche Qualität das Klassenklima in ihrem Unterricht erreicht. Im Gegensatz zu den Lernenden ist somit das

---

[32] Cheng, Lam und Chan, 2008, S. 208 f.
[33] Effektstärke „Computerfeedback" 0.41 vs. „menschliches Feedback" 0.24.

Lehrerfeedback nicht auf einen direkten, individuellen Lernerfolg ausgerichtet, sondern zum einen auf die Wirksamkeit von Materialien, Medien und lernunterstützender Maßnahmen, zum anderen auf das persönliche Wirken der Lehrperson selbst. Da vor allem im zweiten Aspekt die Gefahr eines engen Blickwinkels bzw. der Selbsttäuschung besteht, ist hier zur Objektivierung eine Formalisierung bzw. Instrumentalisierung anzuraten. Dies wird später unter dem Aspekt der Evaluation näher erörtert.

Ebenso wie Interaktion und Kommunikation erweisen sich Rückmeldungen als essenzielle Komponenten des Lehr-Lern-Prozesses. Die Lernenden benötigen ständig wirksames Feedback für eine effektive und effiziente Kompetenzentwicklung. Lehrende können Lernumgebungen nur dann angemessen gestalten, betreuen, modifizieren und optimieren, wenn auch sie entsprechend wirksame Rückmeldungen über die Lernprozesse und -wirkungen erhalten[34].

5.2 Technikdidaktische Lernumgebungen als komplexe Lehr-Lern-Szenarien

Allgemein soll hier unter Lernumgebung ein Szenario verstanden werden, in welchem berufsbezogene Kompetenzentwicklung möglich bzw. wahrscheinlich ist. Da sich Technikdidaktik weitgehend mit der gezielten Unterstützung von Kompetenzentwicklung auseinandersetzt, werden unorganisierte, zufällige, lebensweltliche also informelle Lernumgebungen hier nicht mit einbezogen, denn dort sind die Lernenden weitgehend auf sich alleine gestellt, also Autodidaktiker*innen. Dass eine gute berufliche Didaktik auf diese Lernräume konsequent vorbereiten muss, soll damit nicht infrage gestellt werden – gegenteilig ist eine Vermittlung von Berufskompetenzen im Allgemeinen und von spezifischen Lernkompetenzen (als Bestandteil personaler Kompetenzen; Abschnitt 3.3.6) – im Besonderen gezielt darauf ausgerichtet, Facharbeiter*innen und Handwerker*innen auf informelles Lernen vorzubereiten und zu befähigen. Wenn im Folgenden nun der Begriff der Lernumgebung verwendet wird, ist jedoch immer eine intentionale, also organisierte und betreute Lernumgebung gemeint.

Nach GUDJONS vollzieht sich didaktische Interaktion, indem sich „Sinndeutungen und Handlungen des einen am Tun des anderen ausrichten. Die dabei auftretenden Prozesse sind vielfältig methodisch organisiert und auf die Lernbedingungen und Adressaten ausgerichtet, bleiben jedoch immer mittelbar"[35]. Der Zusammenhang zwischen dem Erwerb von Kompetenzen und dessen Unterstützung ist somit (1) ein mittelbarer und wird (2) durch Interaktion herbeigeführt. Bezogen auf den schulischen Lernraum definiert MEYER Unterricht als „die planvolle pädagogische Interaktion von Lehrenden und Lernenden zum Zwecke der Aufklärung und der Vermittlung von Handlungskompetenz"[36].

Zu (1): Wie die Begrifflichkeit der Unterstützung von Kompetenzentwicklung schon andeutet, kann dieser Prozess (bzw. diese Leistung) dem Lernenden nicht ab-

---

[34] Zierer, 2014, S. 64.
[35] Gudjons, 2001, S. 175.
[36] Meyer, 1997, S. 27.

genommen werden. Kompetenzentwicklung kann ausgelöst, angeregt, moderiert, betreut, hinterlegt, ausgestattet, rückgemeldet etc., jedoch nicht von außen erzeugt oder direkt herbeigeführt werden. Entsprechend erscheint die Terminologie einer „Kompetenzvermittlung" irreführend. Somit muss didaktisch-methodisches Handeln auf eine intendierte Einflussnahme eingegrenzt werden. Die Unterstützung von Kompetenzentwicklung ist damit generell ein Handeln, dessen Erfolg bestimmte Wirkungen bei anderen, eigenständigen Individuen voraussetzt und stellt sich als ein Versuch dar, der gelingen oder scheitern kann.

Zu (2): Dieser mittelbare Prozess besteht in einer Interaktion, also einer wechselseitigen Einflussnahme. Damit stehen nicht die Lehrenden als Subjekte den Lernenden als Objekten gegenüber, vielmehr finden wechselseitige Prozesse zwischen gleichwertigen Individuen statt. Dies bedeutet, dass das Lehren keine „kommunikative Einbahnstraße"[37] sein kann, sondern in vollständigen Handlungen aus Aktionen und Rückmeldungen erfolgt. Es bedeutet auch, dass Lehren und Lernen als (phasenweise) parallel verlaufende und kommunikativ verknüpfte komplexe Handlungen aufzufassen sind. Somit kommt allen vermittelnden Elementen (Medien) in Lehr-Lern-Prozessen große Bedeutung zu.

Lehrprozesse sind gemäß dieser Grundlagenbetrachtung den Lernprozess antizipierende, vorbereitende, ausstattende, begleitende etc. Lehreraktivitäten, welche über Planungselemente gesteuert, über Feedbackprozesse geregelt und durch Medien unterstützt werden. Aus dieser Grundannahme wird nachfolgend, ausgehend von übergreifenden Grundüberlegungen, ein technikdidaktisches Prozessmodell hergeleitet.

5.2.1 Geteilte Kompetenzentwicklung als technikdidaktische Herausforderung der dualen Ausbildung

Hintergründe und Grundüberlegungen

Ginge man von geschlossenen Ausbildungskonzepten an den berufsbildenden Schulen bzw. in den Betrieben aus, wäre die Unterstützung des Kompetenzerwerbs angehender Facharbeiter*innen und Handwerker*innen aus institutioneller Perspektive relativ einfach handhabbar. Das im deutschsprachigen Raum dominierende duale System beruflicher Bildung bedingt jedoch zwei korrespondierende Lernorte. Traditionell sieht dieses staatlich partizipierte Wirtschaftsmodell vor, dass die Ausbildung weitgehend in den Betrieben stattfindet, jedoch durch berufsschulischen Unterricht unterstützt wird. Der Einbezug einer Berufsschule geht auf die ehemalige Fortbildungsschule zurück, deren Auftrag einer ergänzenden allgemeinen und beruflichen Bildung durch Georg Kerschensteiner präzisiert wurde[38]. Seitdem es die Berufsschule gibt, sieht sich diese nicht als Appendix der Betriebsausbildung, sondern konstatiert einen eigenständigen Anspruch, welcher eine Bildung der Facharbeiter*innen bzw. Handwerker*innen über

---

37 Im Sinne des „Sender-Kanal-Empfänger"-Modells von Kommunikation (Abbildung 32).
38 Schelten, 2010.

seinen fachlichen und betrieblichen „Tellerrand" hinaus durch den Beruf und für das Leben konstatiert.

Diese historischen Grundsätze wurden durch den Kompetenzansatz neu aufgegriffen und die sich in den zurückliegenden Jahrzehnten etablierte Festlegung des Betriebes als praktischen und der Schule als theoretischen Lernort relativiert. Unabhängig davon, welches Konstrukt von Kompetenz aufgegriffen wird, das der KMK oder das von ERPENBECK & ROSENSTIEL; aus beiden Ansätzen kann keine klare Differenzierung in zwei getrennte, dabei aber korrespondierende Lern- bzw. Entwicklungsphasen abgeleitet werden, gegenteilig akzentuieren beide Ansätze genau das Gegenteil: Sie gehen von hochgradig integrierten Kompetenzentwicklungsprozessen aus, in welchen nicht nur Denk- und Handlungsaspekte ineinander verschränkt sind, sondern auch kognitive, emotionale und psychomotorische Komponenten sich in ihrer Entwicklung gegenseitig bedingen und bestimmen.

Demgegenüber steht das tradierte Nebeneinander der beiden Lernorte und deren langjährig etablierte Differenzierung. Diese Differenzierung wird nicht nur durch die unterschiedlichen Lernumgebungen und -konzepte deutlich, sondern vor allem durch die erheblichen Unterschiede beim Bildungspersonal: In den Betrieben sind dies die Ausbilder*innen, in den Schulen die Berufsschullehrer*innen. Ausbilder*innen sind als Meister*innen Praxisexpert*innen und verfügen über ein hohes Maß an arbeitsprozess-, erfahrungs- und aufgabenbezogenes Wissen. Berufsschullehrer*innen sind wissenschaftlich ausgebildete Theorieexpert*innen und verfügen über ein hohes Maß an Professions- und Reflexionswissen sowie weitere Aspekte entsprechend des Modells von BAUMERT & KUNTER (siehe hierzu Kapitel 1 Band I).

Eine Bemängelung dieser Tatsache erscheint an dieser Stelle müßig. Die Lernortteilung ist faktisch und hat sich über einen sehr langen Zeitraum, in welchem einige Paradigmenwechsel vollzogen wurden, letztendlich durch die Konstanz des deutschen Konzepts der Facharbeiter*innen bzw. Handwerker*innen bewährt. In Staaten, in welchen die Berufsausbildung überwiegend schulisch gehandhabt wird, besteht das gleiche Problem in der umgekehrten Richtung: Hier sind viele Betriebspraktika erforderlich und es stellt sich gleichermaßen die Frage, wie hier nun eine integrative Kompetenzentwicklung stattfinden kann. Diese Fragen lassen sich wissenschaftlich aktuell nicht ausschöpfend behandeln.

Wie die zurückliegenden Jahre zeigen, hat sich die Berufsschule vor allem wegen den lernfeldorientierten Lehrplänen deutlich den Szenarien betrieblicher Ausbildung angenähert. Dies ist einerseits positiv zu sehen, da in der Vergangenheit immer wieder mehr Praxisnähe angemahnt wurde. Andererseits ist es auch mit Skepsis zu sehen, da die Berufsschule nicht in der Lage ist, eine berufliche Realität zu substituieren und zudem weder die Mittel noch die Zeit hat, Berufskompetenzen in ihrer „Ganzheit" zu vermitteln. Der Lernort Berufsschule kann innerhalb der dualisierten Berufsbildung nur bestehen, wenn er seine Identität akzentuiert, anstatt sie zu verwässern. Diese Identität muss auf der Zuständigkeit und Verantwortung für die wissenschaftlich-theoriebezogenen Anteile der Berufsausbildung aufbauen.

Betriebe und Berufsschulen müssen im dualen System eine „symbiotische Einheit" bilden, in welcher jeder des anderen bedarf, um zu dem gemeinsam anvisierten Ziel zu gelangen.[39] „Duale Ausbildung entfaltet sich somit nicht als organisatorischer Dualismus von schulischer Theorievermittlung und betrieblicher Theorieanwendung, sondern muss als ein lernortübergreifendes Lehr-Lernarrangement [...] begriffen werden"[40]. Dass dieses lernortübergreifende Lehr-Lern-Arrangement funktioniert, setzt voraus, dass die Auszubildenden in der Lage sind, die beiden Lernorte und deren unterschiedlichen Beitrag zu ihrer Kompetenzentwicklung zu integrieren. Wie aufwändig und schwierig dies für den Einzelnen ist bzw. wie gut es gelingt, kann dabei in hohem Maße von den Schulen und den Betrieben beeinflusst werden. Beide Lernorte müssen Brücken bauen und Bezugspunkte markieren, die den Lernenden generell signalisieren, dass der andere Lernort wichtig und bedeutsam ist. Zudem sollten sie fachlich ineinander verzahnt sein, damit sich – anstelle von Verzögerungen, Unklarheiten oder Brüchen zwischen Betrieben und Schulen – möglichst viele Ansatzpunkte für den wechselseitigen Transfer von theoretischen und praktischen Kompetenzkomponenten ergeben.

Die Rolle der Berufsschule zeichnet sich dabei hinsichtlich der beruflichen Realität als (1) antizipativ ab, hinsichtlich des Erreichens der Bildungsziele als (2) prospektiv. Dies hat Konsequenzen für den technischen beruflichen Unterricht.

Zu (1): Technischer beruflicher Unterricht kann nur in dem Maße kompetenzförderlich sein, indem er von den Lernenden in die von ihnen wahrgenommene berufliche Realität eingeordnet werden kann. Umgekehrt: Je weiter entfernt der Unterricht von deren aktueller Praxis ist, desto mehr „träges Wissen" wird produziert. Alles zu vermittelnde Wissen muss also in Bezug zu dessen realem Anwendungskontext gesetzt werden.

Zu (2): Das letzte aber entscheidende Feedback über die Wirksamkeit beruflichen Unterrichts erfolgt aus dem Grad der erreichten beruflichen Handlungskompetenzen der Lernenden. Diese Rückmeldung ist jedoch zeitlich zu langfristig, ursächlich zu unscharf und zu komplex, um daraus Schlüsse auf den Unterricht ziehen zu können. Daher ist es erforderlich, direktere Rückmeldungen für den Unterricht zu finden, welche zu einem entsprechenden Anteil als Prädiktoren für berufliche Handlungskompetenz gelten können. Diese müssen sich – gemäß des hier zugrunde gelegten Konstrukts von fachlich-methodischen Kompetenzen – auf anwendungsrelevantes Wissen beziehen.

Technischer beruflicher Unterricht muss sich somit zwar übergreifend an der Vermittlung von fachlich-methodischen Kompetenzen orientieren, konkret aber primär die Vermittlung hochwertiger und gleichermaßen handlungsadaptiver Wissenskomponenten intendieren. Im Bezugsfeld der personalen und sozial-kommunikativen Kompetenzen ist die Problematik der Lernortteilung ähnlich einzuschätzen. Ihr kann jedoch, da in diesen Entwicklungsbereichen die Wissenskomponenten keine dominante Bedeutung haben, nicht in identischer Weise wie bei den fachlich-methodischen Kompetenzen begegnet werden. Aktuell wird versucht, durch Ähnlichkeiten in den sozialen

---

39 Straka, 2001, S. 30.
40 Sloane, 2001, S. 190.

und personalen Prozessen in schulischen Lernumgebungen beruflich-betriebliche Authentizität zu simulieren.

Berufsschulisches Lehren heißt somit aus diesem Blickwinkel:
- als Teilhaber eines komplexen Lehrprozesses,
- in Antizipation der beruflichen Realität,
- kompetenzrelevantes Wissen,
- in persönlichkeitsförderlicher und sozial weiterführender Weise zu vermitteln,
- um eine Entwicklung von beruflicher Handlungskompetenz anzubahnen,
- welche sich im Zusammenwirken mit der betrieblichen Ausbildung ergänzt und vervollständigt.

Die Rolle des Lernorts Betrieb stellt sich in diesem Problem nicht weniger schwierig dar. Aufgrund der Tatsache, dass hier Lern- und Tätigkeitsraum identisch sind, könnte man annehmen, dass dort Kompetenzen vollständig vermittelt werden können. Wäre dies so, könnte man die Berufsschulen abschaffen.

Gemäß der Theorie von ERPENBECK & ROSENSTIEL ist das betriebliche Lernen zwar angehäuft mit Performanz. Unsicher und sehr abhängig vom dortigen Bildungskonzept ist, welche fachlich-methodischen Kompetenzen im Vollzug der Handlungen von den Lernenden entwickelt werden. Da dem betrieblichen Ausbildungspersonal die wissenschaftlichen Hintergründe zum fachlichen Geschehen fehlen, verbleibt das betriebliche Lernen zumeist im Professionswissen. Dieses kann jedoch für den beruflichen Anspruch von Facharbeiter*innen oder Handwerker*innen und der steigenden Komplexität nicht genügen. Somit sollte auch die betriebliche Ausbildung Brücken zur Berufsschule bauen und gemeinsame Bezugspunkte für die integrative Kompetenzentwicklung durch die Lernenden setzen. Das soll nicht als ein Aufruf zu betrieblichem Unterricht verstanden werden, sondern zu einer Akzentuierung dessen, was die bedeutendsten Unterweisungsverfahren ohnehin kennzeichnet: eine Inszenierung von Lernprozessen, in welchen nicht nur das „Was" und das „Wie" eines Verfahrens, einer Technik oder einer Technologie vermittelt wird, sondern vor allem das „Warum".

Betriebliches Lehren heißt also aus diesem Blickwinkel:
- als Teilhaber eines komplexen Lehrprozesses,
- in Antizipation technisch-naturwissenschaftlicher Hintergründe,
- Berufspraxis,
- in persönlichkeitsförderlicher und sozial weiterführender Weise zu vermitteln,
- um eine Entwicklung von beruflicher Handlungskompetenz anzubahnen,
- welche sich im Zusammenwirken mit dem berufsschulischen Unterricht ergänzt und vervollständigt.

Alternierendes berufliches Lernen, unter Einbezug schulischer und betrieblicher Szenarien ist also bis heute ein Basisaspekt deutscher Berufsausbildung, welcher normativ begründet und gesellschaftlich etabliert ist. Der Kernaspekt einer lernortalternierenden Kompetenzentwicklung, wie diese integrative Kompetenzentwicklung individuenspezifisch „stattfindet" bzw. „funktioniert", wurde bislang empirisch kaum erschlossen.

Lernortkooperation und Connectivity[41]

Ausgehend von der deutschsprachigen Literatur werden nachfolgend 1) Befunde auf Organisationsebene und insbesondere 2) lernspezifische Befunde erörtert, die sich auf das integrative Zusammenwirken zweier Lernorte beziehen. Innerhalb der lerntheoretischen Konzepte werden ebenfalls internationale Forschungsbeiträge referiert.

Zu 1): Lernorganisatorisch fokussierte Forschungsarbeiten, die sich thematisch mit dem Zusammenwirken der Lernorte auseinandersetzen, werden im deutschsprachigen Raum seit etwa drei Jahrzehnten unter dem Stichwort der „Lernortkooperation" diskutiert. Dabei zeigen sich insbesondere die Arbeiten von EULER ET AL.[42] und PÄTZOLD[43] als grundlegende Referenz. PÄTZOLD setzte sich überwiegend theoretisch mit Lernortkooperation auseinander. Er beschrieb Lernortkooperation als das „technisch-organisatorische und [...] pädagogisch begründete Zusammenwirken des Lehr- und Ausbildungspersonals der an der beruflichen Bildung beteiligten Lernorte"[44]. Ein Zusammenwirken erfolgt in Form eines Austausches, um „es den Jugendlichen, deren Lernen auf mindestens zwei Lernorte zerfällt, durch „guten" Unterricht bzw. „gute" Unterweisung zu ermöglichen, den inneren Zusammenhang zwischen den jeweils vermittelten Ausbildungsinhalten bzw. zu bearbeitenden Lernaufgaben herzustellen"[45]. Die Problematik darin sah PÄTZOLD in den „unterschiedlichen Leitzielen"[46] und den „organisatorischen Strukturen" der Lernorte. Mit der Lernortkooperation sei „eine Veränderung der internen Organisationsstrukturen" verbunden und es müsse „eine verbindliche gemeinsame neue Struktur, Strategie und Kultur geformt werden"[47].

EULER & BERGER[48] differenzierten in berufspolitische und didaktische Facetten bzw. Intentionen von Lernortkooperation. Die berufspolitische Facette begreift Lernortkooperation als „ein Mittel zur effektiven Implementation der neu geordneten Ausbildungsordnungen und Lehrpläne". Ihr wird dabei eine hohe Bedeutung beigemessen: (1) als „Voraussetzung zur Rationalisierung des dualen Systems" und (2) als „Bedingung zur Deregulierung des dualen Systems sowie einer stärkeren Verlagerung der Entscheidungskompetenzen und Verantwortung auf regionale Netzwerke und Absprachen vor Ort"[49]. Demgegenüber wird Lernortkooperation aus didaktischer Perspektive „als ein Mittel zur effektiven Gestaltung von handlungs- und transferorientierten Lehr-Lern-Prozessen in Schule und Betrieb verstanden"[50]. Aus dieser Festlegung lassen sich Koordinationsbedarfe für die Verzahnung von Theorie- und Praxisanteilen in Schule und

---

[41] Nachfolgende Darstellungen gehen auf die Arbeiten von Pittich und Tenberg, 2014 zurück und sind teilweise dort entnommen.
[42] U. a. Euler, 2004, Euler, 2010, Euler und Berger, 1999.
[43] Pätzold, 2003.
[44] Pätzold, 2003, S. 72.
[45] Pätzold, 2003, S. 72 f.
[46] Pätzold, 2003, S. 72.
[47] Pätzold, 2003, S. 70.
[48] U. a. Euler und Berger, 1999.
[49] U. a. Euler und Berger, 1999, S. 11.
[50] U. a. Euler und Berger, 1999, S. 12.

Betrieb ableiten, die sich wiederum auf lernorganisatorischer Ebene als bedeutsam zeigen. Nach Euler verfolgen Bestrebungen zur Optimierung der Lernortkooperation „sowohl qualitative als auch quantitative Ziele. [...] Zur Realisierung dieser Ziele müssen innovative Lösungen erarbeitet werden, insbesondere zur Abstimmung der Lernziele, Lerninhalte und Lehr-/Lernmethoden zwischen den beteiligten beruflichen Lernorten"[51].

Diese Systematisierung geht auf eine Bilanzierung verschiedener Modellversuche zurück, welche in den 1990er-Jahren zum Thema Lernortkooperation durchgeführt wurde, und bildet zugleich den Ausgangspunkt des weiterführenden BLK-Rahmenprogramms KOLIBRI. Im Abschlussbericht dieses Programms, in welchem insgesamt 28 Modellversuche integriert waren[52], wird ein breites Spektrum verschiedenartiger Ansätze von Lernortkooperation vorgestellt. Die darin erörterten Forschungsergebnisse sind überwiegend programmatisch und beziehen sich damit breit auf die berufspolitische Facette. Empirische Befunde über Lehr-Lern-Wirkungen liegen hingegen kaum vor. Die diesbezüglich wenigen, zumeist explorativen Studien führten keinen Ergebnisstand herbei, der Wirkungsaussagen über lernortkooperative Interventionen erlaubt hätte. Die insgesamt unerwartet ernüchternden Befunde aus KOLIBRI identifizierten einen „Verbesserungsbereich Lernortkooperation" in der dualen Berufsausbildung, was durch Befunde bestätigt wird[53]. LIPSMEIER[54] attestierte dem dualen System, einen relativ hohen Grad an Kooperation im Vergleich mit rein schulischen oder betrieblichen Monokonzepten in anderen Berufsbildungssystemen. Aus berufsdidaktischer Perspektive ist insbesondere die Frage bedeutsam inwiefern, wodurch und unter welchen Bedingungen das alternierende Lernen in Schule und Betrieb kompetenzförderlich ist.

Im Zuge der Studien zur Lernortkooperation um das Jahr 2000 und der aufkommenden Lehr-Lern-Forschung wurde spezifischen Fragen nach den näheren Zusammenhängen einer integrativen Kompetenzentwicklung an zwei getrennten Lernorten kaum nachgegangen. Dezidiert lehr-lern-spezifische Studien zur lernortalternierenden Berufsausbildung waren und sind somit „Mangelware". Als Nebenbefunde lassen sich jedoch Unterschiede in Bezug auf Interesse und Motivation in Schulen und Ausbildungsbetrieben belegen[55]. Befunde zu den wissensbezogenen Überzeugungen von Auszubildenden in gewerblich-technischen Domänen von ZINN[56] zeichnen ein ähnliches Bild, in dem die Auszubildenden einem betrieblichen Lernen häufig eine höhere Relevanz als dem schulischen Lernen beimessen. Befunde u. a. von PITTICH und NICKOLAUS ET AL.[57] weisen übereinstimmend jedoch die Relevanz dezidierten Fachwissens für berufliche Handlungskompetenz nach. Sie verdeutlichen in Verbindung mit der

---

51 U.a. Euler und Berger, 1999, S. 1 f.
52 Diesner, Euler, Walzik und Wilbers, 2004.
53 Beicht, Krewerth und Eberhard, 2009.
54 Lipsmeier, 2000, S. 20.
55 Z.B. Volet und Järvelä, 2001 oder auch Rosendahl und Straka, 2007.
56 Zinn, 2012, Zinn, 2013.
57 U.a. Pittich, 2013 und insbesondere Nickolaus, 2008, Nickolaus, 2011a, Nickolaus, 2011c, Nickolaus, Geißel, Abele und Nitzschke, 2011, Nickolaus, Gschwendtner und Geissel, 2008.

vorausgehend dargestellten internalen Abwertung ein Problem des berufsschulischen Lernens. Es ist anzunehmen, dass die Theorieauseinandersetzung der Auszubildenden eine entscheidende Rolle für deren Professionalisierung spielt, jedoch im Rahmen des aktuellen Lernortalternierens nicht optimal stattfindet. Um diesbezüglich eine Verbesserung herbeizuführen, haben sich die bisherigen Konzepte einer verbesserten Lernortkooperation als weitestgehend ungeeignet erwiesen[58].

In internationaler Betrachtung sind – obwohl duale Ausbildungssysteme außerhalb des deutschsprachigen Raums eher selten sind – ebenfalls Schwierigkeiten festzustellen, die mit unterschiedlichen Zugängen zu theoretischen und praktischen Aspekten eines Berufs zusammenhängen (z. B. in Finnland, Großbritannien und den Niederlanden). Hierbei sind Defizite bezüglich theoretischer Aspekte im betrieblichen Ausbildungskontext, aber auch umgekehrt schulische Praxisdefizite festzustellen[59]. Auch in Berufsbildungssystemen, die sich weitestgehend auf schulische Lehr-Lern-Formen fokussieren, dabei jedoch verschiedene Formen betrieblicher Praxisphasen implementieren, werden Defizite in der Korrespondenz zwischen den beiden Lernorten konstatiert. Die Problematik, zwei Lernorte mit unterschiedlichen Profilen und Orientierungen kompetenzförderlich zu integrieren, scheint somit nicht systemspezifisch, sondern generell vorzuliegen.

Bislang ist ein optimal-integrativer Lernort, an dem theoretisches und praktisches Wissen und Können gleichermaßen auf optimalem Niveau aufgebaut werden können, nicht festzustellen, sodass sich die Verbesserung des lernortalternierenden Lernens als eine systemübergreifende Herausforderung für alle Berufsbildungsansätze darstellt. Dabei ist davon auszugehen, dass eine kompetenzförderliche Verbindung von theoretischen und praktischen Aspekten an verschiedenen Lernorten zwar von lernorganisatorischen Aspekten mit beeinflusst wird, grundlegend aber die spezifische didaktisch-methodische Ausgestaltung der Lehr-Lern-Situationen an den jeweiligen Lernorten entscheidend ist.

Im Folgenden wird unter der Bezeichnung „Connectivity" ein Ansatz vorgestellt, der als theoretisches Lösungskonstrukt für die didaktisch-methodische Problematik des Lernortalternierens entwickelt wurde[60]. TYNJÄLÄ entwarf unter Bezugnahme auf sozial-konstruktivistische Ansätze[61] ein lernortintegratives didaktisches Modell[62].

---

[58] Diesner, Euler, Walzik und Wilbers, 2004, S. 90.
[59] Onstenk, 2009, S. 196 ff.
[60] Eine ausführliche Darstellung der theoretischen und konzeptionellen Hintergründe findet sich u. a. in Pittich und Tenberg, 2014.
[61] Z. B. Bereiter und Scardamalia, 1993 oder auch Lave und Wenger, 1991.
[62] Tynjälä, 2009, S. 19.

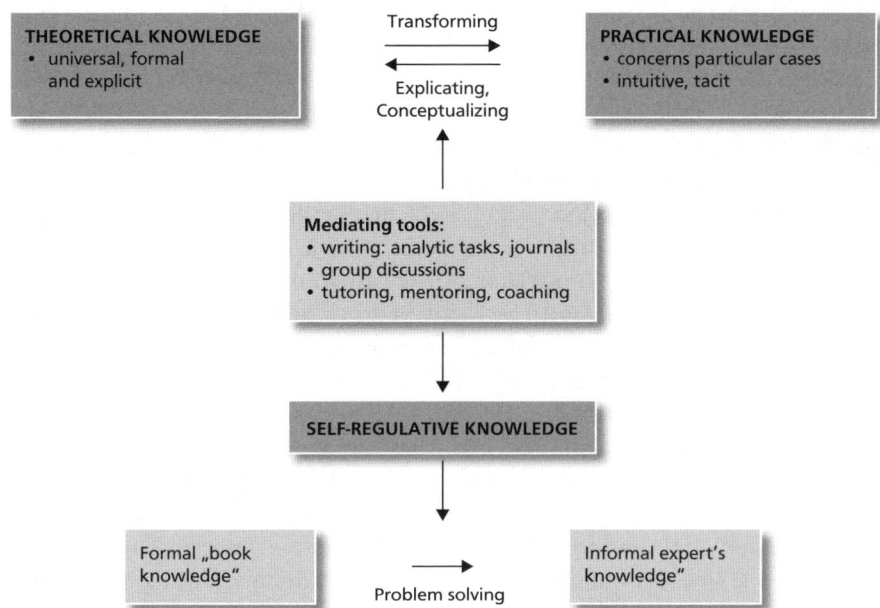

Abbildung 36: Connectivity – ein lernortintegratives didaktisches Modell von TYNJÄLÄ[63]

Dieses Modell verbindet zwei unterschiedliche Perspektiven der sogenannten ‚Connectivity Problematik': 1) eine systemische (oder lernorganisatorische) und 2) eine individuenbezogene (didaktische bzw. kompetenztheoretische) Sichtweise. In Bezug auf die systemische Perspektive bezieht sich TYNJÄLÄ unter anderem auf die Arbeiten von ENGESTRÖM[64], der ‚workplace' bzw. ‚expansive learning' unter Rekurs auf kulturhistorische Theorieansätze als „interconnected activity system" beschreibt. Hinsichtlich der individuenbezogenen Perspektive akzentuiert sie ein wechselseitiges Alternieren von Transformation, Explikation und Konzeptualisierung zwischen theoretischem (universal, formal, explicit) und praktischem Wissen (consens particular cases, intuitive, tacit). Ein produktives Alternieren dieser Wissensformen wird durch verschiedene „mediating tools" erreicht, also durch methodische Ansätze wie die Bearbeitung analytischer Aufgaben, Erstellung von Lerntagebüchern, Gruppendiskussionen, Tutoring, Mentoring, Coaching.

Als Gegenstück einer Anreicherung schulischer Lernsituationen mit betrieblichen Bezügen und Hintergründen wird die Theorieanreicherung der betrieblichen Praxis als entscheidendes Element für die erforderlichen Transformations-, Explikations- und Konzeptualisierungsprozesse konstatiert[65]. Sowohl ONSTENK[66] als auch TYNJÄLÄ orientieren sich in ihren Analysen und Erörterungen am Konzept der ‚Connectivity'[67], wel-

---

63 Tynjälä, 2009, S. 19.
64 Engeström, Engeström und Kärkkäinen, 1995, Engeström, 2001.
65 Tynjälä, 2009, S. 20.
66 Onstenk, 2009.
67 Dieser Begriff kann auf Guile und Griffiths, 2001 zurückgeführt werden.

ches sich auf den Grad bzw. die Qualität der didaktischen Korrespondenz zwischen mehreren beruflichen Lernorten bezieht. Der Begriff Connectivity wird dabei aus einem ‚Connective Model' hergeleitet[68]. Darin werden berufliche Handlungen theoretisiert und abstrahiert, dessen prozedurale Aspekte werden dabei systematisiert. Durch metakognitive Zugänge werden die Lernenden dahin geführt, zu erkennen, inwiefern die Beherrschung einer Tätigkeit und deren Verständnis korrespondieren. Dies soll sie dazu motivieren, Theorie und Praxis im beruflichen Lernen permanent abzugleichen.

Zur Legitimation derart anspruchsvoller Lehr-Lern-Anforderungen weisen TYNJÄLÄ[69] ebenso wie GUILE & GRIFFITHS[70] auf die Arbeiten von ENGESTRÖM[71] hin. Sie beschreiben in dessen Sinne moderne Facharbeiter*innen als berufliche ‚Grenzüberschreiter' (boundary crosser), die dazu in der Lage sein müssen, an der Entwicklung neuer Arbeitsorganisationen und Generierung neuer Techniken teilhaben zu können[72], eine Vorstellung, die sehr eng mit dem aktuellen deutschen Konzept beruflicher Handlungskompetenz korrespondiert. Als Maß für die Lernwirksamkeit korrespondierender Theorie- und Praxisauseinandersetzungen benennt TYNJÄLÄ den Begriff „Transformation"[73]. Entscheidend ist auch hier, dass derartige Auseinandersetzungen zwischen Denken und Handeln alternierende Prozesse erfordern. Connectivity ist somit nicht als einfache „Klammer" zwischen zwei Lernräumen gedacht, sondern als komplexer und dynamischer berufsdidaktischer Verbindungsraum, in dem sich individuelle Wissens- und Kompetenzstrukturen entwickeln lassen.

Aus der Perspektive der aktuellen Erforschung und schulischen Adressierung beruflicher Kompetenzentwicklung könnte die Connectivity-Thematik eine bedeutsame, jedoch bislang kaum beachtete Facette darstellen. Da sich beide dualen Lernorte in Deutschland unterschiedlicher Curricula bedienen und in sehr unterschiedlichen Methodenkonzepten berufliche Kompetenzen vermitteln (und diese auch sehr unterschiedlich diagnostizieren), entsteht bei den momentan rein lernortspezifischen Zugängen immer eine Schattenzone, indem der jeweilige Anteil des anderen Lernorts ausgespart wird. Da das Konzept beruflicher Handlungskompetenz explizit als lernortübergreifende berufliche Bildungsprämisse gehandhabt wird, kann es zukünftig nicht genügen, sich entweder auf lernortspezifische didaktische Kompetenzentwicklungsszenarien einzugrenzen (berufsschulische Lehr-Lernforschung) oder in der Kompetenzdiagnostik nur den unspezifischen Outcome beider Bildungsräume zu erheben (berufliche Performanz bzw. Kompetenz). Für die didaktische Praxis, in der die Ausgestaltung und Konkretisierung dieses komplexen Verbindungsraums im Fokus steht, erscheint es – auch deshalb – zielführend, das übergreifende Connectivity-Modell bzw. die kompetenzförderlichen Lehr- und Lernprozesse in einem Prozessmodell zu explizieren, welches in beiden Lernorten und Lernräumen Anwendung finden könnte.

---

68 Guile und Griffiths, 2001, S. 126.
69 Tynjälä, 2009.
70 Guile und Griffiths, 2001 und Griffiths und Guile, 2003.
71 Engeström, Engeström und Kärkkäinen, 1995, Engeström, 2001.
72 Tynjälä, 2009, S. 22 f.
73 Tynjälä, 2009, S. 24 ff.

5.2.2 Technikdidaktisches Prozessmodell einer Integration von Lehr- und Lernprozess

Lehr- und Lernprozesse sind keineswegs als konsistenter Gesamtvorgang zu begreifen, gegenteilig stehen sie als zwei disparate Vorgänge zunächst nebeneinander. Der Lehrprozess ist umfassender und tangiert den Lernprozess nur in der Phase des Unterrichts. Der Lehrprozess ist dabei als funktionale Kette zu betrachten, strukturell ähnlich einer „Dienstleistung", welche geplant, vorbereitet, durchgeführt und evaluiert wird (wobei Unterricht inhaltlich und interaktiv keineswegs auf eine einfache Dienstleistung reduziert werden soll). Der Lernprozess ist strukturell nicht so klar. Er entspricht den (im Bereich Lernen) erörterten Vorstellungen einer rekursiven Autopoiesis und führt zu individuellen Lernvorgängen und -wirkungen. Trotzdem hängen Lehr- und Lernprozess zusammen, da in der Unterrichtsplanung die intendierten Lernwirkungen antizipiert werden, um Schwerpunktsetzungen, Abläufe, Methoden etc. planen zu können. In der Unterrichtsvorbereitung werden die (fiktiven) individuellen Lernprozesse der Schüler*innen antizipiert und demgemäß Vorgaben für die Lehr-Lern-Interaktion (z. B. durch Methodenwahl) verfasst sowie Unterrichtsmaterialien und -medien erstellt bzw. bereitgestellt. Der Unterricht vollzieht sich durch die Konfrontation der Lernenden mit den Materialien und Medien und die reale didaktisch-methodische Interaktion[74]. Eine Evaluation verfolgt das Unterrichtsgeschehen, um anschließend zu Rückschlüssen auf alle Teile der Handlungskette zu gelangen[75]. Das skizzierte Modell (Abbildung 37) macht deutlich, dass sich Lehrprozesse gegenüber den mit ihnen zusammenhängenden Lernprozessen sehr unterschiedlich darstellen.

Der Lernprozess kann als ein intra-individueller Heurismus betrachtet werden, welcher zwar auf Eingangsimpulse reagiert und Interaktionen mit anderen Individuen integriert, dabei aber weitgehend eigenständige Entwicklungen vollzieht und zu hochindividuellen Wirkungen führt. Ganz anders der Lehrprozess. Er entspricht (idealisiert) einer komplexen Handlungskette, mit räumlich, zeitlich und interaktiv voneinander differenzierbaren Abschnitten. Generell kann er als „vollständige Handlung" im Sinne der Handlungsregulationstheorie gesehen werden, da er in sich einen Kreislauf aus Planung, Durchführung und Rückmeldung darstellt. Diese „vollständige" Gesamthandlung zergliedert sich jedoch (wie bereits angesprochen) in viele ineinander verschränkte Teilzyklen.

---

[74] Diese kann, muss aber nicht der geplanten Interaktion entsprechen.
[75] Z. B. Rückschlüsse über das persönliche Wirken der Lehrkraft aus der Unterrichtsinteraktion, über die spezifischen Konzepte und Materialien aus deren Umsetzung bzw. Einsatz und (evtl. auch) über die Richtigkeit der Ausgangspunkte, der gesetzten Schwerpunkte und Verteilungen.

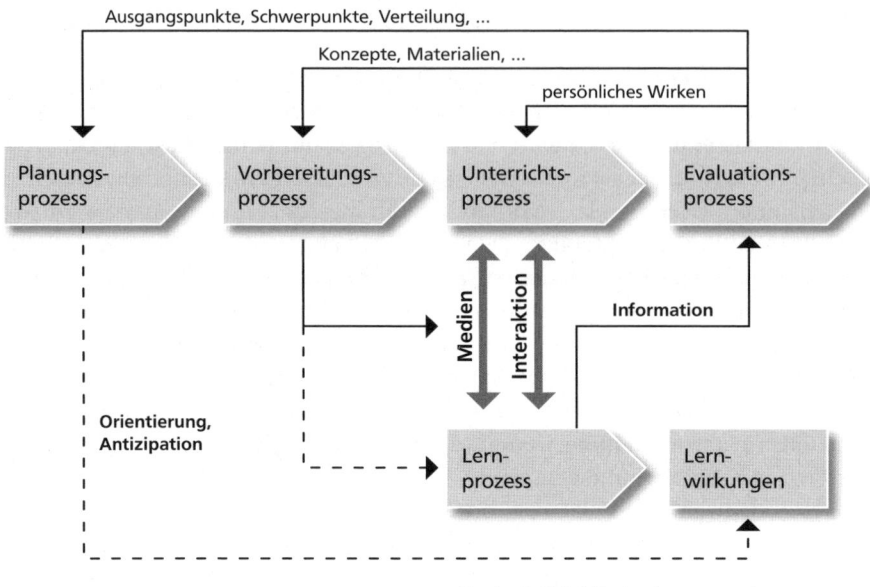

Abbildung 37: Modell der Verschränkung von Lern- und Lehrprozess

Ein Lehrprozess ist somit der Versuch, durch eine antizipativ geplante und vorbereitete, medial und methodisch unterstützte und rückgekoppelte Interaktionssituation eine Gruppe von Individuen dahingehend zu perturbieren, dass diese sich in eine intendierte Richtung entwickeln. Unabhängig davon, wie gut oder schlecht, einfach oder aufwändig, kurzfristig oder langfristig etc. dieser Versuch ist, kann er aufgrund der Rekursivität des Lernprozesses erfolgreich oder erfolglos sein. Die systemische Geschlossenheit individueller Lernprozesse macht die Ableitungen von Kausalitäten im Lehr-Lern-Zusammenhang generell schwierig. Zudem befasst sich Unterricht nicht mit einzelnen Lernenden, sondern mit Lerngruppen, und damit mit einer Vielzahl unterschiedlicher, unabhängiger Heuristiken, welche sich mehr oder weniger gegenseitig beeinflussen. Daher kann sich die Gestaltung eines Lehrprozesses auch nicht an exakten Regeln, Rezepten, Algorithmen etc. orientieren, sondern wird selbst zu einer komplexen (sowie personen- bzw. situationsbezogenen) und individuellen Heuristik.

Angesichts des hier umrissenen Interaktionsgefüges, welches sich aus der losen Koppelung von Lehr- und Lernprozess ergibt ist eine generelle Absage an einfache oder verkürzte Aussagen bzw. Zugänge über „Mechanismen" bzw. „Wirkungen" von Unterricht, welche z. B. immer wieder über Ansätze der sog. Lehr-Lern-Forschung versucht werden. Schon vor Jahrzehnten wurde festgestellt, dass Unterricht (a) interdependent, (b) kontingent und (c) emergent ist:

Zu (a): Interdependent bedeutet im Unterrichtszusammenhang, dass alle Prozesse reaktiv ineinander verschränkt sind. Jedes Teilelement hängt in irgendeiner Form mit den anderen zusammen, mit der Folge, dass sowohl jede didaktisch-methodische Entscheidung im Vorfeld des Unterrichts als auch jede moderierende Entscheidung im Unterrichtsverlauf andere Entscheidungen bedingt, beeinflusst bzw. nach sich zieht. Interdependenz schließt unidirektionale Konzeptionsprozesse ebenso aus, wie einfache Kausalketten in der Unterrichtsumsetzung.

Zu (b): Kontingenz bedeutet, dass menschliches Handeln prinzipiell sehr offen ist und eine Vielzahl an Möglichkeiten in sich birgt, welche wahrgenommen oder auch nicht wahrgenommen werden können. Zentralen Einfluss haben hier die individuellen Wahrnehmungs- Interpretations- und Verarbeitungsprozesse von Menschen, welche sich im Kontext von (Lern-)Gruppen fortlaufend gegenseitig beeinflussen. Wenn man sagt, Unterricht ist kontingent, meint man damit, dass er für jeden Einzelnen ein individuelles Konstrukt ist, welches generell so und auch anders beschaffen sein könnte. Aus dieser Perspektive findet nicht ein objektiver oder objektivierbarer Unterricht statt, vielmehr ist Unterricht die Koinzidenz dessen, was alle involvierten Individuen wahrnehmen, interpretieren und verarbeiten.

Zu (c): Emergenz bedeutet im Unterrichtszusammenhang, dass Ursachen und Wirkungen in Einzelzusammenhängen zwar festgestellt, jedoch nicht zwingend und situationsunabhängig in Verbindung gebracht werden können. Die gleiche Ursache kann im Unterricht zu unterschiedlichen Wirkungen führen, identische Wirkungen im Unterricht können die Folge unterschiedlicher Ursachen sein. Das bedeutet, dass sich Verläufe und Wirkungen von Unterricht nur bedingt prognostizieren lassen und Unterrichtsrekonstruktionen nicht mehr dokumentieren, als einen Einzelfall.

Zusammengefasst zeigt sich das Phänomen Unterricht als eine sehr komplexe, fortlaufend wechselseitig wirkende, von individuellen Interpretationen und Konstruktionen getragene Interaktion von Lehrenden und Lernenden, mit diffusen Wirkmechanismen. Korrelative oder regressive Aussagen über Unterrichtsparameter wie z. B. Methoden oder Interaktionsformen zeigen sich vor diesem Hintergrund ebenso absurd wie der Versuch, das menschliche Denken und Fühlen über eine Magnetresonanztomografie zu erschließen. Im Folgenden werden Implikationen für einen beruflich-technischen Unterricht skizziert (Kapitel 5.2.3), sowie korrespondierende Ansätze für ein betriebliches Lehren und Lernen (Kapitel 5.2.4). Der Fokus des vorliegenden Lehrbuchs soll jedoch auf dem erstgenannten Aspekt liegen, für das betriebliche Lehren und Lernen sei insbesondere auch SCHELTEN[76] verwiesen.

5.2.3 Beruflich-technischer Unterricht

Unterricht ist gemäß dem skizzierten Modell[77] (Abbildung 37) jene Form eines beruflichen Lehr-Lern-Arrangements, welche am Lernort Schule bereitgestellt wird. Dabei steht der Lernprozess der Schüler*innen im Zentrum der Lehrtätigkeit und muss, trotz dessen heuristischen Charakters, in eine Gesamtoperationalisierung einbezogen werden. Dies heißt mit anderen Worten, dass Lehr-Lern-Prozesse, egal, wie schwierig, individualistisch, situativ etc. sie sich darstellen, nach klaren Kriterien, Prinzipien und

---

[76] Schelten, 2005.
[77] Im Folgenden weitgehend übernommen aus Tenberg, 2011, S. 161–178.

Systematiken vorbereitet werden müssen, um sich den intendierten Zielen möglichst gut anzunähern. Es gilt, einen äußeren Prozess zu gestalten, welcher die intendierten inneren Prozesse möglichst gut stimuliert.

Abbildung 38 soll verdeutlichen, dass für die Planung und Durchführung von Unterricht zwar innere Prozesse und Wirkungen angenommen und antizipiert werden müssen, diese jedoch nur über äußere Prozesse (Lernaktivitäten) und Ergebnisse hergestellt und nachvollzogen werden können. Daher orientiert sich die Planung generell an der inneren Seite, also am intendierten Lernprozess und dessen Wirkungen.

Abbildung 38: Gegenüberstellung der inneren (oben) und der äußeren Seite (unten) von Lernprozessen

Die Konzeption und Durchführung muss sich der äußeren Seite von Lernprozessen zuwenden, da sie nur so konkret werden kann. Auch die Evaluierung befasst sich vordringlich mit der äußeren Seite. Wird sie erfolgreich durchgeführt, muss sie letztlich auch Rückschlüsse auf die tatsächlich erreichten Lernwirkungen ermöglichen. Abbildung 39 zeigt das vorausgehende Modell (Abbildung 37) mit den zentralen Konkretisierungen von Unterricht.

- Der Schritt von der Unterrichtsplanung zur -vorbereitung besteht in einem Übergang vom Antizipativen bzw. Implikativen zum Gegenwärtigen bzw. Konkreten.
- Die Unterrichtsdurchführung ist das situative (und damit einzigartige) Zusammentreffen des konkret Geplanten mit den lehrenden und lernenden Individuen, mit der Folge beiderseitiger (innerer) Veränderungen und äußerer Ergebnisse.
- Die Unterrichtsevaluation entspricht wiederum dem umgekehrten Übergang vom faktisch Beobachteten bzw. Erhobenen zum daraus auf den gesamten Lehrprozess Abgeleiteten und damit wiederum Implikativen.

Lehrprozesse umfassen die Gesamtheit solcher Zyklen aus (a) Antizipation, (b) Konkretisierung, (c) Faktizität und (d) „Re-Interpretation". Direkter Bezugspunkt des

(c) didaktischen Handelns ist die (b) Konkretisierung. Um diese zu gestalten, werden die Metaprozesse (a, d) benötigt.

Die hier skizzierten inhaltlichen Aspekte eines technikdidaktischen Modells stehen in einem engen strukturellen Zusammenhang, welcher sich in Form zyklischer Prozesse darstellt. Die Idee, Unterricht nicht als linearen Prozess, sondern als eine Art Regelkreis wahrzunehmen, ist dabei keine neue. Paul Heimanns Faktorenanalyse ist dafür nur ein prominentes Beispiel. Faktenbeurteilung und Formenanalyse intendierten eine nachgeschaltete Auseinandersetzung einer Lehrkraft mit dem eigenen didaktischen Handeln, welche in der heutigen Zeit als kontinuierlicher Verbesserungsprozess (KVP)[78] aufgefasst werden könnte. Die daraus abzuleitenden Aspekte bzgl. sog. Unterrichtsqualität werden an späterer Stelle erörtert.

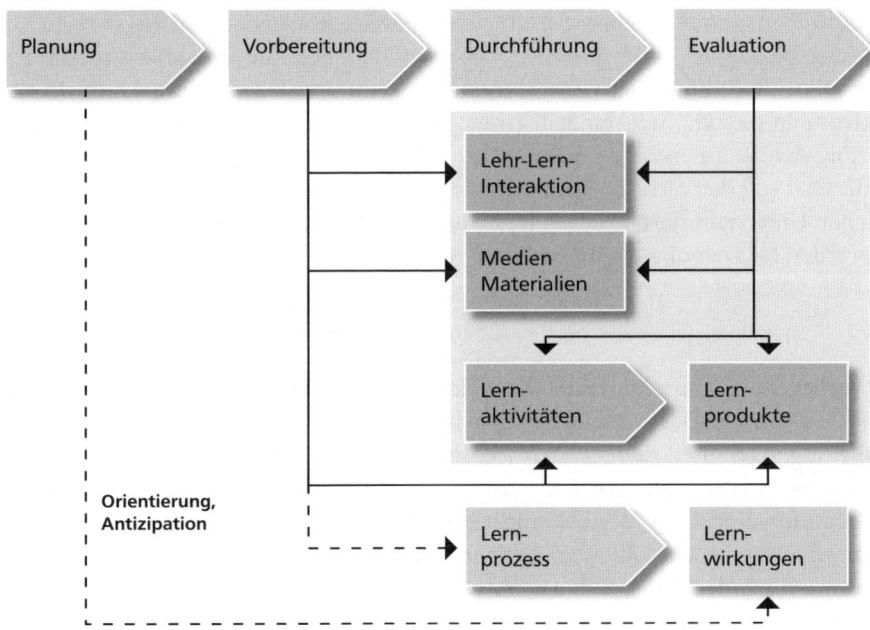

Abbildung 39: Konkretisierungen eines beruflich-technischen Unterrichts

KVP soll hier nicht als Maxime aufgefasst werden, sondern als Aufforderung an Lehrer*innen verstanden werden, die vorliegende Didaktik zu einer Individualdidaktik zu entwickeln. Dieser in der Berufsbiografie von guten Lehrer*innen verlaufende, implizite Prozess könnte auf diese Weise expliziert und damit verbessert werden. Das in Band II konkretisierte Modell soll dazu einige Ausgangspunkte, Zusammenhänge, Feststellungen und Vorschläge liefern. Welche Qualitäten und Quantitäten eine solche Individualdidaktik dabei jeweils annimmt und wie sie sich entwickelt, hängt (nach wie

---

[78] KVP ist ein zentraler Begriff in der Organisationsentwicklung. Vor allem im Zusammenhang mit Ansätzen einer inneren Schulentwicklung durch Qualitätsmanagement wurde er in den letzten Jahren in den Schulsektor übernommen.

vor) vom Anspruch und den Fähigkeiten der/des Einzelnen, dem Engagement aber auch von den personellen und materiellen Rahmenbedingungen sowie den verfügbaren Ressourcen ab.

Abschließend ist eine letzte theoriebezogene Einschränkung zu treffen. Jede Ausformulierung eines Modells bedeutet, sich für eine spezifische Möglichkeit unter vielen zu entscheiden. Zwischen einem didaktischen Modell und einer Didaktik liegen einige Reduktions-, Entscheidungs- und auch Interpretationsschritte. Das Modell lehnt sich an ein Paradigma an, schafft daran orientierte konzeptionelle Aufhängungen und bettet diese in eine Struktur ein. Zu welchen tatsächlichen Kern- und Randaspekten dies führt und wie diese gewichtet sind und zueinander in Relation stehen, hängt von der jeweiligen Ausformulierung sowie deren Einflussfaktoren ab.

Die von den Autor*innen in Band II getroffene Ausformulierung soll kein Ideal repräsentieren, sondern einen Ansatz, die theoretisch angedachten Aspekte an Hand konkreter Konzepte weiterführen zu können und zentrale didaktisch-methodische Kernpunkte im Rahmen des Gesamtansatzes zu erörtern. Dabei eröffnet sich ein weites Spektrum an didaktischen Einzelthemen, deren Differenzierung und weitere Konkretisierung den Rahmen dieses Lehrwerks und sicher auch deren Zweck überschreiten würde. Dies soll den technischen Fachdidaktiken zugewiesen werden, da gerade im beruflichen Unterricht die einzelnen Domänen als sehr spezifizierte Bezugsfelder angesehen werden müssen und auch über einige eigenständige Ansätze verfügen.

5.2.4 Lehren und Lernen in der betrieblich-technischen Berufsausbildung

Die vorliegende Technikdidaktik kann kein umfassendes Gesamtkonzept für beide Lernorte anbieten. Das wäre in den gegebenen institutionellen und personellen Rahmenbedingungen der dualen Berufsausbildung im deutschsprachigen Raum auch nicht sinnvoll oder praktikabel. Trotzdem muss vor dem Hintergrund der „integrativen Bildungsperspektive Berufskompetenz" zumindest skizziert werden, mit welchen Bildungskonzepten aktuell Auszubildende in technischen Berufen in den Betrieben konfrontiert werden. Dies zum einen, um ein lernortübergreifendes Verständnis aufzubauen, zum anderen, um die Trennschärfe zwischen den Stärken und Schwächen des jeweiligen Lernorts zu erhöhen.

In den folgenden zusammenfassenden Betrachtungen ist generell zwischen der Ausbildung in der Industrie und jener im Handwerk zu unterscheiden, also zwischen großbetrieblicher Berufsausbildung und kleinbetrieblicher. Erste findet in komplexen Organisationsstrukturen mit eigenen Räumen, Medien und Personal statt, zweite überwiegend nach dem Muster der traditionellen Meister*innenlehre. Nur in industriellen Großbetrieben haben sich Unterweisungsmethoden etabliert, welche den Anspruch eines „Stehlens mit den Augen" oder eines „Vormachen-Nachmachen-Verfahrens" überschreiten. Damit soll nicht die Meisterlehre diskreditiert werden, wohl aber festgestellt, dass sich deren Möglichkeiten und Grenzen gegenüber großbetrieblichen Konzepten deutlich enger abzeichnen.

Während in Kleinbetrieben die Ausbildung zumeist in die alltäglichen Produktions- und Dienstleistungsprozesse integriert ist und über den zeitlichen Verlauf einfach zugunsten der Produktionstätigkeit reduziert wird, erfolgt sie in Großbetrieben aktuell über zwei spezifische Ansätze[79]: 1. durch gezielte Unterweisungsmaßnahmen, 2. durch ein Lernen am Arbeitsplatz.

Zu 1.: SCHELTEN[80] definiert „Unterweisung" als „methodische Vermittlung von Kenntnissen (kognitiv), Verrichtungen (psychomotorisch) und Haltungen (affektiv) zur Ausführung einer Tätigkeit durch einen Beherrscher dieser Arbeitstätigkeit". Er spricht dabei von einer nachdrücklichen Lehre, welche sich deutlich von der eher beiläufigen Lehre in vorpädagogischen Verfahren wie z. B. der Beistellmethode unterscheidet[81]. Diese Nachdrücklichkeit kennzeichnet auch die schulische Lehre, daher ist das Hauptunterscheidungsmerkmal zwischen Unterricht und Unterweisung der Anspruch, primär die Ausführung einer Tätigkeit zu vermitteln und erst sekundär deren Hintergrund, was unbedingt diesbezügliche Expert*innen voraussetzt. Dies schließt – wie die nachfolgende Darstellung der Unterweisungsverfahren zeigen wird – die Vermittlung des Verständnisses der Handlungen nicht aus, gegenteilig soll dieses unbedingt im Zuge der Tätigkeitsvermittlung aufgebaut werden. Gegenüber der schulischen Lehre ist diese Verständnisvermittlung jedoch weitgehend auf den Handlungszusammenhang begrenzt und kann weder von einer Herleitung basaler Wissenskomponenten ausgehen, noch weitreichende oder vertiefende Wissenskomponenten erschließen. Die Unterweisung besitzt dort ihre Stärke, wo berufsschulisches Lernen nur eingeschränkt erfolgen kann – im Erwerb motorisch-operativer Fähigkeiten und Fertigkeiten. Umgekehrt zeigt sich deren Schwäche in der Theoriequalität, also dort, wo die Berufsschule ihre Stärke sehen kann.

Zu 2.: Noch deutlicher wird der Unterschied zwischen berufsschulischem und betrieblichem Kompetenzerwerb beim Lernen am Arbeitsplatz. Hier können (durch Unterweisungen vorbereitete) fachlich methodische Kompetenzen durch die Lernenden ausgebaut und vertieft werden, wobei dies weiterhin von Ausbilder*innen reguliert werden kann. Dies erfolgt jedoch nicht direkt über unterweisungsbezogene Interventionen, sondern indirekt über die Tätigkeitsgestaltung. Die „Lernumgebung Arbeitsplatz" lässt sich bzgl. ihres Lernpotenzials sehr gut über die Dimensionierung des Tätigkeitsspielraums anpassen. Den Auszubildenden werden – entsprechend ihren erkennbaren Kompetenzen, ihrer Eigenständigkeit und Entwicklungsfähigkeit – angemessene Handlungs- und Entscheidungsspielräume eröffnet und damit Räume für sehr individuelle Kompetenzentwicklungen geschaffen[82].

Beide Ansätze, Unterweisung und Lernen am Arbeitsplatz, sind für eine optimale Kompetenzentwicklung unverzichtbar. Über 100 Jahre haben sich diese in gegenseitiger Ergänzung in der Industrie bewährt. Dabei ist ein Gesamttrend festzustellen, welcher die anfänglich relativ restriktiven Ausbildungsszenarien von Lehrwerkstätten

---

79 Diese Ansätze werden in modernen Gesamtkonzepten entweder nacheinander oder auch alternierend umgesetzt.
80 Schelten, 2005, S. 7.
81 Schelten, 2005, S. 8.
82 Näheres dazu in Dehnbostel, 2008.

und Betriebseinsätzen aufgehoben hat und aktuell in betriebs- und geschäftsprozessorientierten Ansätzen kulminiert, in welchen beide Grundansätze wiederum integrativ erfolgen. Für diesen Trend ist aktuell der in den 1980er-Jahren durch das Aufkommen der der Computertechnologie ausgelöste technisch-produktive Wandel sowie der damit einhergehende Anspruch einer Vermittlung von Kompetenzen anstelle von Qualifikationen verantwortlich.

Die beiden bekanntesten und am weitesten verbreiteten Unterweisungsformen sind die Vier-Stufen-Methode (Abbildung 40) und die Leittextmethode (Abbildung 41)[83]:

Die Vier-Stufen-Methode entspricht einer „pädagogisch hinterlegten" Erweiterung der „Vormachen-Nachmachen-Methode", da in ihrem Zentrum die unterweisendenbetonte Stufe 2 und die lernendenbetonte Stufe 3 stehen. Die Stufe 1 entspricht einer Vorbereitung auf den eigentlichen Lernprozess, die Stufe 4 dessen formellem Abschluss.

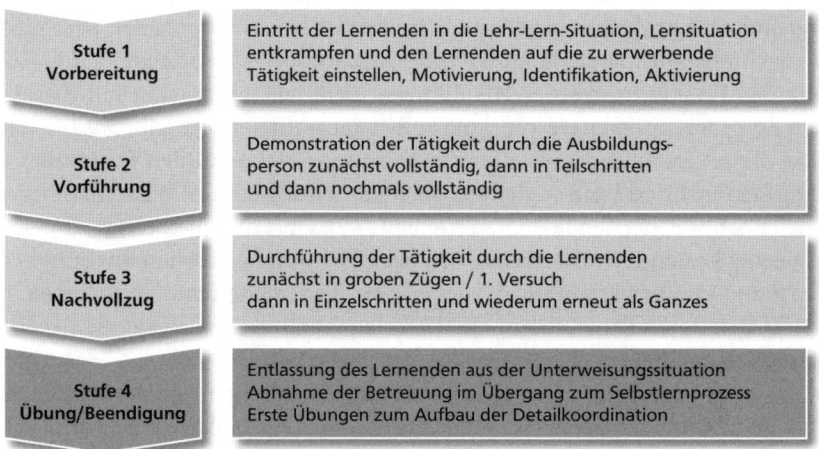

Abbildung 40: Ablaufschema der Vier-Stufen-Methode

In einer strikten Handhabung der Vier-Stufen-Methode wird zunächst eine Unterweisungsgliederung für eine zu lernende Fertigkeit erstellt. Diese dreispaltige Vorlage unterteilt eine komplexe Fertigkeit (z. B. das Absägen einer Holzleiste) in sinnvolle Teilhandlungen (z. B. Spannen der Leiste, maßgerechtes Ausrichten der Leiste, Ansägen, Durchsägen, Maßkontrolle). Jeder dieser Teilhandlungen (Spalte 1) ist dann eine genauere Beschreibung (Spalte 2) und vor allem eine Begründung (Spalte 3) zugeordnet. Aus dieser Unterweisungsgliederung wird dann die Vorlage für die Vier-Stufen-Methode entwickelt.

Für die Stufe 1 wird die zu erlernende Einzelfertigkeit einem größeren Ganzen zugeordnet und deren Bedeutung aber auch Schwierigkeiten geklärt. Dies erfolgt, um das Interesse der Lernenden zu wecken, sie für den anstehenden Lernprozess zu motivieren und zu sensibilisieren. Wichtig ist, dass zum einen klar wird, wozu die Lernenden diese

[83] Im Folgenden übernommen aus Schelten, 2005, S. 15.

Fertigkeit benötigen, zum anderen, mit welchen Gesamtaufgaben bzw. Kompetenzen diese korrespondiert.

In Stufe 2 wird die gesamte Fertigkeit demonstriert und dabei gründlich besprochen. Im Sinne eines Ganz-Teil-Ganz-Ansatzes führen die Meister*innen dabei zunächst die komplette Tätigkeit durch und erklärt die groben Teilabschnitte (Beispiel: Leiste – wie oben). Anschließend wird jeder Teilschritt sehr genau vorgeführt. Dabei werden die jeweiligen Details besprochen und deren Spezifika geklärt (z. B. dass die Leiste nur so fest eingespannt werden sollte, dass eine Verformung des Holzes ausgeschlossen werden kann oder dass sie waagrecht eingespannt werden muss, um einen rechtwinkligen Schnitt zu gewährleisten etc.). Schließlich wird alles nochmals in Normalgeschwindigkeit durchgeführt, um einen „Zeitlupeneffekt" der detaillierten Durchführung zu verhindern und eine Vorstellung dafür zu geben, wie die Tätigkeit bei Expert*innen schließlich aussieht.

In Stufe 3 werden die bislang passiven Lernenden aktiv. Auch sie versuchen zunächst, die groben Teilhandlungen nachzuvollziehen, um dann in einem zweiten Durchgang dies ebenso detailliert wie die Meister*innen zu wiederholen und zu besprechen. Schließlich folgt ein dritter Durchgang, in dem auch versucht wird, die Tätigkeit möglichst genau in „Echtzeit" auszuführen. In dieser Phase haben die Meister*innen die Aufgabe, angemessen zu korrigieren, sowohl was die Handlungen als auch deren Begründungen betrifft.

Stufe 4 bildet den formellen Abschluss und den Übergang ins Üben. Die Lernenden fassen das Gelernte zusammen und resümieren über die Fertigkeit und deren Spezifika. Sie erhalten dazu individuelle Rückmeldungen über den erreichten Stand und die noch abzustellenden Defizite sowie persönliche Aufgabenstellungen für die Übungsphase.

Dieser „Klassiker" des betrieblichen Lernens wird gerne als lehrerzentriert und restriktiv bemängelt. Tatsächlich haben die Lernenden hier weder die Möglichkeit, die Fertigkeit aus einem Gesamtzusammenhang her zu erfahren und zu erwerben, noch bleibt ihnen Raum für eigene Bewegungsexperimente oder -erfahrungen. Das zugehörige Begründungswissen wird nicht von ihnen selbst hergeleitet, sondern von der Lehrperson vorgegeben und kommuniziert. Andererseits werden damit sehr schnell sichere und funktionale Berufsmotoriken aufgebaut. Der Lernprozess verläuft relativ sicher und störungsfrei.

Um die Qualität der deutlich eingeschränkten Handlungsregulationen, welche über die Vier-Stufen-Methode erreicht werden, zu überschreiten, mussten Methoden in den Betrieben etabliert werden, in welchen offenere Lernprozesse möglich waren. Der dabei am weitesten verbreitete Ansatz ist die Leittextmethode. Sie etablierte sich Mitte der 1980er-Jahre zunächst in der gewerblich-technischen Ausbildung (Mercedes-Werk Gaggenau, Projekt „Dampfmaschine"), wurde wenige Jahre später dann aber auch in die kaufmännischen Ausbildungsbereiche übernommen. Ihr Name macht den mit der Leittextmethode verbundenen Paradigmenwechsel in der betrieblichen Ausbildung deutlich: Anstelle der persönlichen Instruktion durch Meister*innen erfolgte nun eine mediengestützte Lernanleitung über Leitfragen und -hinweise. Wie der Begriff deutlich machen soll, handelt es sich dabei um keine verschriftlichten Instruktionen, sondern um Leitmaterialien, die Lernräume eröffnen, strukturieren, aber auch begrenzen. Diese Materialien führen dann über sechs zentrale Schritte zum eigenständigen Erwerb ähnlicher Fertigkeiten wie in der Vier-Stufen-Methode, jedoch über einen wesentlich hochwertigeren Zugang und damit absehbar zu komplexeren Handlungsregulationen.

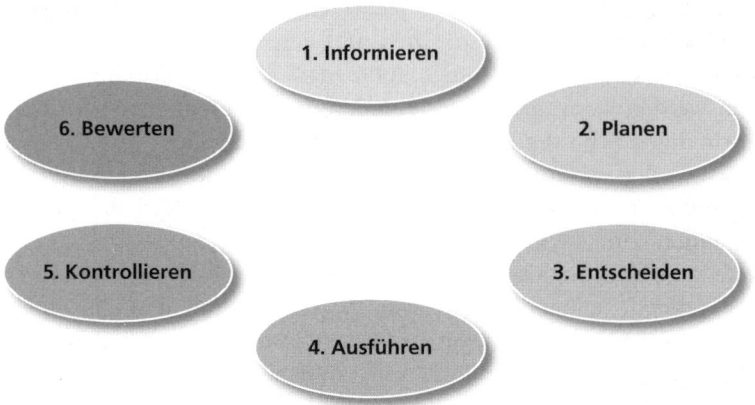

Abbildung 41: Phasenschema der Leittextmethode

In Schritt 1 informieren sich die Lernenden zunächst über die zu lernende Fertigkeit, deren Zusammenhänge und Hintergründe. Dazu werden Leitfragen gestellt, zu deren Beantwortung Fachliteratur erschlossen werden muss. In Schritt 2 wird die anstehende Tätigkeit geplant. Dazu geben die Unterlagen Leithinweise, vor allem über die Details der Tätigkeit und wichtige Spezifika. Schließlich erfolgt in Schritt 3 die Entscheidung. Diese wird gemeinsam mit den Ausbilder*innen in einem Fachgespräch getroffen. Dabei wird sowohl das genaue Wissen über die jeweiligen Fertigkeiten geklärt als auch deren Verständnis. Arbeitspläne werden rekapituliert, modifiziert oder auch zurückgewiesen. Schließlich werden die Lernenden in die eigentliche Ausführung „entlassen". Diese erfolgt im Schritt 4. Nach der Ausführung wird das Ergebnis der Tätigkeit in Schritt 5 kontrolliert. Dies erfolgt anhand spezieller Leitfragen unter Anwendung des neu erworbenen Wissens aus der Informationsphase. Schließlich erfolgt im letzten Schritt 6 die Bewertung. Dabei wird nicht nur die erreichte Qualität in der Aufgabenerfüllung eingeschätzt, sondern auch die dazu vollzogenen Lösungswege und -prozesse, wiederum in Aufarbeitung und Reflexion des neu Gelernten.

Aus handlungsregulatorischer Perspektive wird die Leittextmethode gegenüber der Vier-Stufen-Methode als hochwertiger eingeordnet. Sie bringt die Lernenden dazu, eigene Ziele und Teilziele zu bilden, anschließend danach aufgabenspezifisch zu handeln und die weiterfolgenden Handlungen gemäß den jeweiligen Zwischenergebnissen abzustimmen und anzupassen. Inwiefern bzw. zu welchem Prozentsatz dies aber tatsächlich über den Weg von Wissen, Verständnis und Erkenntnis erfolgt, oder nicht doch auf Basis latenten Erfahrungswissens oder über Versuch-und-Irrtum, bleibt offen. Zudem wurde festgestellt, dass diese stark verschriftlichte Lehrform sprachlich schwächere Auszubildende benachteiligt. Ein weiteres Problem stellt sich aus der Distanz der Meister*innen, die in der Leittextmethode nur betreuen und beraten: gerade ihr Vor- und Abbild ist das Kernstück der traditionellen Meisterlehre und fehlt nun. Es sorgt dort für Klarheit und Sicherheit und liefert – neben dem fachlich-kognitiven – auch ein sehr starkes verhaltensbezogenes Vorbild.

Da das Bildungspersonal in den Betrieben kaum über explizite didaktische oder bildungswissenschaftliche Kompetenzen verfügt, welche es zu einem wissenschaftlich reflektierten didaktischen Handeln befähigen würde, haben die Methoden dort eine deutlich höhere Bedeutung als in den Berufsschulen[84]. So bilden diese nicht nur Rahmen und Leitlinie der Lehr-Lern-Prozesse, sondern auch deren einzigen Bezugsraum. Damit ergibt sich eine relativ „flache didaktische Welt" aus den Komponenten Ausbildungsrahmenplan (Curriculum), Unterweisung und Lernen am Arbeitsplatz (Methoden), Gesellen- oder Facharbeiterprüfung (heimlicher Lehrplan). In einem solchermaßen „didaktisch verkürzten" Szenario wird die Kompetenzentwicklung der Lernenden einerseits als selbstverständlich erachtet, andererseits jedoch weder expliziert noch hinterfragt oder gar überprüft. Genauere Vorstellungen darüber, welches die einzelnen zu entwickelnden Kompetenzen in welchen Bezugsgruppen oder -klassen seien, bestehen bei den Ausbilder*innen selten, zumeist wird grob zwischen Fach- und Sozialkompetenzen unterschieden. Erste sind alles, was die Auszubildenden können sollten bzw. müssen, zweite sind ein unüberschaubares Feld an soft skills, die „informell miterworben" werden. Großbetriebe mit Referenzausbildungen wie BMW oder AIRBUS haben sich in den zurückliegenden Jahren diesbezüglich deutlich verbessert, indem sie die Personalentwicklung mit in die Ausbildungskonzepte einbezogen haben. Auszubildende in solchen Betrieben erleben eine Relativierung der traditionellen Facharbeiter*innen-Genese, indem sie Portfolios anfertigen, ihre Kommunikations- und Präsentationsfähigkeiten ausbauen, in Lerninseln und Juniorenfirmen mitarbeiten oder KVP-Werkstätten managen.

Im Schatten dieser sich zunehmend ausbreitenden Welle der Akzentuierung von soft skills in der industriellen Berufsausbildung bleibt die Vermittlung von fachlich-methodischen Kompetenzen relativ betrachtet zurück[85]. Hier werden zwar auch Neuansätze erprobt (bspw. Planspiel, Simulation, E-Learning, Lernfabriken), jedoch aber kaum eine Auseinandersetzung mit der Wirksamkeit der Standardmethoden geführt. Empirische Zugänge finden in diesem Bereich der Berufsbildung selten statt.

Die aktuellen formellen und informellen Ansätze betrieblicher Ausbildung verfügen über genügend Potenzial, eine Kompetenzvermittlung im Rahmen der dualen Ausbildung hochwertig zu gewährleisten. Dieses Potenzial könnte dann am besten ausgeschöpft werden, wenn die Stärken möglichst gut genutzt und die Schwächen möglichst gut kompensiert werden. Im Zentrum steht hier die Akzentuierung technisch-naturwissenschaftlicher Hintergründe im Zuge der Vermittlung von Fertigkeiten und Fähigkeiten. Dies ginge sowohl mit der Vier-Stufen-Methode als auch der Leittextmethode in hohem Maße konform, wird jedoch selten konsequent praktiziert.

---

84 dazu auch Zedler, 2009.
85 dazu auch Dehnbostel, 2010, S. 2.

Auch die aktuelle Prüfungspraxis bedingt eher eine Teilung zwischen Wissen und Handeln, da nach wie vor in einem praktischen Teil die Fähigkeiten und Fertigkeiten der Auszubildenden erhoben werden und – davon unabhängig – in einem theoretischen Teil (überwiegend in Multiple Choice) deren Fachwissen. Vielleicht würde eine Umwandlung der praktischen Prüfung in ein komplexes Assessment, in dem das Arbeitsergebnis nicht nur bewertet, sondern auch dessen Entstehungsprozess gemeinsam mit Ausbilder*innen und Berufsschullehrer*innen nachbesprochen wird, hier ein wenig „die Augen öffnen" und im Sinne eines produktiven heimlichen Lehrplans die Ausbildungspraxis verbessern.

6 Ausblick auf Band II

Der vorliegende Band I ist ein neu strukturierter und inhaltlich deutlich erweiterter Teil des vorausgehenden Buchs „Vermittlung fachlicher und überfachlicher Kompetenzen in technischen Berufen". Er intendiert eine umfassende Propädeutik für das berufspraktische Handeln von Lehrenden in technisch-beruflichen Kontexten, ist also einerseits kompetenzvermittelnd und andererseits kompetenzvorbereitend angelegt. Er antizipiert eine Berufspraxis, in der Lehrende in der Lage sind, eigenständig und wissenschaftlich reflektiert, modernen technischen Unterricht zu planen, vorzubereiten, durchzuführen und zu reflektieren. Um auf diese Praxis funktional vorzubereiten, gibt es aber an erster Stelle die beruflichen Fachdidaktiken. Nur sie können vor ihrem beruflichen und curricularen Hintergrund und auf Basis ihrer spezifischen didaktisch-methodischen Traditionen, Bezugsgefüge und Entwicklungen einer nachkommenden Lehrpersonengeneration genau das vermitteln, was für ihre unmittelbare Alltagspraxis sinnvoll und erforderlich ist. Im technischen beruflichen Segment gibt es jedoch knapp über der unmittelbaren Umsetzungsebene einen berufspraktischen Metaraum, in welchem sich die einzelnen Domänen nicht wesentlich unterscheiden. In diesem Bezugsraum bewegt sich der Band II dieser Didaktik technischer Berufe: „Praxis & Reflexion." Er folgt dem vorab skizzierten technikdidaktischen Prozessmodell und bietet für dessen vier Schritte „Planung", „Konzeption", „Durchführung" und „Evaluation" jeweils differenzierte Bausteine, welche auf Basis der Theorie des Bandes I sukzessive in einen Gesamtansatz münden, in welchem – nach fachdidaktischer Explikation – technischer Unterricht auf hohem Niveau und in einer langzeitlichen Entwicklungsorientierung praktiziert werden kann.

Band II beginnt mit einem Basiskapitel über technische Curricula, welches als Bindeglied zwischen Band I und Band II steht, indem hier einerseits die historischen und theoretischen Hintergründe unserer aktuellen Lehrpläne erörtert werden, diese aber andererseits schon in konkrete funktionsdidaktische Überlegungen zu den beiden didaktischen Transformationen übertragen werden. Um den didaktisch-methodischen Kernbereich sind eine Reihe von Themen angelagert, welche diesem nicht zugehören, aber für ihn aus einer Professionalisierungsperspektive durchaus bedeutsam erscheinen. Diese sind z. B. Medien im technischen Unterricht, Erziehungsstile, Evaluation etc. Somit hoffen wir, mit dem Band II die Propädeutik des Bands I in die Praxis zu bringen und dabei möglichst viele technische Fachdidaktiken anzusprechen, sich hier in ihren individuellen Profilen „anzudocken", also zu akkommodieren, nicht zu assimilieren (im Sinne Piagets'), denn nur dann kann dieser Band II sein Ziel erreichen, von der Theorie, direkt in den Unterricht und dann auch aus diesem heraus, wieder in die Wissenschaft führen zu können.

7 Literatur

Anderson, J. R. (1983). *The architecture of cognition*. (3. printing Aufl.). Cambridge, Mass.: Harvard University Press.
Anderson, L. W., & Krathwohl, D. R. (2001). *A Taxonomy for learning, teaching, and assessing: A revision of Bloom's Taxonomy of educational objectives*. New York: Longman.
Artelt, C., & Wirth, J. (2014). Kognition und Metakognition. In T. Seidel & A. Krapp (Hg.), *Pädagogische Psychologie* (6., vollständig bearb. Aufl. Aufl., S. 167–192). Weinheim: Julius Beltz.
Atkinson, J. W. (1957). Motivational determinants of risktaking behaviour. *Psychological Review, 64* (6), S. 359–372.
Ausubel, D. P. (1960). The use of advanced organizers in the learning and retention of meaningful verbal material. *Journal of Educational Psychology, 51* (5), S. 267–272. doi: 10.1037/h0046669.
Bach, A. (2018). Medien in gewerblich-technischen Lehr-Lernprozessen. In B. Zinn, R. Tenberg & D. Pittich (Hg.), *Technikdidaktik* (1. Aufl., S. 157–175). Stuttgart: Franz Steiner Verlag.
Bader, R. (1989). Berufliche Handlungskompetenz. *Die berufsbildende Schule, 34* (2), S. 73–77.
Bader, R. (2006). Lehrende an beruflichen Schulen. In R. Arnold (Hg.), *Handbuch der Berufsbildung* (2., überarbeitete und aktualisierte Aufl., S. 384–400). Wiesbaden: VS Verlag für Sozialwissenschaften | GWV Fachverlage GmbH Wiesbaden.
Bader, R., & Müller, M. (2002). Leitziel der Berufsbildung: Handlungskompetenz. *Die berufsbildende Schule*, S. 176–182.
Baethge, M., & Arends, L. (2009). *Feasibility study VET-LSA: A comparative analysis of occupational profiles and VET programmes in 8 European countries ; international report*. Bonn, Bielefeld: BMBF Division for Vocational Training Policy Issues Bertelsmann.
Bandura, A. (1980). Gauging the relationship between self-efficacy judgment and action. *Cognitive Therapy and Research, 4* (2), S. 263–268.
Barnett, S. M., & Ceci, S. J. (2002). When and where do we apply what we learn? A taxonomy for far transfer. *Psychological bulletin, 128* (4), S. 612–637.
Bastians, F., & Kluge, S. (1998). *Diagnose sozialer Kompetenzen. Entwicklung eines multimedialen Diagnosesystems zur Erfassung sozialer Kompetenzen.* Retrieved 2004, from http://www.psycho.uni-osnabrueck.de/~runde/dsp/sk.htm.
Baumert, J. (1993). Lernstrategien, motivationale Orientierung und Selbstwirksamkeitsüberzeugungen im Kontext schulischen Lernens. *Unterrichtswissenschaft: Zeitschrift für Lernforschung, 4*, S. 327–354.
Baumert, J., & Kunter, M. (2006). Stichwort: Professionelle Kompetenz von Lehrkräften. *Zeitschrift für Erziehungswissenschaft, 9* (4), S. 469–520.
Baumert, J., & Kunter, M. (2011). Das Kompetenzmodell von COACTIV. In M. Kunter, J. Baumert, W. Blum, U. Klusmann, S. Krauss & M. Neubrand (Hg.), *Professionelle Kompetenz von Lehrkräften* (S. 29–54). Münster: Waxmann.

Beck, K. (2015). Vom Wert berufs- und wirtschaftspädagogischer Forschung für die Berufsbildungspraxis – eine erneute Stellungnahme zum „Theorie-Praxis-Problem". In J. Seifried & B. Bonz (Hg.), *Berufs- und Wirtschaftspädagogik* (S. 51–67). Baltmannsweiler: Schneider Verlag.

Becker, R. (2011). Bildungssoziologie – Was sie ist, was sie will, was sie kann. In R. Becker (Hg.), *Lehrbuch der Bildungssoziologie* (2., überarbeitete und erweiterte Aufl., S. 9–36). Wiesbaden: VS Verlag für Sozialwissenschaften / Springer Fachmedien Wiesbaden GmbH Wiesbaden.

Beicht, U., Krewerth, A., & Eberhard, V. (2009). *Viel Licht, aber auch Schatten: Qualität dualer Berufsausbildung in Deutschland aus Sicht der Auszubildenden.*

Beicht, U., Krewerth, A., Eberhard, V., & Granato, M. (2009). BIBB REPORT 09/09 – Viel Licht – aber auch Schatten: Qualität dualer Berufsausbildung in Deutschland aus Sicht der Auszubildenden. Retrieved 27.04.2018, from https://www.bibb.de/veroeffentlichungen/de/publication/download/2270.

Bereiter, C. (2002). *Education and mind in the knowledge age.* New York: Routledge.

Bereiter, C., & Scardamalia, M. (1993). *Surpassing ourselves: An inquiry into the nature and implications of expertise.* Chicago: Open Court.

Bloom, B. S. (1956). *Taxonomy of educational objectives: The classification of educational goals.* New York, New York, London: McKay Longman.

BMBF (2011). ASCOT: Technology-based Assessment of Skills and Competencies in VET Technologieorientierte Kompetenzmessung in der beruflichen Bildung. from http://www.ascot-vet.net/.

Boekaerts, M. (1997). Self-regulated learning: A new concept embraced by researchers, policy makers, educators, teachers, and students. *Learning and Instruction, 7* (2), S. 161–186.

Boekaerts, M. (1999). Self-regulated learning: Where we are today. *International journal of educational research, 31* (6), S. 445–457.

Bonz, B. (2003). Technikdidaktik und technische Kompetenz in der allgemeinen und beruflichen Bildung. In B. Bonz & B. Ott (Hg.), *Allgemeine Technikdidaktik. Theorieansätze und Praxisbezüge.* (S. 4–18).

Borkowski, J. G., Chan, L. K. S., & Muthukrishna, N. (2000). A process-oriented model of metacognition: Links between motivation and executive functioning. In G. J. Schraw, J. C. Impara & L. Murphy (Hg.), *Issues in the measurement of metacognition* (S. 1–41). Lincoln: Buros Inst. of Mental Measurements.

Bormann, I., & Haan, G. (2008). *Kompetenzen der Bildung für nachhaltige Entwicklung. Operationalisierung, Messung, Rahmenbedingungen, Befunde.* (1. Aufl.). Wiesbaden: VS Verlag für Sozialwissenschaften (GWV).

Bransford, J. D. (1990). Anchored Instruction: Why we need it and how technology can help. In R. J. Spiro & D. Nix (Hg.), *Cognition Education and Multimedia* (S. 115–141). Hillsdale: Lawrence Erlbaum Assoc Inc.

Brezinka, W. (1990). *Grundbegriffe der Erziehungswissenschaft.* Ernst Reinhardt Verlag.

Brown, A. L. (1984). Metakognition, Handlungskontrolle, Selbststeuerung und andere noch geheimnisvollere Mechanismen. In F. E. Weinert & R. H. Kluwe (Hg.), *Metakognition, Motivation und Lernen* (S. 60–109). Stuttgart: Kohlhammer.

Bruner, J. S. (1967). *A study of thinking.* New York: Wiley.

Bybee, R. W. (1997). *Achieving scientific literacy: From purposes to practices.* Portsmouth, NH: Heinemann.

Cheng, R. W.-Y., Lam, S.-F., & Chan, J. C.-Y. (2008). When high achievers and low achievers work in the same group: the roles of group heterogeneity and processes in project-based learning. *The British journal of educational psychology, 78* (Pt 2), S. 205–221. doi: 10.1348/000709907x218160

Chomsky, N. (1965). *Aspects of the theory of syntax.* Cambridge, Mass: M. I. T. Press.

Ciompi, L. (1997). Zu den affektiven Grundlagen des Denkens. *System Familie, 10* (3), S. 128–134.

Clement, U. (2002). Lernfelder im ‚richtigen Leben' – Implementationsstrategie und Realität des Lernfeldkonzeptes. *Zeitschrift für Berufs- und Wirtschaftspädagogik, 98* (2), S. 26–55.

Collins, A., Brown, J. S., & Newman, S. (1989). Cognitive apprenticeship: Teaching the crafts of reading, writing, and mathematics. In L. B. Resnick (Hg.), *Knowing, learning, and instruction: Essays in honor of Robert Glaser* (S. 453–494). Hillsdale NJ: Erlbaum.

Connell, M. W., K., S., & H., G. (2003). On abilities and domains. In R. J. Sternberg (Hg.), *The psychology of abilities, competencies, and expertise* (S. 126–155). Cambridge: Cambridge Univ. Press.

Crick, N. R., & Dodge, K. A. (1994). A review and reformulation of social-information processing mechanisms in children, social adjustment. *Psychological Bulletin, 115* (1), S. 74–101.

Danserau, D. F. (2014). Learning strategy research. In J. W. Segal, S. F. Chipman & R. Glaser (Hg.), *Thinking and Learning Skills* (S. 363–388). Hoboken: Taylor and Francis.

Deci, E. L., & Ryan, R. M. (1993). Die Selbstbestimmungstheorie der Motivation und ihre Bedeutung für die Pädagogik. *Zeitschrift für Pädagogik, 39* (2), S. 223–239.

Dehnbostel, P. (2008). Lern- und kompetenzförderliche Arbeitsgestaltung. *BWP: Berufsbildung in Wissenschaft und Praxis, 37* (2), S. 5–8.

Dehnbostel, P. (2010). *Betriebliche Bildungsarbeit: Kompetenzbasierte Aus- und Weiterbildung im Betrieb.* Baltmannsweiler: Schneider-Verl. Hohengehren.

Dengler, M. (2016). *Empirische Analyse lernfeldbasierter Unterrichtskonzeptionen in der Metalltechnik: Dissertation.* Frankfurt am Main: Peter Lang Verlag.

DGfE (2014). Basiscurriculum für das universitäre Studienfach Berufs- und Wirtschaftspädagogik im Rahmen berufs- und wirtschaftspädagogischer Studiengänge. Retrieved 02.05.2018, from http://www.dgfe.de/fileadmin/OrdnerRedakteure/Sektionen/Sek07_BerWiP/2014_Basiscurriculum_BWP.pdf

Diehl, T., & Krüger, J. (2011). Anforderungen an die Lehrerbildung und die Gestaltung von Übergängen aus professionstheoretischer Perspektive. *bwp@ Berufs- und Wirtschaftspädagogik – online* (Spezial 5).

Diesner, I., Euler, D., Walzik, S., & Wilbers, K. (2004). *Kooperation der Lernorte in der beruflichen Bildung (KOLIBRI).: Abschlussbericht des Programmträgers zum BLK-Programm.* (114. Aufl.). Bonn: BLK.

Dreyfus, H. L., & Dreyfus, S. E. (1986). *Mind over machine: The power of human intuition and expertise in the era of the computer.* New York, N.Y: The Free Press.

Ebner, H. (2001). Das Konzept der beruflichen Handlungsfähigkeit. In H. Ebner, A. Oertel & H. Schumm (Hg.), *Modernisierung der kaufmännischen Ausbildung am Berufsbildungswerk Leipzig* (S. 3–10). Mannheim.

Edelmann, W., & Wittmann, S. (2012). *Lernpsychologie: Mit Online-Materialien.* (7., vollst. überarb. Aufl.). Weinheim: Beltz.

Eder, A., & Kreutz, M. (2013). Didaktische Anforderungen an die Fort- und Weiterbildung von Lehrkräften im berufsbildenden Bereich – Entwicklungsperspektiven für Hochschulen am Beispiel Niedersachsens. *bwp@ Berufs- und Wirtschaftspädagogik – online* (24), S. 1–20.

Emmermann, R., & Fastenrath, S. (2016). *Kompetenzorientierter Unterricht.* (1. Aufl.). Haan-Gruiten: Europa-Lehrmittel.

Engeström, Y. (2001). Expansive Learning at Work: Toward an activity theoretical reconceptualization. *Journal of Education and Work, 14* (1), S. 133–156. doi: 10.1080/13639080020028747.

Engeström, Y., Engeström, R., & Kärkkäinen, M. (1995). Polycontextuality and boundary crossing in expert cognition: Learning and problem solving in complex work activities. *Learning and Instruction, 5* (4), S. 319–336. doi: 10.1016/0959-4752(95)00021-6.

Erpenbeck, J., & Rosenstiel, L. (2007a). Einführung. In J. Erpenbeck & L. Rosenstiel (Hg.), *Handbuch Kompetenzmessung* (2. Aufl., S. XVII–XLVI). Stuttgart: Schäffer-Poeschel.

Erpenbeck, J., & Rosenstiel, L. (Hg.). (2007b). *Handbuch Kompetenzmessung: Erkennen, verstehen und bewerten von Kompetenzen in der betrieblichen, pädagogischen und psychologischen Praxis* (2. Aufl.). Stuttgart: Schäffer-Poeschel.

Euler, D. (2010). Didaktische Herausforderungen zwischen Programmatik und Implementierung. *Zeitschrift für Berufs- und Wirtschaftspädagogik. (ZBW).* (3), S. 321–331.

Euler, D. (Hg.). (2004). *Handbuch der Lernortkooperation: Theoretische Fundierung.* Bielefeld: Bertelsmann.

Euler, D., & Bauer-Klebl, A. (2009). Bestimmung von Sozialkompetenzen als didaktisches Konstrukt. In D. Euler (Hg.), *Sozialkompetenzen in der beruflichen Bildung* (1. Aufl., S. 21–44). Bern: Haupt.

Euler, D., & Berger, K. (1999). *Kooperation der Lernorte im dualen System der Berufsbildung: Bericht über eine Auswertung von Modellversuchen.* Bonn: Bund-Länder-Komm. für Bildungsplanung und Forschungsförderung Geschäftsstelle.

Euler, D., & Hahn, A. (2014). *Wirtschaftsdidaktik.* (3., aktualisierte Aufl.). Bern: Haupt Verlag.

Euler, D., & Reemtsma-Theis, M. (1999). Sozialkompetenzen? Über die Klärung einer didaktischen Zielkategorie. *ZBW: Zeitschrift für Berufs- und Wirtschaftspädagogik, 95* (2), S. 169–186.

Fischer, N. (2012). Beratung als Instrument der Professionalisierung von Lehrkräften berufsbildender Schulen. In N. Fischer & A. Grimm (Hg.), *Lernen und Lehren in der beruflichen Bildung* (S. 233–250). Frankfurt am Main: Lang.

Fitzek, H. (2014). *Gestaltpsychologie kompakt: Grundlinien einer Psychologie für die Praxis*. Wiesbaden: Springer VS.

Fortmüller, R. (1997). *Wissen und Problemlösen: Eine wissenspsychologische Analyse der notwendigen Voraussetzungen für die Bewältigung von (komplexen) Problemen und Konsequenzen für den Unterricht in berufsbildenden Vollzeitschulen*. Wien: Manz-Verl. Schulbuch.

Frey, A. (2014). Kompetenzmodelle und Standards in Lehrerbildung und im Lehrerberuf. In E. Terhart, H. Bennewitz & M. Rothland (Hg.), *Handbuch der Forschung zum Lehrerberuf* (S. 712–744). Münster; New York: Waxmann.

Frommberger, D., & Lange, S. (2018). Zur Ausbildung von Lehrkräften für berufsbildende Schulen. Befunde und Entwicklungsperspektiven: Working Paper Forschungsförderung, Nummer 060, März 2018. Retrieved 05.03.2018, from https://www.boeckler.de/pdf/p_fofoe_WP_060_2018.pdf.

Gage, N. L., & Berliner, D. C. (Hg.). (1996). *Pädagogische Psychologie* (5. Aufl.). Weinheim: Beltz.

Gagné, R. M. (1965). *The conditions of learning*. New York, NY u. a.: Holt Rinehart & Winston.

Gehring, P., & Richter, P. (2018). Das Phänomen „Technik" und seine Didaktik. Philosophische Perspektive. In B. Zinn, R. Tenberg & D. Pittich (Hg.), *Technikdidaktik* (1. Aufl., S. 29–38). Stuttgart: Franz Steiner Verlag.

Geißel, B. (2008). Prädiktoren der Entwicklung zentraler Aspekte von Fachkompetenz in Berufen gewerblich-technischer Erstausbildung. In D. Münk, K. Breuer & T. Deißinger (Hg.), *Berufs- und Wirtschaftspädagogik – Probleme und Perspektiven aus nationaler und internationaler Sicht* (S. 10–20). Opladen: Budrich.

Gerrig, R. J. (2016). *Psychologie – Das Übungsbuch*. London: Pearson Studium.

Gessler, M. (2012). Lerntransfer in der beruflichen Weiterbildung – empirische Prüfung eines integrierten Rahmenmodells mittels Strukturgleichungsmodellierung. *Zeitschrift für Berufs- und Wirtschaftspädagogik, 108* (3), S. 362–393.

Ghisla, G., Bausch, L., & Boldrini, E. (2008). CoRe – Kompetenz-Ressourcen: Ein Modell der Curriculumentwicklung für die Berufsbildung. *ZBW: Zeitschrift für Berufs- und Wirtschaftspädagogik, 104* (3), S. 431–466.

Gilbert, B. (2009). BLBS mit Leidenschaft für Qualität. Professionalisierung der Lehrkräfte für berufliche Schulen. *PÄD-Forum: unterrichten erziehen, 28/37* (1), S. 29–30.

Griffiths, T., & Guile, D. (2003). A Connective Model of Learning: The Implications for Work Process Knowledge. *European Educational Research Journal, 2* (1), S. 56–73. doi: 10.2304/eerj.2003.2.1.10.

Gruber, H. (1999). Wissen. In C. Perleth & A. Ziegler (Hg.), *Pädagogische Psychologie* (S. 94–102). Bern [u. a.]: Huber.

Gruber, H., Mandl, H., & Renkl, A. (1999). *Was lernen wir in Schule und Hochschule: Träges Wissen?*

Gschwendtner, T., Abele, S., & Nickolaus, R. (2009). Computersimulierte Arbeitsproben: Eine Validierungsstudie am Beispiel der Fehlerdiagnoseleistungen von Kfz-Mechatronikern. *Zeitschrift für Berufs- und Wirtschaftspädagogik, 105* (4), S. 557–578.

Gschwendtner, T., Geißel, B., & Nickolaus, R. (2010). Modellierung beruflicher Fachkompetenz in der gewerblich-technischen Grundbildung. Projekt Berufspädagogik. In E. Klieme (Hg.), *Kompetenzmodellierung* (S. 258–269). Weinheim [u. a.]: Beltz.

Gudjons, H. (2001). *Pädagogisches Grundwissen Überblick – Kompendium – Studienbuch*. (7., völlig neu bearb. und aktualisierte Aufl.). Bad Heilbrunn/Obb.: Klinkhardt.

Gudjons, H., & Traub, S. (2016). *Pädagogisches Grundwissen*. (12., aktualisierte Aufl.). Bad Heilbrunn: Klinkhardt.

Guile, D., & Griffiths, T. (2001). Learning Through Work Experience. *Journal of Education and Work, 14* (1), S. 113–131. doi: 10.1080/13639080020028738.

Hacker, W. (1973). *Allgemeine Arbeits- und Ingenieurpsychologie: Psychische Struktur und Regulation von Arbeitstätigkeiten*. Berlin: Dt. Verl. der Wiss.

Hacker, W. (1986). *Arbeitspsychologie: Psychische Regulation von Arbeitstätigkeiten*. Bern: Huber.

Hacker, W., Volpert, W., & Cranach, M. (Hg.). (1983). *Kognitive und motivationale Aspekte der Handlung*. Bern: Huber.

Hager, W., & Hasselhorn, M. (2000). Psychologische Interventionsmaßnahmen: Was sollen sie bewirken? In W. Hager (Hg.), *Evaluation psychologischer Interventionsmaßnahmen* (1. Aufl.). Bern [u. a.]: Huber.
Hartig, J., & Klieme, E. (2006). Kompetenz und Kompetenzdiagnostik. In K. Schweizer (Hg.), *Leistung und Leistungsdiagnostik* (S. 127–143). Heidelberg: Springer.
Hartmann, M., & Eicker, F. (2001). Berufswissenschaft versus Fachorientierung? *ZBW: Zeitschrift für Berufs- und Wirtschaftspädagogik, 97*, S. 196–221.
Haskell, R. E. (2001). *Transfer of learning: Cognition, instruction, and reasoning*. San Diego, Calif: Academic Press.
Hasselhorn, M., & Gold, A. (2006). *Pädagogische Psychologie: Erfolgreiches Lernen und Lehren*. (1. Aufl.). Stuttgart: Kohlhammer.
Hasselhorn, M., & Gold, A. (2017). *Pädagogische Psychologie: Erfolgreiches Lernen und Lehren*. Stuttgart: Kohlhammer.
Hattie, J. (2009). *Visible learning a synthesis of over 800 meta-analyses relating to achievement*.
Hattie, J., & Timperley, H. (2007). The Power of Feedback. *Review of Educational Research, 77* (1), S. 81–112.
Heckhausen, H. (1965). Leistungsmotivation. In H. Thomae (Hg.), *Handbuch der Psychologie in 12 Bänden 2. Band: Allgemeine Psychologie* (S. 602–702). Göttingen: Hogrefe.
Heckhausen, H., Gollwitzer, P. M., & Weinert, F. E. (Hg.). (1987). *Jenseits des Rubikon: Der Wille in den Humanwissenschaften. Psychologie des Unterrichts und der Schule*. Göttingen: Hogrefe.
Helmke, A. (2014). *Unterrichtsqualität und Lehrerprofessionalität: Diagnose, Evaluation und Verbesserung des Unterrichts*. (5. Aufl.). Seelze-Velber: Klett; Kallmeyer; Friedrich.
Herkner, V. (2010). Berufspädagogische Wurzeln und Entwicklungen der Beruflichen Fachrichtungen. In J.-P. Pahl & V. Herkner (Hg.), *Handbuch berufliche Fachrichtungen* (S. 35–55). Bielefeld: W. Bertelsmann Verlag.
Herzberg, F., Mausner, B., & Snyderman, B. B. (1959). *The motivation to work*. (2. Aufl.). New York: Wiley.
Hiemstra, R. (2000). Self-directed learning: The personal responsibility model. In G. A. Straka (Hg.), *Conceptions of self-directed learning*. Münster, New York: Waxmann.
Hörner, W. (2010). Bildung. In W. Hörner, B. Drinck & S. Jobst (Hg.), *Bildung, Erziehung, Sozialisation* (2. Aufl., S. 11–74). Stuttgart: UTB GmbH.
Huber, H.-D. (2001). Interkontextualität und künstlerische Kompetenz: Eine kritische Auseinandersetzung. In M. Bühler & A. Koch (Hg.), *Kunst & Interkontextualität*. Köln: Salon.
Hüther, J., & Schorb, B. (2010). *Grundbegriffe Medienpädagogik*. kopaed München.
Jank, W., & Meyer, H. (2002). *Didaktische Modelle*. (11. Aufl.). Berlin: Cornelsen.
Kaiser, H. (2013). Wirksamkeit der Lehrerausbildung – Problemfelder und Perspektiven. *SchulVerwaltung Niedersachsen* (2), S. 51–52.
Kanning, U. P. (2002). *Themenheft soziale Kompetenz*. Göttingen: Hogrefe.
Kintsch, W. (1991). A theory of discourse comprehension: Implications for a tutor for word algebra problems. In M. Carretero, M. Pope, R. Simons & J. I. Pozo (Hg.), *Learning and Instruction* (1. ed. Aufl., S. 235–253). Oxford: Pergamon.
Klauer, K. J. (1988). Teaching for learning-to-learn: A critical appraisal with some proposals. *Instructional Science, 17* (4), S. 351–367.
Klieme, E. (2007). *Zur Entwicklung nationaler Bildungsstandards: Eine Expertise*. Bonn: BMBF.
Klieme, E., Avenarius, H., Blum, W., Döbrich, P., Gruber, H., Prenzel, M., Vollmer, H. J. (2007). Zur Entwicklung nationaler Bildungsstandards – Expertise. Retrieved 02.05.2018, from https://www.bmbf.de/pub/Bildungsforschung_Band_1.pdf.
Klieme, E., & Hartig, J. (2007). Kompetenzkonzepte in den Sozialwissenschaften und im erziehungswissenschaftlichen Diskurs *Kompetenzdiagnostik* (S. 11–29). Wiesbaden: VS Verl. für Sozialwissenschaften.
Klieme, E., & Leutner, D. (2006). Kompetenzmodelle zur Erfassung individueller Lernergebnisse und zur Bilanzierung von Bildungsprozessen: Beschreibung eines neu eingerichteten Schwerpunktprogramms der DFG. *Zeitschrift für Pädagogik, 52* (6), S. 876–903.
Klingberg, L. (1972). Einführung in die Allgemeine Didaktik. Vorlesungen (Skriptendruck). Berlin.
Knöll, B. (2007). *Differenzielle Effekte von methodischen Entscheidungen und Organisationsformen beruflicher Grundbildung auf die Kompetenz- und Motivationsentwicklung in der gewerblich technischen*

Erstausbildung: Eine empirische Untersuchung in der Grundausbildung von Elektroinstallateuren. Aachen: Shaker.

Koschmann, A. (2009). Kooperation von Lehrkräften an berufsbildenden Schulen zur Umsetzung der lernfeldorientierten Lehrpläne. In E. Wuttke, H. Ebner, B. Fürstenau & R. Tenberg (Hg.), *Erträge und Perspektiven berufs- und wirtschaftspädagogischer Forschung* (S. 101–112). Opladen: Budrich.

Krapp, A. (2014). Geschichte der pädagogischen Psychologie. In T. Seidel & A. Krapp (Hg.), *Pädagogische Psychologie* (6., vollständig bearb. Aufl., S. 37–53). Weinheim: Julius Beltz.

Krauss, S., & Bruckmaier, G. (2011). Das Experten-Paradigma in der Forschung zum Lehrerberuf. In E. Terhart, H. Bennewitz & M. Rothland (Hg.), *Handbuch der Forschung zum Lehrerberuf* (S. 241–261). Münster; New York: Waxmann.

Krille, F. (2016). *Kompetenzraster als Instrumente kompetenzorientierten, individualisierten und selbstgesteuerten Unterrichts: Berufs- und wirtschaftspädagogische Perspektiven zur Entwicklung von Kompetenzrastern.* (Band 57 Dissertation), Universität Hamburg, Hamburg.

Kron, F. W. (2000). *Grundwissen Didaktik.* (3. Aufl.). München u. a.: Reinhardt.

Kron, F. W., Jürgens, E., & Standop, J. (2014). *Grundwissen Didaktik: Mit 17 Tabellen.* (6. überarb. Aufl.) München: Reinhardt.

Kuhlmeier, W. (2003). *Berufliche Fachdidaktiken zwischen Anspruch und Realität: Situationsanalyse und Perspektiven einer konzeptionellen Weiterentwicklung am Beispiel der Bereichsdidaktik Bau-, Holz- und Gestaltungstechnik: Zugl.: Berlin, Techn. Univ., Diss.* Baltmannsweiler: Schneider Verl. Hohengehren.

Kuhlmeier, W., & Ernst, U. (2004). Berufliche Didaktik – Fachdidaktik, Berufsfelddidaktik oder Bereichsdidaktik? In V. Herkner & B. Vermehr (Hg.), *Berufsfeldwissenschaft, Berufsfelddidaktik, Lehrerbildung* (S. 107–117). Bremen: Donat.

Kultusministerkonferenz. (1991). Rahmenvereinbarung über die Berufsschule. Beschluss der Kultusministerkonferenz vom 14./15.03.1991.

Kultusministerkonferenz. (1996). Handreichung für die Erarbeitung der Rahmenlehrpläne der Kultusministerkonferenz für den berufsbezogenen Unterricht in der Berufsschule und ihre Abstimmung mit Ausbildungsordnungen des Bundes für anerkannte Ausbildungsberufe. Bonn.

Kultusministerkonferenz. (1999). Handreichung für die Erarbeitung von Rahmenlehrplänen der Kultusministerkonferenz (KMK) für den berufsbezogenen Unterricht (Stand: 5. Februar 1999).

Kultusministerkonferenz. (2000). Handreichungen für die Erarbeitung von Rahmenlehrplänen der Kultusministerkonferenz (KMK) für den berufsbezogenen Unterricht in der Berufsschule und ihre Abstimmung mit Ausbildungsordnungen des Bundes für anerkannte Ausbildungsberufe. Retrieved 17.10.2017, from http://frei.bszet.de/inhalt/Lehrpläne/BS/Berufsuebergreifende%20Dokumente/BS%20Handreichungen%20fuer%20die%20Erarbeitung%20von%20Rahmenlehrplaenen%202000.pdf.

Kultusministerkonferenz. (2004). Rahmenlehrplan für den Ausbildungsberuf Industriemechaniker/Industriemechanikerin (Beschluss der Kultusministerkonferenz vom 25.03.2004). Retrieved 15.10.2017, from https://www.kmk.org/themen/berufliche-schulen/duale-berufsausbildung/downloadbereich-rahmenlehrplaene.html.

Kultusministerkonferenz. (2011). Handreichung für die Erarbeitung der Rahmenlehrpläne der Kultusministerkonferenz für den berufsbezogenen Unterricht in der Berufsschule und ihre Abstimmung mit Ausbildungsordnungen des Bundes für anerkannte Ausbildungsberufe. Bonn.

Kultusministerkonferenz. (2014). Standards für die Lehrerbildung: Bildungswissenschaften: Beschluss der Kultusministerkonferenz vom 16.12.2004 i. d. F. vom 12.06.2014. Retrieved 27.02.2018, from http://www.kmk.org/fileadmin/Dateien/veroeffentlichungen_beschluesse/2004/2004_12_16-Standards-Lehrerbildung-Bildungswissenschaften.pdf.

Kultusministerkonferenz. (2015). Rahmenvereinbarung über die Berufsschule: (Beschluss der Kultusministerkonferenz vom 12.03.2015). Retrieved 21.04.2018, from https://www.kmk.org/fileadmin/Dateien/veroeffentlichungen_beschluesse/2015/2015_03_12-RV-Berufsschule.pdf.

Kultusministerkonferenz. (2016). Rahmenvereinbarung über die Ausbildung und Prüfung für ein Lehramt der Sekundarstufe II (berufliche Fächer) oder für die beruflichen Schulen (Lehramtstyp 5): (Beschluss der Kultusministerkonferenz vom 12.05.1995 i. d. F. vom 06.10.2016). Retrieved 14.04.2018, from https://www.kmk.org/fileadmin/Dateien/veroeffentlichungen_beschluesse/1995/1995_05_12-RV-Lehramtstyp-5.pdf.

Kultusministerkonferenz. (2017). Handreichung für die Erarbeitung von Rahmenlehrplänen der Kultusministerkonferenz für den berufsbezogenen Unterricht in der Berufsschule und ihre Abstimmung mit Ausbildungsordnungen des Bundes für anerkannte Ausbildungsberufe. aktualisierte Auflage 2017. Retrieved 15.10.2017, from http://www.kmk.org/fileadmin/Dateien/veroeffentlichungen_beschluesse/2011/2011_09_23_GEP-Handreichung.pdf.

Kunter, M., Klusmann, U., & Baumert, J. (2009). Professionelle Kompetenz von Mathematiklehrkräften. Das COACTIV-Modell. In O. Zlatkin-Troitschanskaia, K. Beck, D. Sembill, R. Nickolaus & R. Mulder (Hg.), *Lehrprofessionalität* (S. 153–165). Weinheim; Basel: Beltz.

Landwehr, J., Mitzschke, M., & Paulus, R. (1978). *Praxis der Informationsermittlung: deutsche Literatur: Systematische Einführung in das fachbezogene Recherchieren: Theorie und Verfahren des Recherchierens Handbürcher und Bibliographien Zeitschriften Institutionen*. Wilhelm Fink.

Lave, J., & Wenger, E. (1991). *Situated learning: Legitimate peripheral participation*. (24. print Aufl.). Cambridge: Cambridge Univ. Press.

Lehberger, J., & Rauner, F. (2017). Berufliches Lernen in Lernfeldern. Ein Leitfaden für die Gestaltung und Organisation projektförmigen Lernens in berufsbildenden Schulen. Retrieved 04.05.2018, from https://www.ibb.uni-bremen.de/files/upload/documents/publications/AB_Praxis_01.pdf.

Lempert, W. (2002). *Berufliche Sozialisation oder was Berufe aus Menschen machen: Eine Einführung.* (2., überarbeitete Aufl.). Hohengehren: Schneider.

Lerch, S. (2016). *Selbstkompetenzen: Eine erziehungswissenschaftliche Grundlegung*. Wiesbaden: Springer.

Lipowsky, F. (2011). Theoretische Perspektiven und empirische Befunde zur Wirksamkeit von Lehrerfort- und -weiterbildung. In E. Terhart, H. Bennewitz & M. Rothland (Hg.), *Handbuch der Forschung zum Lehrerberuf* (S. 511–541). Münster; New York: Waxmann.

Lipowsky, F. (2015). Unterricht. In E. Wild & J. Möller (Hg.), *Pädagogische Psychologie* (2. Aufl. 2015. vollst. überarb. u. aktualisierte, S. 69–98). Berlin, Heidelberg; Springer Berlin Heidelberg.

Lipsmeier, A. (2000). Berufsschule in Abhängigkeit oder Autonomie?: Lernortkooperation und Lernfeldorientierung als potenzielle Stabilisierungsfaktoren für das duale System. *Zeitschrift für Berufs- und Wirtschaftspädagogik. (ZBW)*. (96), S. 12–29.

Locke, E. A., & Latham, G. P. (1990). *A theory of goal setting & task performance*. Englewood Cliffs, N. J.: Prentice Hall.

Lompscher, J. (1995). Erfassung von Lernstrategien mittels Fragebogen. *LLF-Berichte, 10*, S. 80–124.

Mähler, C., & Stern, E. (2006). Transfer. In D. H. Rost (Hg.), *Handwörterbuch pädagogische Psychologie* (3. Aufl., S. 782–793). Weinheim [u. a.]: Beltz, PVU.

Mandl, H., & Friedrich, F. (2006a). Lernstrategien: Zur Strukturierung des Forschungsfeldes. In H. Mandl & F. Friedrich (Hg.), *Handbuch Lernstrategien* (S. 1–23). Göttingen: Hogrefe.

Mandl, H., & Friedrich, H. F. (2006). *Handbuch Lernstrategien*. Göttingen [u. a.]: Hogrefe.

Mandl, H., & Gerstenmaier, J. (Hg.). (2000). *Die Kluft zwischen Wissen und Handeln: Empirische und theoretische Lösungsansätze*. Göttingen [u. a.]: Hogrefe.

Maslow, A. H. (2016). *Motivation und Persönlichkeit*. (14. Aufl.). Reinbek bei Hamburg: Rowohlt.

Mayer, R. E. (2003). *Learning and instruction*. Merrill Upper Saddle River.

Mayer, R. E. (2008). *Learning and instruction*. (2. Aufl.). Upper Saddle River, NJ: Prentice Hall.

McClelland, D. C., Atkinson, J. W., Clark, R. A., & Lowell, E. L. (1953). *The achieving motive*. New York: Appleton-Century-Crofts.

Merki, K. M., & Werner, S. (2011). Erfassung und Bewertung professioneller Kompetenz von Lehrpersonen. In E. Terhart, H. Bennewitz & M. Rothland (Hg.), *Handbuch der Forschung zum Lehrerberuf* (S. 745–763). Münster; New York: Waxmann.

Meyer, H. (1997). *Schulpädagogik: Band I*. Berlin: Cornelsen.

Miller, G. A., Galanter, E., Pribram, K. H., & Bärtschi, P. (1973). *Strategien des Handelns: Pläne und Strukturen des Verhaltens*. Stuttgart: Klett.

Neber, H. (Hg.). (1978). *Selbstgesteuertes Lernen*. Weinheim, Basel: Beltz.

Nerdinger, F. W., Blickle, G., & Schaper, N. (2008). *Arbeits- und Organisationspsychologie: Mit 32 Tabellen*. Heidelberg: Springer.

Nickolaus, R. (2006). *Didaktik – Modelle und Konzepte beruflicher Bildung Orientierungsleistungen für die Praxis*. Baltmannsweiler: Schneider-Verl. Hohengehren.

Nickolaus, R. (2008). Modellierung zur beruflichen Fachkompetenz und ihre empirische Prüfung. *Zeitschrift für Berufs- und Wirtschaftspädagogik, 104*, S. 1–6.

Nickolaus, R. (2011a). Die Erfassung fachlicher Kompetenzen und ihrer Entwicklungen in der beruflichen Bildung.: Forschungsstand und Perspektiven. In O. Zlatkin-Troitschanskaia (Hg.), *Stationen Empirischer Bildungsforschung* (1. Aufl., S. 331–351). Wiesbaden: VS Verlag für Sozialwissenschaften.

Nickolaus, R. (2011b). Kompetenzmessung und Prüfungen in der beruflichen Bildung. *Zeitschrift für Berufs- und Wirtschaftspädagogik, 107* (2), S. 161–173.

Nickolaus, R. (Hg.). (2011c). *Lehr-Lernforschung in der gewerblich-technischen Berufsbildung.* Stuttgart: Steiner.

Nickolaus, R. (2013). Kompetenzmessung-Transfer von Forschungsergebnissen in die Praxis. In S. Seufert & C. Metzger (Hg.), *Kompetenzentwicklung in unterschiedlichen Lernkulturen* (1. Aufl. 2013, S. 26–44). Paderborn: Eusl.

Nickolaus, R. (2014). *Messung fachlicher Kompetenzen von Fachkräften im Bereich der Mechatronik und Elektrotechnik.* (Projektantrag Abteilung für Berufs-, Wirtschafts- und Technikpädagogik, Universität Stuttgart).

Nickolaus, R., Geißel, B., Abele, S., & Nitzschke, A. (2011). Fachkompetenzmodellierung und Fachkompetenzentwicklung bei Elektronikern für Energie- und Gebäudetechnik im Verlauf der Ausbildung – ausgewählte Ergebnisse einer Längsschnittstudie. In R. Nickolaus (Hg.), *Lehr-Lernforschung in der gewerblich-technischen Berufsbildung* (S. 77–94). Stuttgart: Steiner.

Nickolaus, R., Gschwendtner, T., & Geissel, B. (2008). Entwicklung und Modellierung beruflicher Fachkompetenz in der gewerblich-technischen Grundbildung. *Zeitschrift für Berufs- und Wirtschaftspädagogik, 104* (1), S. 48–73.

Berufsschullehrerverband Niedersachsen (2012). *Fort- und Weiterbildung von Lehrkräften an berufsbildenden Schulen. Eckpunkte und Forderungen des BLVN.*

Nolting, H.-P., & Paulus, P. (2004). *Pädagogische Psychologie.* (3., vollst. überarb. und erw. Aufl.). Stuttgart: Kohlhammer.

Nüesch, C., & Metzger, C. (2010). Lernkompetenzen und ihr Zusammenhang mit motivationalen Überzeugungen und Lernleistungen in der kaufmännischen Berufsausbildung. *ZBW: Zeitschrift für Berufs- und Wirtschaftspädagogik, 106* (1), S. 36–51.

OECD. (1999). *Measuring student knowledge and skills: A new framework for assessment.* Paris: Organisation for Economic Co-operation and Development.

Oerter, R., & Montada, L. (2008). *Entwicklungspsychologie. [Lehrbuch].* 6., vollst. überarb. Aufl. Weinheim u. a.: Beltz PVU.

Oesterreich, R., Leitner, K., & Resch, M. (2000). *Analyse psychischer Anforderungen und Belastungen in der Produktionsarbeit: Das Verfahren RHIA/VERA-Produktion.* Göttingen [u. a.]: Hogrefe, Verl. für Psychologie.

Oesterreich, R., & Volpert, W. (Hg.). (1991). *VERA – Version 2: Arbeitsanalyseverfahren zur Ermittlung von Planungs- und Denkanforderungen im Rahmen der RHIA-Anwendung; Teil 1 Handbuch; Teil 2 Manual.* Berlin: Technische Univ. Berlin, Univ.-Bibliothek.

Onstenk, J. (2009). Connections of School- and Work-Based Learning in the Netherlands. In M.-L. Stenström & P. Tynjälä (Hg.), *Towards Integration of Work and Learning* (S. 187–199). Dordrecht: Springer Netherlands.

Orth, H. (1999). *Schlüsselqualifikationen an deutschen Hochschulen: Konzepte, Standpunkte und Perspektiven.* Neuwied; Kriftel; Berlin: Luchterhand.

Ott, B. (2003). Strukturmerkmale einer ganzheitlichen Techniklehre und Technikdidaktik. In B. Bonz & B. Ott (Hg.), *Allgemeine Technikdidaktik – Theorieansätze und Praxisbezüge* (S. 90–103). Baltmannsweiler: Schneider-Verl. Hohengehren.

Ott, B. (2011). *Grundlagen des beruflichen Lernens und Lehrens: Ganzheitliches Lernen in der beruflichen Bildung.* (4. Auflage). Berlin: Cornelsen.

Pahl, J.-P. (2008). *Berufsschule: Annäherungen an eine Theorie des Lernortes.* (2., erw. und aktualisierte Aufl.). Bielefeld: Bertelsmann.

Pahl, J.-P., & Herkner, V. (Hg.). (2010). *Handbuch berufliche Fachrichtungen.* Bielefeld: W. Bertelsmann Verlag.

Pätzold, G. (2003). *Lernfelder – Lernortkooperationen. Neugestaltung beruflicher Bildung.* Bochum: Projekt Verlag.

Pätzold, G. (2010). Systemisches Verständnis von Lehr-/Lernprozessen. In R. Nickolaus, G. Pätzold, H. Reinisch & P. T. Tramm (Hg.), *Handbuch Berufs- und Wirtschaftspädagogik* (1. Aufl., S. 135–136). Bad Heilbrunn: Klinkhardt.
Pätzold, G., & Reinisch, H. (2010). Didaktik der beruflichen Fachrichtungen. In R. Nickolaus, G. Pätzold, H. Reinisch & P. T. Tramm (Hg.), *Handbuch Berufs- und Wirtschaftspädagogik* (1. Aufl., S. 160–167). Bad Heilbrunn: Klinkhardt.
Perrez, M., Huber, G. L., & Geißler, K. A. (2006). Psychologie der pädagogischen Interaktion. In A. Krapp & B. Weidenmann (Hg.), *Pädagogische Psychologie* (5., vollst. überarb. Aufl., S. 357–422). Weinheim: Beltz PVU.
Peterßen, W. H. (2001). *Lehrbuch allgemeine Didaktik*. (6., völlig veränd., aktualisierte und stark erw. Aufl.). München: Oldenburg.
Pfenning, U. (2018). Soziologische Perspektiven der Technikdidaktik. In B. Zinn, R. Tenberg & D. Pittich (Hg.), *Technikdidaktik* (1. Aufl., S. 39–50). Stuttgart: Franz Steiner Verlag.
Pittich, D. (2011). Studie zur Überprüfung des Zusammenhangs von Verständnis und Fachkompetenz bei Auszubildenden des Handwerks. In U. Faßhauer, B. Fürstenau & E. Wuttke (Hg.), *Grundlagenforschung zum Dualen System und Kompetenzentwicklung in der Lehrerbildung* (S. 91–102). Budrich.
Pittich, D. (2013). *Diagnostik fachlich-methodischer Kompetenzen*. Stuttgart: Frauenhofer IRB Verlag.
Pittich, D. (2016). Eine Bestandsaufnahme technikdidaktischer Forschung im deutschsprachigen Raum. *Journal of Technical Education (JOTED), 4* (2), S. 1–6.
Pittich, D., & Tenberg, R. (2013). Wie funktioniert Kompetenzmessung im technischen Unterricht?: Umsetzung eines Diagnoseansatzes am Beispiel des Ausbildungsberufs Tischler. *Die berufsbildende Schule* (1), S. 7–14.
Pittich, D., & Tenberg, R. (2014). Kompetenzentwicklung als lernortalternierender Integrationsprozess – Aktuelle Überlegungen zu einem etablierten Grundkonzept beruflicher Didaktik. In I. Bausch, G. Pinkernell & O. Schmitt (Hg.), *Unterrichtsentwicklung und Kompetenzorientierung. Festschrift für Regina Bruder*. Münster: WTM-Verlag.
Polanyi, M. (1967). *The tacit dimension*. Garden City N.Y: Anchor Books.
Pollert, A., Kirchner, B., & Polzin, J. M. (2016). *Duden Wirtschaft von A bis Z: Grundlagenwissen für Schule und Studium, Beruf und Alltag*. (6. Aufl.). Mannheim.
Popitz, H. (1995). *Der Aufbruch zur artifiziellen Gesellschaft: Zur Anthropologie der Technik*. Tübingen: Mohr.
Prenzel, M. (1997). Selbstbestimmt motiviertes und interessiertes Lernen bei angehenden Bürokaufleuten: Eine Längsschnittstudie. In H.-H. Krüger & J. H. Olbertz (Hg.), *Bildung zwischen Staat und Markt* (S. 47–50). Opladen: Leske und Budrich.
Prenzel, M. (Hg.). (2007). *PISA 2006: Die Ergebnisse der dritten internationalen Vergleichsstudie*. Münster; München [u. a.]: Waxmann.
Prenzel, M., Drechsel, B., & Carstensen, C. H. (2005a). Einführung in den Ländervergleich PISA 2003. In M. Prenzel, B. Drechsel & C. H. Carstensen (Hg.), *PISA 2003* (S. 13–50). Münster; München [u. a.]: Waxmann.
Prenzel, M., Drechsel, B., & Carstensen, C. H. (Hg.). (2005b). *PISA 2003: Der zweite Vergleich der Länder in Deutschland – was wissen und können Jugendliche?* Münster; München [u. a.]: Waxmann.
Prenzel, M., & Mandl, H. (1993). Lerntransfer aus einer konstruktivistischen Perspektive. In L. Montada (Hg.), *Bericht über den 38. Kongress der Deutschen Gesellschaft für Psychologie in Regensburg 1992* (S. 701–709). Göttingen: Hogrefe.
Ratschinski, G. (2009). *Selbstkonzept und Berufswahl: Eine Überprüfung der Berufswahltheorie von Gottfredson an Sekundarschülern: Zugl.: Hannover, Univ., Habil.-Schr., 2007*. Münster: Waxmann.
Rauner, F. (2008). Forschung zur Kompetenzentwicklung im gewerblich-technischen Bereich. In N. Jude, J. Hartig & E. Klieme (Hg.), *Kompetenzerfassung in pädagogischen Handlungsfeldern* (S. 81–116). Berlin u. a.: BMBF.
Rauner, F. (2010). Berufliche Kompetenzen messen – Das Projekt Komet (Elektroniker) des Bundeslandes Hessen: Abschlussbericht der wissenschaftlichen Begleitung. from http://berufliche.bildung. hessen.de/komet/Abschlussbericht_komplett_KOMET_Hessen_240810_final.pdf
Rauner, F., & Bremer, R. (2004). Bildung im Medium beruflicher Arbeitsprozesse: Die berufspädagogische Entschlüsselung beruflicher Kompetenzen im Konflikt zwischen bildungstheoretischer Normierung und Praxisaffirmation. *Zeitschrift für Pädagogik, 50* (2), S. 149–161.

Rauner, F., Grollmann, P., & Martens, T. (2007). *Messen beruflicher Kompetenz(entwicklung)*. (2007 Aufl.). Bremen: Univ., Inst. Technik und Bildung (ITB).
Rauner, F., Hassler, B., Heinemann, L., & Grollmann, P. (2009). *Messen beruflicher Kompetenzen: Band I: Grundlagen und Konzeption des KOMET-Projektes*. (2. Aufl.). Berlin: LIT-Verl.
Rauner, F., Heinemann, L., Maurer, A., Ji, L., & Zhao, Z. (2011). *Messen beruflicher Kompetenzen: Band III: Drei Jahre KOMET-Testerfahrung*. Münster [u. a.]: Lit.
Rauner, F., & Piening, D. (2010). Umgang mit Heterogenität in der beruflichen Bildung: Eine Handreichung des Projekts KOMET. Retrieved 16.10.2017, from http://www.radko-stoeckl-schule.de/fileadmin/abteilung1/komet/Handreichung_Heterogenitaet.pdf.
Rebmann, K., Tenfelde, W., & Schlömer, T. (Hg.). (2011). *Berufs- und Wirtschaftspädagogik: Eine Einführung in Strukturbegriffe* (4., überarbeitete und erweiterte Aufl.). Wiesbaden: Gabler.
Renkl, A. (1994). *Träges Wissen: Die „unerklärliche" Kluft zwischen Wissen und Handeln*.
Renkl, A. (1996). Träges Wissen: Wenn Erlerntes nicht genutzt wird. *Psychologische Rundschau, 47*, S. 78–92.
Renkl, A. (2015). Wissenserwerb. In E. Wild & J. Möller (Hg.), *Pädagogische Psychologie* (S. 3–24): Springer.
Riedl, A. (2004). *Didaktik der beruflichen Bildung*. Stuttgart: Steiner.
Riedl, A. (2011). *Didaktik der beruflichen Bildung*. (2., komplett überarbeitete und erheblich erweiterte Aufl.). Stuttgart: Steiner.
Riedl, A. (2018). Technikdidaktik in der beruflichen Bildung. In B. Zinn, R. Tenberg & D. Pittich (Hg.), *Technikdidaktik* (1. Aufl., S. 71–86). Stuttgart: Franz Steiner Verlag.
Riedl, A., & Schelten, A. (2013). *Grundbegriffe der Pädagogik und Didaktik beruflicher Bildung*. Stuttgart: Franz Steiner Verlag.
Rittle-Johnson, B., & Alibali, M. W. (1999). Conceptual and procedural knowledge of mathematics: Does one lead to the other? *Journal of Educational Psychology, 91*, S. 175–189.
Rittle-Johnson, B., & Siegler, R. S. (1998). The relations between conceptual and procedural knowledge in learning mathematics: A review. In C. Donlan (Hg.), *The development of mathematical skills* (S. 75–110). Hove: Psychology Press.
Rittle-Johnson, B., Siegler, R. S., & Alibali, M. W. (2001). Developing conceptual understanding and procedural skill in mathematics: An iterative process. *Journal of Educational Psychology, 93*, S. 346–362.
Rosendahl, J., & Straka, G. A. (2007). *Aneignung beruflicher Kompetenz – interessengeleitet oder leistungsmotiviert?* Bremen: Institut Technik und Bildung.
Rosendahl, J., & Straka, G. A. (2011). Kompetenzmodellierungen zur wirtschaftlichen Fachkompetenz angehender Bankkaufleute. *Zeitschrift für Berufs- und Wirtschaftspädagogik, 107* (2), S. 190–217.
Roth, H. (1971). *Pädagogische Anthropologie, Band II: Entwicklung und Erziehung*. Hannover: Schrödel.
Royer, J. M. (1979). Theories of the transfer of learning. *Educational Psychologist, 14*, S. 53–69.
Rychen, D. S., & Salganik, L. H. (Hg.). (2001). *Defining and selecting key competencies*. Seattle: Hogrefe & Huber.
Ryle, G. (1949). *The Concept of Mind*. Chicago: The University of Chicago Press.
Salcher, A. (2010). *Der talentierte Schüler und seine Feinde*. München: Goldmann.
Salvucci, D. D., & Anderson, J. R. (1998). Analogy. In J. R. Anderson & C. Lebiere (Hg.), *The Atomic Components of Thought* (S. 343–383). Mahwah, NJ: Erlbaum.
Schaffenrath, M. (2008). *Kompetenzenorientierte Berufsschullehrerbildung in Österreich: Das Lernaufgabenprojekt als Innovationsmotor: Zugl.: Magdeburg, Univ., Fak. für Geistes-, Sozial- und Erziehungswiss., Diss., 2007*. Bielefeld: Bertelsmann.
Schelten, A. (1995). *Grundlagen der Arbeitspädagogik*. (3. Aufl.). Stuttgart: Steiner.
Schelten, A. (2004). *Einführung in die Berufspädagogik*. (3. Aufl.). Stuttgart: Steiner.
Schelten, A. (2005). *Grundlagen der Arbeitspädagogik*. (4., vollst. neu bearb. Aufl.). Stuttgart: Steiner.
Schelten, A. (2008). Bildungsauftrag der Berufsschule – Traditionelle und neue Aufgaben. *Die berufsbildende Schule, 60* (7), S. 207–208.
Schelten, A. (2010). *Einführung in die Berufspädagogik*. (4., überarb. und aktualisierte Aufl.). Stuttgart: Steiner.
Schiefele, U., & Pekrun, R. (1996). Psychologische Modelle des selbstgesteuerten und fremdgesteuerten Lernens. In F. E. Weinert (Hg.), *Psychologie des Lernens und der Instruktion* (S. 249–278). Göttingen: Hogrefe.

Schmitz, B. (2001). Self-Monitoring zur Unterstützung des Transfers einer Schulung in Selbstregulation für Studierende. Eine prozessanalytische Untersuchung. *Zeitschrift für Pädagogische Psychologie, 3* (4), S. 179–195.

Schubart, W. (2010). Lohnt sich Kooperation? – Erste und zweite Phase der Lehrerbildung zwischen Abgrenzung und Annäherung. *Erziehungswissenschaft 21* (40), S. 79–88.

Niedersächsische Schulinspektion (2010). Öffentliche berufsbildende Schulen in Niedersachsen – Einführung eines Qualitätsmanagements orientiert an EFQM – Stand und Perspektiven. Retrieved 02.05.2018, from http://www.nibis.de/uploads/2nlq-si/2017-05_aktuelle_Seite/Inspektion/BBS/PA%201/bbs-einf-qm.pdf.

Schulz Von Thun, F. (2007). Psychologische Vorgänge in der zwischenmenschlichen Kommunikation. In B. Fittkau, H.-M. Müller-Wolf & F. Schulz von Thun (Hg.), *Kommunizieren lernen (und umlernen)* (8. Aufl., S. 9–100). Braunschweig: Hahner Verl.-Ges.

Schütte, F. (2003). Technikdidaktik zwischen Lehrmethode und Fachmethodik: Methodische Organisation von Lehren und Lernen in den Berufsfeldern Metall- und Elektrotechnik. In B. Bonz & B. Ott (Hg.), *Allgemeine Technikdidaktik – Theorieansätze und Praxisbezüge* (S. 19–35). Baltmannsweiler: Schneider-Verl. Hohengehren.

Schütte, F. (2006). *Berufliche Fachdidaktik: Theorie und Praxis der Fachdidaktik Metall- und Elektrotechnik; ein Lehr- und Studienbuch*. Stuttgart: Steiner.

Schütte, F. (2010). Berufliche Fachrichtung Metalltechnik. In J.-P. Pahl & V. Herkner (Hg.), *Handbuch berufliche Fachrichtungen* (S. 446–461). s. l.: W. Bertelsmann Verlag.

Seidel, T. (2015). Klassenführung. In E. Wild & J. Möller (Hg.), *Pädagogische Psychologie* (2. Aufl. 2015. vollst. überarb. u. aktualisierte, S. 108–119). Berlin, Heidelberg; s. l.: Springer Berlin Heidelberg.

Seidel, T., & Reiss, K. (2014). Lerngelegenheiten im Unterricht. In T. Seidel & A. Krapp (Hg.), *Pädagogische Psychologie* (6., vollständig überarbeitete Aufl., S. 253–274). Weinheim; Basel: Beltz.

Seidel, T., & Reiss, K. (2014). Lerngelegenheiten im Unterricht. In T. Seidel & A. Krapp (Hg.), *Pädagogische Psychologie* (6., vollständig überarbeitete Aufl., S. 253–274). Weinheim; Basel: Beltz.

Seifried, J. (2015). Professionelle Kompetenzen von Lehrkräften – eine Analyse für den kaufmännisch-verwaltenden Bereich. In J. Seifried & B. Bonz (Hg.), *Berufs- und Wirtschaftspädagogik* (S. 167–189). Baltmannsweiler: Schneider Verlag.

Sell, R. (1991). *Angewandtes Problemlösungsverhalten: Denken und Handeln in komplexen Zusammenhängen*. (4., korr. Aufl.). Berlin: Springer.

Siebert, H. (2008). *Konstruktivistisch lehren und lernen*. Bobingen: Ziel.

Sloane, P. F. E. (2001). Lernfelder als curriculare Vorgabe. In B. Bonz (Hg.), *Didaktik der beruflichen Bildung* (S. 187–203). Baltmannsweiler: Schneider-Verl. Hohengehren.

Sloane, P. F. E. (2009). Didaktische Analyse und Planung im Lernfeldkonzept. In B. Bonz (Hg.), *Didaktik und Methodik der Berufsbildung* (S. 195–216). Baltmannsweiler: Schneider Verl. Hohengehren.

Sobbe, E. (2015). *Wissensarbeit in der Flugzeugwartung*. (unveröffentliche Masterarbeit).

Steiner, G. (2006). Lernen und Wissenserwerb. In A. Krapp & B. Weidenmann (Hg.), *Pädagogische Psychologie* (5., vollst. überarb. Aufl., S. 137–202). Weinheim: Beltz.

Straka, G. A. (2001). Lehr-Lern-theoretische Grundlagen der beruflichen Bildung. In B. Bonz (Hg.), *Didaktik der beruflichen Bildung* (S. 6–30). Baltmannsweiler: Schneider-Verl. Hohengehren.

Straka, G. A. (Hg.). (2000). *Conceptions of self-directed learning: Theoretical and conceptional considerations*. Münster, New York: Waxmann.

Straka, G. A., & Macke, G. (2006). *Lern-lehr-theoretische Didaktik*. (4. Aufl.). Münster; New York; München; Berlin: Waxmann.

Straßer, P. (2008). *Können erkennen – reflexives Lehren und Lernen in der beruflichen Benachteiligtenförderung: Entwicklung, Erprobung und Evaluation eines reflexiven Lehr-Lerntrainings: Zugl.: Hannover, Univ., Diss., 2007 u. d. T.: Straßer, Peter: Reflektiert-reguliertes Lernen: eine Unterstützungsmöglichkeit des Lernens in der beruflichen Benachteiligtenförderung*. Bielefeld: Bertelsmann.

Tegmark, M. (2017). *Leben 3.0: Mensch sein im Zeitalter künstlicher Intelligenz*. Berlin: Ullstein.

Tenberg, R. (2006). *Didaktik lernfeldstrukturierten Unterrichts: Theorie und Praxis beruflichen Lernens und Lehrens*. Bad Heilbrunn: Klinkhardt.

Tenberg, R. (2008a). Lernstrategien von Auszubildenden: Der komplexe Schlüssel zum selbstregulierten Lernen. In R. Nickolaus (Hg.), *Sammelband zum 70. Geburtstag von Bernhard Bonz* (S. 42–58).

Tenberg, R. (2008b). Was ist Lernkompetenz und wie kann sie gemessen werden? Theoretische Grundlagen und empirische Bilanzierung über Lernstrategien im beruflichen Lernen. *ZBW: Zeitschrift für Berufs- und Wirtschaftspädagogik, 105* (4), S. 539–555.

Tenberg, R. (2011). *Vermittlung fachlicher und überfachlicher Kompetenzen in technischen Berufen: Theorie und Praxis der Technikdidaktik.* Stuttgart: Steiner.

Tenberg, R. (2012). Lerndiagnostik im kompetenzorientierten Unterricht. *Zeitschrift für Berufs- und Wirtschaftspädagogik, 198* (4), S. 481–490.

Tenberg, R. (2018). Die technische Unterweisung aus Kompetenz-Perspektive: Eine Methoden-Analyse. In R. Tenberg, B. Zinn & D. Pittich (Hg.), *Technikdidaktik: Eine Bestandsaufnahme* (S. 123–146). Stuttgart: Steiner.

Tenorth, H.-E. (2010). *Geschichte der Erziehung: Einführung in die Grundzüge ihrer neuzeitlichen Entwicklung.* (5. Aufl.). Weinheim; München: Juventa.

Terhart, E. (2005). *Lehr-Lern-Methoden: Eine Einführung in Probleme der methodischen Organisation von Lehren und Lernen.* (4., erg. Aufl.). München: Juventa.

Terhart, E. (2009). *Didaktik: Eine Einführung.* Stuttgart: Reclam.

Terhart, E., Bennewitz, H., & Rothland, M. (Hg.). (2014). *Handbuch der Forschung zum Lehrerberuf.* Münster; New York: Waxmann.

Tillmann, K.-J. (2011). Konzepte der Forschung zum Lehrberuf. In E. Terhart, H. Bennewitz & M. Rothland (Hg.), *Handbuch der Forschung zum Lehrerberuf* (S. 308–316). Münster; New York: Waxmann.

Tramm, P. T., Casper, M., & Schlömer, T. (Hg.). (2018). *Didaktik der beruflichen Bildung: Selbstverständnis, Zukunftsperspektiven und Innovationsschwerpunkte.* Bielefeld: Bertelsmann W.

Tynjälä, P. (2009). Connectivity and Transformation in Work-Related Learning – Theoretical Foundations. In M.-L. Stenström & P. Tynjälä (Hg.), *Towards Integration of Work and Learning.* Berlin: Springer.

Uhe, E. (1998). Fachdidaktik Bau-, Holz- und Gestaltungstechnik. In B. Bonz (Hg.), *Fachdidaktik des beruflichen Lernens* (S. 103–132). Stuttgart: Steiner.

Ulich, E. (2005). *Arbeitspsychologie.* (6. Aufl.). Stuttgart, Zürich: Schäffer-Poeschel.

Unger, T. (2009). Berufsbildung für Arbeitskraftunternehmer: Bildungs- und identitätstheoretische Lesarten der Arbeitskraftunternehmer-Prognose. In R. Brötz & F. Schapfel-Kaiser (Hg.), *Anforderungen an kaufmännisch-betriebswirtschaftliche Berufe aus berufspädagogischer und soziologischer Sicht.* Bielefeld: Bertelsmann.

Volet, S., & Järvelä, S. (Hg.). (2001). *Motivation in learning contexts: Theoretical and methodological implications* (1st ed. Aufl.). Amsterdam; New York: Pergamon.

Volpert, W. (1974). *Handlungsstrukturanalyse als Beitrag zur Qualifikationsforschung.* Köln: Pahl-Rugenstein.

Volpert, W. (1983). Das Modell der hierarchisch-sequentiellen Handlungsregulation. In W. Hacker, W. Volpert & M. Cranach (Hg.), *Kognitive und motivationale Aspekte der Handlung* (S. 38–58). Bern: Huber.

Vygotskij, L. S. (1978). *Mind in society: The development of higher psychological processes.* Cambridge, Mass: Harvard Univ. Press.

Weinert, F. E. (1999). *Konzepte der Kompetenz.* Paris: Organisation for Economic Co-operation and Development.

Weinert, F. E. (2001a). Concept of Competence: A Conceptual Clarification. In D. S. Rychen & L. H. Salganik (Hg.), *Defining and selecting key competencies* (S. 45–66). Seattle: Hogrefe & Huber.

Weinert, F. E. (2001b). Vergleichende Leistungsmessung in Schulen – eine umstrittene Selbstverständlichkeit. In F. E. Weinert (Hg.), *Leistungsmessungen in Schulen* (S. 17–31). Weinheim: Beltz.

Weinert, F. E. (Hg.). (2001c). *Leistungsmessungen in Schulen.* Weinheim: Beltz.

Weinert, F. E., & Schrader, F. W. (1997). Lernen als psychologisches Problem. In F. E. Weinert & H. Mandl (Hg.), *Psychologie der Erwachsenenbildung* (S. 296–325). Göttingen: Hogrefe.

Weinstein, C. E., & Mayer, R. E. (1986). The teaching of learning strategies. In M. C. Wittrock (Hg.), *Handbook of research on teaching* (3. Aufl., S. 315–327). New York: Macmillan.

White, R. W. (1959). Motivation reconsidered: The concept of competence. *Psychological Review, 66* (5), S. 297–333.

Wilbers, K. (2014). *Wirtschaftsunterricht gestalten. Lehrbuch.* 2. überarbeitete Auflage. Retrieved 04.05.2018, from http://www.pedocs.de/volltexte/2013/8420/pdf/Wilbers_2014_Wirtschaftsunterricht_Lehrbuch_Aufl_2.pdf

Wild, E., Hofer, M., & Pekrun, R. (2006). Psychologie des Lernens. In A. Krapp & B. Weidenmann (Hg.), *Pädagogische Psychologie* (5., vollst. überarb. Aufl., S. 203–268). Weinheim: Beltz.

Wild, K.-P. (2001). Lernstile und Lernstrategien. In D. H. Rost (Hg.), *Handwörterbuch Pädagogische Psychologie* (2. Aufl., S. 424–429). Weinheim; Basel: Beltz.

Winne, P. H., & Hadwin, A. F. (1998). Studying as Self-regulated learning. In D. J. Hacker, A. C. Graesser & J. Dunlosky (Hg.), *Metacognition in educational theory and practice* (S. 277–304). Mahwah, N.J: Erlbaum.

Winne, P. H., & Perry, N. E. (2000). Measuring self-regulated learning Handbook of self-regulation (S. 531–566): Elsevier.

Winther, E. (2010). *Kompetenzmessung in der beruflichen Bildung*. Bielefeld: W. Bertelsmann Verlag.

Woolfolk, A., & Schönpflug, U. (2014). *Pädagogische Psychologie*. (12., aktualisierte Aufl.). Hallbergmoos: Pearson.

Wuttke, E. (2005). *Unterrichtskommunikation und Wissenserwerb: Zum Einfluss von Kommunikation auf den Prozess der Wissensgenerierung*. Frankfurt am Main, Berlin, Bern, Bruxelles, New York, Oxford, Wien: Lang.

Zedler, R. (2009). Ausbilder und deren Qualifizierung. *Wirtschaft und Berufserziehung, 3*, S. 12–18.

Zierer, K. (2014). *Hattie für gestresste Lehrer- Kernbotschaften und Handlungsempfehlungen aus John Hatties „Visible Learning" und „Visible Learning for Teachers"*. Baltmannsweiler: Schneider Verlag Hohengehren GmbH.

Zimmerman, B. J. (2008). Investigating Self-Regulation and Motivation: Historical Background, Methodological Developments, and Future Prospects. *American Educational Research Journal, 45* (1), S. 166–183. doi: 10.3102/0002831207312909.

Zimmerman, B. J., & Campillo, M. (2003). Motivating Self-Regulated Problem Solvers. In J. E. Davidson, R. J. D. Sternberg, Janet E. & R. J. Sternberg (Hg.), *The Psychology of Problem Solving* (S. 233–262). Cambridge: Cambridge University Press.

Zinn, B. (2012). A pilot study of the epistemological beliefs of students in industrial-technical fields. *International Journal of Technology and Design Education, 22* (3), S. 361–375. doi: 10.1007/s10798-011-9153-9.

Zinn, B. (2013). *Überzeugungen zu Wissen und Wissenserwerb von Auszubildenden: Empirische Untersuchungen zu den epistemologischen Überzeugungen Lernender: Zugl.: Darmstadt, Techn. Univ., Habil.-Schr., 2011*. Münster: Waxmann.

Zinn, B. (2018). Technikdidaktik in der Allgemeinbildung. In B. Zinn, R. Tenberg & D. Pittich (Hg.), *Technikdidaktik* (1. Aufl., S. 63–70). Stuttgart: Franz Steiner Verlag.

Zlatkin-Troitschanskaia, O., Beck, K., Sembill, D., Nickolaus, R., & Mulder, R. (Hg.). (2009). *Lehrprofessionalität: Bedingungen, Genese, Wirkungen und ihre Messung*. Weinheim; Basel: Beltz.

Bernd Zinn / Ralf Tenberg / Daniel Pittich (Hg.)
Technikdidaktik
Eine interdisziplinäre Bestandsaufnahme

DIE HERAUSGEBER

Bernd Zinn ist Professor für Berufspädagogik mit Schwerpunkt Technikdidaktik am Institut für Erziehungswissenschaft der Universität Stuttgart.

Ralf Tenberg ist Professor für Technikdidaktik an der TU Darmstadt, zuvor war er an den Universitäten Hannover, Gießen und der TU München tätig.

Daniel Pittich ist Juniorprofessor für Didaktik der Technik an der Universität Siegen.

2018
334 Seiten mit 7 Tabellen und 27 s/w-Abbildungen
978-3-515-11941-2 KART.
978-3-515-11942-9 E-BOOK

Die Technikdidaktik hat sich in den zurückliegenden Jahren in allen Bildungsbereichen etabliert. Auf der allgemeinbildenden Ebene ist dies eine Folge des anhaltenden technologisch-digitalen Wandels und dessen sukzessiver Implementierung in den „klassischen" Bildungskanon. Demgegenüber steht ein anhaltendes wissenschaftliches Defizit in den beruflichen Fachdidaktiken.
Die Frage, was „Technikdidaktik" zum jetzigen Entwicklungs- und Wahrnehmungsstand eigentlich ist und was sie leisten soll, stellt sich insbesondere für jene, die unmittelbar in diesem interdisziplinären wissenschaftlichen und praktischen Handlungsfeld tätig sind, aber auch für angrenzende Disziplinen.
Die Autorinnen und Autoren dieses Bandes leisten eine interdisziplinäre Bestandsaufnahme. In ihren Beiträgen thematisieren sie die zentralen Bezugspunkte der Technikdidaktik, deren verschiedene disziplinäre Perspektiven sowie einige Spezifika verschiedener Anwendungsfelder. Dies umfasst Ansätze und Befunde technikdidaktischer Forschung, aber auch Felder und Ausprägungen technikdidaktischer Bildungspraxis – nicht zuletzt in internationaler Perspektive.

MIT BEITRÄGEN VON

Friedhelm Schütte, Petra Gehring & Philipp Richter, Uwe Pfenning, Anette Weisbecker & Helmut Zaiser & Jürgen Wilke, Bernd Zinn, Alfred Riedl, Claudius Terkowsky & Silke Frye & Tobias Haertel & Dominik May & Uwe Wilkesmann & Isa Jahnke, Daniel Pittich, Ralf Tenberg, Alexandra Bach, Uwe Faßhauer & Josef Rützel, Reinhold Nickolaus, Ingelore Mammes, Bernd Geißel, Britta Bergmann, Marc J. de Vries, Jürgen Wilke & Karin Hamann & Helmut Zaiser, Joachim Walther & Nicola W. Sochacka

Hier bestellen:
www.steiner-verlag.de